A vida entre os *antros* e outros ensaios

Coleção Antropologia
– *As estruturas elementares do parentesco*
Claude Lévi-Strauss
– *Os ritos de passagem*
Arnold van Gennep
– *A mente do ser humano primitivo*
Franz Boas
– *Atrás dos fatos – Dois países, quatro décadas, um antropólogo*
Clifford Geertz
– *O mito, o ritual e o oral*
Jack Goody
– *A domesticação da mente selvagem*
Jack Goody
– *O saber local – Novos ensaios em antropologia interpretativa*
Clifford Geertz
– *Estrutura e função na sociedade primitiva*
A.R. Radcliffe-Brown
– *O processo ritual – Estrutura e antiestrutura*
Victor W. Turner
– *Sexo e repressão na sociedade selvagem*
Bronislaw Malinowski
– *Padrões de cultura*
Ruth Benedict
– *O tempo e o outro – Como a antropologia estabelece seu objeto*
Johannes Fabian
– *A antropologia do tempo – Construções culturais de mapas e imagens temporais*
Alfred Gell
– *Antropologia – Prática teórica na cultura e na sociedade*
Michael Herzfeld
– *Arte primitiva*
Franz Boas
– *Explorando a cidade – Em busca de uma antropologia urbana*
Ulf Hannerz
– *Crime e costume na sociedade selvagem*
Bronislaw Malinowski
– *A vida entre os antros e outros ensaios*
Clifford Geertz
– *Estar vivo – Ensaios sobre movimentos, conhecimento e descrição*
Tim Ingold

Dados Internacionais de Catalogação na Publicação (CIP)
(Câmara Brasileira do Livro, SP, Brasil)

Geertz, Clifford
  A vida entre os *antros* e outros ensaios / Clifford Geertz ; tradução de Caesar Souza. – Petrópolis, RJ : Vozes, 2015. – (Coleção Antropologia)

  Título original inglês: Life among the anthros and other essays
  ISBN 978-85-326-4980-5

  1. Antropologia – Filosofia 2. Antropologia – Pesquisa 3. Antropologia – Trabalho de campo I. Título.

15-00309   CDD-301.01

Índices para catálogo sistemático:
  1. Antropologia : Filosofia   301.01

Clifford Geertz

A vida entre os *antros* e outros ensaios

Tradução de Caesar Souza

Petrópolis

Título do original inglês: *Life among the Anthros and other essays*

Direitos de publicação em língua portuguesa – Brasil:
2015, Editora Vozes Ltda.
Rua Frei Luís, 100
25689-900 Petrópolis, RJ
www.vozes.com.br
Brasil

Todos os direitos reservados. Nenhuma parte desta obra poderá ser reproduzida ou transmitida por qualquer forma e/ou quaisquer meios (eletrônico ou mecânico, incluindo fotocópia e gravação) ou arquivada em qualquer sistema ou banco de dados sem permissão escrita da editora.

Diretor editorial
Frei Antônio Moser

Editores
Aline dos Santos Carneiro
José Maria da Silva
Lídio Peretti
Marilac Loraine Oleniki

Secretário executivo
João Batista Kreuch

Editoração: Maria da Conceição B. de Sousa
Diagramação: Alex M. da Silva
Capa: Felipe Souza | Aspecto
Ilustração de capa, trabalhada sobre foto: Mulher Yanomami e seu filho. Brasil, 1997. Wikimedia Commons.

ISBN 978-85-326-4980-5 (edição brasileira)
ISBN 978-0-691-14358-3 (edição norte-americana)

Editado conforme o novo acordo ortográfico.

Este livro foi composto e impresso pela Editora Vozes Ltda.

Sumário

Introdução – A visão cômica de Clifford Geertz, 7

Parte I   Sábios e antropólogos, 21

1967   Sobre Malinowski, 23

1969   Sobre Gandhi, 30

1978   Sobre Foucault, 38

1992   Sobre Genet, 48

2001   Etnografia na China, 56

Parte II   Os islãs e a fluidez das nações, 69

1971   Em busca da África do Norte, 71

1975   Mistérios do islã, 81

1985   Os últimos judeus árabes, 91

1989   Pintura de casas: *Toutes directions*, 98

1990   Sobre o feminismo, 112

2000   Indonésia: recomeçando, 124

2001   Sobre a devastação da Amazônia, 137

2003   Qual o caminho para Meca? – Parte I, 150

2003   Qual o caminho para Meca? – Parte II, 161

2005   Sobre o estado do mundo, 174

Parte III   A ideia de ordem – Últimas conferências, 185

2001   O Oriente Próximo no Extremo Oriente, 187

2002   Uma profissão inconstante, 205

2004   O que é um Estado, caso não seja soberano?, 221

2005   Mudando objetivos, movendo alvos, 242

2005   O que foi a revolução do Terceiro Mundo?, 261

Agradecimentos e detalhes editoriais, 279

Índice, 281

Introdução

A visão cômica de Clifford Geertz

I

Era uma vez, em outubro de 1988, semanas antes que a Guerra Fria se dissolvesse em meio ao alvoroço da queda de escombros em Berlim, enquanto *Trabants** abarrotados transpunham as barreiras erguidas nos postos de controle húngaros, um mar de faces e punhos vingativos vaiava o odioso soberano em sua sacada em Bucareste, e um anúncio de página inteira fazendo a defesa do modo liberal de ser aparecia no *New York Times*.

Um grupo não organizado de acadêmicos e intelectuais proeminentes havia se reunido brevemente para financiar a oposição ao seu presidente, o amigável, letal, acaloradamente ideológico, charmosamente anti-intelectual, Ronald Reagan, que havia transformado "liberal" num termo de abuso franco e desdenhoso.

Isso permaneceu assim, não obstante o quadragésimo terceiro presidente, por mais vinte e poucos anos. Os signatários disseram:

> Extremistas da esquerda e da direita há muito atacam o liberalismo como seu maior inimigo. Em nossa época, democracias liberais têm sido esmagadas por esses extremistas. Contra qualquer encorajamento dessa tendência em nosso próprio país... sentimo-nos obrigados a falar abertamente[1].

Clifford Geertz foi um dos signatários. Ele nunca fora um simpatizante de persuasão *marxisant*, menos ainda o tipo de federalista fundamental que o governo americano contratava para fazer seu trabalho mais sujo na Indochina e no Chile. Ele era um "americano tranquilo", certamente, mas falou muito clara e ra-

---

* *Trabant*: automóvel produzido pela antiga fábrica da Alemanha Oriental *VEB Sachesenring Automobilwerke Zwickau*, na Saxônia, entre 1957 e 1991 [N.T.].

1. *New York Times*, 26/10/1988.

pidamente sobre o liberalismo ativo, histórico, autocrítico e não martirizado, que John Dewey tomou de John Stuart Mill e de Thomas Hill Green, e o transformou na prosa simples do melhor que os americanos pensaram e disseram no século XX.

Em um de seus melhores ensaios, no qual buscava identificar tanto o ponto moral como a base comum de toda investigação nas ciências humanas[2], Geertz começou a decifrar "alguns dos tropos mais arraigados da imaginação liberal". A frase anterior é, com certeza, o título da famosa coleção de ensaios de Lionel Trilling, e o ensaio de Geertz foi apresentado como uma conferência em memória a Trilling em Colúmbia. Esses tropos incluíam – em uma das listas características, inclusivas e desorientadoras de Geertz – a integridade de outras culturas; a santidade de toda vida humana (a crueldade para com ela é, para os liberais, a pior coisa, como Richard Rorty diz); o princípio de igualdade entre homens e mulheres, supremamente, mas também entre classes, raças e gerações; e o legado sempre confuso, mas amplamente brutal e desolado, do colonialismo.

Tipicamente, Geertz interpola um parêntese antes de sua lista, dizendo sobre a imaginação liberal – cujo fazer e refazer ele toma como seu tema e o trabalho de sua vida – que ela é "uma imaginação da qual, confesso, compartilho mais ou menos", este "mais ou menos" sendo a parte mais importante de sua confissão, um aparte que o impele àquele ponto do estágio a partir do qual o comentador moral e intelectual de assuntos humanos pode falar melhor: próximo à saída, mas ainda um ator, perfeitamente audível, mas *sotto voce*; julgando a ação, mas sem inflecti-la; falando sempre com tanta inteligência, precisão e beleza como ele sabe fazer.

Não que esse senhor menor na corte esteja desvinculado das ações – ou somente tão desvinculado quanto possa de modo a controlar e manter seu equilíbrio. Na verdade, Geertz está programaticamente des-equilibrado, buscando sempre por aqueles momentos em que o *momentum* muda de direção e aquelas verdades morais sobre nós mesmos e sobre os outros que, por as termos considerado muito confiáveis, repentinamente nos escapam de um modo comum a qualquer construção imaginativa capaz, primeiro, de chamar nossa atenção, e depois de mudar, embora levemente, a direção de nossas vidas (*Rei Lear*, *Cosi Fan Tutte*, o fim da Guerra Fria, a natureza do islã, a criação de um presidente).

Portanto, a lição daquele ensaio e da vida de Geertz é esta: que apreendemos a vida dos outros não ao tentarmos nos colocar *por trás* dos comportamentos e ideias elaborados com que eles dramatizam seu ser, mas ao vermos através (o jogo de palavras se sustenta) das lentes que constituem seus significados e suas mentes.

---

2. "Found in translation: on the social history of the moral imagination". *Local knowledge: further essays in interpretive anthropology*. Nova York: Basic Books, 1983, p. 43.

Essa coisa de "ver através" das lentes que você termina colocando e se acostumando é muito séria. Quando você remove seus óculos, é difícil ver qualquer coisa. Óculos bons são feitos sob medida; dificilmente servirão a outra pessoa. Assim se passa com os óculos instituídos pelo liberalismo. Geertz colocou seu nome e sua reputação no anúncio do *New York Times* porque ele e seus colegas sentiam corretamente que, por abrangente que o termo fosse, sua propriedade comum demarcada como liberalismo estava sendo deliberadamente profanada pelo abuso do mero poder. E em nome do quê? Em nome – sem dúvida, os nomes misturados e variados – do neoconservadorismo, ou da doutrina do governo mínimo e com muito dinheiro; do antigo nacionalismo, ou da certeza da retidão americana; de uma Divindade confiantemente associada tanto ao dinheiro como à Antiga Glória*.

Os fragmentos do liberalismo deveriam ser sustentados contra essas bestas rudes e ruinosas, e nos mais de vinte anos desde o aparecimento do anúncio tem ocorrido uma luta oculta, inacabada e titânica pela alma da América enquanto adeja elusivamente por detrás e entre as estipulações de emendas à Constituição.

Geertz permaneceu um oficial destemido e incansável da vanguarda liberal, e em nenhum lugar mais do que nas páginas do *New York Review of Books*. É, contudo, a própria natureza de sua realização intelectual – como diriam, a magnificação e o multifocalismo das lentes que ele instituiu – pôr a liberdade ou os vários modos de ver, a completa multiplicidade dos modos existentes de ser humano, a certeza de que diferentes pessoas viverão e morrerão por essas peculiaridades extremas, exatamente no centro da sua e da nossa visão.

Uma vez que conseguimos ver a estranheza das outras pessoas como familiar, então a familiaridade das nossas próprias ruas se torna alheia. Esse é um liberalismo com um forte matiz de realismo. Como o próprio Geertz escreveu,

> Podemos ao menos dizer algo (não que sempre o façamos, é claro) com alguma concretude. Nunca fui capaz de entender por que comentários como "suas conclusões, tal como se apresentam, cobrem somente dois milhões de pessoas [Bali], ou quinze milhões [Marrocos], ou sessenta e cinco milhões [Java], e somente durante alguns anos ou séculos", podem ser considerados críticos. É claro, podemos estar enganados, e provavelmente, na maior parte das vezes, estamos. Mas "apenas" ou "meramente" tentar compreender o Japão, a China, o Zaire ou os esquimós centrais (ou, melhor, algum aspecto de sua vida ao longo de um pedaço

---

* No original, em inglês, *Old Glory* – assim como *The Stars and Stripes* (Estrelas e listras) – é o nome dado à bandeira dos Estados Unidos da América [N.T.].

de sua linha de universo*) não é pouca coisa, mesmo que pareça menos impressionante do que explicações, teorias, ou o que quer que tenha como seu objeto a "História", a "Sociedade", o "Homem", a "Mulher", ou alguma outra entidade grande e elusiva com letra maiúscula[3].

Não podemos duvidar de que uma tal coisa possa ser chamada liberalismo; o conceito de liberdade é intrínseco a ela, mas essa liberdade é ela própria um valor constitutivo. Não é meramente a circunstância desejável, não moral, de ação – "liberdade para..." e "liberdade de..." como Isaiah Berlin entendia. É o *conteúdo* da ação, escolhida livremente, desejada por alguém (ou pela cultura), o produto de uma autoconfiança emersoniana, sonhada pela América, com certeza, mas aberta a que todos a adotem e a vivam por si mesmos. Para mostrar que existem, portanto, modos melhores e piores de viver em tal liberdade, basta apenas apontar para aqueles cartunistas que fingem que o liberalismo não tem como distinguir entre bom e mau, inteligente ou estúpido.

Vidas breves e a história das nações podem correr razoavelmente bem, ou podem ir muito mal. Os cientistas do humano, cada um em suas expressões particulares e sobrepostas, contam suas histórias sobre o esforço humano, compreendendo-o do melhor modo possível, e depois refletem. O resultado mais feliz não é, portanto, "universal" como oposto a "local" (embora, caso devesse, Geertz tivesse votado "local"); é uma resposta distinta a uma questão histórica particular.

II

É, portanto, completamente consistente com esse modo de fazer as coisas que a enorme obra de Geertz fosse dominada pela forma do ensaio. Há alguns anos, ele observou que o mundo tal como é – partículas difusas, mutáveis, lançando-se sobre e para longe uma da outra, "globalizado" somente no sentido de que suas populações estão o tempo todo se movendo para algum outro lugar, refugiados, imigrantes, turistas, vendedores, mercenários – é suscetível apenas a modos "mosaicos ou *pointillistes*" de ver.

Se a forma é imposta pelos fatos, é também aquela na qual Geertz se encontrava mais à vontade. Ele começou, como antropólogos novatos tinham de começar naquela época, tomando como tema uma miscelânea de tópicos amplos, alguns tão específicos como cidades individuais (Modjokuto, epônimo para Indonésia, e Sefrou, estando por Marrocos), outros configurando campos inteiros de significado

---

* A linha de universo (*world line*) de uma partícula é a trajetória que ela segue no espaço-tempo quadridimensional. O conceito de linha de universo (introduzido na Física por Albert Einstein) é uma forma geométrica que representa uma sucessão causal de acontecimentos [N.T.].

3. GEERTZ, C. *Available light*: anthropological reflections on philosophical topics. Princeton: Princeton University Press, 2000, p. 137-138.

(sua tese de doutoramento se intitulava, no plural e sem nenhum artigo definido, "Religiões de Java"; seus editores inseriram "a" e o singular), modos de produção (*Involução da agricultura*), vínculo social (*Parentesco em Bali*). Mas ele se distanciou da pesada engenharia e da estruturação social dos clássicos da antiga antropologia. Ele considerava a leveza do ser do mundo como ancorada na Terra por sua história, com certeza, mas essa história como combinada não tanto pelos sistemas sólidos (classe, nação, crença sólida, relações fixas), mas, pelo tempo, pelo acaso, pelo acidente e pelo desespero padronizado (talvez quieto, muitas vezes ruidoso).

Ele descobriu isso do melhor modo americano: indo ver o que poderia ver, armado apenas com seu próprio gênio, seus bons modos, seu dom para línguas, um excelente igualitarismo e um estilo de escrita discursiva que não somente transformou sua prosa em um instrumento impecável de ciência pura, mas o colocou também naquela grande tradição de pensadores americanos – William James, Oliver Wendell Holmes, John Dewey, Edmund Wilson, Yvor Winters – cuja escrita discursiva é uma das glórias da literatura de língua inglesa. Agora que a própria descoberta de Geertz do princípio de incerteza, levada a todas as ciências da humanidade pela quididade do olho e das palavras do observador individual, é um truísmo da Pós-modernidade, a força da admonição estritamente pessoal de Nietzsche para as artes do pensamento é ainda mais pungente.

> Uma coisa é necessária, "dar estilo" ao caráter de alguém – uma arte elevada e rara. Ela é praticada por aqueles que examinam todos os pontos fortes e fracos de sua natureza e então os ajustam a um plano artístico até que cada um deles apareça como arte e razão e mesmo os pontos fracos encantem o olhar. No fim, quando o trabalho está terminado, fica evidente como a limitação de um único gosto governou e formou pequenas e grandes coisas. Se esse gosto era bom ou mau é menos importante do que podemos supor, se ao menos fosse um gosto único![4]

Esse tipo de coisa não é bom para aqueles ocupados gerentes de módulos tentando formular cursos sobre metodologia científica social para alunos de doutorado. Contudo, é precisamente a preocupação de Geertz com refutar e, se possível, paralisar os pressupostos que dirigem esses cursos e que despejam concreto sobre os cérebros daqueles que têm de assisti-los. A ideologia da metodologia é sempre uma função da autoridade burocrática que ordena e ratifica as qualificações[5]. Quanto mais próximos esses cursos sobre método chegam da elaboração da política (e como as conferências nesta coleção indicam, Geertz estava muito consciente do modo pelo qual suas ideias poderiam ser modificadas, para

---

4. NIETZSCHE, F. *The gay science*. Nova York: Random House, 1974) [W. Kaufmann trad. e ed.].

5. Geertz (como disse-me em mais de uma oportunidade) admirava o ensaio de Alasdair MacIntyre de 1979 "Social science methodology as ideology". Republicado em KNIGHT, K. (ed.). *The MacIntyre reader*. (Cambridge: Polity Press, 1998).

o bem e para o mal, para propósitos políticos), maior é sua função em suprimir desacordos e afastar conflitos a fim de garantir a cumplicidade do oprimido nas preferências da administração.

A inimitabilidade do estilo de Geertz o torna intratável em discursos sobre o método. O estilo é o homem, com certeza, e sendo distintamente assim não pode ser transformado em uma técnica. Esse mesmo estilo em suas mãos é radicalmente oposto a uma concepção da investigação humana (tão influenciada no presente pelas abomináveis maquinações do gerencialismo) como a implementação de *habilidades* e da tecnologia da subordinação. A disciplina de interpretação, quando praticada adequadamente, encaminha à *expressão* exata, e como um filósofo antipositivista muito admirado por Geertz, R.G. Collingwood, escreveu, "Expressão é uma atividade para a qual não pode haver técnica alguma"[6].

A arte, supremamente, é a exata expressão de pensamento e sentimentos; a técnica é, por definição, instrumental, o seu objetivo, a reprodutibilidade. Estudamos o pensamento de Geertz não como um exercício em (como a execrável expressão diz) "habilidades de estudo de ordem superior", mas (como Collingwood também menciona, acerca de ler um grande poeta) a fim de

> não meramente [para] entender a expressão de si próprio do poeta, das suas emoções, [mas que] ele está também expressando suas próprias emoções nas palavras do poeta, que se tornaram, então, suas próprias palavras. Como Coleridge coloca, reconhecemos um homem como poeta pelo fato de ele nos tornar poetas[7].

É isso que significa encontrar-se sob a influência de um grande escritor, como, não tenho dúvida, Geertz foi. Em suas mãos, o ensaio tem a força imaginativa, a concisão, a clara luz, e a memorabilidade nítida do poema curto. Os poemas curtos mais famosos, como observa Yvor Winters, derivam sua força e complexidade das exigências da forma e de suas convenções acumuladas tal como percebidas pelo escritor. Elas permitem, e inclusive encorajam, o aforismo e a generalização judiciosa. Elas exigem a combinação da devida paixão com a experiência relevante, do motivo com a emoção. Razão e retórica devem estar em equilíbrio (ou o poema se deteriorará em desvario). Necessariamente, o poema resulta em julgamento moral (o que não é dizer, em sentenciamento).

Os ensaios de Clifford Geertz fazem essas coisas e passam nesses testes. Isso é o que os torna obras de arte e ciência humana em ação, em vez de aplicações de métodos. Lê-los não é ser adestrado, mas pensar, sendo o pensamento permeado pelos melhores sentimentos do que somos capazes na execução da tarefa de in-

---

6. COLLINGWOOD, R.G. *The principles of art*. Oxford: Clarendon Press, 1938, p. 111.

7. Ibid., p. 118.

terpretação disponível. Geertz é tanto amigo quanto mestre; na medida em que nós, seus leitores, buscamos por instrução, somos seus alunos.

III

A maioria das resenhas e artigos que seguem apareceu pela primeira vez no *New York Review of Books*, e se o que é evidente sobre a página é a franqueza, o humor, a luminosidade, e a fácil conversabilidade americana do homem, então vale a pena acrescentar que as páginas do *New York Review* foram notáveis por quase meio século como a ágora continental, e mesmo internacional, exatamente dessa forma de intercâmbio intelectual. Nada há que se compare a ela ao redor do mundo por sua aplicação escrupulosa, corajosa, e tranquila de ideais e princípios não somente liberais, mas também inclusivamente humanistas.

Contudo, mesmo aí, Geertz se destaca pela sabedoria e por uma amplitude de referência consideravelmente colossal – ele foi um homem que falava e lia em árabe, dois ou três dos incontáveis dialetos indonésios, alemão, francês, espanhol, uma frase ou duas em japonês, e sua língua nativa, a clássica prosa americana diretamente na linha de Twain e Faulkner, Henry e William James, e James Thurber, seus escritores favoritos.

Devido aos seus dons, o *New York Review* foi o lugar ideal para ele falar, com modesta autoridade, por quase quarenta anos, sobre os grandes temas mundiais; desde sua primeira aparição analisando, com uma hilaridade indistinta, seu ancestral disciplinar, Malinowski, até sua última, "Entre os infiéis" – poucos meses antes de sua morte inesperada e logo após ter sido atropelado por um motorista incompetente e sem seguro, enquanto atravessava a rua em uma faixa de segurança.

"Grandes temas mundiais", contudo, jamais seria como ele colocaria. Em todo lugar ao longo de suas concisas contribuições conversacionais, ele recusa, a título de marca registrada, tanto Grande Teoria como Grandes Temas em Letras Maiúsculas. Diante de fatos de risco e do fim do mundo em sua análise das incongruentes visões do juízo final expressas por Richard Posner e Jared Diamond, Geertz coloca o duo delirante sob alerta com uma epígrafe de Cole Porter, e em sua conclusão nos leva de volta para a necessidade do estudo monográfico, das soluções graduais, altercando face a face, fabianizando (como dizem na Grã-Bretanha) o aprimoramento. Eles podem não parecer muito; mas são o melhor que podemos fazer.

Uma coleção das resenhas de Geertz, abrangendo como esta aproximadamente quarenta anos, é, portanto, muito mais do que a confecção de um livro. Ela configura o homem e sua autoconstrução; ela dramatiza seus encontros extensos com intelectuais do mundo, com as disputas tempestuosas do mundo consigo mesmo, com os melhores, mais inteligentes e moralmente mais defensáveis métodos (para utilizar a palavra abençoada) que possamos formular para entendê-lo.

Para publicar a extensão completa de resenhas, do ensaio de 1967 sobre Malinowski até sua última aparição no *New York Review*, "Entre os infiéis", somente alguns meses antes que sua cirurgia do coração corresse fatalmente mal no final do verão de 2006, seriam necessárias 150.000 palavras e exceder os propósitos desta coleção. Pois meu propósito aqui é indicar, em sua forma legível e acessível, uma seleção representativa de uma obra momentosa: o trabalho de um viajante americano típico em sua fácil abertura para o mundo em toda a sua peculiaridade, todavia, excepcional na acuidade de sua visão, assim como a prontidão e acurácia com que sabia o que pensar, no modo de conectar percepção a juízo, e no modo de estabelecer ambos – informalmente por assim dizer – em uma visão da comédia humana.

Contudo, "visão" não é a palavra adequada. "Visão" vem com uma letra maiúscula; vamos dizer em vez disso, o modo de Geertz de ser-no-mundo, um homem sério numa Terra séria, é inseparável de seu sentido construtivo de comédia. Em letra minúscula e em tons de voz um tanto baixos – como seu amigo e admirador, Robert Darnton, reclamava em uma memória, "ele falava muito rápido e murmurava dentro de sua barba"[8] – ele incorporava em sua escrita e executava em seu pensamento uma visão (droga!) da comédia moderna e de sua formação histórica.

Nisso ele seguiu Kenneth Burke, um dos mentores de quem tomou emprestado (com adornos de Wittgenstein) uma noção que é sua marca registrada: "dramatismo". Burke distinguia entre tragédia, entendida como impelida pela maldade humana e pela malevolência sobrenatural da história, e comédia, esforçadamente elaborada pela estupidez e pelo erro corrigível humanos, talvez para ser corrigido pelo autoconhecimento humano[9].

No volume de ensaios de crítica literária, por assim dizer, sobre os pais e mães fundadores da antropologia, ele termina seu prefácio fazendo a homenagem formal do livro a Burke, "que não teve conexão direta alguma com ele [o livro] ou comigo, mas cujo trabalho serviu como inspiração orientadora em praticamente toda sua realização"[10].

Burke descobriu em I.A. Richards a definição de um ato simbólico como "a dança de uma atitude" (Geertz se lançava sobre isso). Ele havia se lançado em sua busca e pesquisa por "uma gramática dos motivos" enquadrada como *comédia*,

---

8. DARNTON, R. "On Clifford Geertz: field notes from the classroom". *New York Review of Books*, 11/01/2007.

9. BURKE, K. *On symbols and society*. Chicago: University of Chicago Press, 1989, p. 188, esp. p. 170-172.

10. GEERTZ, C. *Works and lives*: the anthropologist as author. Stanford: Stanford University Press, 1988, p. vi.

pois "um enquadramento cômico dos motivos não somente evitaria a negação sentimental de fatores materialistas nos atos humanos; evitaria também a brutalidade cínica que chega quando essa sensibilidade é ultrajada". Burke, então, com confiante idiossincrasia, define completamente a comédia como "o máximo da complexidade forense".

Geertz era muito apegado à comédia das coisas; na verdade, nenhum pensador de nossa época é mais engraçado. Ele tem um jeito brusco com a predominante insistência de escritores de política e sociologia contemporâneos, apropriada sem dúvida do jornalismo, de buscar sempre pela verdade *por trás* dos fatos e de sua aparência, indagando pelos significados e motivos que, como supõem, todos se esforçam por ocultar, mas que são o que (no advérbio-chave) "realmente" o que está acontecendo. A verdade de Geertz, comicamente franca, é que "o real é tão imaginado quanto o imaginário", que a ação pública, simbólica, de nós mesmos, é só o que existe para prosseguirmos[11].

Comédias como as escritas por Geertz são, portanto, povoadas por pessoas e sem inflexão santimonial: seja como pensadores individuais, como nações caminhando em direção ao, e para longe do, progresso, como igrejas e suas congregações lutando por significado e furiosas para nulificar o sem-sentido, ou como impérios, passados ou presentes, fazendo seu melhor pela miséria ou emancipação.

IV

Agrupei as revisões sob dois cabeçalhos antes de acrescentar o que Kierkegaard descreveu certa vez como seu "*postscriptum* conclusivo final", composto pelas últimas conferências. A primeira seção, "Sábios e Antropólogos" inclui uma *galère* muito estranha; Geertz me disse certa vez: "o *NYR* me envia livros sobre os destituídos, os desvalidos e os loucos", e assim era. Tive, por exemplo, que excluir a resenha de Geertz de *Ishi's Brain* (O cérebro de Ishi), o livro sobre o último e mais alquebrado índio da tribo yahi encontrado mudo e encolhido de medo na serra californiana em 1911.

Mas foi exatamente assim que Geertz reordenou a antropologia para o aprimoramento da modernidade ocidental. Ele mostrou ao mundo acadêmico do Atlântico ocidental, de certo modo (embora Marshall Sahlins e Robert Bellah o tivessem ajudado muito), não somente como entender aqueles milhões vivendo do outro lado de nosso território imaginativo, mas também como nós e eles poderíamos cruzar as fronteiras e viver, pensar e sentir de um modo muito diferente daquele que fazemos aqui e agora.

---

11. GEERTZ, C. *Negara*: the theatre-state in 19th century Bali. Princeton: Princeton University Press, 1980, p. 136.

Foi isso que ele fez a antropologia fazer, aproveitando a grande oportunidade disponibilizada pelo Departamento de Relações Humanas de Harvard em 1950 (ainda uma das inovações mais estimulantes de uma universidade tentando fazer do mundo um lugar melhor), e levando seu tema para as disciplinas vizinhas para sua edificação. Esta primeira seção é constituída por suas meditações sobre esse tópico poderoso, o auxílio e obstáculo dos sábios e a absorção de suas lições no modo como pensamos agora. Seu ensaio para *Encontro*, sobre Lévi-Strauss, letal e belo ao mesmo tempo, que apareceu em uma versão posterior em *The Interpretation of Cultures*, levou Lévi-Strauss a dizer, quando se encontraram: "foi um pouco duro".

A segunda seção recebe o título "Os islãs e a fluidez das nações", e, na nova crise mundial, uma vez que os comandos mais históricos da religião se chocaram contra as certezas mais complacentes da riqueza mundial, o título não requer maior justificação. Mas em uma máxima que conclui o ensaio *Toutes directions* aqui (o que ele chamava seu "guia de pintura de casas"), a admonição de Geertz, muito antes da atrocidade das torres do World Trade Center, é que "a cidade islâmica... está perdendo definição e ganhando energia". A moral ameaçadora disso é situar as múltiplas fontes da energia e suas diversas dramatizações – por isso o ensaio em duas partes tem seu título tomado, como você poderia esperar, de um *cartum* do *New Yorker*, "Qual o caminho para Meca".

Geertz, malgrado ele próprio, também tentou um conspecto mais extenso, e essa seção inclui aquelas resenhas nas quais, majestosa e modestamente, ele trata das condições de sociedades inteiras e de seus deslocamentos pelo mundo. Em dois casos (em 1990 e 2005), ele prevê o estado do próprio mundo, acompanhado por aquela metade não santificada pela virilidade. Naturalmente, sua ênfase cai amplamente naquelas duas áreas, uma vastamente populosa, a outra ainda vastamente vazia, mas enchendo o que fornecia o tema dual de sua carreira: a Indonésia e a África do Norte. Mas foi a ênfase predominante de seu método ensinar seu leitor como olhar através das lentes de uma sociedade pelas peculiaridades de uma outra. Sempre se recusando a aceitar a categoria hegeliana de "nações históricas mundiais", sua lição salutar para sua própria sociedade foi mostrar a ela como olhar para outros principados tornando a modernidade seu próprio modo não americano e como extrair a moral segundo a qual sua amorfidade proteana era o caminho pelo qual o mundo provavelmente seguiria. Para ele, compreender era mais uma questão de bifocalismo do que de comparativismo *tout court*. (Ele manteve incomodamente em mente a observação de Santayana de que as pessoas comparam quando não conseguem chegar à raiz de algo.)

Esta coleção é concebida, certamente, para ser ilustrativa – "Veja, aqui está o âmbito; é assim que o trabalho era". É também festivo e de despedida. Na parte 3, "A ideia de ordem" (Geertz era um admirador da poesia de Wallace Stevens), as cinco conferências podem ser lidas também como sua despedida do mundo. A segunda é um fragmento sucessor de autobiografia e autoavaliação que fornece uma nota de rodapé a *After de Fact* (*Após o fato*), em 1995, e ao primeiro capítulo de *Available Light* * (*Luz disponível*), em 2000. Mas em cada uma dessas conferências, Geertz imediatamente ergue seus olhos, com cuidado, em direção a um horizonte humano universal, embora permanecendo tão firme quanto possível no chão fraturado e irregular sob seus pés.

O ensaio autobiográfico é também uma longa perspectiva lançada sobre a vida intelectual americana e sua militarização na Guerra Fria e na Pós-modernidade. O anterior é um trabalho entregue e publicado até agora somente no Instituto para Estudos Avançados, no qual desvela, em seu modo característico, "O Oriente Próximo no Oriente Distante", assim como o futuro no presente. O terceiro levanta algumas das questões colocadas em um ensaio anterior de três partes em *Available Light*, "The World in Pieces (O mundo em pedaços)", e uma vez mais pratica a necessidade de recusar grandes descrições teóricas da globalização, ainda mais a antecipação emocionante de um choque de civilizações, e de tomar cada estranheza em seus próprios termos, fossem elas respondidas pelos Estados Unidos ou pelas Nações Unidas. A quarta – a conferência James Frazer – é, como seu título anuncia, uma reiteração de suas restrições liberal-imaginativas antiuniversalistas em nome, não obstante, daquele excelente clichê, a "humanidade comum".

Finalmente, no auge de suas forças, mas quase nove meses antes de sua morte, ele termina com sua conferência caracteristicamente perturbadora, apresentada em memória a Irving Howe e publicada na revista *Dissent*, na qual ele desmantela alguns dos lugares-comuns políticos mais reconfortantes da época, apenas a fim de sugerir, sem rancor, quão instáveis são as narrativas nacionalistas com as quais os poderosos interpretam o mundo político, ao mesmo tempo em que propõe outras, preferíveis porque são locais, porque são domésticas, porque são menos letais, e mantendo aberto o futuro à sua improbabilidade.

Por muitos anos, Geertz falou tanto sobre política como sobre antropologia ou história. Na verdade, ele inventou a partir da babel das línguas intelectuais de sua época os contornos do que R.G. Collingwood pediu aos seus colegas acadêmicos, "uma ciência dos assuntos humanos"[12]. Geertz criou uma coisa assim a partir da mistura do que chamava os "gêneros indistintos" do pensamento contemporâneo[13], sendo a primeira e última condição de Geertz para seu uso e controle que os cientistas do humano recusassem o jargão abominável, mas, lamentavelmente, amplamente falado e calado, do gerencialismo e das ciências

---

* Publicado no Brasil sob o título *Nova luz sobre a Antropologia*. Rio de Janeiro: Zahar, 2001 [N.T.].

12. COLLINGWOOD, R.G. *An autobiography*. Oxford: Clarendon Press, 1939, p. 115.

13. No ensaio com esse nome em seu *Local Knowledge*, p. 19-35.

políticas, e recuperassem, em vez disso, na excelente frase de W.H. Auden, uma "fala afirmativa sã".

É o momento de especular, a título de conclusão, que o desenvolvimento do gênio de Geertz, seu "estilo" no sentido forte de Nietzsche, deveu-se muito à sabedoria e à sorte que o colocaram, de 1970 até 2006, na Escola de Ciências Sociais no Instituto de Estudos Avançados em Princeton. A extrema felicidade disso, como ele próprio certa vez observou, foi que naquele ambiente maravilhoso,

> A especialização de nichos que ocorre cada vez mais rápido no grande conglomerado de universidades está completamente ausente, e ninguém jamais é encarregado de fazer coisa alguma. Economistas têm de lidar com antropólogos, com cientistas políticos, com economistas, e assim por diante ao redor do círculo, e todos têm de garantir que os resultados fechem, que as nomeações sejam feitas e que os intrometidos do governo – NEH * e outros – sejam mantidos a uma distância apropriada. É o negócio da ciência social que todos temos de conhecer, não somente nossa própria região especial dela, e com certeza não há alienação alguma dos meios de produção aqui.
>
> Isso leva, é claro, a um tipo de relacionamento intensamente pessoal entre os proprietários enquanto entes humanos completos, não havendo reitores, chefes de departamento, comitês permanentes ou quaisquer outros atrás de quem se esconder ou, igualmente, em quem descarregar, e a linha entre a casa e o escritório fica muito difusa. Você faz reuniões políticas em corredores e ruas, seminários em casa, discute problemas à noite, aos domingos e o que quer que seja. E o resultado *disso* é ou vocês se dão bem como, para usar o termo vernacular, amigos, não apenas, para usar o termo profissional, como colegas, ou a coisa não funciona[19].

Como ele diz adiante, esses arranjos se parecem com aqueles que se faz em um pequeno negócio, nunca muito longe do perigo ou do desastre, com seus sócios unidos na ansiedade e na esperança, fazendo apenas algumas coisas, mas obrigados a fazerem-nas extremamente bem, "pois, do contrário, quem necessita disso?". O resultado, ele dizia, é "um tipo de dialética de temperamentos em vez de uma divisão do trabalho", um poderoso amálgama de amizade profunda entre caracteres muito contrastantes – "o tipo de coisa que se considera ter existido na Grécia, mas é muito difícil de encontrar na academia contemporânea" – composto de confiança, consideração, afeição e de uma imagem argumentativamente compartilhada do mundo.

---

* Sigla de *National Endowment for the Humanities* (Fundação Nacional para as Ciências do Humano) [N.T.].

14. Observações feitas informalmente em uma festa de boas-vindas à indicação de Joan Scott ao Instituto em 1985.

Essa moral caseira e dócil transpira espontaneamente das resenhas e dos ensaios que seguem. Geertz – ele próprio cordial, generoso, extremamente afetuoso, incontrolavelmente engraçado, irascível quando necessário, nem um pouco assustador para nós que ouvimos sua elocução rápida, engraçada, murmurada, intrincada, às vezes inaudível e que nem sempre podemos acompanhar – ensinou em sua prosa e em seu pensamento o truísmo segundo o qual o estudo adequado do gênero humano é humanidade e que só podemos fazê-lo apropriadamente nos tornando tão completamente humanos quanto está em nós sê-lo.

Parte I
Sábios e antropólogos

1967

Sobre Malinowski*

Há dez anos, vários eminentes antropólogos, linguistas e sociólogos que haviam sido, de um modo ou de outro, estudantes de Bronislaw Malinowski decidiram que ele havia sido injustamente negligenciado desde sua morte, em 1942, e reuniram uma coleção de ensaios, cada um deles dedicado a um aspecto particular de seu trabalho[1]. Mas, como os escritores eram francos e competentes, o resultado, ao contrário, mais justificou a negligência do que a eliminou. Meyer Fortes, de Cambridge, decidiu que, embora Malinowski tivesse escrito incessantemente sobre Parentesco, ele não o havia compreendido realmente. S.F. Nadel taxou seus estudos religiosos de "teologia" simplista "do otimismo". J.R. Firth, embora simpático aos seus objetivos, considerou sua contribuição linguística técnica como consistindo de "comentários esporádicos imersos e talvez perdidos no que é propriamente chamado sua análise etnográfica". Edmund Leach considerou seus escritos teóricos "não meramente datados [mas] mortos"; Talcott Parsons, que ele interpretou mal tanto Durkheim como Freud e que dificilmente se inteirou de qualquer outro; Raymond Firth, que ele falhou em compreender o raciocínio econômico; Isaac Shapera, que ele foi relutante ou incapaz de distinguir lei de costume. Somente sobre um ponto houve elogio unânime e praticamente incondicional: Malinowski foi um pesquisador de campo incomparável. Possuidor, nas palavras de Audrey Richard, de "talentos linguísticos incomuns, de um vigoroso poder de contato pessoal e de uma tremenda energia", ele "conseguia uma grande identificação pessoal com o povo com que vivia". Pretensioso, trivial, assistemático, ingênuo, prolixo, intelectualmente provincial, e talvez até mesmo um tanto desonesto, ele, de algum modo, levava jeito com os nativos.

---

* Publicado originalmente como "Under the Mosquito Net", *New York Review of Books* 9, n. 4, 14/09/1967. Os livros em discussão aqui são *A Diary in the Strict Sense of the Term*, *Coral Gardens and Their Magic: I: Soil Tilling and Agricultural Rites in the Trobriand Island II: The Language of Magic and Gardening*, de Bronislaw Malinowski.

1. FIRTH, R. (ed.). *Man and Culture*. Routledge & Kegan Paul, 1957.

Bem, agora temos evidência mais direta sobre exatamente que tipo de homem esse consumado pesquisador de campo foi. Ela toma a forma de um documento muito curioso, que seus editores decidiram chamar *Um diário no sentido estrito do termo*, aparentemente em um esforço para comunicar que é um diário em um sentido estranho do termo. Escrito, em polonês, durante 1914-1915, quando ele estava na Nova Guiné para sua primeira expedição, e em 1917-1918, quando ele estava terminando sua famosa pesquisa sobre os trobriandeses, o diário, em grande parte, não consiste em uma descrição de suas atividades diárias nem em um registro do impacto pessoal que aquelas atividades tiveram sobre ele. Ao contrário, descreve um tipo de quadro mental cujas figuras estereotipadas – sua mãe, um amigo de infância com quem teve uma briga, uma mulher que ele amou e deseja descartar, uma outra pela qual está apaixonado agora e com quem deseja se casar – estão a milhares de quilômetros de distância, congeladas em atitudes atemporais que, em um ansioso autodesprezo, ele obsessivamente contempla. Para esse homem de "vigoroso poder de contato pessoal", tudo o que é local e imediato nos Mares do Sul parece ter estado emocionalmente fora de cena, um objeto útil de observação ou uma pequena fonte de irritação. Por mais de três anos, sugere esse "diário", Malinowski trabalhou, com enorme dedicação, em um mundo, e viveu, com intensa paixão, em outro.

O significado desse fato para a autoimagem do antropólogo é devastador, especialmente porque essa imagem foi tão autocongratulatória. Na verdade, para uma disciplina que se considera liberal, é muito desagradável descobrir que seu pesquisador de campo arquetípico, em vez de ser um homem de simpatias católicas e de profunda generosidade, um homem que seu contemporâneo, o oceanista R.R. Marett, pensava poder entrar no coração do mais tímido selvagem, fosse, em troca, um narcisista hipocondríaco mal-humorado, preocupado consigo mesmo, cujo sentimento de fraternidade para com aqueles com quem vivia era extremamente limitado. (Ele se refere a eles continuamente nesse diário como os negros malditos, insolentes ou desagradáveis, e praticamente nunca os menciona exceto para expressar seu desprezo para com eles: "Basicamente, estou vivendo fora de Kiriwina [o distrito principal das Trobriand, no qual, fisicamente, ele estava vivendo], embora odiando fortemente os negros".) Pois a verdade é que Malinowski *foi* um grande etnógrafo, e, quando consideramos seu lugar no tempo, um dos mais bem-sucedidos que já apareceram. Que ele também tivesse sido, aparentemente, um homem desagradável, portanto, representa um certo problema.

Um iconoclasta por toda sua vida, Malinowski, nesse trabalho espesso, cansativo, póstumo, destruiu um ídolo final, e um que ele mesmo ajudou a criar: o do pesquisador de campo com extraordinária empatia pelos nativos. Embora a pesquisa de campo intensa do tipo que Malinowski aperfeiçoou tenha crescido, também cresceu a noção de que o sucesso dessa pesquisa depende do estabelecimento de um vínculo peculiar de simpatia entre o antropólogo e o informante, um vínculo usualmente referido como *rapport*. Diferente do missionário, do oficial colonial, do mercador (os quais Malinowski parece ter considerado como tolos ou pior) ou, hoje em dia, do adido diplomático, do representante da Coca-Cola®, do jornalista e do economista itinerante, o antropólogo "entende as pessoas", e, em reconhecimento disso, as pessoas, em troca, revelam-lhe seus pensamentos e sentimentos mais íntimos.

Essa concepção não sofisticada de *rapport* é, claramente, egotista e sentimental, e, portanto, falsa. Todavia, algum vínculo de simpatia está no núcleo da pesquisa de campo efetiva; e a habilidade para encorajar um informante – que não tem razão particular alguma para fazer isso – a falar com alguma honestidade e com algum detalhe sobre o que o antropólogo quer que ele fale é o que separa o habilidoso do deslocado em etnografia. O valor do exemplo embaraçoso de Malinowski é que, se o considerarmos seriamente, fica difícil defender a visão sentimental do *rapport* como dependente do envolvimento do antropólogo e do informante em um universo moral, emocional e intelectual únicos. Independentemente do modo como Malinowski obteve o material para as mais de 2.500 páginas das maiores monografias descritivas que ele produziu sobre os Trobriand, ele não fez isso se tornando um dos nativos:

> Às 10, fui a Teyava, onde tirei fotos de uma casa, de um grupo de meninas e do [intercâmbio de alimentos] e estudei a construção de uma nova casa. Nessa ocasião, fiz uma ou duas piadas grosseiras, e um maldito negro fez uma observação reprovativa, pelo que os insultei e fiquei extremamente irritado. Consegui me controlar na hora, mas me irritou demais o negro ter ousado falar comigo daquela maneira.

De fato, é inevitável que o relacionamento entre um antropólogo e o povo que ele estuda seja radicalmente assimétrico. As duas partes se encontram com trajetórias diferentes, diferentes expectativas e diferentes propósitos. Eles não são membros de uma comunidade única, um fato que nenhuma quantidade de murmúrio sobre a fraternidade humana ou sobre a associação de toda humanidade pode realmente obscurecer. Seus interesses, seus recursos, suas necessidades, sem falar de suas posições na sociedade são todos acentuadamente contrastantes. Eles não veem as coisas do mesmo modo nem se sentem do mesmo modo em relação a elas, e, assim, o relacionamento entre eles é caracterizado pela tensão moral, uma ambiguidade ética determinada. A maior parte dos antropólogos não é tão desagradável como Malinowski, e na verdade ele parece (embora isso possa ser meramente um resultado também do fato de ele ter sido mais franco do que a maioria) um tanto perverso, embora não um caso extremo. Mas o fato de que a maior parte dos bons etnógrafos são pessoas decentes e razoavelmente agradáveis que gostam e admiram as pessoas com quem trabalham não muda realmente a situação. O mais nobre dos antropólogos enfrenta o problema que Malinowski enfrentou: como penetrar uma forma de vida não meramente diferente, mas incompatível com a sua.

O que salvou Malinowski, o que o impediu de afundar completamente no charco emocional que o diário descreve, não foi uma capacidade ampliada para a empatia. Há muito pouca evidência em qualquer trabalho seu de que ele alguma vez tenha entrado no coração de qualquer selvagem, mesmo o menos tímido. A psicologia está toda generalizada, as ideias e emoções, todas padronizadas, "O trobriandês" (ou, muitas vezes, "O selvagem") faz isso ou aquilo, sente isso ou aquilo, pensa isso ou aquilo. Os indivíduos aparecem apenas momentaneamente como ilustrações suspeitamente apropriadas de alguma característica geral da mentalidade trobriandês. O que o salvou foi uma capacidade quase inacreditável de trabalho. Para um homem que reclama em seu diário quase todo dia de letargia, tédio, indisposição, desespero ou apenas de uma incapacidade geral de conseguir fazer qualquer coisa, ele reuniu uma quantidade estarrecedora de dados. Não foi uma compaixão universal, mas uma crença quase calvinista no poder purificador do trabalho, que tirou Malinowski de seu mundo obscuro de obsessões edípicas e de prática de autopiedade e o colocou no dia a dia trobriandês:

> Com relação à etnologia: vejo a vida dos nativos como completamente destituída de interesse ou importância, algo tão remoto para mim como a vida de um cão. Durante a caminhada, tornei um ponto de honra pensar no que estou fazendo aqui. Na necessidade de reunir muitos documentos. Tenho uma ideia geral sobre a vida deles e alguma familiaridade com sua língua, e, se ao menos eu pudesse "documentar" tudo isso de algum modo, eu teria um material valioso. – Devo concentrar minhas ambições e meu trabalho em algum propósito. Devo organizar o material linguístico e reunir documentos, encontrar modos melhores de estudar a vida das mulheres [utensílios domésticos], e o sistema de "representações sociais". Um forte impulso espiritual.

O diário está eivado de autoexortação moral para abandonar o onanismo, deixar de apalpar as garotas nativas e de ler novelas baratas e se pôr seriamente a fazer aquilo para o qual ele estava lá para fazer. Quando isso é combinado com o tema constante da autocondenação, o livro assume um pouco do tom de um tratado puritano:

> Acordei às 7. Ontem, sob o mosquiteiro, pensamentos impuros: a Sra. [H.P.]; a Sra. C. e mesmo a Sra. W... Eu inclusive pensei em seduzir M. Livrei-me disso tudo... Hoje, levantei às 7 – letárgico; deitei sob o mosquiteiro e queria ler um livro em vez de trabalhar. Levantei e fiz o percurso normal pelo vilarejo. [Estudei o comércio de escambo.] Decidi evitar em absoluto todo pensamento lascivo, e em meu trabalho termi-

nar o senso, se possível, hoje. Por volta das 9, fui a Kaytabu onde peguei o senso com um velho barbudo. Um trabalho monótono, estúpido, mas indispensável.

Acordei tarde; sob o mosquiteiro, uma tendência a me deixar levar, como de costume, o que dominei. Planejei detalhes da excursão para Kitava e cogitei documentar [o comércio nativo]. Registrei conversações... Conversações com [o chefe da ilha].

Princípios morais: jamais devo me permitir a consciência do fato de que outras mulheres [que não sua noiva] têm corpos, e de que copulam. Decido também rechaçar o caminho mais fácil no caso dos romances. Estou muito contente de não ter recaído no hábito de fumar. Agora, devo obter a mesma coisa com respeito à leitura. Posso ler poemas e coisas sérias, mas devo evitar em absoluto romances baratos. E eu deveria ler trabalhos etnográficos.

A falta total de "personalidade moral" é desastrosa. Por exemplo, meu comportamento na casa de George, minha carícia em Jab., dançar com ela etc. é provocado principalmente por um desejo de impressionar outros colegas ... Eu devo ter um sistema de proibições formais específicas: Não devo fumar. Não devo tocar uma mulher com intenções sub-eróticas. Não devo trair E.R.M. [sua noiva] mentalmente, i.e., recordar minhas relações anteriores com mulheres, ou pensar sobre futuras outras... Preservar a personalidade interior essencial ao longo de todas as dificuldades e vicissitudes: nunca devo sacrificar princípios morais ou o trabalho essencial para "me exibir", para *Stimmung* sociável etc. Minha tarefa principal agora deve ser: trabalho. *Ergo*: trabalho!

Em quase toda página encontramos algo semelhante a isso. Ele tem fantasias eróticas de um tipo ou de outro, recorda de sua mãe ou de sua noiva, é devastado pela culpa e decide, a despeito de severa lassidão, por mãos à obra, o que ele faz com grande intensidade. Ele então se sente, especialmente quando o trabalho vai bem, exausto, mas eufórico, e discursa, muitas vezes com eloquência real, sobre as belezas da paisagem "em relação à qual eu tenho um sentimento voluptuoso".

A etnografia dessa abordagem expiatória ao trabalho produzido foi, como podemos esperar, detalhada, concreta, abrangente ao ponto da indiscriminação, e – a palavra é inadequada – volumosa. "Trabalhando em meu ritmo atual", ele observa em um dos dias em que se encontrava mais otimista, "eu deveria voltar carregado de materiais como um camelo". E assim foi, e cada um de seus trabalhos mais importantes é uma enorme enciclopédia de dados sobre cada tópico relacionado ao seu tema geral, e mesmo sobre alguns tópicos que não tinham relação alguma. *Jardins de coral e sua magia*, publicado pela primeira vez em 1935 (o qual Malinowski considerava pessoalmente seu melhor trabalho), republicado somente agora, é um exemplo excelente. Em suas 800 páginas, divididas em dois volumes não muito integrados entre si, um apresenta tudo, desde diagramas de tipos de casas, leiautes de hortas e listas de permuta de inhames, até extensas discussões sobre a organização do clã trobriandês, rituais agrícolas, troca de presentes e práticas de jardinagem, além de (inserido entre um capítulo sobre "O cultivo do taro, palmas e bananas" e outro sobre "Posse de terra") uma disquisição sobre métodos de campo, e (no segundo volume) noventa e oito textos mágicos em trobriandês com traduções livres e literais e comentários. Há seções chamadas "Uma teoria etnográfica da palavra mágica", "Ao que se assemelha a especialização industrial na melanésia", "Uma caminhada pelos jardins", "*Kayaku* – O chefe e o feiticeiro no conselho", "Fome, amor e vaidade como forças impulsionadoras na colheita trobriandesa", e "Frutos da floresta e do campo", depois das quais há um longo apêndice lamentando a quantidade de fatos que ele não conseguiu reunir (por exemplo, com que frequência os nativos calculam o número de sementes de inhame por horta).

Os ex-alunos de Malinowski estavam certos: é esse grande *corpus* contido em *Jardins de coral*, *Os argonautas*, *Crime e costume*, *Sexo e repressão na sociedade selvagem*, *A vida sexual dos selvagens*, que permanece como seu monumento. O resto – a teoria biológica do funcionalismo, a teoria contextual da linguagem, a teoria confiante da magia, a interpretação não econômica do comércio primitivo, a extensão da abordagem dos vínculos familiares à organização social – parece agora, na melhor das hipóteses, débeis primeiros passos em direção a uma conceitualização adequada da cultura, na pior das hipóteses, excessivas simplificações dogmáticas que provocaram mais danos do que benefícios. Seu feito foi compilar um registro fiel, verossímil e na verdade comovente de um modo de vida primitivo, diante de contingências psicológicas que teriam provavelmente subjugado qualquer outro em seu lugar. Pois, se os trobriandeses são "negros malditos" em seu diário privado, em seus trabalhos etnográficos eles estão, por meio de uma misteriosa transformação forjada pela ciência, entre os nativos mais inteligentes, dignos e conscientes em toda a literatura antropológica: homens, Malinowski está sempre insistindo, assim como você e eu.

Ou como ele. O *insight* sobre a vida trobriandesa que Malinowski aparentemente não foi capaz de obter por meio do contato humano ele conseguiu por sua diligência. Impedido, pelas peculiaridades de sua personalidade, de alcançar diretamente o que, em *Os argonautas*, ele chamava o objetivo final da etnografia, "apreender o ponto de vista do nativo, sua relação com a vida, compreender *sua* visão de *seu* mundo", ele alcançou indiretamente. Isolado, e até alienado, emocionalmente de seus sujeitos, esforçou-se para compreendê-los, observando-os pacientemente, conversando com eles, refletindo sobre eles. Uma abordagem como essa pode nos levar somente até certo ponto. Mas levou Malinowski muito mais longe do que a maioria porque, a despeito de seus tormentos pessoais ou devido a eles, ele continuou incessantemente se esforçando. "Sem dúvida", ele diz na sentença de conclusão do diário, "não possuo uma personalidade real". Talvez; mas isso depende muito do que se entende por personalidade.

1969

Sobre Gandhi*

"De onde, portanto", o *Mahabharata* pergunta, "surge a Esperança?" Por vinte anos, desde que seu *Infância e sociedade* anunciou que a vocação freudiana era o fortalecimento do ego, Erik Erikson fez a mesma pergunta. Toda sua carreira procedeu de uma firme determinação em: afastar a psicanálise do fascínio pela fraqueza e dirigi-la para a detecção da força, dissipar seu odor de hospital e conectá-la às aspirações públicas das pessoas. Na Índia moderna, onde o desespero é mais que uma emoção – uma qualidade da paisagem, uma dimensão do clima – a esperança surgiu mais eloquentemente com Gandhi. Ao se colocar a questão acerca de onde – nas circunvoluções da vida do *Mahatma* – essa esperança vem, em que ela consiste, e por que, ao menos durante um tempo, ela capturou grande parte da Índia em sua compreensão, Erikson encontrou um tema muito apropriado. Mas encontrou igualmente um caso mais refratário.

Um homem que alega ser um santo, como Gandhi alegava talvez não exatamente em palavras, mas certamente em quase todas as ações que realizou após retornar da África do Sul em 1915 (ele chegou ao banquete, com o qual a alta sociedade de Bombaim o saudou, com traje típico e anunciou que teria preferido ser recebido por serviçais contratados) – exige, acima de tudo, uma resposta moral. Como a pequena menina que não sabia se desejava ver o dinossauro no museu antes de descobrir se ele era bom ou mau, temos de nos decidir sobre como nos sentimos em relação a ele antes que realmente o compreendamos, e vir a compreendê-lo na verdade não ajuda muito em nossa decisão de como nos sentir em relação a ele.

---

* Originalmente publicado como "Gandhi: Non-Violence as Therapy". *New York Review of Books* 13, n. 9, 20/11/1969. O livro em discussão aqui é: *Gandhi's Truth, or the Origins of Militant Nonviolence*, de Erik H. Erikson.

De fato, quando é um dinossauro como Gandhi que estamos indo ver, compreendê-lo somente torna o problema pior. Quanto mais fundo se penetra o labirinto de sua personalidade, mais aumenta a tensão entre admiração e ultraje, reverência e desgosto, confiança e suspeita, até o encontro com ele se torna tão doloroso e perturbador quanto ele gostaria que fosse. O triunfo do livro de Erikson, ao desvelar as fontes internas do poder de Gandhi, não é dissolver, mas aprofundar, sua ambiguidade moral inerente, e ao fazer isso estende a intenção de sua carreira: fazer dele um profeta exemplar, um homem que recomenda sua personalidade ao mundo como uma revelação salvadora.

As características mais proeminentes da personalidade de Gandhi são muitíssimo bem conhecidas. Seu ascetismo sexual e dietético, seu ódio à sujeira, sua timidez, seu desassossego, seu pendor para o sofrimento autoinfligido, seu moralismo, seu romantismo, sua vaidade, foram já repetidamente descritos no que é a estas alturas uma literatura hagiográfica e anti-hagiográfica de um tamanho razoável tanto na Índia como fora. Erikson inspeciona esses traços familiares e traça suas raízes na infância e adolescência de Gandhi. Mas é a um aspecto menos observado da personalidade de Gandhi que ele se volta como o eixo psicológico de seu gênio religioso – seu humor irônico, debochado, ríspido.

O Gandhi de Erikson é uma provocação obsessiva, um homem com uma capacidade extraordinária de fazer os outros se sentirem furiosos e tolos ao mesmo tempo. Em Benarés, o arco símbolo da humildade hindu, ele se veste como um miserável e oferece um pêni à Fonte do Conhecimento e é devidamente recompensado por um guardião da ortodoxia (e, aparentemente, da Fonte) que lhe informa que acabará no inferno por sua mesquinharia. Na África do Sul, ele organiza um boicote contra a Lei Negra e depois escolta indianos que desejam romper os piquetes de seus próprios seguidores. Em uma reunião com o vice-rei arranjada para pôr fim à sua campanha de desobediência contra o imposto do sal, ele tira um pacote de sal de seu xale e despeja cerimoniosamente em seu chá. Ele recomenda anarquia aos advogados, paciência aos estudantes, trabalho manual aos servidores públicos, pobreza aos economistas, simplicidade aos marajás, híndi aos professores de escola e violência a Annie Besant.

Ele está sempre tantalizando, testando limites, brincando, até um ponto precisamente calculado, com as emoções de outros. A essência de seu dom espiritual é uma alegria aguçada, uma variedade indiana de brincar abertamente, o que mantém todos – íntimos, seguidores, rivais, oficiais, ocidentais em busca de sabedoria – psicologicamente desequilibrados, incapazes de encontrar com ele suas bases morais. Forjado num instrumento político, isso se torna o famoso *Satyagraha*, que significa literalmente "força da verdade" ou "perseverança na verdade", é usualmente traduzido como "resistência passiva" ou (um pouco melhor) por "não violência militante", mas que talvez pudesse ser mais informativamente transposto como "tantalizador de massas" ou "instigação coletiva". O que, no fim, Gandhi fez à Índia colonial foi levá-la à distração.

Erikson centra sua investigação dessa arte intrincada em torno de um incidente – que ele chama "O evento" – que, ocorrendo bem no início da carreira indiana de Gandhi (embora, com quase cinquenta anos, numa idade bem avançada), demonstra seu funcionamento em um microcontexto paroquial, altamente pessoal – um pequeno e intenso círculo de amigos íntimos. Desde a adolescência e a juventude de Gandhi (Gujerat, Londres, África do Sul) até os dias em que se tornou *Mahatma*, quando "toda Índia prendia a respiração enquanto [ele] jejuava", ele usa este "Evento" (a greve de 1918 dos trabalhadores têxteis de Ahmedabad), como um verdadeiro clínico, para desvelar os materiais psicológicos que compunham o *Satyagraha*.

O que tornou a greve de Ahmedabad tão natural para Gandhi foi o caráter ínsito de tudo. Os trabalhadores, muitos dos quais mulheres, foram liderados pela irmã feminista do dono da principal fábrica, uma das primeiras da longa série de dedicadas discípulas de Gandhi. A administração era conduzida por seu irmão menos visionário, cuja esposa também era partidária de Gandhi, e que, por toda sua franqueza defensiva, foi o primeiro financiador importante de Gandhi na Índia. Junto a alguns outros antigos adeptos – um assistente social de Bombaim, um tímido secretário, um dos esquadrões de sobrinhos acompanhantes de Gandhi –, esse pequeno grupo formou uma pseudofamília, repleta de afeições oblíquas e motivos equívocos, que a intrusão da greve jogou precisamente no tipo de desordem psicológica em que um provocador inspirado que adorasse brincar com as emoções dos outros poderia manobrar efetivamente. "Estou lidando com uma situação muito perigosa aqui", ele escreveu exultantemente para um de seus filhos, enquanto a irresistível irmã e o inamovível irmão se encaminhavam para uma rota de colisão, "e me preparando para uma ainda mais perigosa".

Após esse começo promissor, contudo, o caso resultou, ao menos na aparência, num certo fracasso. Sentado sob uma árvore de bulbulos, Gandhi palestra para milhares de pessoas todas as tardes sobre os princípios do *Satyagraha*. Ele extraiu, quase sem se aperceber, uma promessa sagrada dos trabalhadores de não retomarem o trabalho nem de provocarem qualquer distúrbio até que suas exigências fossem satisfeitas. E, quando a resolução deles começou a falhar, ele iniciou o primeiro de seus famosos dezessete "jejuns até à morte". No fim, desesperando da fibra moral dos trabalhadores ("Após vinte anos de experiência cheguei à conclusão de que sou qualificado a fazer uma promessa", disse-lhes com a rudeza de um diretor. "Não os vejo tão qualificados ainda"), ele negociou um acordo entre os irmãos antagonistas que redimiu o orgulho dos trabalhadores, o bolso dos proprietários e sua própria reputação.

Parecia a Gandhi um fim muito sórdido ao que era para ter sido uma revolução moral. ("Meus colegas de trabalho e eu", escreveu mais tarde em sua *Autobiografia*, "construímos muitos castelos no ar, mas no momento todos evanesceram.") Para Erikson, porém, esse é o ponto no qual Gandhi decide definitivamente empreender o caminho para a santidade, o ponto no qual a filosofia da não violência militante se libertava da biografia pessoal de Gandhi para se tornar parte da consciência coletiva da Índia moderna:

> [...] Jogar os habitantes de Ahmedabad uns contra os outros [O Evento] foi predominantemente um espetáculo local, como um ensaio diante de uma audiência provincial. Isso [fica] especialmente claro quando olhamos retrospectivamente para Ahmedabad a partir do primeiro Satyagraha nacional exatamente um ano mais tarde. [...] Então, centenas de milhares de indianos de todas as regiões e religiões estariam em movimento; o próprio império britânico seria o principal antagonista, e a opinião mundial o espectador atônito. Mas ao menos Ahmedabad [foi] um ensaio real, de tipo artesanal, a despeito de alguns contratempos devastadores assim como ensaios sérios suscitam.

Em Ahmedabad, a provocação foi finalmente elevada ao plano filosófico, incitando os exaltados a um ato religioso. Até certo ponto, isso já havia ocorrido nas agitações da África do Sul. Mas lá tudo havia sido muito pragmático, *ad hoc*, uma experimentação diária com estilos e mecanismos, reações imediatas a injustiças imediatas. Em Ahmedabad, onde o pessoal, o social, o ético e o prático permeavam um ao outro de um modo tal a praticamente dissolver a linha entre emoções privadas e atos públicos, tamanha inocência ideológica não poderia mais ser mantida. A conexão interna entre o *Satyagraha* como experiência individual – o que Gandhi acusou os trabalhadores de não possuírem – e como ação coletiva – o que ele acusou a si mesmo de não controlar – foi abertamente exposta, e com ela o fato de que incitar a virtude nas pessoas era uma coisa complexa e traiçoeira, mas menos egoísta e menos pacífica do que parecia.

A violência que a não violência contém, foi, é claro, com frequência notada; desde Nietzsche, tem sido um lugar-comum. Mas aquilo em que Gandhi chegou a acreditar, após Ahmedabad – e ao fazer isso se lançou em uma floresta de enigmas –, foi que essa violência contida era precisamente o que dava à não violência sua grandeza moral. Como uma arma do fraco, o *Satyagraha* é reduzido à covardia, é o que o indefeso deve fazer para sobreviver; como uma arma do forte, é a forma mais elevada de coragem, a disposição de sofrer o mal em vez de cometê-lo. Daquele incapaz de revidar, dar a outra face é um símbolo de submissão, uma vítima molificando seu atormentador ao camuflar sua fúria. Daquele competente em revidar, e até de matar, é uma provocação, uma asserção de superioridade moral que um agressor, com renovada brutalidade ou desconcertante arrependimento, deve necessariamente reconhecer. O caminho da verdadeira não violência passa, portanto, pela obtenção do poder, ou seja, dos meios da violência, uma doutrina que, quando enunciada no contexto da Índia de cinquenta anos atrás, exala a mesma frieza da lógica desesperada que existe nos Estados Unidos dos dias de hoje:

> Que conselho devo dar a um homem que deseja matar, mas é incapaz disso por ser aleijado? Antes que eu possa fazê-lo sentir a virtude de não matar, devo restaurar-lhe o braço que perdeu. [...] Uma nação que não é apta a lutar não pode, por experiência própria, provar a virtude de não lutar. Não infiro disso que a Índia deva lutar. Mas digo que a Índia deve saber como lutar.
>
> Compreendi, com mais clareza do que antes, que existe não violência na violência. Essa é a grande mudança que ocorreu. Não tinha me apercebido completamente do dever de conter um bêbado de fazer o mal, de matar um cão agonizante ou infectado com raiva. Em todas essas instâncias, a violência é de fato não violência.
>
> Hoje, acho que todo mundo deseja matar, mas muitos têm medo ou são incapazes de fazê-lo. Qualquer que seja o resultado estou certo de que o poder deve ser restaurado na Índia. O resultado pode ser uma carnificina. Então, a Índia deve passar por isso.

Quer ouçamos Malcolm X ou Dean Rusk nessas citações – e podemos escutar um pouco de cada um como parte da característica "agora-você-vê-agora-não"* de *A verdade de Gandhi* – essa é uma doutrina claramente perigosa; a carnificina, no fim das contas, veio, martirizando Gandhi com ela, e, enquanto escrevo, Ahmedabad, de todos os lugares, é a cena das revoltas comunitárias mais sangrentas desde a Partição. O discurso moral ambíguo ao qual ela pode conduzir é aparente, não somente em Gandhi ("[...] Nossa prole deve ser fisicamente forte", ele dizia, incitando os indianos ao exército britânico. "Se eles não puderem renunciar completamente ao desejo pela violência, podemos permitir-lhes cometerem violência, usarem sua força para lutar e então torná-los não violentos"), mas, às vezes, em Erikson também:

> em vista dos valores aos quais os judeus da diáspora passaram a obedecer, a prova tardia de que os judeus poderiam travar uma guerra nacional, pode impressionar muitos como um anacronismo histórico. E, na verdade, o triunfo da tropa israelense é notadamente subjugado, balanceado por uma certa tristeza pela necessidade de reentrar na realidade histórica por meio de métodos militares não inventados pelos judeus, e, todavia, extraordinariamente utilizados por eles. Eu iria mais longe:

---

* No original, em inglês, *now-you-see-it-now-you-don't*. Expressão com múltiplas significações e aplicações; geralmente relacionadas ao aparecimento e desaparecimento de imagens e objetos como, por exemplo, em encenações de truques de mágica [N.T.].

não é possível que essa prova histórica de um potencial militar tornasse os judeus amantes da paz melhores Satyagrahis potenciais?

Mesmo assim, contudo, podemos preferir a candura austera da *Realpolitik* a imagens de uma tropa entristecida lutando para defender a causa do pacifismo (como Burkhardt disse, já há hipocrisia o bastante no mundo), o argumento de que uma promessa sagrada de se abster do uso da força pode ter realidade moral somente com respeito ao povo que tem uma possibilidade genuína de efetivamente utilizar a força é claramente correto. E, como o próprio Gandhi reconhecia ("[...] Esse novo aspecto da não violência que se revelou para mim enredou-me em problemas sem fim. [...] Não encontrei uma chave mestra para todos os enigmas. [...] Minha capacidade de pensar me falha..."), a aceitação dessa dura verdade introduz um paradoxo no núcleo de sua doutrina. Como *slogans* ideológicos, "Paz através da força" e "Força através da paz" não se sentam completamente à vontade juntas.

Ao menos, não em pensamento. Na ação, argumenta Erikson, essa contradição foi transcendida pela mera força do compromisso de Gandhi, sua prontidão quando diante da possibilidade imediata, uma possibilidade que ele próprio havia criado, a de ser ferido em vez de ferir. Como Lutero e São Francisco, dois outros homens com um senso de humor subversivo, Gandhi foi "um atualista religioso", um homem para o qual a verdade não reside na tradição nem na doutrina, mas "naquilo que parece efetivamente verdadeiro na ação". Nos dramas político-morais cuidadosamente encenados, que ele chamava seus "experimentos com a verdade" – Ahmedabad, a campanha do sal, a mansão Hydari –, Gandhi fez com que seu argumento – segundo o qual a lei básica da vida é a de que a decisão ativa não produz mal – ressurgisse para ele próprio e para grandes massas de indianos. Obstaculizado pelo paradoxo de que a não violência é a recíproca da força, e de que o poder, o pré-requisito do autocomando, sua "filosofia" se dissolveu em uma coleção de homilias conflitantes e excentricidades indianas. Inspirado pelo mesmo paradoxo, seu "método" focava em uma série crescente de provocações estudadas destinadas a expor ao mesmo tempo as pretensões da sociedade colonial e a impotência da brutalidade política.

Ao tentar esclarecer a anatomia desse exercício na busca coletiva pela verdade, Erikson segue uma famosa observação de Nehru de que aquilo que Gandhi realizou para a Índia foi "uma mudança psicológica, quase como se algum especialista em métodos psicanalíticos tivesse sondado profundamente o passado do paciente, encontrado as origens de seus complexos, trazido-os à luz, e então livrado-o daquele fardo". Erikson constrói um extenso paralelo entre a técnica desenvolvida por Freud, para retomar o crescimento em indivíduos neuróticos, e aquela desenvolvida por Gandhi, para restaurar a esperança a um povo estropiado. Ambas repousavam no envolvimento íntimo entre o agente e o sujeito da mudança; ambas tentavam dar coragem ao sujeito para mudar ao confrontá-lo como um ente humano pleno e capaz com uma capacidade latente de confiar e amar, em vez de como um lunático, um inferior e inimigo, ou um selvagem; ambas evitavam qualquer forma de coerção, mesmo moral; ambas consideravam crítica tanto a abertura do agente como a do sujeito à mudança, e viam o processo de "cura" como envolvendo um aprofundamento do discernimento e a consequente autotransformação, em ambos os lados. E assim por diante. *Satyagraha* é Análise em grande escala; a Análise, *Satyagraha* em pequena escala. Política e terapia coincidem.

Talvez não devamos esperar que um analista, mesmo heterodoxo, chegue a quaisquer outras conclusões. ("Quando comecei este livro, não esperava redescobrir a psicanálise em termos de verdade, autossofrimento e não violência", ele conclui um tanto ingenuamente. "Mas, agora que redescobri isso, vejo melhor o que espero que o leitor consiga ver comigo, ou seja, que me senti atraído pelo Evento de Ahmedabad... porque senti uma afinidade entre a verdade de Gandhi e os *insights* da psicologia moderna.") Mas há nessa analogia um defeito muito sério: em um encontro clínico, interesses fundamentais se fundem; no encontro político, não. É a exclusão deliberada de preocupações extrínsecas à situação terapêutica, a eliminação de tudo menos de uma concentração comum na exploração emocional que dá a ela, quando de fato ocorre, sua enorme força. Com a política é justamente o contrário: quanto maior o âmbito de preocupações divergentes com as quais ela pode conseguir lidar, mais profunda ela é. Como modelos uma para a outra, a sala de consulta e a greve têxtil parecem peculiarmente propensas a enganar.

Todavia, mesmo que a imagem terapêutica do processo político, como as imagens terapêuticas da arte, da justiça ou da educação, falhe num nível geral em fazer justiça ao seu objeto, e mesmo o distorça, com respeito a Gandhi, essa imagem era, como Erikson claramente demonstra, centralmente relevante. E isso revela em troca porque, mesmo quando nivelada nos contornos sólidos de um método refinado, os ensinamentos de Gandhi permanecem, como ele próprio, ambíguos e apenas parcialmente convincentes.

Gandhi era, assim como Erikson, poderosamente atraído por uma visão terapêutica da política – que abstrai das realidades da solidariedade de grupo, do interesse divergente, da hierarquia social e da diferença cultural (e isso na Índia!) a fim de se concentrar na exploração dos envolvimentos emocionais de indivíduos na vida um do outro. Em Ahmedabad, ele tinha uma situação na qual essa exploração era possível, e, não obstante a greve ter, caracteristicamente, fracassado, a terapia funcionou. "Nunca me deparei com uma coisa assim", ele disse em seu discurso final aos trabalhadores. "Eu havia experienciado muitos conflitos como esse ou ouvido falar sobre eles, mas não conheci qualquer um em que tivesse havido tão pouca animosidade ou amargura como nesse." E, alguns dias depois, ele escreveu ao *Bombay Chronicle*, para justificar seu papel, que o jornal havia questionado como um desperdício de grandes talentos em questões paroquiais: "Eu não conhecia um conflito travado com tão pouca amargura e tanta cortesia em ambos os lados. Esse resultado feliz se deve principalmente às conexões do Sr. Ambalal Sarabhai [o irmão da fábrica] e Anasuyaben [a irmã líder dos trabalhadores] com ele".

Removido desse contexto íntimo, ele jamais o conheceria novamente. E na tentativa repetida de colocar novamente em prática esse drama familiar no estágio nacional de sua carreira revelou tanto o poder intrínseco de atração que possui uma visão da política como um processo de mudança interior – sua habilidade para mobilizar pessoas – e sua inabilidade radical, tendo-as mobilizado, para lidar com as questões – seja a dos salários dos trabalhadores ou a da ameaça da Partição – levantadas em consequência disso.

O contraste que já aparecia em Ahmedabad entre a extraordinária habilidade de Gandhi em moldar as vidas pessoais daqueles imediatamente próximos a ele e sua inabilidade em controlar a direção da greve como um ato coletivo se tornou cada vez maior à medida que se estendeu ao longo da Índia e em contextos de aglomerações cada vez maiores, e se tornou, à medida que a violência se seguiu à violência no clímax da Partição e de seu próprio assassinato, a característica distintiva de sua carreira. Nehru estava errado. Gandhi não psicanalisou a Índia, ele (embora, é claro, não sozinho) a politizou; e tendo-a politizado, não pôde – um fato que nossos próprios "atualistas religiosos", tantalizando o poder, brincando com as paixões sociais, e encontrando a verdade "naquilo que parece efetivamente verdadeiro na ação", podem muito bem ponderar –, no fim, controlá-la.

"Quem me ouve hoje", ele escreveu apenas seis meses antes de sua morte,

> [...] está me dizendo para eu me aposentar e ir para o Himalaia. Todo mundo está ávido por engrinaldar minhas fotos e estátuas. Ninguém realmente quer seguir meu conselho... Não tenho qualquer utilidade para o povo nem para aqueles no poder.

Hoje, quando seu centenário está sendo celebrado por pessoas para quem ele não é uma presença pessoal nem uma força moral senão um tesouro nacional comercializável, como o Taj Mahal, isso é mais verdadeiro ainda. O penetrante livro de Erikson, mais convincente em descrever o dinossauro do que em julgá-lo, aprofunda nossa compreensão não somente sobre as fontes internas da grandeza pessoal, mas igualmente daquelas de seu insucesso.

1978

Sobre Foucault*

I

Michel Foucault irrompeu na cena intelectual no começo dos anos de 1960 com seu *Folie et déraison*, uma história não convencional, ainda que razoavelmente reconhecível, da experiência ocidental com a loucura. Ele se tornou, desde então, um tipo de objeto impossível: um historiador não histórico, um cientista humanista anti-humanista e um estruturalista contraestruturalista. Se acrescentarmos a isso seu estilo tenso e impactado de prosa, que consegue ser imperioso e cheio de dúvidas ao mesmo tempo, e um método que fornece extensos sumários com detalhes excêntricos, a semelhança de seu trabalho a uma gravura de Escher – escadas elevando-se até plataformas mais baixas do que elas, portas indicando o exterior que nos trazem de volta para dentro – é completa.

"Não me pergunte quem sou nem me peça para permanecer o mesmo", ele escreve na introdução ao seu trabalho puramente metodológico, *L'Archéologie du savoir*, que é principalmente uma coleção de negações de posições que ele não sustenta, mas que considera possível ser acusado de apoiar pelos "mímicos e acrobatas" da vida intelectual. "Deixe aos nossos burocratas e à nossa polícia a tarefa de verificar se nossos escritos estão em ordem", ele declara. "Ao menos nos poupa de sua moralidade quando escrevemos." Quem quer que ele seja, ou o que quer que ele seja, ele é o que qualquer francês culto parece necessitar ser atualmente: elusivo.

Mas (e nisso ele difere de uma grande parte do que está ocorrendo em Paris desde que o estruturalismo chegou) a dificuldade de seu trabalho surge não da

---

* Publicado originalmente com o título "Stir Crazy". *New York Review of Books* 24, n. 21 e 22, 26/01/1978. O livro em discussão aqui é: *Discipline and Punish: The Birth of the Prison*, traduzido por Alan Sheridan.

autoestima e do desejo de fundar um culto intelectual ao qual somente o instruído possa se juntar, mas de uma poderosa e genuína originalidade de pensamento. Como ele mesmo expressa, nada menos que uma Grande Restauração para as ciências humanas, não surpreende que ele seja mais do que ocasionalmente obscuro, ou que, quando consegue ser claro, não é menos desconcertante.

As principais ideias de Foucault não são elas próprias tão complexas assim; apenas inusualmente difíceis de tornar plausíveis. A mais proeminente delas, e aquela pela qual ele chamou mais atenção, é a de que a história não é uma continuidade, coisas crescendo organicamente de uma para a outra, como os capítulos em alguns romances do século XIX. É uma série de descontinuidades, rupturas e interrupções radicais, cada qual envolvendo uma mutação completamente nova nas possibilidades para a observação, pensamento e ação humanos. Foucault se refere pela primeira vez aos "estilhaços precários de eternidade" que essas mutações produzem como *épistémès* (i.e., "campos epistemológicos"), mais tarde, como *a priori* históricos, e, mais recentemente, como formações discursivas. Independentemente de qual rótulo, elas devem ser tratadas "arqueologicamente". Ou seja, elas são primeiramente caracterizadas de acordo com as regras que determinam que tipos de percepção e de experiência podem existir dentro de seus limites, o que pode ser visto, realizado e pensado no domínio conceitual que definem. Feito isso, elas devem então ser colocadas em uma série pura, uma sequência genealógica na qual o que é mostrado não é como uma originou causalmente a outra, mas como uma se formou no espaço deixado vago pela outra, terminando por cobri-la com novas realidades. O passado não é prólogo; como os estratos discretos do sítio de Schliemann, é uma mera sucessão de presentes enterrados.

Nesses termos, Foucault vê a intersecção da história europeia pelas três grandes linhas de falha que separam o que reside no lado distante daquilo que reside no lado próximo por "distâncias puras" que são atravessadas pela mera cronologia – a serialidade externa e vazia de eventos. A primeira dessas fissuras reside em algum lugar em torno de meados do século XVII, e divide a idade mágica de uma época classificadora. No primeiro período, o de Paracelso e Campanella, as coisas são relacionadas umas às outras por simpatias e antipatias intrínsecas – vinho e nozes, morte e rosas – que Deus estampou em suas faces para todos lerem. Na segunda, a de Lineu e Condillac, as coisas são relacionadas umas às outras através do uso de tipos e taxonomias – espécies e gêneros, partes do discurso e gramáticas – dadas diretamente no arranjo apresentado da natureza.

A segunda fissura ocorre em direção ao começo do século XIX. Ela separa a concepção lineana tabular, classificadora, de como a realidade é composta – com cada coisa em sua linha e coluna – da completamente diferente de Marx e Comte na qual as coisas são relacionadas umas às outras narrativamente – vistas como presságios e resultados, causas e consequências. A "História", em vez de "Similitude" ou "Ordem", torna-se a categoria principal da experiência, do entendimento e da representação. E a terceira fissura, que Nietzsche, Freud e Mallarmé pressagiam, e na qual estamos recém agora tentando encontrar algum modo de sobreviver, marca o começo do fim dessa consciência temporalizada e sua substituição por alguma forma nova e estranha de existência ainda não completamente em vista. Foucault alude a ela, muitas vezes obliquamente, em frases como "a dispersão do fluxo profundo do tempo", "a absoluta dispersão do ente humano", "o retorno das máscaras".

A essa concepção de mudança por saltos radicais de um sistema a outro, Foucault adiciona, então, uma outra noção inusual, que, embora possa ser encontrada desde o início de seu trabalho, tornou-se cada vez mais proeminente à medida que ele prosseguia. É aquela segundo a qual todas essas *épistémès*, "campos de discurso", ou o que quer que sejam, não são apenas formas de pensamento, mas estruturas de poder.

Sejam elas imagens da loucura, teorias de pedagogia, definições de sexualidade, rotinas médicas, disciplinas militares, estilos literários, métodos de pesquisa, concepções de linguagem, ou procedimentos para a organização do trabalho, os sistemas conceituais dentro dos quais uma época está confinada definem seu padrão de dominações. Os objetos de opressão não são entidades generalizadas como "o proletariado", mas loucos, criminosos, conscritos, crianças, operadores de máquinas, mulheres, pacientes de hospitais e os ignorantes. E não é uma "classe dominante" despersonalizada, mas psiquiatras, juristas, familiares, administradores, homens, médicos e *cultivés* – aqueles a quem o *a priori* histórico confere o poder para estabelecer os limites das vidas das outras pessoas – que são seus opressores. O "confinamento", em todas as suas formas particulares, descontínuas, emergiu como a obsessão principal do trabalho de Foucault. Por todo seu radicalismo (que é veemente e absoluto), sua história não é a da luta de classes nem a dos modos de produção, mas a da coerção: a coerção intelectual, médica, moral, política, estética e epistemológica; e agora ele escreve extensamente sobre restrição judicial. Em *Vigiar e punir*, ele finalmente encontrou seu tema e escreveu seu livro mais contundente.

II

Foucault começa seu esforço para revelar a genealogia da prisão, para expor os estratos ocultos sob sua presente expressão, na mais dramática talvez de suas fissuras. Essa foi a mudança, entre cerca de 1760 e 1840, da *âge de ressemblance*, na qual a tortura e a execução de criminosos eram espetáculos populares, para a *âge classique*, na qual as vidas dos criminosos eram reguladas de acordo com tabelas de horários em instituições sistematizadas[1]. Como sua imagem para a primeira ele toma Robert Damiens, um religioso excêntrico, que, em 1757, feriu levemente Luís XV com uma faca. Para seu sofrimento, sua carne lhe foi arrancada com tenazes quentes, seus ferimentos, untados com chumbo derretido e enxofre incandescente, seu corpo, esquartejado por cavalos e alguns açougueiros prestativos separando suas juntas. Então, o que sobrou dele (alguns que estavam lá pensaram que ainda estivesse vivo) foi reduzido a cinzas e jogado ao vento, tudo em praça pública diante da Igreja de Paris.

Como sua imagem para a *âge classique*, Foucault toma um conjunto de regras formuladas para uma "casa para prisioneiros jovens" em Paris, em 1838, regras, ao seu modo, dificilmente mais humanas do que as punições impostas na época de Damien. O Código de 1838 organizou o dia dos presidiários em uma sequência, minuto a minuto, de trabalho, oração, refeições, estudo, recreação e sono, marcada pela percussão de tambores, ordenada em pelotões, e envolvida em silêncio:

> Menos de um século separa [a execução e o código de 1838]. Foi uma época em que [...] a economia inteira de punição era redistribuída. Uma época de grandes "escândalos" para a justiça tradicional, uma época de inumeráveis projetos de reforma. Ela viu uma nova teoria do direito e da criminalidade, uma nova moral ou justificação política do direito de punir; leis antigas foram abolidas, costumes antigos caíram em desuso. Códigos "modernos" foram planejados ou formulados: Rússia, 1769; Prússia, 1780; Pensilvânia e Toscana, 1786; Áustria, 1788; França, 1791, ano IV, 1808, 1810. Foi uma nova época para a justiça penal.

Foucault traça, então, os muitos aspectos dessa grande transformação. Primeiro, há a desaparição da punição como espetáculo público. Em essência, isso representa o declínio do corpo como o texto no qual a punição estava inscrita – no qual a sentença era, como com o pobre Damiens, literalmente escrita. A tortura pública – *supplice*, em francês, que significa algo como tormento litúrgico, sofrimento cerimonial – "fazia do culpado o heraldo de sua própria condenação". O poder do soberano, e, portanto, seus direitos, tornou-se legível com torturas e

---

1. Em relação ao seu esquema mais geral, descrito em seu trabalho central *Les mots et les choses*, isso está cerca de cem anos atrasado. Mas Foucault nega que períodos históricos estejam integrados por algum tipo de *Zeitgeist* geral; e ele rejeita qualquer "sincronia penetrante de interrupções". Em vez disso, ele se concentra em conexões e desconexões arqueológicas realmente descobertas, que podem ser muito diferentes de sujeito a sujeito. Essa falha de diferentes sequências para correlacionar não é uma contradição à sua abordagem, mas ao contrário um problema que surge naquilo que – exceto por algumas vagas referências à "dispersão de domínios epistêmicos" – ele ainda tem de enfrentar. De fato, os "estratos" dos vários "sítios" que até agora ele "escavou" – insanidade, percepção médica, linguística, biologia, economia, punição e, apenas recentemente, sexo – estão, como aqueles da arqueologia "real" (onde esse tema emerge como a questão de estabelecer "horizontes" como opostos a "fases"), apenas aproximadamente coordenados um com o outro no tempo.

enxofre. Como todos os crimes participavam em alguma medida do *lèse majesté*, eram um regicídio em miniatura, esse "teatro do inferno" era uma das características constitutivas do despotismo monárquico; e quando tanto os monarcas como a tortura pública deixaram o estágio histórico, eles partiram juntos. Em vez da vingança dos príncipes veio a proteção da sociedade; em vez das excitações do cadafalso, a quietude da prisão; para escrever no corpo, moldando-o à regra.

Grande parte do livro de Foucault é dedicada a analisar a sistematização, a generalização e a espiritualização da punição e sua encarnação na massa cinzenta da penitenciária – "a inteligência da disciplina na pedra". As forças sociais guiando as mudanças – a elevada preocupação, em uma Europa se tornando urbana, burguesa e parlamentar, com crimes contra a propriedade em oposição aos crimes políticos; os problemas da disciplina de trabalho do industrialismo nascente – obtiveram uma atenção apenas passageira. Foucault não está muito interessado em determinantes e causas. Ele se concentra na organização do que ele chama uma nova economia do poder punitivo, uma economia cujo objetivo "não era punir menos, porém, punir melhor".

Por todo seu aparente humanitarismo – para Foucault, música incidental demais –, os grandes reformadores penais da segunda metade do século XVIII, Beccaria, Marat, Bentham etc., estiveram basicamente preocupados, ele escreve, em "inserir o poder de punir mais profundamente no corpo social". Após a Revolução, a "Sociedade" substituiu a "Soberania" enquanto a legitimidade que a criminalidade desafiava (e o parricídio substituiu o regicídio como o crime fundamental do qual todos os outros crimes eram versões menores). O corpo social mais do que aquiescia a essa mudança, na qual o principal instrumento de penetração se tornou o código formal. O poder de punir foi dividido em artigos e impresso em textos seccionados, e, portanto, tornou-se menos arbitrário, melhor definido e mais coerente.

A punição se tornou também mais extensiva ("nenhum crime deveria escapar ao olhar daqueles cuja tarefa é ministrar justiça"); mais empírica ("a verificação do crime deve obedecer aos critérios gerais para toda verdade"); mais prática ("para a punição produzir o efeito [conforme Beccaria] basta que o dano que ela cause exceda o bem que o criminoso tenha derivado do crime"); e mais específica ("todas as ofensas [e penalidades] devem ser definidas, [...] classificadas e reunidas em espécies das quais nenhuma fique de fora, [...] um Lineu dos crimes e punições"). E, o mais portentoso de tudo, a punição se tornou didática:

> Na tortura física, o exemplo era baseado no terror: o medo físico, o horror coletivo, imagens que devem ser gravadas nas memórias dos espectadores, como a marca no pescoço ou no ombro do condenado. O exemplo é agora baseado na lição, no discurso, [...] a representação da moralidade pública. Não é mais a restauração aterrorizante da soberania que sustentará a cerimônia da punição, mas a reativação do código, dos

reforços coletivos da ideia de crime e da ideia de punição. Na penalidade, em vez de ver a presença do soberano, leremos as próprias leis. As leis associadas a um crime particular com uma punição particular. Tão logo o crime seja cometido, a punição seguirá a um só tempo, instituindo o discurso da lei e mostrando que o código, que vincula ideias, também vincula realidades. [...] Essa lição legível, esse ritual de recodificar, deve ser repetida sempre que possível; as punições devem ser uma escola em vez de um festival; um livro sempre aberto em vez de uma cerimônia.

Duas questões, centrais a esse estudo, são, portanto, colocadas por Foucault. Primeiro, se aceitamos essa mudança para uma concepção tabular, taxonômica, do crime como uma série de variedades específicas de resistência à ordem natural da sociedade – o crime como um catálogo de perversidades sociais – como a prisão se tornou praticamente o único modo de resposta punitiva? E, segundo, uma vez que a prisão se tornou de fato estabelecida como a instituição punitiva, o que aconteceu com ela após o começo da *épistémè* historicizante durante o último século? O que a convicção moderna, aquela com a qual nós decerto modo ainda vivemos, ou lutamos contra, fez da instituição da prisão?

A primeira questão é ainda mais intrigante porque não era a intenção dos reformadores clássicos que a prisão se tornasse a penalidade quase universal para grandes delitos. Ao contrário, eles queriam que a multiplicidade de ofensas fosse combinada a uma multiplicidade de punições. Exílio ou deportação, corveia, marcação a ferro quente, prisão domiciliar ou local, reparação, multas, conscrição, perda de vários tipos de direitos civis, vários tipos de humilhação pública – "todo um novo arsenal de punições pitorescas" – deveriam, junto às mais familiares tortura e execução, fazer parte de uma tábua de penalidades conectadas a uma tábua de crimes em uma divisão lógica e exata da justiça natural.

Mas em algumas poucas décadas, a prisão (que antes não havia sido um modo importante de punição de longo prazo e estava associada, como a Bastilha, à tirania e aos reis) veio para substituir todos ao ponto de um reformador exasperado poder reclamar à Assembleia Constituinte: "Se eu tivesse traído meu país, eu iria para a prisão; se eu matar meu pai, eu vou para a prisão – toda ofensa imaginável é punida do mesmo modo uniforme. Poderíamos igualmente consultar um médico que possui o mesmo remédio para todos os males".

Foucault vincula essa consequência imprevista da nova isenção à sua força didática: a própria existência das lições legíveis no livro didático sempre aberto dos novos códigos impunha a necessidade de uma sala de aula (e de um professor) para assegurar que haviam sido aprendidas propriamente. As mentes deveriam ser alteradas, e a prisão se tornou a máquina para alterá-las. Cadeias, outrora calabouços onde malfeitores eram deixados a apodrecer enquanto aguardavam o processo judicial, tornavam-se agora reformatórios onde almas eram reformadas e cidadãos, produzidos. A Prisão Walnut Street, construída pelos (e por quem mais?) quacres da Filadélfia em 1790, foi um dos primeiros exemplos, mais completos e mais influentes do que em breve se tornaria o modelo dominante – "a casa de correção", na qual uma combinação de trabalho produtivo disciplinado, uma existência estritamente organizada do catre-ao-cassino-e-ao-catre-novamente, e uma exposição incessante à instrução moral com vistas a "efetuar a transformação do indivíduo como um todo – de seu corpo e de seus hábitos através do trabalho diário que ele é forçado a realizar, de sua mente e de sua vontade pela atenção espiritual a ele concedida".

A noção de que a vida programada engendra a virtude remonta ao menos ao monastério, mas, argumenta Foucault, foi reconstruída no final dos séculos XVIII e XIX, não somente pelas variedades mais vanguardistas do protestantismo, mas pelo surgimento de exércitos bem treinados, oficinas racionalizadas, escolas regularizadas e hospitais rotinizados – todas "instituições completas e austeras". Por trás de todas elas residia a tentativa de tornar as pessoas ordeiras ao mantê-las em ordem, um esforço que implicava vigilância constante, detalhada e agressiva, um olhar incansável alerta às mínimas irregularidades. A inspeção, o exame, o questionário, o registro, o relatório, o dossiê se tornam os principais instrumentos de dominação por serem os principais meios pelos quais aqueles que mantêm a disciplina vigiam aqueles que, em todo caso, beneficiam-se, supostamente, dela.

Com relação à prisão, essas tendências – a concepção tabular de ordem, a concepção reformadora da punição e a concepção de poder como vigilância – se juntam nas fantasias mais arrepiantes do século XVIII: o Panóptico de Jeremy Bentham.

Essa "jaula engenhosa e cruel", na qual todos os ocupantes, cada um sozinho em sua cela, invisível aos outros, pode ser incessantemente observado de uma torre central – o prisioneiro totalmente visto sem jamais ver, seu guardião vendo totalmente sem jamais ser visto – não é, diz Foucault, um prédio dos sonhos. É "o diagrama de um mecanismo de poder reduzido à sua forma ideal, [...] uma figura da tecnologia política". Embora fosse destinado a reformar prisioneiros, poderia servir igualmente para "tratar pacientes, instruir escolares, confinar o insano, supervisionar trabalhadores, colocar pedintes e vagabundos a trabalhar". Pior ainda, embora a Época Clássica nunca tenha conseguido construí-la na verdade, a Época Moderna, com uma concepção diferente do que é a criminalidade e recursos expandidos para o escrutínio do comportamento humano, quase conseguiu.

Se a *épistémè* lineana estabeleceu o prisioneiro como uma pessoa a conhecer, a *épistémè* subsequente – o tipo de perspectiva que associamos a Comte – forneceu os meios para conhecê-lo: "as ciências humanas". O criminoso se torna o delinquente – não algum patife desafortunado que meramente cometeu uma ofensa classificável, mas uma pessoa histórica cujo padrão inteiro de vida tomou um curso aberrante. Sua biografia, sua psicologia, sua sociologia, e mesmo seu físico ou a forma de sua cabeça, tudo se tornou relevante para conhecê-lo, ou seja, para determinar as causas de seu comportamento; e, portanto, próximo à segunda parte do século XIX, a época do histórico de caso e da criminologia nasceu. Não era o próprio crime que era central agora, ou mesmo, no sentido próprio, o criminoso; é o sistema de forças que conspirou ao longo do tempo para produzir uma "pessoa perigosa". A delinquência não aponta, como o roubo, para algo irregular que um indivíduo fez; mas, como a perversão, a algo inaceitável no qual se tornou.

A prisão, outrora um lugar para aguardar a atenção do torturador, e, depois, um campo de treinamento para calistênicos, se torna agora um instituto para impor cientificamente a normalidade em vidas danificadas. Ou, melhor, a prisão tem essa função acrescida a ela, pois aqui, como em outra parte na "arqueologia", os estratos posteriores não destroem os anteriores, mas os sobrepõem. O edifício final – o que Foucault, para distingui-la do calabouço e do reformatório, chama o "carcerário" – é como aquele das catedrais que foram construídas em torno da estrutura de um templo, ele próprio erigido sobre as pedras de um sítio sacrifical.

A "criminologia" – um híbrido da psiquiatria, da sociologia, da medicina, da pedagogia, da ciência política, e da assistência social – chega para formar o campo do discurso jurídico, introduzindo ainda uma outra "nova economia" do poder punitivo – essencialmente tecnocrática, um assunto para especialistas. A concepção da lei como comando ou estatuto é substituída pela concepção dela como uma norma. Juízes, "como se envergonhados de pronunciar a sentença" são possuídos por "um desejo furioso... de julgar, avaliar, diagnosticar, reconhecer o normal e anormal e exigir a honra de curar, [...] [de] pronunciar sentenças 'terapêuticas' e recomendar períodos reabilitantes de aprisionamento". E, como esse "imenso apetite pela medicina" e pela "conversa da criminologia" se difunde a todos – do oficial de condicional ao carcereiro – os significados eruditos e punitivos da palavra "disciplina" se fundem ominosamente:

> [Vemos] o crescimento das redes disciplinares [das ciências do humano], a multiplicação de seus intercâmbios com o aparato penal e com os poderes ainda mais importantes a eles conferidos, a transferência cada vez mais massiva a eles de funções judiciais; agora, à medida que a medicina, a psicologia, a educação, o auxílio público, a "assistência social" assumem uma parte cada vez maior dos poderes de supervisão e avaliação, o aparato penal será capaz, por sua vez, de se tornar medicado, psicologizado, educado.

Mas isso é apenas a metade. Uma vez criado, o modo carcerário de punição se torna "o maior apoio" na difusão desse poder normalizador para todo corpo social, criando o que Foucault, entusiasmado, chama "o arquipélago carcerário". Aqui, Foucault toma emprestado uma imagem, que não era sua, e faz uma equação que na verdade não fechará. "Os juízes da normalidade são apresentados em toda parte", ele clama. "Estamos na sociedade do juiz-professor, do juiz-doutor, do juiz-educador, do juiz 'assistente social'; é neles que o reino universal do normativo está baseado."

Nesse novo tipo de "sociedade panóptica" – uma com muitos observadores altamente treinados em muitas torres bem equipadas vigiando uma enorme variedade de supostos delinquentes – "a formação de... leniências insidiosas, pequenas crueldades inconfessadas, pequenos atos de métodos, técnicas, 'ciências' calculados e perspicazes... permitem a fabricação do indivíduo disciplinar". Estamos agora muito longe do "país das torturas, apinhado de rodas, forcas, cadafalsos e pelourinhos". E muito longe, também, das disciplinas castas de Walnut Street. Estamos – o tom de Foucault se encoleriza – na "cidade carcerária" onde "as prisões se assemelham a fábricas, escolas, quartéis, hospitais, que se parecem todos com prisões".

III

Talvez. Mas a elevação estável na estridência retórica à medida que nos aproximamos do presente levanta a questão acerca de como seguramente Foucault, e o leitor, podem sustentar uma atitude "arqueológica" para com uma *épistémè* ainda não enterrada, especialmente quando ele está tão apaixonadamente determinado a enterrá-la. Politicamente comprometido com uma guerrilha contínua contra as várias ilhas do arquipélago carcerário ("Devemos engajá-la em todos os *fronts* – a universidade, a prisão, o domínio da psiquiatria – um após o outro, já que nossas forças não são fortes o bastante para um ataque simultâneo")[2], Foucault não lida com as cadeias – escolas, fábricas, asilos, quartéis, hospitais – entre as quais ele vive do mesmo modo que lida com aquelas que deve reconstruir. As cadeias entre as quais ele vive ele quer derrubar, uma a uma, o que pode ou não ser uma boa ideia. Mas a produção de ruínas é um tipo de empreendimento muito diferente – que envolve tipos de emoções muito diferentes e produz tipos muito diferentes de percepções – daquele de escavá-las.

> Topamos e colidimos contra os mais sólidos obstáculos [a passagem "todos os *fronts*" continua]; o sistema se fende em um outro ponto; persistimos. Parece que estamos vencendo, mas então a instituição é

---

2. A citação é de "Revolutionary Action: 'Until Now'", uma das peças políticas de Foucault (uma discussão *après*-68 com vários alunos de extrema-esquerda do *lycée*) incluído em uma coleção útil de seus ensaios, *Language, Counter-memory, Practice*, editada por D.F. Couchard e recém-publicada pela Cornell University Press, que também contém vários de seus mais celebrados artigos teóricos: "What is an Author?", "Theatrum Philosophicum", "Nietzsche, Genealogy, and History" etc.

reconstruída; devemos começar novamente. É uma luta longa; é repetitiva e aparentemente incoerente. Mas o sistema ao qual ela se opõe, assim como o poder exercido por meio do sistema, fornece sua unidade.

É preocupante que esse escrito hoje soe menos a conversa de café do que soava há apenas seis anos. E começamos a suspeitar de que estamos diante de um traçado descritivo, não completamente simples, da genealogia da prisão através dos vários tipos de discurso que a caracterizaram, de Robert Damiens ao filho de Sam. Após tanta descoberta de sítios arqueológicos e de determinação de sequências, parecemos estar diante de um tipo de história *whig* ao contrário – uma história, a despeito dela própria, da Ascensão da Falta de Liberdade.

Obcecado pelos mecanismos de coerção da vida moderna, Foucault elevou-os a uma figura horrível para toda ela – a sociedade panóptica, a cidade carcerária – e então buscou ver o que reside sob essa sutil monstruosidade. Visto desse modo, o passado aparece como uma espiral ascendente de concentrações de poder descontínuas, "humanizadas", mas, apesar disso, cada vez mais maléficas – "microfascismos", como alguém as chamou – resultando, por fim, no horror que conhecemos. Esse horror é o estado ao qual podemos ver o passado – ao qual, de acordo com Foucault, não cabe produzir outra coisa senão a si próprio, num tipo de marcha aleatória – sendo agora conduzido. Como alguns liberais constitucionais explorando os primeiros e débeis sinais da liberdade moderna na floresta germânica ou no Direito Romano, Foucault encontra os primeiros signos, nem tão débeis, da coerção moderna nas torturas espetaculares do Antigo Regime e das disciplinas didáticas da *âge classique*.

O que isso demonstra, é claro, é que ele não escapou tão completamente da *épistémè* vulnerável do historicismo quanto poderia querer ou imaginar. A *épistémè* contemporânea emergente que ele caracteriza como a "nova elipse metafísica" – "um teatro de mímica, com múltiplas cenas fugidias instantâneas, no qual gestos cegos sinalizam um ao outro" – ainda não está completamente aqui[3]. Mas talvez como meias-revoluções, meias-fugas sejam suficientes, e bastarão. É exatamente uma meia-fuga assim – independentemente do que ele quisesse dizer com isso – o que torna *Vigiar e punir* tão fascinante. Pois embora esse trabalho coloque o passado a uma grande distância, mostrando-o como capturado em seu discurso, também se apropria do passado por seus argumentos presentes. Como ocorre com tantos prisioneiros, de vários tipos, não é o escapar, mas o querer escapar, que gera em Foucault uma visão estranha e especial.

---

3. "Theatrum Philosophicum". Op. cit.

1992

Sobre Genet*

I

Max Weber disse certa vez sobre um poeta alemão menor, irregular, sem rumo, e amigo seu, que havia se envolvido em alguns dos aspectos sujos da revolta popular, que Deus o havia conduzido à política num acesso de malícia. Figuras literárias, especialmente as românticas, que se envolveram diretamente no mundo das mãos-sujas da violência coletiva (como oposto ao número muito maior dos que arengaram em encontros, vomitaram artigos de jornais, organizaram petições, ou se exibiram em demonstrações), via de regra, não se deram muito bem. O tipo de pessoa dado a encenar dramas parabólicos extravagantes ou a escrever intrincadas fantasias privadas está usualmente um pouco perdido entre artesões de fantasias mais práticas; ou é, muitas vezes, vítima deles. O perigo de alguém se levar tão a sério ou não levar a sério o bastante seus companheiros, confundindo palavras com balas ou com sangue estetizante, é muito real.

Jean Genet, para nossa época, talvez, o próprio epítome do artista não normalizável, vagante, ladrão, prisioneiro, prostituto, homossexual, dramaturgo simbológico, romancista autístico e possuidor de um estilo de prosa que sua tradutora chama anárquica, subversiva, bizarra e metafísica, pareceria um excelente candidato para esses desastres quando jogado entre dois dos mais furiosos movimentos políticos dos anos de 1960 e de 1970 – a resistência palestina na Jordânia e no Líbano e a revolta dos Panteras Negras nos Estados Unidos. Se, além disso, ele está – como Genet estava quando escreveu essa descrição episódica do que ele chama seus "cinco anos... vividos em um tipo de guarita da qual eu podia ver e

---

* Originalmente publicado como "Genet's Last Stand". *New York Review of Books*, n. 19, 19/11/1992. O livro em discussão aqui é: *Prisoner of Love*, de Jean Genet, traduzido por Barbara Bray com uma introdução de Edmund White.

falar para todo mundo enquanto eu mesmo era um fragmento partido do resto do mundo" – velho, morrendo, e emocionalmente exaurido, tanto a verdade ficcional quanto a acurácia factual parecem estar em sério risco de se dissolver em indistinção e grandiloquência. *Ex ante*, a coisa parece dúbia.

Ex post, é, desconcertantemente, um sucesso surpreendente: o registro de um metamórfico solto entre fabulistas. Embora o texto, construído uma década e meia após as experiências que ele relata, seja frequentemente difícil de seguir, devido tanto à sua cronologia relapsa (Genet não parece pensar que uma coisa flui da outra, causa após causa, mas que tudo se amontoa num espaço de memória) quanto à narrativa às vezes deambular na mais simples associação livre (especialmente próximo ao fim, quando, abjurando os medicamentos para a dor de modo a manter sua mente desanuviada, suas forças podem ter sido, no fim, enfraquecidas), sua narrativa tem uma lógica e uma direção que surge de um estranho, quase alucinatório, tipo de hiperprecisão:

> Nenhum fedayin jamais abandona sua arma. Se não estivesse pendurada em seu ombro, ele a mantinha na horizontal, sobre seus joelhos, ou, na vertical, entre eles, sem suspeitar que essa atitude fosse uma ameaça erótica ou mortal, ou ambas. Jamais [...] vi um fedayin sem sua arma, exceto quando estava dormindo. Estivesse cozinhando, sacudindo suas cobertas ou lendo suas cartas, a arma era quase mais viva do que o próprio soldado. De tal modo que me pergunto se, caso a esposa do fazendeiro [a mãe de um amigo, capturado e torturado mais tarde, ao qual ele recém-visitara, e que reaparece, com seu filho, ao longo do livro como um tipo de obsessão mnemônica] tivesse visto meninos sem armas vindo até sua casa, ela não teria ido para dentro, chocada pela visão de jovens andando por aí nus. Mas ela não estava surpresa: ela vivia cercada por soldados.

Genet foi pela primeira vez à margem oriental do Rio Jordão em 1970, onde, após a guerra de 1967, os palestinos penetraram no que eles otimistamente chamavam "bases", mas que na verdade eram campos precários a céu aberto de invasores estabelecidos em e nos arredores de aldeias e cidades jordanianas. Ele fora convidado a ir lá – por razões que nenhum deles parece ter compreendido muito claramente – por Yasser Arafat, que – apenas mais uma autoridade, ostentando seu echarpe vermelho como Hitler ostentava seu bigode e, Churchill, seu charuto – não o impressionou. Esse foi o período da pressão militar crescente nos campos por parte do Rei Hussein e de seu exército de beduínos e circassianos, que aparecem nessa narrativa como inimigos muito mais vividamente odiados do que os mais esquemáticos, e menos acessíveis, israelenses – uma miniguerra civil que terminou com a destruição dos campos, o assassinato de muitos de seus habitantes, e a fuga de grande parte do restante, principalmente, para o Líbano, no afamado, ou mal-afamado, "Setembro Negro" de 1971. Genet continuou lá, deambulando em meio às ruínas ("a idade e a fraqueza me deram imunidade") ao longo do ano seguinte, até que ele, também, fosse finalmente forçado a sair.

Esse pequeno grupo de assentamentos desertos indescritíveis, no oeste de Amã, no norte do Mar Morto, no sul de Golã, talvez um perímetro de cerca de 100km, era o tipo de lugar de Genet – um lugar marginal a tudo e a todo lugar, onde as fronteiras eram apenas linhas vagamente pontilhadas, os depósitos mais recentes da violência local, onde ninguém estava realmente no comando, ao menos até que Hussein mostrasse o punho de ferro, e cujos habitantes, na medida em que esse agrupamento de fugitivos pudesse sequer ser assim chamado, eram, como ele, extravagantes, destemidos, sobrepujados e condenados:

> O sonho, não ainda o objetivo declarado, dos fedayin era claro: eliminar as vinte e duas nações árabes e deixar todos radiantes, infantis no início, mas, em breve, tolos. Mas eles estavam ficando sem munição, e seu principal alvo, a América, possuía recursos intermináveis. Pensando em caminhar com a cabeça erguida, a revolução palestina naufragava rapidamente. Treinar o povo para se sacrificar resulta não em altruísmo, mas em um tipo de fascinação que os faz saltar de um penhasco não para ajudar, mas meramente para seguir aqueles que já pularam para a morte. Especialmente quando eles preveem, não por meio do pensamento, mas do medo, a aniquilação que está por vir.

Genet descreve menos as atividades dos fedayin – muitas das quais, à medida que a violência prossegue, ocorrem fora do cenário para ele, em emboscadas e confrontos que ele é incapaz de testemunhar (os "jovens leões", como ele os chamava, aqueles homens com as armas entre suas pernas, simplesmente vão para algum lugar para enfrentarem os beduínos de Hussein, mais ocasionalmente os israelenses, e alguns retornam enquanto outros não) – ou o desenvolvimento da situação política (que ele considera como "um sonho cambiante flutuando sobre o mundo árabe") do que tenta evocar o tom da existência cotidiana em um lugar e época assim e, ainda mais importante para ele, explorar sua atração estranha, aparentemente inquebrantável, por isso – seu "amor" aprisionado. São tudo anedotas, imagens, personalidades, fragmentos de diálogo; cenas e meditações.

Considere, por exemplo, os pseudojogadores de cartas. Em Ajloun, a base, a uma curta distância da Jordânia, na qual ele passou o maior tempo (oito meses), ele encontra, nas profundezas da noite para o dia do mês do ramadã, um médico local de opiniões severas:

- "Eu deixo os lutadores completamente livres..."
- "Assim espero fazer".
- "A única coisa que eu proibi são as cartas".
- "Mas por que as cartas?"

• "O povo palestino queria uma revolução. Quando descobrirem que as bases na Jordânia são antros de jogatina, saberão que em seguida virão os bordéis".

Mas os fedayin jogam, apesar disso. Ou, em todo caso, parecem jogar. Após o médico – saciado com sopa e cantos do Corão, e derrotado em uma discussão com Genet sobre quem é mais semelhante a Nero, Hussein ou Adolphe Thiers, o flagelo da Comuna – ter ido para a cama,

> dois homens entram. Eram combatentes, ainda muito jovens, mas com bigodes penugentos em seus lábios superiores para mostrar quão durões eram. Eles se examinam, [...] um tentando intimidar o outro. Então, sentam-se um diante do outro, agachando-se tranquilamente, porém rigidamente, em direção aos bancos e puxando para cima suas calças para preservar uma prega não existente. [...]
>
> O recém-chegado sentando-se próximo a mim tirou a mão do bolso esquerdo de suas calças de leopardo, e, com um movimento, ao mesmo tempo muito humano e, todavia, parecendo pertencer a algum raro cerimonial, exibiu um pequeno baralho de cinquenta cartas que ele fez seu parceiro cortar. Então, espalhou as cartas diante deles. Um deles as recolheu e ordenou no baralho novamente, examinou-o, embaralhou as cartas do modo usual e distribuiu-as entre eles. Ambos pareciam sérios, quase pálidos de desconfiança. Seus lábios estavam apertados, seus maxilares, cerrados. Ainda posso ouvir o silêncio...
>
> O jogo começou. Jogar... encheu a face de ambos de ganância. Eles estavam igualmente equilibrados. [...] Ao redor dos dois heróis, todos tentavam dar uma olhada em suas ágeis mãos ocultas. Contra todas as regras, o espectador detrás de cada competidor fazia sinais ao jogador oposto, que fingia não notar. [...] Um dos jogadores deixou cair uma carta no chão e a pegou tão calmamente que me lembrou de um filme em câmera lenta.
>
> Pensei que as pessoas achariam que ele estivesse trapaceando, imitando um "acidente" familiar aos carteadores trapaceiros. O pouco de árabe que eu conhecia consistia principalmente de ameaças e insultos. Mas as palavras *charmouta* ["vadia"] e *hattai* ["degenerado"], murmuradas entre os dentes cerrados e os lábios reluzentes de saliva dos jogadores, eram rapidamente rebatidas.
>
> Os dois jogadores se levantaram e apertaram as mãos sobre a mesa, sem nada dizerem, sem um sorriso.

A despeito de toda intensidade, o jogo era, de fato, irreal, uma pantomima enganadora encenada para o benefício de Genet. Ele o compara a um banquete japonês, que ele vira certa vez, chamado Obon, onde os vivos caricaturam os mortos – que retornavam por três dias para sentarem invisivelmente em almofadas – por meio de ações deliberadamente desajeitadas (as crianças praticam o manquejar por semanas antes do evento), a fim de dizerem "Estamos vivos e rimos dos mortos [vocês]. [Vocês] não podem se ofender porque [vocês] são apenas esqueletos condenados a permanecer em um buraco no chão".

> O jogo de cartas, que só existia devido aos gestos realistas chocantes dos fedayin – eles brincavam de jogar, sem cartas, sem ás nem valetes, paus ou espadas, reis ou rainhas – lembrava-me que todas as atividades dos palestinos eram como o banquete Obon, onde a única coisa ausente, que não poderia aparecer, era aquilo em prol do que a cerimônia, embora desprovida de solenidade, era.

Esse jogo – que era tão inútil como um ritual quanto vazio como um jogo – era uma expressão de desespero:

> Os fedayin sabiam. A exibição que faziam para mim demonstrava sua desilusão, pois jogar somente com gestos quando suas mãos deveriam estar segurando reis e rainhas e valetes, todos símbolos do poder, faz você se sentir uma fraude, e leva você perigosamente próximo à esquizofrenia. Jogar cartas sem cartas toda noite é um tipo de masturbação a seco.

Esse é o modo pelo qual o todo da descrição de Genet se move. Mudanças repentinas de uma coisa para outra. (Além do inusitado banquete japonês, ele joga na discussão um general francês, sem um braço, que também baniu os jogos de cartas em Damasco durante o período do domínio francês, o xadrez como a imagem da Guerra Fria, e o aperto de mão austero com que terminavam as partidas de tênis australianas.) Ele deixa clara sua intensa preocupação com seu próprio papel em temas que lhe parecem radicalmente externos, separados e acidentais. ("O que estou fazendo aqui? Se o acaso existe então Deus não existe, e eu devo minha felicidade nas margens do Rio Jordão ao acaso. Mas, ainda que eu possa estar aqui graças ao famoso lance dos dados, não está todo palestino aqui também por acaso?") Sua precisão obsessiva – sobre como as pessoas sentam-se, sobre como elas manuseiam as cartas, sobre como elas observam – faz tudo parecer excepcionalmente real. E o todo é conservado por uma atmosfera sutil, embora predominante, de erotismo bloqueado:

> Os sírios com frequência emitem o mesmo grito que os palestinos quando um 1 de espadas ou qualquer outro do mesmo naipe aparece. Todos, exceto o 7, são de mau agouro: o 1 significa excesso, o 2, suavidade, o 3, distância, o 4, ausência ou solidão, o 5, derrota, o 6, esforço, e o 7... significa esperança, e é a carta 1 no baralho que é recebida com beijos. O 8 significa queixa, o 9, masturbação, e o 10, desolação e lágrimas. [...]

Tudo isso é mais estado de espírito do que política, ou, se é política, é política do tipo mais interior. Genet dificilmente se refere aos temas envolvidos, e então, de um modo perfunctório, formulista, do qual a energia de sua prosa parte completamente: "Esses eram os inimigos dos palestinos, em ordem de importância: os beduínos, os circassianos, o Rei Hussein, os árabes feudais, a religião muçulmana, Israel, a Europa, a América, a região dos Grandes Bancos. A Jordânia venceu, e, assim, a vitória foi para todo o resto também, dos beduínos à região dos Grandes Bancos". Os judeus são "o povo mais obscuro... um povo cujo início alegava ser o Início, que alegava ser e pretendia permanecer, o Início". Hussein é "algo que o paxá Glubb deixou para trás no trono", um Rei-Sol sucedâneo com um gosto pela pele branca e por Lamborghinis. Israel, "impondo sua moral e seus mitos ao mundo todo, via-se como idêntica ao Poder. Ela era Poder".

Essas são ideias esparsas, e Genet, que era resistente a doutrinas, não está realmente interessado nelas. O que lhe interessa é "Ferraj, Mahub, Mubarak e Nabila", todos eles desde então "fisicamente desaparecidos", "todos eles sobre quem nada sei e nada saberei, exceto que existiam quando os via e enquanto me viam e falavam comigo". Agora, eles estão "muito longe, muito longe ou muito mortos. De qualquer modo, partiram".

Como ele mesmo francamente se apercebe, Genet é, por toda sua empatia para com a dificuldade dos palestinos, não tanto um partidário ("Meu coração estava nela; meu corpo estava nela... mas... nunca eu totalmente") como um *connoisseur* da pura rebelião, de pessoas como Saint-Just, os Panteras, a gangue Baader-Meinhof (com quem ele também cultivou por um tempo um romance privado), e os fedayin, que são "breves *flashes* contra um mundo envolto em sua própria espertez, [...] balas traçantes, cientes de que seus traços desaparecem no piscar de um olho". Se ele tivesse achado os palestinos atraentes, teria se apaixonado por eles, se tivessem sido bem-sucedidos, se tivessem afastado Hussein ou reentrado nos territórios ocupados, se, para retornar à sua imagem anterior, eles não tivessem seguido um ao outro no precipício em desesperado sacrifício, poderíamos muito bem duvidar:

> Os gestos eram genuínos, mas as cartas não. Não somente elas não estavam na mesa como não estavam em lugar algum; não era de modo algum um jogo de cartas. As cartas não estavam presentes nem ausentes. Para mim, eram como Deus: elas não existiam.
>
> [...] [A terra dos fedayin] – a Palestina – não estava meramente fora do alcance. Embora a procurassem como jogadores buscam as cartas e ateus, Deus, ela nunca existiu. [...] O objetivo dos fedayin havia se transformado em algo que não podiam imaginar. Tudo que fizeram estava em risco de se tornar inútil porque haviam substituído o ensaio pela apresentação. Os jogadores de cartas, suas mãos cheias de fantasmas, sabiam que, embora bonitos e seguros de si mesmos, suas ações perpetuavam um jogo sem começo nem fim. A ausência estava em suas mãos assim como sob seus pés.

Independente do que possa ser, quando Genet retorna para seu grupo de assentamentos quatorze anos depois (aos setenta e quatro anos), seu livro quase pronto e o câncer em sua garganta se preparando para matá-lo, o que ele encontra é somente o torpe e desgastado gosto posterior à capitulação – "uma mudança para o pior tentando se passar por uma mudança para o melhor". Ele deambula, tentando encontrar traços de velhos amigos ou histórias sobre o que lhes aconteceu, em grande parte sem sucesso. Dificilmente alguém se lembra dele. As histórias são muitas e contraditórias. Um amigo que lhe haviam dito ter sido assassinado estava vivendo tranquilamente na Alemanha; sua mãe, a esposa daquele fazendeiro que vivia tão feliz entre os soldados, encorajava seu filho a lutar e empunhava quando necessário uma arma, estava agora desgastada, desconfiada, ardilosa e exaurida. Ele tenta infundir novamente um pouco de romance às coisas; ele inclusive fala da Pietà. Mas é impossível. Ele se esquiva, "quase na ponta dos pés, como alguém deixando um quarto no qual inclusive a cama está dormindo".

II

A estada de Genet com os Panteras Negras na primavera de 1970, um pouco antes de sua ida ao Oriente Médio, é um pouco mais do que uma nota de rodapé ao resto. Há somente uma dúzia ou mais de páginas sobre isso espalhadas pelo livro, estranhamente inseridas e escritas inexpressivamente. O humor sarcástico da seção sobre a Palestina se acomoda nas piadas juvenis sobre eleições e ereções, o plangente erotismo, na franca vulgaridade sobre protuberâncias genitais. Temos a impressão de que na América ele era, e se via, mais como um troféu ou uma celebridade exposta (ele se refere a si mesmo como um "indigente" velho e como "Branco", "infantil") do que, como fora na Jordânia, um peregrino buscando conexão. De qualquer modo, diferentemente dos anos que viveu em meio aos palestinos, ele passou somente alguns meses com os Panteras, fazendo discursos a favor deles em Berkeley, Stony Brook e na Universidade de Connecticut (embora ele já tivesse vindo a este país antes como uma versão francesa de um jornalista gonzo para cobrir a Convenção Democrática de 1968 em Chicago), e de fato sua relação com o partido, seus líderes e com sua causa, parece ter sido muito experimental, tão confusa como qualquer outra coisa. Ele levou, como diz, um longo tempo para se aperceber de que George Wallace (que ele imaginava ser um senador) era um racista.

Mas o ponto importante para ele é que os Panteras fornecem, como Paris em 1968 forneceu antes deles (quando, como dizem, ele respondeu aos estudantes de direita – que entoavam "*Genet pédéraste, Genet pédéraste*" – aparecendo iluminado em uma sacada com seus braços levantados), e os palestinos após eles, uma outra fronteira proibida a transgredir. Ele estava sempre buscando essas fronteiras – legais, morais, políticas, raciais, sexuais e, talvez mais que tudo, como no fluxo desordenado dos sonhos completamente despertos que constituem esse livro, literárias – e cruzando-as tão visivelmente de modo a tornar impossível ao mundo não notar. Independente de quão incerta tenha sido sua compreensão acerca do que foram afinal os Panteras ("eles eram assombrados por medos e fantasias que eu nunca conheci exceto em tradução irônica"), ele não teve problema algum em compreender o conceito de "provocativo":

> O recuo dos Brancos diante das armas dos Panteras, de suas jaquetas de couro, de seus penteados revolucionários, de suas palavras e mesmo de seu tom gentil, mas ameaçador – era justamente isso que os Panteras queriam. Eles deliberadamente começaram a criar uma imagem dramática. [...]
>
> E conseguiram. A imagem teatral foi respaldada por mortes reais. Os próprios Panteras fizeram alguns disparos, e a mera visão das armas dos Panteras fazia os policiais atirarem.

Toda carreira de Genet foi consumida em provocar o poder desse modo, exceto que ele nunca disparou coisa alguma a não ser imagens, palavras e comportamento desmesurado; quanto mais desigual o combate, mais certo o fracasso, e mais ele parecia atraído por ele. Na época em que foi para a Jordânia, já era quase fim de jogo para ele. Ele viveu outros dezesseis anos, elaborando um prefácio às cartas da prisão escritas por George Jackson, uma apologia à gangue Baader-Meinhof que até seus defensores acharam difícil aceitar, uma descrição exaltada, com corpos inchados e crucificações, da cena em Shatila, o campo palestino no Líbano, após os massacres que ocorreram lá em 1982. Mas na Jordânia, e nesse livro, finalizado, embora na verdade estivesse finalizado, somente semanas antes de sua morte, algo mais além de drama e provocações aparece – uma tentativa tranquila, quase tímida, de definir um momento, e a si mesmo nesse momento, de um modo tal que nem um nem outro seriam dispensáveis da história como estranheza e aberração. O homem que Cocteau, que o teria descoberto pela primeira vez, chamou "O Príncipe Negro da Literatura Francesa", parece no fim ter-se conformado com testemunhar. "Sinto-me, agora, como uma pequena caixa-preta projetando *slides* sem títulos."

2001

Etnografia na China*

No povo Na – um povo tribal escondido nos Montes Yongning da Província de Yunnan, no sul da China e o tema da nova monografia provocativa do antropólogo chinês de formação francesa, Cai Hua – não existe casamento, de fato ou declarado. Existem mães, assim como crianças, mas não há pai. O intercurso sexual ocorre entre amantes casuais e de oportunidade, que não desenvolvem quaisquer relações mais duradouras e extensas um com o outro. O homem "visita", em geral furtivamente, a mulher em sua casa no meio da noite quando surgem impulso e oportunidade, o que eles fazem com grande regularidade. Quase todos, homens e mulheres, possuem parceiros múltiplos, serial ou simultaneamente; simultaneamente, em geral, dois ou três, serialmente, de cem a duzentos. Não há famílias nucleares, parentesco por matrimônio nem enteados. Irmãos e irmãs, em geral vários de cada, vivem juntos, talvez com meia-dúzia de seus parentes maternos mais próximos, do nascimento à morte sob um mesmo teto – construindo uma vida, mantendo a unidade familiar, e criando os filhos das irmãs.

O tabu do incesto é tão intenso que além de nenhum deles poder dormir com os membros do gênero oposto de sua própria família, jamais podem sequer aludir a assuntos sexuais em sua presença. Ninguém pode praguejar onde possa ser ouvido nem sentar-se com eles na mesma fileira no cinema, devido à possibilidade de uma cena emocional aparecer na tela. Como a paternidade não é socialmente reconhecida, e em grande parte incerta, pode ocorrer de os pais, de vez em quando, dormirem com filhas suas. Um homem é livre para dormir com a filha do irmão de sua mãe, que não é considerada qualquer tipo de parente, nem

---

* Publicado originalmente como "The Visit". *New York Review of Books* 48, n. 16, 18/10/2001. O livro em discussão aqui é: *A Society without Fathers or Husbands: The Na of China*, de Cai Hua, traduzido do francês por Asti Hustvedt.

mesmo uma "prima". Não há palavra para bastardo, nem para promiscuidade, nem para infidelidade; nenhuma, do mesmo modo, para incesto, de tão impensável que é. O ciúme é degradante:

> "Você sabe, Luzo [que tem dezenove anos] não teve muitas [amantes], mas fez várias visitas [disse seu amigo]. Isso porque ele só vai à casa das beldades. Em particular, ele vai visitar Seno, uma bela garota em nosso vilarejo. Você quer ir [visitá-la] em sua casa?", ele me perguntou. "Não! Se eu for lá, Luzo ficará com ciúme", respondi.
>
> "Como eu poderia ficar com ciúme!" [Luzo] respondeu. "Você pode perguntar para quem quiser. Você verá que... não sabemos o que é ser ciumento."
>
> "Ele está certo!", seu amigo interrompeu. E para se explicar ele acrescentou: "As garotas [estão disponíveis] a qualquer um. Quem quer que queira visitá-las. Não há pelo que ser ciumento".

Obviamente, esse é um lugar interessante para um antropólogo – especialmente para um antropólogo formado na ideia fixa de sua profissão, a "teoria do parentesco".

I

Há duas variantes importantes dessa teoria, a "teoria da descendência" e a "teoria da aliança", e o povo Na, diz Hua, não se encaixa em nenhuma das duas. Na primeira, associada ao nome do antropólogo britânico A.R. Radcliffe-Brown e seus seguidores, a família "nuclear", "básica" ou "elementar" – um homem, sua esposa e seus filhos – "fundada como é em requisitos naturais", é universal, e "forma o núcleo em torno do qual qualquer organização social gira". O relacionamento entre pais e filhos, "filiação", é crítico, e a partir do qual são desenvolvidas várias regras "legais", ou seja, normativas, de descendência que contrapõem certos conjuntos de parentes a outros: linhagens, clãs, parentes etc. "As famílias podem ser comparadas a fios cuja tarefa da natureza é urdir de modo que o tecido social possa se desenvolver."

No modelo da aliança, que deriva em grande parte do antropólogo francês, e mentor de Hua, Claude Lévi-Strauss, "o intercâmbio institucionalizado das mulheres" entre as famílias "pela aliança do casamento [é considerado] o ponto central do parentesco". A universalidade do tabu do incesto, "um fenômeno natural", necessita do casamento e da criação das "redes de alianças transversais [ou seja, parentesco por matrimônio] [que] engendram toda organização social".

Uma vez que o povo Na não possui relacionamento matrimonial, ele falseia ambas as teorias. Nele, não se formam famílias elementares a partir das quais um tecido social filial possa ser urdido, nem, embora possuam uma variedade do tabu do incesto (uma variedade estranha, já que, com sua distorção pai-filha, não exclui parentes em primeiro grau), formam redes de relações por laços matrimoniais expandidas e entrelaçadas, ou, na verdade, quaisquer redes de "parentesco por matrimônio". "A partir de agora", Hua proclama no final de seu livro, "o casamento não pode mais ser considerado o único modo institucionalizado possível de comportamento sexual". A "visita" do povo Na demonstra que

> casamento, parentesco por matrimônio, aliança de casamento, família, [usualmente considerada] essencial à antropologia, [...] parecem ausentes dessa cultura. O caso Na prova que o casamento e a família (assim como o Complexo de Édipo) não podem mais ser considerados universais, nem lógica nem historicamente.

Isso é um pouco ambicioso, pois existem outros "modos institucionalizados de comportamento sexual" – concubinagem, prostituição, empréstimo de esposas – em quase todos os lugares, e se o Complexo de Édipo é ou não universal, ou mesmo se de algum modo existe, ele não depende dos arranjos maritais. Mas, claramente, a existência da "visita" é muitas vezes considerada impossível. Essa é uma instituição pouco usual (e talvez até única) – embora ninguém saiba o que está por vir de Papua, da Amazônia ou da Ásia Central – que sustenta um "sistema de parentesco" ainda menos usual. É um sistema no qual os fatos da reprodução (embora reconhecidos – os Na sabem de onde vêm os bebês) são incidentais e todos os vínculos são (concebidos como) "vínculos de sangue" – a casa inteira pode ser chamada consanguínea[1].

A "visita" Na, por toda sua fluidez, oportunismo e aparente liberdade de ansiedade moral ou religiosa, é uma instituição social igualmente caracterizada, tão profundamente incrustada em uma estrutura social mais ampla como é o casamento em outros lugares. (Os Na são budistas de estilo tibetano, quase um terço dos homens adultos sendo monges, cujas práticas sexuais, exceto por um punhado de celibatários confinados em Lhasa, são as mesmas dos leigos.) Isso fica claro pela terminologia exata e explícita que a determina:

> A sociedade chama um homem e uma mulher que estabelecem esse tipo de relacionamento *nana sésé hing*, que significa pessoa em um relacionamento de encontros furtivos; o homem e a mulher discretamente chamam um ao outro *açia* ["discretamente", devido ao tabu do "incesto" contra referências públicas à sexualidade onde consanguíneos do gênero oposto possam ouvi-los]. O termo *açia* é composto do prefixo diminu-

---

1. Para a suposta impossibilidade de sistemas de parentesco puramente "consanguíneos" (aqui, puramente matrilineares), cf. MURDOCK, G.P. *Social Structure*. Free Press, 1996, p. 41ss. Cf. tb. SCHNEIDER, D.M. & GOUGH, K. *Matrilineal Kinship*. University of California Press, 1961. É claro, vínculos "consanguíneos" nem sempre são formulados em termos de "sangue", como o são conosco. Entre os Na, a expressão é "osso": indivíduos matrilinearmente conectados são ditos ser "de um osso".

tivo *a* e da raiz *çia*. Os Na acrescentam *a* aos nomes e nomes próprios para indicar intimidade, afeição, amizade e respeito; *çia*, quando usada como um nome, significa amante. A mesma palavra é utilizada para ambos os gêneros. E como um verbo ela significa literalmente deitar-se e, figurativamente, copular, dormir e incitar. *Açia* significa amante.

Um ditado Na descreve aqueles que são *açia* muito bem: [...] Não basta dizer que somos *çia*. O que (nos) torna *çia* é dormirmos juntos uma vez.

A representação de um relacionamento como esse mostra a mesma padronização cultural detalhada: não é uma questão de desejo físico bruto e irrestrito, mas de um autocontrole modelado, quase o de um bailarino. O encontro ocorre no quarto da mulher por volta da meia-noite. (Um pouco mais cedo no inverno, diz Hua, um pouco mais tarde no verão.) O homem chega praticamente em silêncio, faz o que tem de fazer (Hua é completamente silente sobre o que pode ser e sobre como os gritos de amor são abafados), e parte ao amanhecer, esgueirando-se furtivamente de volta para sua casa. Como homens e mulheres desfrutam "de forma completamente igual" e estão "em contato diário, na cidade, no local de trabalho e em outros lugares", cada um deles pode dar o primeiro passo e qualquer um dos dois pode aceitar ou recusar:

Uma garota pode dizer a um rapaz, "Venha à minha casa nesta noite". O rapaz pode então responder, "sua mãe é difícil de lidar". E então a garota pode dizer, "Ela não vai repreender você. Venha secretamente no meio da noite". Se o rapaz aceita, ele diz, "Certo". Se recusa, ele diz, "Não quero ir. Não irei para passar a noite". Nesse caso, não importa o que a garota diga, nada o fará mudar de ideia.

Quando o homem toma a iniciativa... ele, com frequência, usa a expressão "Eu vou à sua casa nesta noite, certo?", ao que a mulher responde com um sorriso ou dizendo, "Certo". Alguns são mais diretos e perguntam "Você que ser minha *açia*?" Se uma mulher recusa..., ela pode usar uma fórmula preparada: "Não, não é possível. Eu já tenho um para esta noite". Nesse caso, o homem não insistirá[2].

Existem outros modos, mais oblíquos, de alguém tornar seus desejos conhecidos. Ele ou ela pode furtar um objeto pessoal – um echarpe, um maço de cigarros – do parceiro desejado. Se ele ou ela não protestar, o encontro está arranjado. Alguém pode gritar à distância, "Ei, ei, você quer trocar algo?" Se receber um "ei, ei" de volta, vocês trocam cintos e marcam um encontro. Atualmente, filmes

---

2. Hua inclui o Na vernacular para essas várias frases em seu texto; eu as removi e repontuei apropriadamente.

chineses – exibidos, praticamente, todas as noites, embora imperfeitamente compreendidos pelos Na, falantes do tibeto-birmanês – são um contexto particularmente preferido para colocar as coisas em movimento:

> Os rapazes e garotas compram os ingressos e esperam em frente ao teatro, para se conhecerem. [...] Um homem pode oferecer um ingresso a várias mulheres, assim como uma mulher pode oferecer um ingresso a mais de um homem. Uma vez que um ingresso é entregue, o homem e a mulher se afastam um do outro e só voltam a se reunir dentro do teatro. Durante o filme, os espectadores falam alto, muitas vezes abafando o som dos alto-falantes. Se eles têm um momento agradável durante o filme e chegam a um acordo, eles saem discretamente para passar uma noite amorosa juntos.

A "noite amorosa" pode ser a única. Ou pode se repetir em intervalos curtos ou longos ao longo de meses ou anos. Pode ser iniciada, interrompida durante um tempo, e então retomada. Pode ser interrompida completamente a qualquer tempo por qualquer parte, usualmente sem aviso prévio ou sem muitas explicações. Em suma, não envolve qualquer tipo de compromisso exclusivo e permanente "à moda antiga". Mas é, também, por toda sua fluidez e negligência aparente, cuidadosamente padronizada – estruturada e encerrada em uma coleção elaborada de rotinas culturais, uma ética de alcova.

Quando o *amant* chega à casa da *amante*, usualmente após ter pulado uma cerca e jogado um osso ao cão de guarda, ele dará algum tipo de sinal de sua presença – jogando pedrinhas no telhado, agachando-se na janela do quarto da mulher (Hua diz que todo homem em um vilarejo – quatrocentas ou quinhentas pessoas – sabe a localização do quarto de cada mulher), ou, se ele está confiante em ser recebido ou já esteve lá com frequência, simplesmente bate na porta da frente. "Em uma casa onde há mulheres em idade de receber visitantes [pode haver vários em uma noite, e mesmo uma mulher pode ter mais de um visitante, um por vez], todo dia, após o anoitecer, os homens da casa não abrirão a porta da frente."

Usualmente, a própria mulher que está esperando abrirá a porta e os dois se dirigirão silenciosamente ao quarto dela. Se a mulher errada abre a porta – uma irmã ou prima, ou talvez mesmo uma daquelas mães "difíceis" – isso provoca um pequeno embaraço: o homem simplesmente se dirige ao quarto da mulher certa. Durante o encontro, os amantes devem sussurrar "de modo que nada chegue aos ouvidos das mulheres da família, sobretudo dos homens (especialmente tios e tios-avôs)".

Ninguém pode ser forçado por outro nesses assuntos. A mulher sempre pode, e a qualquer momento, recusar as súplicas do homem e o repelir. Uma mulher nunca pode, de modo algum, visitar um homem; assim, se ela é desprezada, ela está apenas sem sorte. Uma lenda descreve essa praticamente única exceção à rigorosa simetria do sistema:

> Quando a humanidade se originou, ninguém sabia como regular as visitas. Abaodgu, o deus responsável por estabelecer todas as regras, propôs o seguinte teste: ele ordenou que um homem fosse confinado em uma casa e que uma mulher fosse enviada para se juntar a ele. Para chegar ao homem, a mulher tinha de passar através de nove portas. Ao amanhecer, ela havia alcançado a sétima porta. Então, Abaodgu testou o homem, que foi bem-sucedido em passar através de três portas. [...] Abaodgu [concluiu] que as mulheres eram muito apaixonadas [para fazerem] a visita. [...] Os homens [teriam de] visitar as mulheres.

Hua passa a delinear, metodicamente e em detalhes implacáveis, as variações, as ramificações sociais e as especificações etnográficas de tudo isso, preocupado, não sem razão, pois se ele não argumentar várias vezes e detalhar cada último fato que reuniu em quatro períodos de trabalho de campo (1985, 1986, 1988-1989, 1992) sua descrição poderá ser desacreditada.

Ele descreve duas outras "modalidades" especiais e infrequentes de encontro sexual – "a visita conspícua" e a "coabitação". Na visita conspícua, que sempre se segue a uma série de visitas furtivas, o esforço para ocultar o relacionamento é abandonado ("vomitado", como diz a expressão), especialmente porque os antigos ficaram mais velhos, talvez cansados da dissimulação e da cerimônia sem sentido, e, depois, todo mundo sabe sobre eles.

Na coabitação, uma variante ainda mais rara, uma família que tem poucas mulheres, por meio das quais produzir filhos, ou homens, para trabalharem para ela em seus campos, adotará um homem ou uma mulher de uma família com excedentes para manter sua viabilidade reprodutiva ou econômica, com o adotado se tornando um tipo de visitante conspícuo permanente (até certo ponto: pois esses arranjos muitas vezes também se interrompem). Entre famílias líderes, chamadas *zhifu*, uma palavra chinesa para "governador regional", relacionamentos sucessivos são estabelecidos ao longo de várias gerações, levando a uma alternância familiar peculiar de liderança e a uma restrição maior quanto a quem pode acasalar com quem.

Hua descreve, analisa e redescreve grupamentos matrilineares mais amplos, que são meros dispositivos notacionais para manter a descendência direta, assim como a estrutura interna da família – um tema sobre a cuidadosa distribuição de assentos, obrigações rituais e a liderança dupla homem-mulher. Ele faz descrições da construção física da casa, dos vários banquetes de parentes e troca de presentes, e de crenças sobre procriação (o homem "água" a mulher assim como a chuva água a grama, um ato de "caridade" à família da mulher que necessita de filhos para se perpetuar).

Mas no fim, "A visita... é essencial e básica; é a modalidade preeminente de vida sexual nessa sociedade. [...] Todo mundo é forçado a segui-la, sua prática é determinada não apenas pela vontade individual, mas... [pela] coerção social".

II

À medida que nos preparamos para reservar passagem para Yunnan, contudo, um pensamento perturbador surge: Pode isso tudo ser verdade? Sexualidade sem culpa? Parceiros múltiplos? Sem ciúme, sem recriminações, sem parentesco por matrimônio? Igualdade de gênero? Uma vida cheia de encontros? Isso soa como um sonho *hippie* ou o pesadelo de Falwell. Aprendemos recentemente, se já não sabíamos, a desconfiar de histórias antropológicas sobre povos obscuros e distantes, cujos pensamentos e comportamentos não são apenas diferentes dos nossos, mas um tipo de imitação deles, como num espelho distorcido, nitidamente inversivo: ritualistas havaianos, caçadores amazônicos sanguinários, iks imorais, esquimós que "nunca-se-zangam", hopis abnegados, moças samoanas complacentes. Essas histórias podem ou não ser verdadeiras, e a discussão, na maioria dos casos, continua. Mas, se mesmo o mais famoso portador de histórias da China, Marco Polo (que tem uma passagem em seu *Viagens*, de 1298, aludindo vagamente à promiscuidade do povo Na), é agora acusado de nunca ter posto os pés no lugar, pode esse pedaço exótico do mundo virado de cabeça para baixo escapar de suspeição?

Com relação aos fatos mais incontestáveis sobre o tema, pareceria haver pouco espaço para dúvida. Hua, agora professor de antropologia social na Universidade de Pequim, foi formado no Laboratório de Antropologia Social no Collège de France, e seu livro chega recomendado por Lévi-Strauss, o fundador do Laboratório ("O Dr. Cai Hua prestou um grande serviço à Antropologia Ocidental. [...] O povo Na agora têm seu lugar na literatura antropológica"), e pelo ex-professor de antropologia de Oxford, Rodney Needham ("A etnografia é completa e patentemente confiável, repleta de achados valiosos...").

Hua passou cerca de dois anos entre os Na, e, embora seja um chinês han, parece ter obtido um bom domínio da língua Na. Ele conduziu entrevistas sistemáticas em cinco vilarejos (sessenta e cinco famílias, 474 pessoas – o total da população Na é cerca de trinta mil), construindo pacientemente genealogias e tabulando relacionamentos *açia*. (A campeã alegava 150 amantes, o campeão, 200 – talvez Abaodgu estivesse, no fim, errado.) Ele leu todos os extensivos anais chineses sobre o grupo, retrocedendo às dinastia Qing (1644-1911) e Ming (1368-1644) até à, nessa parte da China, pouco visível dinastia Yuan (1279-1368), assim como montanhas de relatórios e pesquisas de governo mais recentes. Ele viajou ao longo da região, reviu a literatura antropológica (um tanto confusa) sobre os sistemas matrilineares, e examinou ao menos brevemente todos os tipos de temas colaterais: posse de terra, migração, comércio, conexões étnicas, curandeirismo, liderança e a penetração local de políticas nacionais. Pode haver pouca dúvida de que ele fez o que tinha de ser feito.

E, ainda assim, algo grande, difícil de definir e surpreendentemente importante está faltando na descrição enérgica, profissional e conceitualmente autovedante dos Na: existe um doloroso buraco bem no seu centro, uma ausência opressiva. Exceto por algumas observações precipitadas e abreviadas de passagem, uma anedota aqui, um incidente ali, ouvimos pouco sobre o tom e o temperamento da vida Na, sobre a cor de sua disposição, sobre a curva de sua experiência. Nada, ou quase nada, há sobre os sentimentos individuais e juízos pessoais, sobre esperanças, medos, desacordos e resistências, sobre fantasia, remorso, orgulho, humor, perda ou desapontamento. A questão que no fim mais queremos ver respondida e a mais insistentemente levantada pela própria circunstancialidade da etnografia de Hua – "Como é ser um Na?" – fica em grande parte desatendida. Ficamos com um mundo compacto e bem-ordenado de regras, instituições, costumes e práticas: "um sistema de parentesco".

Isso pode ser o bastante? A "Na-nidade" como uma forma de vida, um modo-de-ser-no-mundo, é uma coisa, o que quer que seja, muito mais ampla, mais irregular, inconstante, menos articulada e menos articulável. É uma disposição e uma atmosfera, um brilho espalhado sobre as coisas, e é difícil descrever ou sistematizar, impossível de conter em categorias sumárias. Como são as crianças, criadas por aqueles pares irmão-irmã companheiros de vida, naquelas pequenas e apertadas casas consanguíneas cheias de simulação erótica e de preocupação com incesto, persuadidas a se verem como incansáveis conspiradores sexuais – aguardando ao lado da cama, se mulheres, tropeçando na escuridão, se homens? O que isso faz em geral com seu senso de ação, de identidade, de autoridade, de prazer, de confiança? O que significa "igualdade de gênero", o que isso pode significar, em um contexto assim?

O que, realmente, significa *çia*, que Hua tão indiferentemente traduz como "amor" embora sem jamais nos dar quaisquer descrições relatadas ou de fontes secundárias sobre o que ocorre eroticamente, nos quartos ou fora deles? Nenhuma falha de desempenho? Nenhuma inventividade carnal? Nenhuma *folie*? Nenhuma frigidez? Nenhuma anomalia? E o que é aquilo de "vomitar" casos secretos e das mães serem "difíceis"? A topografia emocional e moral da vida Na deve ser, com certeza, ao menos tão inusual como suas convenções de encontros e suas práticas adotivas. Mas sobre ela nos são concedidas somente as mais gerais das noções: dicas e vislumbres, nervosamente pincelados ao longo do caminho dos "achados".

Parte dessa inabilidade – ou relutância, é difícil saber qual – para enfrentar as dimensões esboçadas e menos delimitadas da vida Na pode se dever ao que chamamos atualmente a "posição de sujeito" de Hua. Como um chinês han, criado no que pode ser uma das sociedades menos abertas, mais voltadas para a família e mais explicitamente moralizadas no mundo, estudando uma sociedade tão não han quanto é possível imaginar (e uma sociedade localizada na "China" para acrescentar), utilizando as preocupações e pré-concepções da "ciência" formulada pelo Ocidente, Hua tem muito trabalho. Em si, sua dificuldade é comum a todos os antropólogos de campo, mesmo aqueles que trabalham em circunstâncias menos dramáticas, e não há fuga genuína dela. O problema é que Hua parece não estar consciente de que a dificuldade existe – que a passagem das "instituições Na" através das percepções chinesas a caminho de "prestar um serviço ao Ocidente" situando-as "na literatura antropológica" levanta questões não apenas sobre as instituições, mas também sobre as percepções e a literatura.

Em particular, a própria ideia de um "sistema de parentesco", uma noção vinculada à cultura, se alguma vez existiu alguma, pode ser uma grande parte do problema. Ela pode nivelar nossas percepções sobre um povo como o Na, cujo mundo está centrado mais em torno da figuração da sexualidade e das simetrias de gênero do que em torno do ordenamento da conexão genealógica ou da estabilização da descendência, e voltar-nos, como o fez com Hua, na direção de questões acadêmicas e gastas como o caráter natural da família nuclear, o papel das regras de residência ou a definição própria de casamento.

O "antropólogo simbólico", o falecido David Schneider (que, após o trabalho de uma vida inteira sobre o tema, chegou a acreditar que a obsessão de sua profissão pelo "parentesco", "a linguagem do parentesco" e pela "sociedade baseada em parentesco" era algum tipo de erro primal provocado pelo biologismo, por uma insensibilidade, e por um medo da diferença) disse que "a primeira tarefa da antropologia, *pré-requisito de todas as demais*, é compreender e formular os símbolos, os significados e suas configurações, que compõem uma cultura particular"[3]. Se ele estava certo, então pode ser que a descrição exata e cuidadosa de Hua sobre os Na seja lembrada menos pelas estranhezas institucionais que ela reúne e celebra do que pelo cosmos entrevisto que ela deixa escapar.

Isso é ainda mais lamentável porque, após séculos de resistência a esforços para conciliá-lo com o que está ao seu redor – ou seja, o decoro han –, esse cosmos está agora aparentemente, enfim, dissolvendo-se. As pressões sobre os Na para se moldarem e casarem moralmente como entes humanos normais têm sido persistentes e incessantes. Em 1656, a dinastia manchu Qing, incomodada pela sucessão de problemas entre tribos "bárbaras", decretou que os chefes dessas

---

3. SCHNEIDER, D.M. *A Critique of the Study of Kinship*. University of Michigan Press, 1984, p. 196. Itálicos originais.

tribos, incluindo a Na, deveriam se casar do modo normal e produzir filhos normais, netos e primos para sucedê-los legitimamente na função.

A medida da imposição dessa regra variou ao longo do tempo conforme os poderes e interesses das várias dinastias. Mas a intrusão das práticas han – a virilocalidade (pela qual casais casados vivem próximos aos familiares do esposo), a patrifiliação (tornando central o parentesco por meio dos pais), o casamento poligâmico (i.e., envolvendo várias esposas) –, genealogias escritas e "culto aos ancestrais" (os Na jogavam as cinzas de seus mortos ao longo das ladeiras) – nos âmbitos mais elevados da sociedade Na forneceu um modelo cultural alternativo, um modelo que os Na, em grande parte, conseguiram manter isolado. Membros das famílias líderes, e alguns membros ricos da comunidade e imigrantes residentes, começaram a se casar para preservar suas propriedades e para assegurar um lugar na sociedade chinesa mais ampla. Mas a maior parte da população procedia como antes, a despeito de serem continuamente ofendidos como "primitivos", "depravados", "atrasados", "licenciosos", "sujos" e infestados por doenças sexuais. (A última era, e é, mais ou menos verdadeira. "Mais de 50% dos adultos Na têm sífilis... uma percentagem significativa de mulheres é estéril... pessoas são deformadas. [...] A... população está estagnando.")

Essa guerrilha cultural, com decretos do centro e evasões da periferia, continuou intermitentemente por aproximadamente trezentos anos, até que a chegada dos comunistas nas décadas de 1950 tornasse o tema mais imediato[4]. O Partido considerava a tradição da visita "um 'costume atrasado e primitivo'... transgredindo a legislação matrimonial do Povo da República da China... [e rompendo] a produtividade no trabalho porque os homens não pensam em outra coisa senão em fugir para visitar alguém". O primeiro movimento do Partido contra a tradição foi uma regulação designada a encorajar a formação da família nuclear distribuindo terras aos homens que estabelecessem e mantivessem uma família desse modo. Quando se verificou que isso não teve efeito algum ("o governo não podia compreender como era possível que os homens Na não quisessem ter sua própria terra"), dirigiram-se, durante o Grande Salto Adiante, para um esforço completo da imprensa para "encorajar a monogamia" através de um sistema de licenciamento, um esforço "guiado" pela recomendação de dois grupos de etnologistas, que insistiam que, "com planejamento", os homens e mulheres Na poderiam ser levados a estabelecerem famílias como unidades econômicas e a criarem seus filhos juntos. Embora esse movimento tenha sido um pouco mais bem-sucedido – no "exemplo" de Hua, sete casais casaram oficialmente –, em breve também se esgotaria diante da indiferença Na pelas sanções envolvidas.

---

4. Os comunistas, é claro, chegaram ao poder em 1949, mas a área Na permaneceu essencialmente país Kuomintang até 1956, quando o partido instalou seu governo local, colocando comissários Han na região e efetivamente encerrando o tradicional sistema de chefismo.

Como a pequena cenoura e a vareta curta falharam em produzir resultados, o Partido, durante o período da Revolução Cultural (1966-1969), continuou a tratar o problema com seriedade. Dedicado ao projeto nacional de "eliminar os quatro antigos" (costumes, hábitos, moralidade, cultura), a Comuna do Povo de Yongning declarou ser "vergonhoso não saber quem é nosso genitor" e impôs o casamento por simples decreto a qualquer aldeão envolvido em um relacionamento de visita conspícua. Mas isso também falhou. Tão logo os funcionários do Partido se foram, os casais romperam.

Finalmente, em 1974, o governador provincial de Yunnan, declarando que "a reforma desse antigo sistema matrimonial ocorre sob a estrutura da luta de classes no domínio ideológico e, portanto, constitui uma revolução no domínio da superestrutura" (podemos quase ouvir o "*Hã?*" coletivo dos Na), tornou lei que: (1) qualquer um com menos de cinquenta anos em um relacionamento "que durou por algum tempo" deve oficialmente se casar imediatamente no quartel-general da comuna; (2) toda mulher que tem filhos deve publicamente declarar quem é seu genitor e levá-lo ao quartel-general para se casar com ele; (3) aqueles que se divorciaram sem sanção oficial terão sua ração anual de grãos suspensa; (4) qualquer criança nascida fora do casamento também não receberá uma ração e deve ser sustentada pelo seu genitor até que tenha dezoito anos; e, (5) visitações, furtivas ou conspícuas, estavam proibidas.

Isso, com o apoio de reuniões noturnas da brigada militar local e de alguns informantes coniventes, pareceu finalmente funcionar – de certo modo e por algum tempo:

> [O] governo distrital enviou um jipe cheio de licenças de casamento para a Comuna do Povo de Yongning. Dez a vinte casais, por vez, eram reunidos nos vilarejos... e um líder colheria suas impressões digitais no formulário de casamento e entregaria a cada um uma licença de casamento. [...] [Quando] o dia [da cerimônia] chegava, carruagens eram enviadas aos vilarejos para fornecer transporte aos "recém-casados" até ao quartel-general [do Partido]... Cada um deles recebia uma xícara de chá, um cigarro e vários pedaços de doce, e então todos participavam de uma dança tradicional. O governo chamou isso "a nova maneira de se casar".

Era nova o bastante, mas para os Na era ruinosa. "Nenhum outro grupo étnico na China experimentou um rompimento tão profundo como o Na durante a Revolução Cultural", escreve Hua em uma rara exibição de sentimentos. "Para compreender o problema que essa reforma provocou na sociedade Na, basta imaginar uma reforma em nossa sociedade, mas com a lógica reversa":

> Durante aquele período [um dos informantes de Hua disse], a tensão era tão grande que nossos pensamentos nunca se desviavam desse tema. Ninguém ousava fazer uma visita furtiva. Antes, éramos como galos.

> Tomávamos qualquer mulher que pudéssemos pegar. Íamos à casa de uma mulher ao menos uma vez durante a noite. Mas, com aquela campanha, ficamos assustados. Não queríamos nos casar e nos mudar para a casa de uma outra pessoa, e, consequentemente, não ousamos mais visitar ninguém. Devido a isso, descansamos por alguns anos.

Após a acessão de Deng Xiao-ping, em 1981, a mais draconiana dessas medidas – a negação de rações, a revelação dos genitores – foram suavizadas ou suspensas, e a ênfase se dirigiu para abordagens "educacionais", ou seja, assimilacionistas. Em particular, a expansão do sistema escolar estatal, onde "todos os livros-texto estão impregnados com ideias e valores han", está levando à rápida e completa sinização dos Na. Hoje – ou, seja como for, em 1992 – a escola, auxiliada pelos filmes e outras importações "modernas", está obtendo o que a pressão política não conseguiu: a redução do "Na-ismo":

> Quando os estudantes se graduam no ensino médio, eles devem preencher um formulário que inclui uma coluna solicitando informações sobre seu estado civil. Incapazes de preencher a lacuna perguntando pelo nome de seu pai, tornaram-se repentinamente conscientes de que não têm um pai, diferente de seus colegas de outras origens étnicas. Alguns dos estudantes Na, usualmente os mais brilhantes, encontram um lugar quieto onde podem chorar privadamente. [...] A mensagem [da escola] é clara. [...] Existe somente uma cultura que é legítima, e essa é a cultura han.

Na China, como em outros lugares, não é a licenciosidade o que as forças mais temem. Nem mesmo a imoralidade. É a diferença.

Parte II
Os islãs e a fluidez das nações

1971

Em busca da África do Norte*

Físicos, romancistas, lógicos e historiadores da arte reconheceram por algum tempo que o que chamamos nosso conhecimento da realidade consiste em imagens dela que nós mesmos produzimos. Nas ciências sociais somente agora isso começa a ser compreendido, mas apenas imperfeitamente. A contribuição da investigação não somente à descrição e análise de seu objeto de estudo, mas à sua própria criação, ainda tende a ser obscurecida pelo tipo de mentalidade que considera os Arquivos da Área de Relações Humanas (Human Relations Area Files), a pesquisa de opinião Gallup (Gallup Poll) e o Censo dos Estados Unidos como repositórios de verdades registradas, apenas esperando para serem descobertas. Nas artes, o observador neutro foi reduzido a uma convenção menor; nas ciências, a um caso limite inacessível. Mas em grande parte da sociologia, da antropologia e da ciência política, ele persiste, disfarçado de uma pessoa real realizando um ato possível.

Parte da razão para essa falha – no que tange aos investigadores muito autoconscientes – refletir no modo pelo qual eles constroem pela primeira vez os objetos que inspecionam é que o tema foi geralmente confundido com o não menos importante, porém menos profundo, da parcialidade. Ocultar preconceitos privados em linguagem pública é certamente uma aflição da pesquisa científica social; para algumas pessoas, essa, na verdade, é sua vocação.

Mas além dos debates cansativos sobre "neutralidade valorativa" e dos desmascaramentos piedosos da *parti pris* de outras pessoas, encontramos a questão mais perturbadora que o narrador não confiável levantou para a ficção, o prin-

---

* Publicado originalmente no *New York Review of Books* 16, n. 7, 22/04/1971. Os livros em discussão aqui são os seguintes: *Saints of the Atlas*, de Ernest Gellner; *Revolution and Political Leadership: Algeria 1954-1968*, de William B. Quandt; *Wolves in the City: The Death of French Algeria*, de Paul Henissart; e *Change at Shebika: Report from a North African Village*, de Jean Duvignaud. Os filmes em discussão são os seguintes: *The Battle of Algiers*, dirigido por Gillo Pontecorvo; e *Ramparts of Clay*, escrito por Jean Duvignaud e dirigido por Jean-Louis Bertuccelli.

cípio da complementaridade, para a física, e o *Rashomon*, para o senso comum: se o que vemos é em um nível considerável um reflexo dos mecanismos que utilizamos para tornar isso visível, como escolhemos entre os mecanismos? Treze modos de olhar para um melro são doze vezes mais do que é necessário para alguém que ainda acredita que fatos não são feitos, mas simplesmente nascem, e que diferenças de percepção se reduzem a diferenças de opinião.

Que elas não se reduzem assim fica evidente a partir de uma série recente de tentativas muito desesperadas de obter um controle sobre o Magreb contemporâneo – ou seja, o oeste da África do Norte – uma parte do mundo que, parecendo-se com tudo menos consigo mesma (quando Tocqueville viu pela primeira vez Argel ela lembrou-lhe Cincinnati), tem uma capacidade inusual de convidar à aplicação de noções-padrão sobre como as sociedades funcionam, e depois destruí-las.

Monografias acadêmicas, documentários de realismo social e ensaios beletrísticos competem para desenvolver uma forma representacional na qual a sociedade magrebina possa ser compreendida e comunicada. O primeiro resultado da compreensão súbita de que, embora a sociedade sem dúvida exista independentemente da atividade dos sociólogos – não, porém, a sociologia – é uma proliferação de gêneros. O segundo, ainda tão fraco de modo a quase não ser visível, é o desenvolvimento do tipo de atitude radicalmente experimental na direção de modos de representação que se estabeleceram muito antes em outros lugares na cultura moderna.

Desse modo, como seria de se esperar, os estudos acadêmicos – *Saints of the Atlas* (Santos do Atlas) e *Revolution and Political Leadership* (Revolução e liderança política) – são os menos afetados, em ambos os sentidos desse termo. Gellner e Quandt são velhos crentes. Para eles, ainda existe um objeto "lá fora", como o Everest, por um lado, e, por outro, um conjunto de abstrações analíticas, desenvolvidas por cientistas, destinadas a descrevê-lo. A pesquisa consiste na investigação empírica da adequação das abstrações à constituição do objeto. E os trabalhos científicos são apresentações sistemáticas dos resultados da pesquisa.

Os criadores de documento, seja em filmes, como *The Battle of Algiers* (A Batalha de Argel), ou em revistas em prosa, como no livro *Wolves in the City* (Lobos na cidade), são, se tanto, ainda mais vinculados à noção de que a realidade social é apresentada a eles diretamente e que o principal é olhar para ela com suficiente cuidado e a atitude apropriada. Mas eles são ao menos conscientes de que alguma astúcia – a simulação de um curta-metragem dos anos de 1940 para Pontecorvo; a dramatização da marcha da Newsweek para Henissart – é necessária para comunicar sua aparência aos outros.

Somente Duvignaud (e, aparentemente, seu tradutor cinemático, Bertuccelli) sabe que a astúcia surge muito antes e muito mais profundamente. Seus retratos da vida na aldeia norte-africana, tanto em seu livro como nas formas muito diferentes, e mesmo contrastantes, de *Ramparts of Clay* (Muralhas de barro), o filme feito a partir dele, são, no fundo, ficções, histórias que ele próprio contava e agora relata a outros. Não resta muito nas "invenções baseadas na vida" de Duvignaud sobre a visão da percepção imaculada da compreensão científica, e, absolutamente nada, sobre a noção relaxante de que o mundo se divide em fatos.

A África do Norte sequer se divide em instituições. A razão pela qual é tão difícil para a sociedade magrebina se focar e se manter focada é que ela é uma vasta coleção de seitas. Ela não é estruturada em grupamentos amplos, bem organizados e permanentes – partidos, classes, tribos, raças – engajados em uma luta duradoura por dominação. Ela não é dominada por burocracias integradas concentrando e controlando o poder social; nem dirigida por grandes movimentos ideológicos buscando transformar as regras do jogo; nem ainda imobilizada por um enrijecido amálgama de costumes aprisionando os indivíduos em sistemas fixos de direitos e deveres.

Essas características, que ocupam um lugar tão importante em outros lugares no Terceiro Mundo, estão, é claro, presentes na superfície da vida. Mas é somente a superfície. Qualquer um que as considere mais do que isso (como faz a maior parte dos observadores estrangeiros, mas, dificilmente, os domésticos) encontra a sociedade constantemente se esboroando em suas mãos. Estrutura após estrutura – família, aldeia, clã, classe, seita, exército, partido, elite, Estado – se mostra, quando considerada mais estreitamente, uma constelação *ad hoc* de sistemas de poder em miniatura, uma nuvem de micropolíticas instáveis, que competem, aliam-se, reúnem forças, e, muito em breve, se estendem exageradamente, fragmentando-se novamente.

A ordem social é um campo de seitas pequenas e pragmáticas que se reúnem em torno de uma ou outra figura dominante, à medida que ela surge, de modo mais ou menos passageiro, e que se dispersam novamente, à medida que essa figura desaparece, geralmente sem deixar traços. No Alto Atlas marroquino ou na estepe tunisiana as seitas são um pouco mais estáveis do que em Argel, mas a diferença é somente relativa. As partições sociais da África do Norte são em toda parte móveis e incessantemente movidas.

A reação de Gellner às dificuldades que esse rearranjo constante de lealdades coloca para a descrição social é perceber um plano fundamental fixo e bem formado semioculto sob ele. E, como seu objeto de estudo é uma tribo berbere (a ahansal), sua formação é em antropologia social britânica, e sua concepção de ordem social é orgânica, o plano que ele percebe é genealógico.

De acordo com Gellner, a despeito de manobra e conspiração, sangue é ainda mais espesso que água. Qualquer que seja a irregularidade da superfície da vida social, ela se desenrola dentro de uma rede de relações de parentesco que a contém e lhe dá significado. O famoso provérbio semita "Eu contra meu irmão, meu irmão e eu contra meu primo, meu primo e eu contra o estranho", cristalizado num conjunto imbricado de linhagens e clãs, é o princípio organizacional básico da sociedade ahansal:

> [P]odemos perguntar se... de fato a sociedade não é muito mais fluida do que os claros padrões tipo-árvore de genealogia de grupo e alinhamento poderiam sugerir. Uma conclusão dessas seria bastante errônea... A organização [genealógica] mostra um conjunto de alinhamentos, ratificados não meramente pelo costume, sentimento e ritual, mas mais pesadamente por interesses compartilhados que fornecem a referência para alianças e inimizades, para ajuda e hostilidade, quando o conflito surge. Cálculo, sentimentos, novos interesses, ingenuidade diplomática podem por vezes levar os alinhamentos finais a se separarem em alguns momentos: mas a presunção inicial e bastante forte é que lealdades de tribo e clã serão honradas, e que outros incentivos devem ter sido eficientes, embora não fossem tão honrados.

O problema é que esses "incentivos" parecem ser quase sempre "eficientes". Os "alinhamentos finais" parecem se separar não apenas em alguns momentos, mas na maioria deles. Poderíamos ir bem longe na compreensão da sociedade norte-africana, incluindo o exemplo de certo modo especial que Gellner apresenta dela, com o princípio "Meu primo e eu contra meu irmão, o estranho e eu contra todos meus parentes ladrões de cavalos".

Alianças de parentesco desempenham um papel na organização social norte-africana, especialmente em contextos rurais, mas nada há particularmente de privilegiado sobre elas. Elevá-las ao nível "constitucional" de leis fundamentais ocasionalmente transgredidas é reduzir o fluxo real da vida social norte-africana a uma coleção de casos especiais arbitrariamente explicados. Isso é o que ocorre com Gellner, à medida que a superfície de seu livro inicialmente tão bem delineado se desfaz em um catálogo de observações fragmentárias. Ao passo que avança, os "claros padrões tipo-árvore" se tornam cada vez mais difíceis de perceber, até que no fim parecem completamente sobrepujados pelo "cálculo, sentimento... interesses... ingenuidade", e os temas se esgotam e uma série de descrições lineares de fatos particulares sobre assentamentos particulares, grupos e inclusive indivíduos – situações micropolíticas.

O livro como um todo dá uma imagem de uma iniciativa superplanejada saindo instrutivamente do controle. E, embora, de um ponto de vista, isso seja testemunho do fato de que Gellner é perspicaz o bastante para se sobrepor aos seus princípios, de outro, sugere que o melhor modo de resolver as complexidades da sociedade norte-africana não é cair sobre ela com uma teoria acabada procurando por um exemplo.

Todavia, como o livro de Quandt sobre a revolução argelina se esforça para mostrar, o oportunismo científico também não funciona muito bem. Em vez de proceder com um conjunto organizado de princípios para ver como se saem no mundo dos fatos, Quandt descreve, em linguagem do "senso comum", mais ou menos cotidiana, o processo social que ele está investigando – a evolução da elite política argelina da eclosão da revolução em 1954 à consolidação do regime de Boumédiène em 1968 – e depois reúne esquemas categoriais *ad hoc* e hipóteses generalizadas para ordená-lo e explicá-lo.

Isso contribui para uma abordagem mais flexível que a de Gellner; sentimo-nos menos confinados a uma cadeia conceitual. Mas isso também contribui para um maior ecletismo. Embora os esquemas sejam inventivos e as hipóteses, mais ou menos aceitáveis, elas não fazem muito mais do que reiterar o fato de que a rivalidade é tão disseminada na elite argelina quanto em uma tribo berbere – uma reiteração feita em frases atuais o bastante em Cambridge e Santa Mônica para permitir Harold Lasswell e Daniel Lerner pronunciá-las, em seu prefácio ao livro, "A linguagem nascente das ciências políticas".

A linguagem, infelizmente, permanece nascente, para não dizer embriônica: é tudo banalidades e promessas. Quandt explica a fragmentação da elite argelina pelo fato de seus membros terem entrado nela em diferentes pontos do desenvolvimento do nacionalismo e possuem, portanto, diferentes concepções – "liberais", "radicais", "revolucionárias", "tecnocráticas" – sobre a natureza da política. Ele explica a instabilidade política pelo fato de que aqueles que naturalmente buscam o poder se esforçam para atrair uma variedade de apoiadores tão ampla quanto possível, enquanto aqueles que chegaram ao poder, quando subornos devem ser pagos, buscam, do mesmo modo natural, estreitar sua base a uma "coalizão vencedora mínima", criando, então, desapontamentos, ressentimentos e inimizades duradouras, à medida que partidários supérfluos são agora descartados. E ele explica por que o governo tende a ser ineficaz pelo fato de os argelinos serem geralmente marcados por um alto nível de desconfiança, um exagerado senso de honra e um ressentimento crônico em relação à autoridade.

Existe, provavelmente, alguma verdade em tudo isso, mesmo que somente do tipo que obtemos em afirmações como "O ópio faz você dormir porque tem poderes dormitivos". E, como Gellner, Quandt reúne uma boa quantidade de informações úteis. Mas poderíamos esperar, de algum modo, que a *scienza nuova* chegasse a algo mais, e a uma conclusão mais firme do que,

> [...] os líderes argelinos podem terminar criando um regime autoritário, indiferente ao povo, ou um processo político relativamente aberto que permite considerável participação da massa. Um resultado da extrema instabilidade da elite foi que poucas escolhas irreversíveis foram feitas com relação à natureza do sistema político, e dessa situação se originam tanto as responsabilidades como as promessas do desenvolvimento político argelino.

Em suma: "Onde há vida, há esperança".

De qualquer modo, onde as monografias traçam um esboço da sociedade norte-africana a fim de representarem a forma que professam encontrar em seu movimento, os documentários realistas constroem fortes linhas narrativas, progressões dramáticas rigorosas – histórias bem-contadas – em direção ao mesmo fim. Tanto o filme *A Batalha de Argel* e o livro *Lobos na cidade* são, ao menos na forma, suspenses sociais com personagens históricos como protagonistas, eventos históricos como cenas e consequências históricas como moral. Eles tiram sua aura da proximidade fatual e da revelação natural – a percepção de que a verdade está sendo comunicada de forma direta – ao retratar a vida como melhor tramada do que realmente é: seu significado é escrito, autodeclamando, diretamente em sua face.

Esse não é, em si, um argumento contra eles, assim como o esquematismo não é, como tal, um argumento contra Gellner ou Quandt. O filme de Pontecorvo projeta uma visão poderosa e, até onde podemos ver, inexata sobre como foi o começo do fim da Argélia francesa. Já o livro de Henissart, exceto por uma certa fraqueza pelo melodrama, apresenta uma concepção vívida sobre como foi o fim dela. A história é selvagem em ambos os casos: heroica e romântica, no primeiro; má e romântica, no segundo.

As limitações dessa narrativa são claras: deve-se calar sobre o que quer que o fluxo da superfície da vida social – os eventos efetivos de 1956-1957 e 1960-1962 – possa ser forçado a dizer. Uma vez que você projetou a trama – o confronto irônico entre a *résistance d'hier* do general francês Massu e a *de demain* do argelino Ben M'Hidi; a violência irrefletida na busca frenética pelo paradeiro do indiferente General Salan, um homem que parece tão misterioso como um Buda –, você está preso a ela, e a chance de o meio não só se tornar a mensagem, mas de empobrecê-la, torna-se muito real.

Em *A Batalha de Argel*, isso leva a uma visão excessivamente leninista sobre o que mantém a insurreição casbá unida, enfatizando o papel da elite revolucionária. Existe uma falha a penetrar a cacofonia de diversas alianças e rivalidades pessoais, sem falar de motivos pessoais, que era a FLN (Frente de Libertação Nacional) na época. O filme sequer reconhece que havia uma cacofonia dessas em vez da pirâmide ordenada de organizações guerrilheiras que a figura representando Massu traça – como algum instrutor de escola de guerra – no quadro-negro, e que o filme, determinado a manter o drama definido, aceita como fato.

Em *Lobos na cidade*, onde a atenção à população nativa está completamente ausente (aparentemente porque Henissart nada sabe sobre ela, mas talvez também porque incluí-la destruiria a narrativa), conduz a história a uma visão da OAS (*Organisation Armée Secrète*) como uma gangue de malfeitores. O modo pelo qual a OAS se desenvolveu a partir do, e foi integrada ao, padrão de vida europeia na Argélia colonial é quase completamente obscurecido, sacrificado ao detalhe do realismo superficial. Embora o filme de Pontecorvo seja uma realização muito melhor, uma obra de arte de tom sustenido, ambos os trabalhos compartilham um defeito similar: intensamente ocupados em ser interessantes aos ocidentais, fazem com que pareça muito familiar o que descrevem. Faltando coragem para serem tediosos, só conseguem apresentar-nos uma realidade social que não é a nossa.

Não que o próprio tédio, como oposto à disposição para arriscá-lo, tenha qualquer utilidade. O que torna o trabalho de Jean Duvignaud tão mais forte do que as monografias e documentários é sua consciência de que a passagem das experiências que o observador externo possui, quando confrontado pela África do Norte, para aquelas que o norte-africano possui, por viver lá, é complexa e traiçoeira, e que meios inusuais são necessários para negociá-la. Essa obsessão pela dificuldade de meramente ver o que está diante de nossos olhos (e tendo-o visto, comunicá-lo) torna tanto seu livro, *Change at Chebika* (Mudança em chebika), como o filme, *Muralhas de barro*, que é baseado nele, algo penoso para a paciência. O livro é um diário de campo, que inclui homilia sociológica, voltado preocupadamente para si mesmo; o filme, um *tableau vivant*, em que nada praticamente se move. Nem elegância lógica nem força narrativa são talentos de Duvignaud, assim como erudição ou precisão descritiva, mas sim um senso para se esquivar do ordinário, em sociólogos um talento mais raro.

Mudança em Chebika é o registro de um projeto de ensino ao ar livre do tipo que tantos estudantes americanos neste exato momento desejam em suas escolas. Duvignaud, na época (1960-1965) professor de sociologia em Tunis, selecionou vários alunos universitários – quinze ao longo do período de cinco anos – para levar com ele, em pequenos grupos, alguns dias ou semanas de cada vez, ao que, mesmo para a África do Norte, é uma aldeia muito combalida no fim do mundo.

Os estudantes eram todos novos tunisianos – altamente ocidentalizados, altamente ideológicos, altamente urbanos. Somente uma estudante já havia estado no sul, e como turista; e embora dez deles tivessem avós camponeses, somente três ainda possuíam vínculos rurais de qualquer significação. O professor, um homem no começo de seus quarenta anos, era um intelectual parisiense lutando para reconciliar ideias de Lévi-Straus, Sartre e Jacques Berque. Aparentemente, com um conhecimento apenas superficial sobre o islã, a cultura árabe ou a história norte-africana (não é inteiramente claro a partir do texto, mas ele parece sequer falar árabe), era animado por um desejo intenso de educar a elite tunisiana para as deficiências de sua própria concepção acerca de seu país. E, finalmente, os objetos de toda essa esperança e atenção eram um pequeno bando de meeiros empobrecidos, com suas esposas e filhos – cerca de 250 pessoas – manuseando cacos de uma tradição desmembrada em uma economia marginal deteriorada e em vias de piorar.

O objeto do livro de Duvignaud não é, portanto, a descrição social enquanto tal. Ele declara, em um apêndice metodológico, ter produzido uma "reconstrução utópica total" da vida na aldeia chebika, invocando, entre outros, Flaubert, Joyce, Hermann Broch e Truman Capote como modelos. ("Se Balzac e Dickens estivessem vivos hoje, eles seriam sociólogos.") Mas, de fato, seu retrato dessa vida é anedótico, assistemático e, mais do que ocasionalmente, estereotipado.

Tampouco seu objeto é dirigido à mudança social. Duvignaud quer entender como a mudança ocorre em um lugar como Chebika, mas, exceto por se impor, bem como seus alunos, sobre os aldeães, ele não tentou intervir nas suas vidas. Ele não está preocupado em redigir planos ou instituir programas, mas em levar as mentalidades a se alterarem – a de seus alunos, a daqueles chebikas e, embora (curiosamente) não diga explicitamente, a sua.

Nisso, ele considera seu microexperimento muito bem-sucedido:

> Os cinco anos que passamos em Chebika foram, tanto para os aldeões como para os pesquisadores da cidade, uma experiência verdadeiramente fenomenológica de mudança. Ou seja, as categorias mentais fundamentais pelas quais cada lado havia concebido a mudança, se de algum modo a conceberam, experimentaram uma modificação diretamente como um resultado do estudo. Um projeto sobre mudança se tornou... um exemplo da própria mudança. Para o fenomenólogo, que argumenta que a realidade conceitual que os atores apresentam é talvez a forma mais fundamental de vida social, essa é uma experiência dramática. Uma aldeia que havia perdido... sua identidade coletiva, tornou-se gradualmente o sujeito da mudança de uma história, uma história que residia principalmente no futuro.

Um aluno, irritado com a "irracionalidade" dos costumes locais, é atraído para uma investigação sobre o santuário local – simplesmente porque os aldeões são muito evasivos a respeito dele. Embora não descubra muita coisa sobre o santuário, termina descobrindo bastante sobre o motivo por que os aldeões estão tão determinados a impedir sua investigação. Uma aluna esmorece sob a pressão de resistir ao desejo de seu pai de que prossiga sua formação em Paris – como é apropriado à filha de um herói nacionalista e funcionário público de alto escalão –, em vez de ficar se movendo em torno "desse ninho de escorpiões". Um outro é paralisado pela lacuna entre o que os aldeões esperam que ele faça por eles e o que ele pode fazer de fato por eles, que é essencialmente nada.

Pelo lado da aldeia, a perturbação é ainda mais profunda. Uma jovem empregada órfã, ofuscada pelo exemplo das garotas de Tunis, aprende a ler e sonha em partir com os pesquisadores; mas, quando ela expressa o sonho, as outras mulheres a declaram insana e esmagam seu espírito. Um ensaio fotográfico sobre a aldeia em uma revista popular, preparada pela equipe, retorna, dando aos aldeões a primeira imagem de si próprios, vistos de fora, e ampliando, muito além da realidade, sua percepção acerca de sua importância no mundo. Os homens da aldeia, empregados pelo governo para cortarem pedras que pensavam ser para reparar suas casas, encenam um protesto quando descobrem que estão cortando pedras para a construção de um edifício para alojar funcionários públicos e gendarmes que apareciam em visitas de inspeção. Essa foi a primeira ação política coletiva que qualquer um deles pode lembrar que tenha ocorrido na aldeia.

Os estudantes se tornaram mais "realistas", diz Duvignaud, a aldeia, mais "resoluta". Os primeiros se livraram do otimismo tecnocrático da elite de Tunis por uma apreciação mais justa da lacuna entre os planos políticos e as realidades sociais; os segundos foram "chamados... para fora de um estado de mediocridade passiva e amargura para uma consciência de sua própria existência... descobriram sua própria identidade, e... a expectativa de mudança ficou mais clara e mais impaciente do que nunca". Assim, microscópica e experimentalmente, havia iniciado o processo de transformação interna que, geral e decisivamente, terá de ocorrer se a Tunísia se tornar o que pretende ser, dinâmica:

> O dinamismo latente de Chebika não deve ser colocado em questão. Ao contrário, seu povo tem uma capacidade maior para criar novas estruturas sociais e fazer ajustes práticos a elas do que os moradores nos subúrbios industriais das cidades. A expectativa e a frustração sentida pelo povo de Chebika, e sua exibição dramática, na verdade, levaram a ampliar as possibilidades de criação... Chebika é um "elétron social", que, se lhe forem dados os instrumentos, pode criar uma nova situação inteiramente sozinha.

Isso é encorajador, mas soa, se pudermos dizer isso, um pouco americano. É uma imagem poderosa: mostrar a realidade para crianças privilegiadas e agitar a vida de uma aldeia letárgica; e a imagem é sensível e imaginativamente traçada enquanto Duvignaud busca, através dos finos detalhes dos eventos, pelos traços mais débeis de dinamismo. Mas isso é verdadeiro? As mudanças são reais? O dinamismo é genuíno? Ou o sentimento nascido do compromisso fez isso parecer meramente assim? Interessante notar que o filme *Muralhas de barro* sugere que o próprio Duvignaud pode não ter certeza. Pois o filme, reconstruindo alguns dos mesmos eventos, dá uma imagem não de dinamismo interno e de mudança com propósito, mas de tremores passageiros, muito ordinários, em uma sociedade fundamentalmente imobilizada.

No filme, a presença dos pesquisadores desapareceu completamente. Chebika é mostrada como hermética e autocentrada. A rebelião da garota órfã, o protesto dos cortadores de pedra, o desaparecimento de um escavador de sal solitário nas montanhas são apresentados imageticamente – as velhas mulheres salpicando o rosto da garota com sangue de ovelha; os cortadores de pedra de pé após três dias de protesto silencioso para revelar os cadáveres entre eles; o cavalo do coletor de sal retornando sozinho. Eles são meras ocorrências em um fluxo basicamente constante de vida, como aqueles pequenos redemoinhos de terra que estão sempre soprando por alguns segundos na estepe e depois, repentinamente, dissolvendo-se. O ritmo do filme é *largo*, o ângulo de visão, externo, como do helicóptero mostrado fotografando a garota se dissolvendo na estepe enquanto ele se ergue fora de Chebika na cena final. Mesmo a alteração do título sugere tanto a inversão da ênfase na fixidez quanto uma qualidade adjacente de abertura e mudança.

O filme foi belamente feito, extremamente corajoso em sua determinação de se arriscar a aborrecer muitas pessoas para instruir algumas. Por fim, é menos uma contradição do livro a partir do qual foi desenvolvido do que uma parte dele, um complemento a ele. Diário e painel englobam, de certo modo, um único trabalho. Esse é um filme em que você também deve ler o livro, não somente sob pena de mera incompreensão, porque o filme é feito em um tipo de taquigrafia pictórica, mas porque, juntos, sugerem, melhor do que qualquer outra coisa que conheço, não somente quão difícil é entender a sociedade norte-africana, mas alguns dos paradoxos que o entendimento deve buscar conter.

Pois aquela sociedade é tão cheia de movimento quanto quase imóvel. E, disposto, como muito poucos sociólogos estão para experimentar com formas de representação, Duvignaud, poderosamente auxiliado por Bertuccelli, conseguiu, a despeito de todas as suas limitações como erudito, fazer-nos ver precisamente isso.

1975

Mistérios do Islã*

O que é o islã? Uma religião? Uma civilização? Uma ordem social? Uma forma de vida? Uma tendência da história mundial? Uma coleção de atitudes espirituais conectadas somente por uma reverência comum a Maomé e ao Alcorão? Qualquer tradição que se estenda do Senegal e da Tanzânia através do Egito e da Turquia até o Irã, a Índia e a Indonésia, que se estenda do século VII ao século XX, que se inspirou no judaísmo, no cristianismo bizantino, na filosofia grega, no hinduísmo, no paganismo árabe, no intelectualismo espanhol e nos cultos misteriosos da Pérsia antiga, que vitalizou ao menos uma dúzia de impérios, do Abássida ao Otomano, e que foi, sucessivamente, legalista, mística, racionalista e hierática, não está, com certeza, prontamente caracterizada, embora com demasiada frequência tenha sido.

Marshall Hodgson – que foi presidente do Comitê sobre Pensamento Social na Universidade de Chicago até sua morte trágica aos quarenta e sete anos em 1968, e cuja obra-prima, agora finalmente publicada, representa a única tentativa séria em inglês de tratar do fenômeno do islã inteiramente – chama-o uma "aventura", o que talvez sirva tão bem quanto qualquer outro termo. A tarefa, que Hodgson – que era um quacre fervoroso – ataca com a combinação de erudição, lamentação crônica e decidido senso comum, característicos dessa convicção em sua melhor forma, é a de descobrir que tipo de aventura é essa.

Seu primeiro movimento é resgatar o islã de seus estudiosos ocidentais, os arabistas; seu segundo movimento é resgatá-lo de si próprio, os ulemás ou líderes religiosos muçulmanos. O viés arabista, um produto do orientalismo europeu do século XIX, vê o começo do período árabe, os anos de fundação em Meca e

---

* Publicado originalmente no *New York Review of Books* 22, n. 20, 11/12/1975. Os livros em discussão aqui são os seguintes: *The Venture of Islam: Conscience and History in a World Civilization, Vol. 1: The Classical Age of Islam*; *The Venture of Islam: Conscience and History in a World Civilization, Vol. 2: The Expansion of Islam in the Middle Periods*; e *The Venture of Islam: Conscience and History in a World Civilization, Vol. 3: The Gunpowder Empire and Modern Times*, de Marshall G.S. Hodgson.

Medina, como definidor da fé verdadeira. Ele considera os desdobramentos subsequentes, o persianado, o sufista, o espanhol, o mongol, o índico, ou qualquer que seja, como derivados, na melhor das hipóteses; como decadentes, na pior. Para os árabes, a cultura islâmica é identificada como uma "cultura aparecendo na língua árabe", e elementos culturais siríacos, persas ou gregos são tratados como "estrangeiros", embora formassem de fato as tradições culturais ancestrais da vasta maioria dos povos que abrangiam as comunidades muçulmanas clássicas.

A noção – apoiada, muitas vezes, por ideias racistas, ocasionalmente, por teorias curiosas com relação ao monoteísmo e paisagens desertas, às vezes, meramente por uma abordagem muito filológica do mundo – de que o islã é a expressão da "mente árabe" se mostrou, inclusive para estudiosos importantes, extremamente difícil de contornar, sem falar do público em geral, para quem ela se tornou, a essas alturas, uma ideia aceita. Que uma noção assim torna, mesmo para o período medieval, mais do que três quartos da população muçulmana do mundo, de algum modo, periférica à sua própria fé, não parece ser considerado um grande argumento contra ela. O islã é uma religião que foi criada na Arábia, a partir das concepções árabes e, depois, por quaisquer meios necessários, inculcada em outras.

O viés ulemá, que os orientalistas e, como um resultado de sua influência, o resto de nós, incorporaram ao arabista, Hodgson chama "propensão para a charia", em alusão ao termo para a lei religiosa islâmica. Uma vez mais, tudo que é propriamente islâmico provém do período imaculado de Meca e Medina, considerado aquele no qual a fé, a lei, o costume e a autoridade política foram completamente fundidos através da pessoa do profeta e dos ditames do Alcorão. Todo islã posterior é visto como um esforço, no máximo, marginalmente bem-sucedido, de manter essa condição ideal em todo o mundo muçulmano. E o veículo desse esforço é a lei, um conjunto de prescrições explícitas unívocas construídas com base em relatos concernentes às ações do profeta e em interpretações jurisprudenciais da profecia alcorânica.

Os ulemás, enquanto os guardiões dessa concepção acerca do que o islã deveria ser – uma comunidade indivisa de indivíduos livres rigorosamente observantes dos mandamentos codificados de Deus –, eram, portanto, os portadores, igualmente, de uma perspectiva religiosa distintiva: um legalismo rigorístico, moralístico, muito literalista e pragmático. Hodgson se ocupa menos com negar a enorme importância da ideia ulemá ao longo dos séculos do que com desconsiderar a herança árabe; mas ele está ocupado com o questionamento e, fundamentalmente, com a identificação dela como a essência do islã, a ortodoxia pela qual a devoção é pesada e a fidelidade, mensurada. Como o arabismo, a propensão para a charia não foi senão um elemento, e não o mais importante, em uma tradição espiritual diversa e irregular.

Para desenvolver uma concepção mais realista do que a legalista-arabista acerca do que consistia a aventura muçulmana, Hodgson formula uma distinção entre o "islã", enquanto "o que podemos chamar uma religião" e "a sociedade em geral e a cultura associada a essa religião", que ele pretende chamar "islamicado" (*islamicate*). Esse termo, como vários outros que ele cunha ("agrarianato" (*agrarianate*), "cidadeado" (*citied*), "tecnicalista" (*technicalistic*)), não tem, provavelmente, muito futuro; mas lhe permite separar aqueles aspectos do mundo muçulmano que têm a ver diretamente com as relações entre humanos e Deus daqueles que não têm. A linha não é clara, mas se formos definir o papel das tradições literárias persas, das estruturas políticas turcas ou dos conceitos científicos gregos no que, em um outro termo cunhado, Hodgson chama islamidade (*islamdom*), e para evitar falar sobre sistemas de irrigação islâmicos, línguas islâmicas ou hábitos sexuais islâmicos, uma distinção como essa é necessária.

"Arábico", para Hodgson, torna-se, então, uma tendência cultural em uma civilização geral do islamicado na qual a persa, a berbere, a espanhola, a turca, a mughal, a hausa ou a malásia são outras. A propensão para a charia se torna uma orientação particular em uma religiosidade islâmica geral na qual o sufismo, o xiismo, o wahhabismo, o racionalismo e o modernismo são outras. O tema de Hodgson é, portanto, a interação do islâmico e do islamicado na islamidade (a parte do mundo "na qual os muçulmanos e sua fé são reconhecidos como predominantes e socialmente dominantes") ao longo dos séculos, e as formas de consciência que essa interação criou. É um tema que ele sustenta, clara e continuamente, ao longo de mil e quinhentas páginas do mais intrincado argumento descritivo.

Ele divide o curso do islã e da cultura islamicada em seis fases principais:

1) A fundação da tradição no seio da Arábia pagã no século VII.

2) O desenvolvimento político e cultural inicial, aproximadamente de 750 a 950, dessa tradição – a civilização dos altos califados em Damasco e Bagdá.

3) A difusão, durante os séculos XI e XII, dessa civilização ao longo das terras islâmicas centrais, o assim chamado Oriente Médio, e, na época, da Espanha.

4) A explosão mongol do século XIV – Tamerlão e tudo o mais – que de uma só vez invadiu essa recém-formada esfera cultural e, unificando-a, introduziu nela um novo princípio poderoso de organização política, o Estado militar.

5) A fundação, desde 1500, após a lição mongol ter sido absorvida e o dinamismo mongol ter sido exaurido, dos Estados muçulmanos da primeira modernidade, os "impérios da pólvora" – o safávida, o mughal e o otomano.

6) A reação da herança muçulmana, islâmica e igualmente do islamicado, ao mundo "tecnicalista" que o Ocidente produziu após 1789.

É um vasto panorama, com um elenco de milhares continuamente em movimento, e se Hodgson hesita um pouco (e às vezes mais que um pouco) quando chega ao oeste do Nilo ou ao leste do Oxus, o efeito geral é magistral: ele lida com igual segurança com Ghazali, Al-Farabi, poesia árabe, miniaturas persas, sectarismo xiita, êxtase sufista, militarismo nômade, mercantilismo urbano, posse de terras síria, o triunfo de Atatürk e com o antissionismo.

A concepção que emerge desse turbilhão de detalhes – ele tem uma meia dúzia de páginas sobre clubes de jovens na Síria medieval, outra meia dúzia sobre o planejamento da cidade mameluca, e em um ponto ele fala sobre iconoclastia e arte moderna muçulmanas – questiona a versão comumente aceita do islã como um credo estreitamente exclusivista combinando fanatismo, fundamentalismo e xenofobia em proporções iguais. Para Hodgson, o islã foi a religião mais católica que o mundo já viu, criando um lugar em si próprio para virtualmente toda sorte de orientação espiritual que encontrou em sua difusão ao longo da linha mediana do mundo. O impulso do islamicado foi, na verdade, o mais forte e a comunidade de Maomé se tornou mais o que sua história fez dela do que os seus dogmas projetaram.

Mesmo o período fundador ao longo da margem ocidental da Península Arábica foi muito menos um caso paroquial, no canto do mundo, do que comentadores posteriores, por suas próprias razões, representaram-no. Meca estava longe de ser um acampamento no deserto. Era o cruzamento de duas das mais importantes rotas de comércio do século VII, uma do Golfo de Aden até o Mediterrâneo, o Suez da época, e uma da Abissínia e da África Oriental até o Iraque, o Irã e a Eurásia Central. Inserida, portanto, entre o Império Sassânida – Zoroastro, Mani, os magos e a monarquia sagrada – e o Império Romano Oriental – o helenismo, a iconolatria e o espírito eclesiástico – ela foi exposta igualmente ao judaísmo, ao gnosticismo e ao "moralismo" oracional dos nômades beduínos. Maomé se inspirou em tudo isso ao articular sua profecia.

Ao longo do século VII e dos três séculos seguintes, enquanto o islã se espalhava pela Síria, Mesopotâmia, Irã e Mediterrâneo ocidental, esse cosmopolitismo inicial foi permanentemente reforçado. Na época em que Al-Ma'mun foi califa em Bagdá – ou seja, após 813 – o ecletismo da civilização islamicada e a diversidade da fé islâmica foram características indeléveis. A ciência grega e o ocultismo masdeísta, a gramática árabe e a poesia persa, o mercantilismo sírio e o absolutismo iraniano, o tradicionalismo medinense e o quiliasmo iraquiano, foram todos entrelaçados a uma tradição folclórica de gênios e maravilhas das *Mil e uma noites*. O resultado foi uma mescla promíscua que nem mesmo o movimento mais militantemente reformista foi jamais capaz de reordenar novamente.

Mas foi, na concepção de Hodgson, o período após o califado clássico perder sua posição dominante na nova civilização internacional que foi inaugurada sob seus auspícios e antes da incursão mongol – ou seja, entre meados do século X e meados do século XIII – que foi definitivo tanto para as dimensões religiosas como culturais do islã, e ao qual ele dedica, certamente, a mais longa, mais original e mais sincera seção de seu livro. Foi então que os três desdobramentos cruciais tomaram lugar. Primeiro, foi formada uma ordem política internacional "que unificou o mundo islâmico independentemente de Estados particulares". Segundo, uma estrutura social distintiva, centrada em torno de uma classe dominante de celebridades urbanas e de comandantes da guarnição local, uma organização complexa de guildas de ofícios e de comércio, e aquele triunfo radiante do narcisismo masculino, o sistema de harém, surgiram por todo o mundo islâmico. Por fim, e mais fundamentalmente, uma revolução espiritual radical, emergindo ao mesmo tempo de cima e de baixo, transformou toda forma de devoção muçulmana e com ela a civilização que a suportava: o sufismo. Tudo isso ocorreu no tempo axial na história islâmica, a criação da "verdadeira Casa do Islã". Hodgson considera o que vem antes como uma luta agressiva pela sua construção, que terminou bem-sucedida; e, o que vem depois, como um esforço defensivo para mantê-la, que se mostrou inútil.

O sufismo, o qual Hodgson, que meticuloso ao ponto da obsessão por definições, muito indiferentemente glosa como "misticismo", emerge, portanto, como a categoria histórica crítica em sua interpretação da aventura islâmica. Ele está ligando a ideia que conecta a adoração de santos norte-africana ao iluminacionismo indiano, o esoterismo xiita ao populismo sunita, a cosmologização do século X à campanha de reforma dos séculos XIX e XX, o aristotelismo de Ibn Sina ao platonismo de Suhravardi e ao bergsonismo de Iqbal. Portanto, muito depende – na verdade, quase tudo – da habilidade com que ele caracteriza o sufismo como um fenômeno e o emprega como uma ideia.

Definir o sufismo de modo muito amplo turvaria a realidade histórica a ponto de os detalhes da fé islâmica e da civilização islamicada se dissolverem em um tipo de devoção insípida generalizada, metade religiosa, metade estética; ao passo que, se definirmos o sufismo de modo muito restritivo, o resultado será tentativas artificiais de colocar as diversidades do islã num mesmo molde, uma nova ortodoxia para substituir o legalismo. Com o exemplo preventivo arabista-charia diante dele, Hodgson apenas ocasionalmente sucumbe ao segundo destino, como quando tenta tornar as concepções índicas de parentesco divino uma consequência das noções sufistas sobre o humano perfeito. Mas talvez porque ele esteja tão preocupado em evitar a estreiteza dos arabistas (e devido às suas próprias noções acerca do que, por trás de todas as variações em estilo e costume, a verdadeira espiritualidade realmente é – uma interioridade clarificada que reluz exteriormente como amor), ele não é tão bem-sucedido em evitar o primeiro. O seu é, no fim, um tipo muito domesticado de islã, uma moderada, poética, não afetada religião de experiência e companheirismo constantemente assediada por formalistas menores, ideólogos preconceituosos, membros rudes de tribos e soldados ambiciosos.

Para Hodgson, o sufismo é, antes de tudo, uma tradição intelectual, um misticismo conceitual. A despeito do rodopio daroês e da entoação Deus é grande das irmandades, a despeito do populismo radical que animou seu surgimento, e a despeito dos vapores e superstições que se reuniram em torno dele, ele projetou uma imagem organizada da realidade adequada para ser comparada com seus maiores competidores pela mente (e, portanto, por essa estudiosa pietista, a alma) do muçulmano reflexivo. Na Idade Média, esses competidores eram principalmente o racionalismo grego, a simbologia persa, e, uma vez mais, o legalismo semita. Longe de ser uma mera explosão de emoção pungente contra essas torres de pensamento metódico, o sufismo, para Hodgson, era seu rival apropriado – na verdade, no fim, seu mestre.

Com uma perspectiva assim, a figura principal, o homem que tornou o sufismo respeitável tanto intelectual como religiosamente, e, portanto, assegurou seu lugar no centro da cultura muçulmana medieval, torna-se inevitavelmente Al-Ghazali, que morreu em 1111. Ghazali combinava, de um modo curioso e inevitável, indagações agostinianas pungentes sobre os limites da fé com uma necessidade tomista para reconciliar tendências espirituais conflitantes. Ele integrava razão, revelação, lei e experiência na tradição islâmica ao tornar a última, sob a forma do misticismo sufista, a garantidora das outras três. O pensamento especulativo, dialético, no padrão grego, ao qual ele fora anteriormente fiel, e que jamais conseguiria abandonar completamente, não poderia fornecer certeza; as doutrinas que produziu eram corretas, mas os métodos gregos não poderiam prová-las. A profecia de Maomé havia sido uma irrupção genuína do divino no mundo, e certamente a maior delas; mas o mero conhecimento desse fato, conhecido a partir das tradições, textos e escolásticos, não poderiam fornecer a certeza da fé também. Nem a lei islâmica poderia; construída sobre a Revelação ela deve, sob pena de heresia, ser escrupulosamente obedecida, mas era meramente a face externa da fé, não sua substância interior. Somente a gnose – se é assim que devemos traduzir a *macrifa* ("cognição", "intelecção", "experiência", "realização", "familiaridade") sufista – fornecia mais do que razões para a crença além da própria crença:

> [As doutrinas históricas, legais e filosóficas] que verificariam a presença do Profeta devem ser restringidas por [um outro] ingrediente... um toque da própria profetização. Devemos ser capazes de perceber a verdade última, mesmo que em pequena medida, do mesmo modo que os profetas, a fim de verificar definitivamente que eles eram profetas – exatamente como devemos ser em alguma medida médicos para julgar os médicos. Devemos saber o que é, para não termos apenas conhecimento sobre a verdade, mas familiaridade imediata com ela, assim como os profetas. [...]
>
> Isso residia na experiência sufista. [...] Ghazâlî interpretava a profecia não como um evento sem paralelo, mas... como um tipo natural espe-

> cial de consciência que meramente assumiu sua forma mais perfeita em Maomé. Essa consciência era do mesmo tipo daquela que os sufistas atingiram, embora em um nível muito mais elevado. Portanto, os sufistas estavam em posição de reconhecer a profecia a fundo, quando a viram. [...] Embora o profeta estivesse morto há muito tempo, um toque de profecia estava sempre presente e acessível na comunidade. [...]
>
> A fundação intelectual da missão de Ghazâlî, portanto, foi uma apreciação expandida do sufismo. O kalam [dogmática] foi relegado a um papel secundário; e as intuições mais valiosas da falsafah [filosofia de estilo grego]... foram subsumidas a um sufismo revalorizado, que agora aparecia como um garantidor e intérprete inclusive dos aspectos shar'î [legais] da fé islâmica.

Foi através desse processo sufista que, primeiro inconscientemente, e depois cada vez mais explicitamente, "a ordem social islamicada internacional" formada entre 950 e 1250 (Ghazali encontrando-se exatamente no centro dela) se desenvolveu, levando a devoção popular, da propensão para a charia, e a alta cultura aristocrática, a um equilíbrio difícil, porém estável. Por um lado, o sufismo desenvolveu uma metafísica elaborada, centrada nas imagens de luz, amor e do humano perfeito; por outro, deu origem a uma forma flexível, porém, intrincada de organização social – as irmandades tariqa – baseada em cadeias longas e amplas de relacionamentos aluno/discípulo. Uma civilização que ameaçava se dividir em partes enquanto se espalhava para o leste, em direção à Índia e ao sudeste da Ásia, ao norte, nas estepes eurasianas, e ao oeste para a Espanha e a África do Norte, encontrou um princípio novo e mais forte de integração para substituir o do califado extinto, em uma "espiritualidade sufista abrangente... apoiada por sofisticação intelectual elevada".

Poesia, organização urbana, formação do Estado, estrutura de classe, arquitetura e instituições comerciais tomaram forma – os estilos, as vielas, os véus e os arabescos, que agora associamos à cultura islamicada – sob a égide de um novo cosmopolitismo, "tolerando diferenças mais amplas na língua, e acolhendo tudo que fosse muçulmano de qualquer lugar", contanto que se conectasse de algum modo ao "critério espiritual último do místico, o sentido do paladar interior [do divino]".

Todavia, não é, de algum modo, inteiramente convincente, essa visão sufi-zada (e persiani-zada) da Idade Média triunfante do islã. Pois ela os faz, assim como ocorre com algumas concepções de nosso período medieval, parecerem unidos por uma religiosidade vaga, mas constante, permeando todas as coisas, uma religiosidade difícil de definir ("misticismo" simplesmente não funciona quando tem de cobrir milagreiros marroquinos, petas anatolianos e cosmólogos punjabis) e de conectar de qualquer modo exato com a enormemente variada vida institucional que ela supostamente governava. A vida no trabalho de Hodgson parece organizada por uma disposição, e embora a disposição aí fosse duvidosa, e poderosa, há uma imprecisão nesse modo de ver as coisas que nos leva a nos perguntarmos se analisar a aventura islâmica amplamente através de megaconceitos como "arabismo", "propensão para a charia", "islamicado", "mercantilismo", "a zona semiárida", "agrarianato" e "sufismo" não é provavelmente elevar a iniciativa inteira, a despeito do acúmulo do peso imenso de detalhes descritivos, a alguns metros do chão.

As vastas dimensões do tema – islã, religião e civilização, sempre e em toda parte – em certa medida requerem que o historiador trabalhe com tais ideias difusas e panorâmicas. Mas que sua análise deva ser baseada nelas exclusivamente, ou quase, é menos claro. Nem é claro se tais conceitos, ou somente eles, podem nos levar ao coração de um fenômeno como o do islã, nas imediações de sua experiência histórica. Hodgson, minucioso, escrupuloso e excessivamente concreto – nenhum argumento seu é deixado sem evidência que o apoie – vai tão longe na elucidação do curso da história islâmica quanto alguém provavelmente pode, e, claramente, mais longe do que qualquer um antes dele. Mas mesmo ele parece bloqueado pelo próprio alcance de suas categorias, condenado a ver a progressão do islã à reduzida meia-distância, meia-montagem, meia-silhueta.

O problema se torna ainda mais agudo à medida que, finda a grande era, Hodgson se encaminha para confrontar menos uma "civilização mundial" coalescida do que uma coleção desordenada de Estados rivais e culturas antagônicas. Quando a história da "islamidade" não pode mais ser representada como se movendo em direção à cristalização de um ideal interno, mas somente como uma luta para manter vivo um ideal conquistado, a falha dos conceitos integrativos de Hodgson, amplamente formulados, em compreender sua irregularidade se torna aparente. Seu toque perde algo de sua delicadeza. Em parte, isso se deve sem dúvida ao fato de ele ter morrido enquanto trabalhava nas seções finais desse livro e nunca ter tido a chance de revisá-las. Mas é também verdade que enquanto o registro histórico se torna mais circunstancial, os eventos se tornam mais visíveis e as eras, menos; e, assim, uma objeção direta é colocada ao que é talvez a premissa metodológica central de Hodgson: a de que o caráter de uma civilização é definido por suas características mais gerais.

Para o período mongol em torno do século XIV, sobre o qual não se conhece tanto, a objeção pode ser defletida. Os mongóis, com suas torres de crânios e seu aventureirismo a cavalo, sacudiram a síntese sufista, mas não a destruíram, e terminaram se unindo a ela. Sua principal contribuição a ela foi a organização do governo "como um único exército massivo", com o monarca como seu chefe de Estado. Seu acampamento, onde quer que se estabelecesse, era seu quartel-general, e as famílias militares privilegiadas, seu oficialato, o aparato de governo completo cavalgando arrogante e independente sobre as formas estabelecidas de vida social e cultural.

Durante o período seguinte, essa revolução política – "o Estado militar" – se concretizou em um conjunto de "impérios da pólvora", independentes e muito díspares, da primeira modernidade – o otomano, o safávida e o mughal – dominando, respectivamente, as regiões oeste, central e leste do mundo islâmico. Hodgson observa que "por volta de 1550, um golpe importante foi desferido na extensão cosmopolita do islã" pela formação desses Estados, de soldados armados, mais efetivamente organizados. Mas ele evita a consequência que isso apresenta à sua iniciativa e os trata descritivamente (essa é uma parte de seu trabalho que parece abreviada – sumários padrão a partir de fontes padrão), tentando, vagamente e sem entusiasmo, ver nelas uma expressão última, defensiva, do padrão medieval.

Com o período moderno, entre 1800 e 1950, não há modo plausível de representar temas como ainda em alguma forma de equilíbrio ghazaliano. Aqui, a incongruência entre a noção de Hodgson sobre o que uma civilização (e dentro de uma civilização, uma religião) é e os fatos da vida muçulmana, tal como os muçulmanos a levam, torna-se intensamente aparente. Ele é forçado em direção à sugestão desconfortável de que a aventura islâmica está por terminar, uma visão expirada destinada a persistir como um fantasma sem nome assombrando seus resíduos literários:

> [...] O islã como uma tradição institucional identificável pode não durar indefinidamente. É uma questão, tanto para os muçulmanos como para todos os outros herdeiros de uma herança religiosa, de até que ponto qualquer visão criativa para o futuro... dependerá de escapar dos efeitos inibidores do pensamento desejoso e mesmo das grandes (mas parciais) formulações da verdade que a herança parece impor. É possível que no fim o islã mostre (como o cristianismo já fez em alguns círculos) ter seu impulso mais criativo através da grande literatura "secular" na qual seu desafio foi incrustado, e se moverá entre seus herdeiros como uma influência secreta muito depois de terem esquecido que outrora foram muçulmanos. A poesia persa não morrerá tão cedo como as disquisições da [lei] ou da [teologia]. E a poesia persa pode no fim se mostrar tão potente em todo lugar como entre aqueles que usam a língua tocada pelo espírito do persianado, e, portanto, pelo islã.

Assim, o livro de Hodgson termina com o fim do islã, exceto por seu legado de esteticismo moral. Ele prevê um islamicado sem islã que pode existir, no mundo "tecnicalístico" moderno, junto ao cristianismo sem religião, tão popular "em alguns círculos", quando Hodgson estava escrevendo, e tão *vieux jeu* agora naqueles mesmos círculos, que agora estão fascinados por crenças populares e celebrações festivas. Talvez, uma visão como essa seja o resultado final de tentar inflar o sufismo em uma categoria interpretativa abrangente sem limites bem definidos nem um centro bem localizado. A diversidade dos pontos de vista religiosos islâmicos permanece; o fundamentalismo do acampamento no deserto de Qaddhafi e o ecletismo cairota de Sadat servem tanto para dividi-los como para conectá-los. E, embora não seja mais atrativo para mim do que para Hodgson, o grande poder do legalismo charia persiste. Ocorre o mesmo com a diversidade de instituições e tradições culturais dentro da islamidade: os berberes e malasianos consideram seus sistemas sociais claramente diferentes como propriamente islâmicos.

Poderíamos nos encontrar em uma posição melhor para entender e avaliar esses fenômenos se nossa ideia acerca do que o islã é e sempre foi estivesse mais próxima da noção wittgensteiniana de "semelhança familiar". Pensamos que vemos semelhanças surpreendentes entre gerações diferentes de uma família, mas, como Wittgenstein assinala, podemos descobrir que não existe qualquer característica comum a elas; a semelhança pode provir de características muito diferentes "sobrepondo-se e entrecruzando-se". Esse tipo de abordagem parece mais promissor do que aquele que vê a história do islã, como Hodgson faz, como um conflito estendido de um pietismo gentil para escapar de um legalismo árido. Uma imagem da aventura islâmica derivada das "sobreposições" e "entrecruzamentos" seria menos ordenada e menos contínua, um tema de conexões e contrastes oblíquos, e conclusões gerais seriam mais difíceis de se obter. Mas isso poderia nos deixar com uma história menos orquestrada do que a de Hodgson, e mais imediata.

Todavia, seu trabalho é, apesar de tudo, um feito magnífico: uma descrição clara, abrangente, com base em uma pesquisa muito bem-feita, e, acima de tudo, muito tocante de uma grande tradição espiritual, um monumento tanto à fé dos muçulmanos quanto a ele próprio. Nesse caso, o clichê se aplica: ninguém seriamente interessado pelo islã pode ignorar esse livro. O Iluminismo muçulmano encontrou uma poderosa voz erudita, e seus ecos estarão conosco por muito tempo ainda.

1985

Os últimos judeus árabes*

No final da Segunda Guerra Mundial, havia cerca de meio milhão de judeus vivendo na África do Norte; hoje, há cerca de 20.000 e aqueles submersos, parcial e desconfortavelmente, no anonimizante mercantilismo das cidades maiores. (Dos cerca de 15.000 do Marrocos, mais da metade está em Casablanca, e praticamente todo o resto em Marrakech, Rabat, Meknes, Fez e Tangier; dos 3.500 ou mais da Tunísia, cerca de dois terços estão em Túnis.) Onde outrora havia multidões de comunidades judaicas completas durante muito tempo, socialmente autoconfinadas e culturalmente autorreguladas, restam apenas duas: Hara Kebira, "A grande aldeia" (pop. 804), e Hara Sghira, "A pequena aldeia" (pop. 280), na pequena Ilha de Djerba, no sul da Tunísia, cerca de 24 quilômetros da fronteira líbia.

Os últimos judeus árabes é um retrato antropológico dessas duas comunidades, baseado em trabalho de campo desenvolvido nelas durante 1978, 1979 e 1980. Os pesquisadores não são, contudo, antropólogos, mas historiadores: um americano de origem canadense, um francês de origem tunisiana, um historiador da economia, um historiador social, um medievalista, um modernista e, o que é talvez particularmente importante nessa parte do mundo, um homem e uma mulher. Entre si, eles forneceram uma breve, mas vívida, visão geral de todos os principais aspectos da vida local – econômica, política, religiosa, familiar – e a colocaram contra um pano de fundo de um passado longo, meio mitificado, e a perspectiva de um futuro breve e evanescente. Escrito em tons impassíveis, e mesmo suaves, com o empirismo sumário do etnógrafo, é, contudo, uma descrição comovente, ainda que seja apenas porque esses últimos dos últimos sejam muito provavelmente apenas isso, a fase conclusiva – "para sempre nunca mais", como foi intitulada uma descrição anterior dos últimos dias de um assentamento

---

* Publicado originalmente como "The Ultimate Ghetto". *New York Review of Books*, 32, n. 3, 28/02/1985. O livro em discussão aqui é o seguinte: *The Last Arab Jews: The Communities of Djerba, Tunisia*, de L. Udovitch e Lucette Valensi.

argelino – de uma civilização antiga e, a despeito de todas as suas vicissitudes, extraordinária[1]. Havia 4.000 judeus em Djerba no final da guerra; caso tivessem crescido no ritmo da população tunisiana, eles seriam agora 15.000, não 1.000. "As comunidades de Djerba são amputadas e sua habilidade para se reproduzirem como uma unidade coletiva está seriamente em questão. Fora de Djerba... não poderia ser [eu diria, certamente, não seria] possível de modo algum."

Aos olhos dos judeus de Djerba, sua ilha dentro de uma ilha (mais 80.000 muçulmanos – ibadis, malikis, hanafis – vivem diversamente em torno deles) é um tipo de Terra Santa da diáspora, "a antecâmara", como eles dizem, "de Jerusalém". Considera-se que a origem da principal sinagoga, chamada "A Maravilhosa" – por muito tempo um lugar importante de peregrinação para judeus norte-africanos –, remonte à destruição do primeiro Templo em 586 a.C. Os kohanims (sacerdotes), fugindo para lá do desastre, levaram com eles (assim dizem) uma porta e algumas pedras do santuário destruído que eles incorporaram à nova estrutura, fazendo dela algo mais do que uma sinagoga ordinária, embora ainda não um verdadeiro templo. (Até recentemente, a pequena aldeia, onde a Sinagoga Maravilhosa – é somente uma das não menos que dezessete nos dois assentamentos – está localizada, era aparentemente habitada exclusivamente por kohanims.)

Um arame, semelhante a um varal de roupas, corre de telhado a telhado em torno do perímetro das aldeias, tornando-as um espaço sagrado proibido a pessoas de fora. Um segundo fio como esse demarca o mercado na praça da aldeia como um espaço secular igualmente explícito, "um lugar de trabalho e de intercâmbio com muçulmanos... vedado aos homens [judeus] no sabá, bem como às mulheres [judias], em todos os dias da semana". As aldeias são "repúblicas teocráticas", meticulosamente reguladas por juízes rabínicos exigentes que chegam a essa função pelo reconhecimento popular, assim como centros de aprendizagem rabínica de uma variedade, particularmente estrita, obcecada pela pureza. "Erigir um muro em torno da Torá", um muro para manter os judeus dentro e os não judeus fora, é a força orientadora da vida coletiva. "Ser judeu", como bem dizem os autores, "[é] uma atividade de tempo integral".

Portanto, em um sentido, os judeus de Djerba vivem no último gueto: uma comunidade minoritária, lançada em um exílio metafísico "do qual [ela] não pode esperar senão miséria e escravidão até o dia da redenção", e tão fechada em si própria – as mulheres se movendo entre a casa, o pátio sem homens, e o banho ritual; os homens entre o bairro, a sinagoga sem mulheres e a praça do mercado – de modo a parecer um tipo de cápsula do tempo social, um padrão determinado

---

1. BRIGGS, L.C. & GUEDE, H.L. *No More Forever* – A Saharan Jewish Town. Cambridge: Peabody Museum of Archaeology and Ethnology/Harvard University, 1964.

de vida sepultado em uma história suspensa. Todavia, o paradoxo é – se é de fato um paradoxo e não meramente o modo como tais coisas são ordenadas nesse canto estranho do mundo – que os judeus de Djerba são tão magrebinos, ao seu modo, quanto o mais duro muçulmano, e igualmente arraigados na cultura tunisiana. Se eles estão ou não na "antecâmara de Jerusalém", se eles são ou não *Juifs en Terre d'Islam* (como a edição francesa simultaneamente publicada é muito mais ominosamente intitulada), eles são judeus "árabes", e assumem seu caráter tanto de seu ambiente como de sua fé.

Não é meramente que a linguagem da vida cotidiana seja o árabe; ou que os homens, que são na maioria comerciantes ou artesãos, aventurem-se para além do mercado local para fazerem seus negócios; ou que a organização do lar, a divisão sexual do trabalho, a estrutura demográfica, e mesmo, excetuando o simbolismo religioso, os costumes de casamento, as formas legais, as preferências estéticas, as práticas educacionais e ideias de gênero, aproximam-se daqueles da população dos arredores; ou que o estilo de comportamento pessoal tem sobre ela o ar de vale-tudo que marca a vida política e econômica do Rif ao deserto ocidental. É que, em Djerba como em qualquer outro lugar nessa região de cultura muito fragmentária, a existência social foi há muito dividida. Uma parte da vida ocorre atrás de muros sociais, tão altos que ninguém de fora pode ver sobre eles, um mundo de véus, endogamia, e costumes dietéticos; a outra parte ocorre à luz do sol do meio-dia do cosmopolitismo radical, um mundo de barganhas, contratos e amizades pragmáticas. Muçulmanos e judeus, árabes e berberes, indivíduos tribais e urbanos, brancos e negros, têm vivido, por tanto tempo quanto temos registro, cuidadosamente separados e ao mesmo tempo descuidadamente misturados.

Para os judeus, essa duplicidade cultural – comunidades monoformes em sociedades poliformes – era, com certeza, tanto extrema quanto essencial para sua sobrevivência contínua. O declínio dessa dualidade sob os imperativos de lealdade amalgamada do nacionalismo moderno – assimilado ou emigrado – tornou sua situação não somente difícil, como sempre fora, mas completamente impraticável. Que o padrão mais antigo tenha sido mantido em Djerba, além do que se mostrou possível em outros lugares – o que é talvez o mais intrigante para Udovitch e Valensi –, deve-se, em parte, ao seu distanciamento, em parte, à relativa moderação, como sói acontecer, dos tunisianos muçulmanos e de sua liderança política.

Mas, principalmente, a sobrevivência do padrão antigo é um resultado do desenvolvimento inusualmente intenso da vida detrás dos muros dos dois assentamentos. Os judeus de Djerba foram capazes de resistir tanto à Tunis afrancesante quanto à Israel sionizante, ao ponto que resistiram, porque haviam construído dentro de seu arame e em torno de sua sinagoga uma vitalidade para os manter lá.

As formas dessa vitalidade são diversas. Algumas concernem a temas que têm a ver com lar e família, tal como uma vida familiar hipermoral e hiperprivada, um ciclo exaustivo de rituais anuais, semanais, diários e mesmo de hora em hora, e padrões elaborados (e elaboradamente segregados) de socialidade masculina e feminina, os quais Udovitch e Valensi registram pormenorizadamente. Mas, o mais importante, porque considerados juntos eles representam uma florescência extraordinária do judaísmo cívico – extraordinário não apenas para as comunidades norte-africanas, ou "orientais", mas geralmente para a Diáspora –, são a supervisão rabínica da vida pública, a peregrinação anual centrada na sinagoga fundadora, e a escrita e publicação de livros eruditos. A Djerba judia é, ou de qualquer modo se considerou por séculos, não apenas um repositório de uma cultura universal desarraigada à espera de redenção histórica, mas também, e por vezes pareceria ao menos tão apaixonadamente, uma capital de uma cultura provincial entrincheirada.

A supervisão rabínica, que em quase toda parte em Magreb era desafiada pelo poder das elites seculares, era aqui tão marcante que os djerbanos concebem sua história como uma sequência de rabinos sábios e milagrosos orientando um povo espontaneamente observante e livremente obediente. (Udovitch e Valensi, em sua ansiedade por refutar estereótipos de autoritarismo religioso, talvez aceitem essa concepção um pouco acriticamente, à medida que apresentam várias descrições que os djerbanos dão de si próprios.) A educação, a administração da justiça e mesmo a evolução dos costumes locais, ocorriam, e ainda ocorrem, sob o olhar vigilante de um ou outro desses rabinos – *responsa* sobre *responsa*, juízo sobre juízo, homilia sobre homilia.

A peregrinação, um evento de uma semana um mês após a *Pessach*, celebra várias coisas ao mesmo tempo – a fundação da Sinagoga Maravilhosa pelo refugiado kohanim, a memória de uma radiante e misteriosa menina que apareceu um dia nesse lugar e cujo corpo um incêndio não conseguiu consumir, e a revogação de uma praga antiga sobre a morte de alguns rabinos particularmente sagrados. Ela envolve uma extensa procissão em que se acendem velas e se fazem promessas na e em torno da sinagoga, conduzida por um enorme minarete ("uma pirâmide hexagonal, habilmente montada sobre três rodas") simbolizando os cinco níveis dos entes desde as doze tribos passando pelos grandes rabinos e personagens bíblicos até Deus. Várias atividades menos ortodoxas (inclusive) também ocorrem como deixar um ovo cru no lugar em que o corpo da menina misteriosa foi encontrado para assegurar o casamento de uma mulher solteira dentro de um ano. No auge de sua popularidade no século XIX, a peregrinação atraía multidões enormes de judeus (e um bom número de muçulmanos, para quem o lugar também é mágico) de toda África do Norte. Mesmo hoje as pessoas vêm, ou mais propriamente voltam, de muito longe como Roma, Montreal ou Paris para recriar "durante uma semana, um elemento religioso... [nas] vidas que foram privadas dele".

A publicação de livros especializados, além disso, que começou em Djerba somente neste século (embora trabalhos escritos por djerbanos, rabinos e igualmente por leigos eruditos – mas não por mulheres, que até muito recentemente eram analfabetas – tenham sido publicados muito antes que em Livorno, Tunis e Jerusalém), produziu mais de quinhentos trabalhos impressos, de livros de preces e manuais de direito a volumes de poesia religiosa e comentário talmúdico. Escritos em hebraico ou árabe com caracteres hebraicos, esses livros eram distribuídos por toda África do Norte judaica, um "nível de produtividade literária [que], com a exceção daquelas comunidades especializadas como academia, pode ser sem precedentes". "As autoridades coloniais e os judeus notáveis de Tunis" acusavam Djerba de ser "uma comunidade 'atrasada' mantida em 'abjeção e ignorância por seus rabinos que eram obstinadamente opostos a qualquer progresso'." Mas a alegação de Djerba ser o centro moral da judiaria magrebina não era infundada nem, do ponto de vista da sobrevivência cultural, imprudente:

> Longe de serem ignorantes, os djerbanos estavam oferecendo resistência – às vezes silente e às vezes muito vociferante – a qualquer questionamento de seus valores. O fato de que eles ainda estejam lá hoje prova que, nessa disputa particular, eles venceram.

Até agora. Se o fim parece próximo, não é porque o senso dos djerbanos sobre "seus valores" ou as instituições que eles criaram para mantê-los tenha enfraquecido. A liderança rabínica permanece forte, mesmo que os rabinos de hoje talvez não sejam tão impressionantes quanto os de ontem. A peregrinação continua, mesmo que agora algumas vezes pareça tanto um evento turístico e um festival comercial quanto uma observância religiosa. Os livros continuam a ser publicados, mesmo que agora haja somente duas editoras onde antes havia cinco. Os problemas estão no outro lado do muro, onde os judeus, com seus solidéus usados, como sempre, em direção à parte de trás da cabeça para distingui-los dos muçulmanos, que os usam, como sempre, para a frente, não acham mais tão fácil participar no disputado toma lá dá cá da vida na praça pública.

O principal contexto no qual essa mudança nas regras do jogo além do arame pode ser vista ocorrendo é aquele mais *plein air* das instituições magrebinas: o bazar. "Praticamente todos os homens adultos saudáveis" da comunidade judaica "estão envolvidos [no bazar] como vendedores, produtores ou financiadores." É "o local do contato mais frequente e variado entre judeus e muçulmanos"; o lugar onde as linhas de demarcação cultural "são mais fluidas e permeáveis"; "a arena na qual aspectos importantes de identidade, autoimagem e percepções mútuas são definidos e postos em prática".

Durante os séculos XVIII e XIX os judeus controlavam muitas partes do bazar, não apenas em sua própria comunidade, mas na principal cidade muçulmana na ilha, Houmt Souk. Comerciantes judeus itinerantes e artesãos circulavam igualmente nas aldeias muçulmanas espalhadas, vendendo pequenas manufaturas, comprando produtos agrícolas, servindo como carpinteiros, confeccionadores de arreios, alfaiates, funileiros. No século atual toda essa atividade começou, primeiro lentamente, depois cada vez mais rápido, a diminuir, até em anos recentes o confinamento dos comerciantes e artesões judeus a poucas ocupações especializadas, geralmente reservadas a eles, tornar-se extremo. Em 1902, cerca de 40% dos judeus estavam envolvidos em um ou outro tipo de comércio geral (têxteis, alimentos, tabaco), outros 40% em uma ampla variedade de ofícios (sapateiros, confeccionadores de baldes, bordadores, escreventes), e 15% no comércio especificamente judaico da joalheria (frequentemente combinado com concessão de empréstimos).

Em 1978, cerca de 10% estavam no comércio, 20%, em ofícios tradicionais (principalmente alfaiates) e 60% em joalheria e/ou concessão de empréstimo. O que Udovitch e Valensi chamam "a corrida do ouro", mas que podemos chamar mais adequadamente de "o encarceramento do ouro", reduziu o que fora antes uma variada e abrangente comunidade de comerciantes – chegando, embora não sem tensões, a todas as partes da sociedade geral – praticamente ao *status* de uma casta ocupacional. Cerca da metade da força de trabalho judia é agora empregada no comércio joalheiro, e a proporção está crescendo; cerca de 80% dos homens jovens que ingressam no mercado de trabalho estão escolhendo carreiras nessa área. O lado cosmopolita da vida judaica – na qual, embora eles não fossem precisamente como todos os demais, ao menos estavam entre os demais, fazendo acordos e formando alianças – está se dissolvendo. E com ela se dissolve também o senso – o seu e o de seus vizinhos – de que, por mais distintivos que possam ser, eles pertencem a esse lugar.

É claro que há muitas razões para essa extrusão progressiva dos judeus da vida mais ampla de Djerba. O influxo de bens de consumo produzidos em massa provocou o desaparecimento dos principais negócios tradicionais. O surgimento do transporte motorizado tornou obsoleto o vendedor ambulante em sua mula. O melhoramento do nível educacional da maioria da população lhe possibilitou renunciar ao conhecimento comercial prático judeu. A tendência geral para racionalizar e integrar a economia tunisiana tornou as formas pessoais, face a face, de negociar cada vez mais vulneráveis às formas impessoais entre firmas e clientes. Mas com certeza o fator crítico, entrelaçado a esses e ao curso inteiro da história pós-colonial, é o aparecimento dos nacionalismos excludentes, no Oriente Médio, e dos Estados apenas marginalmente menos excludentes que os acompanham. "Permanecer" como um judeu tunisiano, assim como um israelense árabe, é uma coisa cada vez mais difícil de conseguir.

Os sinais estão por toda parte e cada vez mais claros. A câmara municipal de Djerba renomeou oficialmente Hara Kebira – "A Grande Aldeia" – como As-Sawani, "Os jardins", escreveu um judeu djerbano a Udovitch e Valensi em 1981 após terem deixado a ilha.

> Quando perguntei [a um oficial muçulmano] por que [a mudança fora feita], ele respondeu que era seu nome apropriado. O nome Hara Kebira deve ser apagado e não deve mais ser lembrado ou mencionado. [...] Daí, pensei: Nós, judeus, que chegamos a esse lugar muito antes deles, que temos uma história de mais de dois mil anos aqui, eles não estão somente tentando nos obrigar a sair, mas estão inclusive conspirando para apagar da história nosso passado e os nomes de lugares judaicos famosos.

Dois anos antes, em 1979, uma nova sinagoga, prestes a ser inaugurada, foi queimada, presumivelmente por incendiários. Os judeus, comparando o evento à destruição do Templo, jejuaram e fizeram luto, e dezoito meses depois a reconsagraram.

> Nós ainda nos lembramos daquela noite terrível [o mesmo correspondente escreveu] em que a Torá foi queimada e a arca, destruída... e ficamos impotentes, incapazes de salvá-las. Ainda lembramos da magnitude do desastre que ocorreu. Ficamos todos estupefatos, confusos e abalados na destruição da sinagoga. Graças a Deus... a sinagoga e as arcas foram reparadas, e as pessoas forneceram rolos da Torá. E nessa noite todos nós, do mais jovem ao mais velho, alegramo-nos. Foi uma alegria e felicidade para os judeus. Isso foi apenas uma pequena restituição para aquilo que aconteceu – que isso nunca mais aconteça, amém.

O futuro, contudo, trará o que trará; e Udovitch e Valensi não são exatamente otimistas.

> Dado que o Estado [tunisiano] não é pluralista nem secular, e dado que as comunidades judaicas djerbanas não estão preparadas para aceitar um processo de secularização que as condenaria à extinção, qualquer integração à sociedade e à cultura dominantes é [agora] impensável. [...]
>
> [Mas] se eles deixassem a ilha, também teriam de abandonar sua língua, suas vestimentas, seu sistema elaborado de costumes locais, seu sistema educacional, e... sua história.

Nesse ínterim, Udovitch e Valensi contaram a história da comunidade, de forma correta e justa. Se, como provavelmente parece, ela terminar se tornando igualmente seu epitáfio, é de qualquer modo um epitáfio apropriado, claramente eloquente.

1989

Pintura de casas: *Toutes directions**

I

No final de fevereiro de 1986, uma semana ou duas antes da massiva celebração conjunta do 25º aniversário da ascensão de Hassan II ao trono marroquino e do 10º de seu lançamento da Marcha Verde no Saara (a Marcha, na verdade, ocorreu em novembro de 1975, mas foi ritualmente assimilada ao Dia da Coroação para essa ocasião memorável), o conselho municipal de uma pequena cidade na parte central leste do país emitiu um decreto. Daí em diante, a cor de todos os prédios na cidade deveria ser bege: *crème*, na redação francesa, *qehwi*, na árabe. A tinta poderia ser obtida em lojas designadas.

A obediência a esse decreto estava, como poderíamos esperar, muito longe de completa, e a cidade, Sefrou – a 28km ao sul de Fez, da qual é sob muitos aspectos uma versão miniaturizada – permanece, de fato, mais branca do que qualquer outra coisa, e quando não branca, pastel. Mas, como não esperaríamos (eu, ao menos, não), o decreto foi, entre certos tipos de pessoas e em certas seções da cidade, imediata e completamente obedecido: um variegado de fachadas de casas, brilhantemente coloridas, algumas delas obras-primas de ousadia em *design*, foram pintadas ao longo de um dia ou dois, numa homogeneidade parda – *la vie urbaine officielle*. Por trás desse evento, em si trivial e com permanência de efeito muito incerta, encontramos uma história política e ao mesmo tempo cultural, longa e longe de trivial. A mudança na forma da cidade, a mudança de sua composição étnica e de classe, a mudança nas relações entre ela e seu interior, entre ela e sua base econômica, entre ela e suas elites governantes, entre ela e o poder nacional, e, a mais crítica de todas, a mudança e a diversificação da percep-

---

* Publicado originalmente como "*Toutes directions*: Reading the Signs in an Urban Sprawl". *International Journal of Middle East Studies*, 21, 1989, p. 291-306.

ção de seus habitantes em relação ao que *citadinité* (*citadinidade*) – essa palavra francesa que se traduz como *mudaniyya* ("pertencer *a* e *em* uma cidade", como Mohammed Naciri colocou), em árabe – realmente significa, foram todos pegos em um debate amargo e multilateral, um debate sobre o que uma "cidade islâmica" apropriada deveria ser, como ela deveria se sentir, como ela deveria parecer.

Guiado pelas controvérsias em torno das assunções, ou supostamente, concernentes ao "orientalismo", o debate nos círculos eruditos sobre "A Cidade Islâmica" – caso exista tal coisa; se existe, o que há de "islâmico" em relação a ela; e, se existe tal coisa e podemos isolar o que há de islâmico em relação a ela, quanto de seu caráter religioso importa em termos de como ela "realmente" funciona – acelerou em anos recentes. O exagero da uniformidade da vida da cidade em todo mundo islâmico, a qualidade idealizada das descrições dessa vida, que são extremamente dependentes de alguns modelos e de teorias estabelecidas desde Ibn Khaldun, a tendência a ver essas cidades contra o pano de fundo de normas europeias, e a concepção hipertextual e a-histórica do islã como uma força social dentro delas, estavam todas sujeitas a severos ataques. A própria ideia chega agora com um ponto de interrogação ligado a ela.

Seja como for, com certeza houve uma boa quantidade de construção de quimeras, entidades imaginadas que nunca existiram, no trabalho erudito sobre as cidades da África do Norte e do Oriente Médio. Igualmente, com certeza, houve, nesse trabalho, uma grande quantidade de descobertas genuínas que não deveriam ser descartadas simplesmente porque procederam da *Weltanschauungen*, em desprestígio agora. Mas o ponto importante é que, qualquer que seja o *status* da ideia de uma Cidade Islâmica no discurso erudito, orientalista ou não, ela está muito viva nas mentes e no discurso dos muçulmanos mundanos – da cidade e do interior, assim como das massas e elites; e, de fato, faz-se muito mais viva pelas enormes transformações que as cidades estão experienciando agora no mundo islâmico. "Uma certa ideia de uma cidade" se torna, se tanto, mais vívida e mais absorvente à medida que se torna cada vez mais difícil vê-la no crescimento urbano desordenado da vida moderna. A Cidade Islâmica se torna cada vez mais significativa como uma noção e uma aspiração, ou talvez meramente significativa de um modo diferente, à medida que as condições para sua existência se tornam mais precárias, díspares e difíceis de realizar.

Hoje, dificilmente há uma cidade em todo o Oriente Médio, por mais antiga que seja, que apresente uma face historicamente coerente ao mundo. Isso, com certeza, é verdade, em alguma medida, em toda Ásia e África, mas parece especialmente característico de cidades árabe-islâmicas (e certamente das marroquinas, certamente de Sefrou), porque as novas formas de cidade tendem menos a substituir as antigas, atualizá-las, ou absorvê-las, do que a crescer em torno delas, deixando as antigas mais ou menos intactas. *Mudun, mudun judād, villes nouvelles, habitations spontanées... clandestines... periphériques*, são todos colocados de uma vez, como restos de diferentes pisos de um sítio arqueológico diversamente ocupado. A paisagem urbana não é meramente variada, como as paisagens assim são, ela é disjuntiva. Ela está dentro de uma paisagem de ordens diversas que apontam em direções divergentes em que o discurso – popular, político e múltiplo – sobre a Cidade Islâmica, um discurso de prédios e instituições, fachadas e ideologias, redes de ruas e de serviços públicos – a semiótica de *mudaniyya* – ocorre.

"Semiótica" se tornou uma palavra um pouco delicada e muitas vezes de referência incerta a ponto daquilo que ela significa mudar e proliferar. Meu uso dela é simplesmente o original proposto por Saussure, "a ciência da vida dos signos na sociedade", sem outro compromisso seja com as variedades formalísticas dela que se desenvolveram na tradição estruturalista seja com as variedades escolásticas que se desenvolveram na tradição peirceana. A concepção de Wittgenstein, segundo a qual o pensamento (sentimentos, crenças, interpretação, juízos) é uma atividade pública, veiculada não na "cabeça", no "coração", ou em algum outro lugar público intangível, mas no mundo em *plein air* por meio de sistemas de sinais – em que o significado surge no uso, e o uso é social – é a noção fundamental. O resto deve provir da análise descritiva. E embora os signos envolvidos sejam, até aqui ao menos no que concerne aos entes humanos, predominantemente linguísticos, não são exclusivamente assim: imagens, números, melodias, gestos e, no caso em discussão, objetos do ambiente construído (ou, igualmente, do não construído) se entrelaçam com as palavras, e as palavras, com eles, para produzirem a rede de percepções que debilmente chamamos "experiência". A semiótica da vida urbana, no mundo islâmico ou em qualquer outro, não é senão a interpretação dessa vida em termos das expressões em que ela transita.

Na história de Sefrou, e mais vividamente em sua história recente, todas essas preocupações se reúnem: a desarticulação progressiva da paisagem urbana à medida que a cidade cresce; a preocupação intensificada com a ideia da Cidade Islâmica como uma norma governamental; a dificuldade cada vez maior de definir uma ideia e uma norma dessas no contexto da desarticulação progressiva e da percepção, portanto, de que a ideia, e, assim, talvez mesmo o próprio islã, estejam em perigo; o "ler-em" (ou, para adaptar uma frase de Richard Wollheim, o "ver-em") de tudo isso na aparência física da cidade; e a emergência dela na aguda contestação social, econômica, cultural e, mais específica e consequentemente, política, enquanto essas mudanças progridem. Decretos municipais sobre que cor as casas deveriam ser, dificilmente críticos, capturam, como gestos em um ambiente emblemático assim, muitos temas.

Sefrou, essa cidade de mil anos de, em 1984, cerca de 40.000 a 50.000 habitantes, localizada entre oliveiras num piemonte irrigado que separa a grande planície de trigo do Fez-Meknes e de cultivos em faixas e ovinoculturas do Atlas

Médio, é dificilmente representativa, no sentido estatístico, do Marrocos, muito menos da África do Norte, do Oriente Médio ou do mundo muçulmano. Nem, embora inclua quase todos os elementos de uma almedina clássica em suas formas clássicas – mesquitas, muros, banhos, becos, bazares, fontes, hospedarias, santuários, cidadelas –, é algum tipo de cidade islâmica ideal. Seu uso não é como uma amostra nem como um epítome de algo, mas como uma ocorrência de algo: um exemplo. A importância de examiná-la e de examinar o que vem acontecendo com ela recentemente é a de todos os exemplos: após fazermos isso podemos ver em outros exemplos temas que estavam até então ocultos. Exemplos instruem, não provam.

II

Em 1911, às vésperas do Protetorado, a cidade de Sefrou tinha cerca de 10 hectares, continha possivelmente 6.000 pessoas, das quais aproximadamente metade era judia, e consistia em uma antiga cidade murada de passagens e becos; uma *medīna qadīma*, um quarteirão judeu superpovoado; uma *mellāh*, no centro morto dela; e uma área de cidadela, também murada, a *qal'a*, logo acima dela.

Uma década mais tarde, em 1922 – com o Protetorado, enfim, firmemente estabelecido, e a cidade oficialmente municipalizada, ao estilo Lyautey –, ela era 13 vezes maior (cerca de 130 hectares) e consistia nas antigas áreas e em mais um novo quarteirão árabe, disposto num traçado hipodâmico logo após os muros, e uma área de moradias francesas, com jardins sombreados e ruas sinuosas, nos montes acima da cidadela. Em 1944, próximo ao fim do Protetorado, as fronteiras municipais foram expandidas novamente para 380 hectares (a população agora era de 18.000, menos que um terço de judeus, chegando a 1.000 franceses), a área adicionada sendo de mais quarteirões de "novas almedinas" e alguns mercados extramuros.

E aí permaneceram até 1982, quando um governo socialista, recente e quase acidentalmente, chega ao poder e, enfrentando de uma nova eleição, repentinamente – em meio a uma intensa controvérsia, parte dela física –, mais do que triplicou o tamanho oficial da cidade para cerca de 1.200 hectares, de modo a trazer para seu âmbito político os assentamentos "periféricos", "ilegais", "estranhos" (*berrānī*) que haviam se formado com uma rapidez surpreendente durante a década anterior, e cujos votos ele via como seus. Isso foi uma revolução social (ou uma tentativa, pois terminou fracassando) por meio da redefinição municipal.

Nesse aumento deliberado, passo a passo, da cidade em 120 vezes sua extensão original (e cerca de 9 vezes em sua população) ao longo de 70 anos, sua genealogia cultural moderna pode ser vista – à medida que uma forma após outra de vida europeia, euro-marroquina, marroquina rural passou a ocupar uma parte de seu lugar – distribuída em torno do centro de sua almedina tradicional árabe e judeu-árabe. Algumas dessas formas de vida – os franceses, os judeus – desapareceram há muito, ou ao menos as populações que as introduziram. ("Perdemos tanto nossos cérebros quanto nossos bolsos", um *sefroui* conservador me disse.) Outras, os marroquinos rurais, em sua maioria falantes do berbere e rudes, apareceram apenas recentemente com muita força. ("A cidade costumava comer o campo", disse o mesmo homem, um antigo empresário da construção de considerável importância, "agora o campo come a cidade".) E é esse acréscimo final, final até hoje, que pode, no fim, mostrar-se o mais transformador. Desde a integração socialista, mais da metade da população de Sefrou é urbana.

Para simplificar uma situação complexa – mas fazer isso precisamente do modo como os próprios habitantes de Sefrou, na maior parte das vezes, fazem, ao tentarem dar sentido ao que está acontecendo com eles –, a explosão da imigração rural dividiu a cidade em duas grandes categorias, conceitualmente ao menos (e o que é mais importante, retoricamente), muito distintas: os "sefrouis reais" (*ṣefrūwī ḥqīq*) e os "sefrouis de fora" (*ṣefrūwī berrānī*).

Os sefrouis reais, que às vezes também se referem a si próprios, em um tipo de trocadilho bilíngue, como *ṣefrūwī carré*, "sefroui quadrado" (i.e., *ṣefrūwī-ṣefrūwī*, no sistema *nisba* de classificação que prevalece aqui), são, ou alegam ser, descendentes de famílias que estiveram presentes na cidade, se não desde sua fundação – e alguns alegam inclusive isso –, ao menos por um longo tempo. Falantes do árabe, são em sua maioria proprietários de terras, comerciantes, profissionais, ou, cada vez mais, funcionários públicos, e embora provenham de todas as classes, do pobre abjeto ao podre de rico, a elite estranhamente compacta da cidade – social, política, econômica e igualmente cultural – é extraída deles, e por muito tempo tem sido.

Os Sefrouis de Fora são os imigrantes. (*Sefroui berrani*, outro *nisba*, que também tem a força de "estranho", "forasteiro" ou "estrangeiro", não é uma contradição em termos, mas uma classificação retórica enfática, e, como *sefruwi hqiq*, contestada.) Em grande medida, embora não exclusivamente falantes do berbere, e de qualquer modo geralmente ao menos parcialmente bilíngues em árabe, eles vivem – em proporções diversas – de rendimentos de fazendas recentemente vendidas, transferências de dinheiro de parentes na Europa, e de trabalho eventual, comércio eventual, e, em uma medida incerta, crimes eventuais.

Ambos os lados dessa divisão são, portanto, ao mesmo tempo muito novos e muito antigos. E é entre eles – agregações difusas e heterogêneas, em vez de grupos verdadeiros ou mesmo facções – que as contestações econômicas, políticas e culturais da vida pública – sempre intensa nesse mundo masculinista de poder franco – ocorrem com cada vez mais frequência.

Os Sefrouis Reais – cerca de um terço da população judaico-muçulmana francesa na Independência, cerca de um terço da cidade/país (maior) muçulmano agora – vivem quase inteiramente fora do centro da antiga cidade. As classes mais baixas e médias têm se mudado para os quarteirões de traçado hipodâmico adjacentes aos muros desde a década de 1940. Desde a década de 1950, a elite que, ancorada como é nas aleias familiares isoladas, levou mais tempo para abandonar a almedina, apoderou-se da área de moradias dos *quartiers chics* (ou, em outro trocadilho bilíngue, *sheikhs*) deixadas vazias pelos franceses que partiram. A mesma elite, cuja maior parte pertence a umas sete ou oito grandes famílias locais, herdou o aparato administrativo municipal, fortaleceu sua posição econômica, especialmente na posse de terras, transporte e construção, e se relacionava com o monarca como "homens do rei", assim como seus pais haviam se relacionado com o governo Protetorado como *notables indigènes*. Durante a própria luta pela Independência, sua influência foi brevemente abalada pelo poder dos líderes nacionalistas emergentes, geralmente do partido reformista muçulmano *Istiqlal*; mas foi em breve restaurada à medida que a Monarquia, reafirmando sua ascendência, reafirmou a deles. Nas eleições municipais de 1963, eles retornaram ao seu lugar; os mesmos homens, com os mesmos interesses, os mesmos recursos e a mesma compreensão da mudaniyya: a "citadinidade" árabo-islâmica.

No lado dos de Fora, os assentamentos periféricos que eles criaram tão explosivamente nas décadas de 1970 e 1980 não são áreas abarrotadas de "favelas", da qual Sefrou possui praticamente nada, mas extensões desordenadas de casas de pedra maciça, tijolo ou blocos de concreto, geralmente de tipo urbano, estabelecidas arbitrariamente (e ilegalmente) na paisagem: subúrbios não convidados.

Migrações significativas do interior começaram imediatamente após a Independência em 1956, mas foram amplamente absorvidas nos quarteirões populares da cidade antiga que foram deixados vagos pelos moradores da cidade que se mudaram para as seções extramuros, para cidades maiores, ou, no caso dos judeus, para países estrangeiros. Após 1970, ou mais, quando o *exode rural*, como os próprios sefrouis monolíngues chamam, aumentou de um fluxo para uma corrente, essa absorção em estruturas estabelecidas não foi mais possível. Os novos assentamentos surgiram, casa por casa; primeiro, nas áreas áridas, instáveis de pedra calcária acima da cidade, e depois, mais perturbadoramente, na *huerta* (espanhol para "horta") – as oliveiras irrigadas que, formando a moldura estética da cidade e fornecendo uma boa quantidade de seu rendimento, foi por séculos o signo de seu "oásis" de felicidade – abaixo dela. Os migrantes anteriores haviam sido principalmente pobres, atraídos para a cidade pela necessidade e pela esperança de algum tipo de subsistência em seus cantos mais escuros. Os últimos, no entanto, foram pessoas que, ainda que desprovidas de recursos e de qualquer base econômica na cidade ou qualquer perspectiva de uma, não eram, por suas fazendas alienadas e suas remessas de dinheiro da Europa, descapitalizadas. As habitações que construíram – estruturas de bom tamanho, desenhadas para serem notadas e para durar – mostram isso.

Essa fase de transformação de Sefrou, portanto, mudou mais do que sua composição social. Diferentemente das fases anteriores (que não a mudaram, ou a mudaram apenas marginalmente), essa mudara seu aspecto, seus ares, seu comportamento, sua aparência. O que outrora fora uma joia lapidada estabelecida em um jardim paradisíaco era agora um *bourg* – outra palavra francesa que todos na cidade agora pareciam conhecer – disperso, desorganizado, em nada semelhante a uma joia.

III

Essa transformação socioeconômica de Sefrou – de um complexo administrativo, comercial e cultural altamente definido (uma solidez urbana em um fluxo tribal) em uma conglomeração difusa de construções, pessoas, atividades e instituições, completamente permeáveis a formas de vida em torno dela – estava fadada, no fim, à expressão política, mesmo em uma monarquia tradicionalista ainda resistente a políticas eleitorais. Quando a proporção da população urbana para a rural na região foi de 1: 4 a aproximadamente 1: 2 em 20 anos; quando os valores de propriedades da cidade real aumentaram 5 vezes mais (e nas áreas não construídas, de 10 a 20) no mesmo período; quando, como um palpite muito amplo, três quartos da *huerta* (metade da qual pertence de qualquer modo a 2% da população) já havia dado lugar a construções, e o processo está acelerando; quando provavelmente dois terços das construções na cidade, a maior parte delas sem água ou eletricidade, muitas delas sem estrada de acesso, e todas sem esgotos, já haviam sido realizadas desde 1960; e quando um grande fluxo de fundos (números exatos, ou mesmo inexatos, são indisponíveis) de trabalho assalariado na Europa irá financiar esse surto de construção em uma cidade por outro lado economicamente estagnada se não em declínio, a estrutura de poder estabelecida – independentemente de quanto tempo, de quão firmemente é reforçada pela autoridade central e de quão culturalmente legitimada – será submetida a alguma tensão.

A extensão dessa tensão se tornou repentinamente aparente nas eleições para a câmara municipal de 1976, quando essa estrutura, de fato, rompeu-se. Os representantes da elite tradicional, que haviam monopolizado a câmara desde que Lyautey a estabelecera em 1913, foram sumariamente expulsos, e o partido socialista marroquino, que nunca fora muito importante, obteve, para a surpresa de todos inclusive dele próprio, três quartos das cadeiras. Embora a câmara, cercada por todos os lados pelo controle burocrático e pela polícia em um sistema eufemisticamente chamado "tutela", *la tutelle*, seja muito limitada em sua capacidade de agir por si própria, ela é – simplesmente em virtude de ser um corpo popularmente eleito em um governo local que, por outro lado, é apontado centralmente – a principal expressão de balanços de forças localmente arraigadas. Sua dramática destituição dos filhos e netos daqueles que tradicionalmente a provinham de pessoal, uma humilhação pública bastante importante, inaugurou, portanto, um tipo de Primavera de Praga em Sefrou: um período (7 anos, na verdade), ao fim do qual uma porta, aberta inesperadamente – em meio ao aumento da tensão, pressão externa e de uma certa quantidade de mera violência –, voltou a se fechar inexorável e, assim parece, definitivamente.

Esse estranho interregno, um momento populista em um sistema paternalista, foi possível graças à prática da monarquia – herdada do Protetorado e depois aperfeiçoada – de utilizar eleições municipais como uma forma de votação de opinião pública – *sondage*. As eleições são, em geral, controladas, mas, em cada uma, certos lugares são mais ou menos livres para transformar as realidades políticas em visões abertas. Como está situada a propriedade? Quem deve lidar com ela? Mais adiante, essa liberdade relativa desaparece e outros lugares conseguem a chance de ter um voto menos atrelado. Em 1976, foi a vez de Sefrou experienciar a *sondage* democrática. Em 1983, o experimento havia terminado, e a elite de Sefrou foi colocada corporalmente de volta na função. Nem um único socialista retornou. O partido colapsou como força local. Seus principais líderes deixaram a cidade.

Porém, embora breve, assediado pelo utopismo, pelo partidarismo e pela morosidade do serviço público (mas não pela ideologia marxista, que desempenhou um papel pequeno ou nenhum papel), o interlúdio socialista colocou em elevado relevo a questão sobre que tipo de cidade Sefrou deveria ser. O deslocamento dos Sefrouis Reais, a respeitabilidade *a'yān*, a extensão dos limites da cidade (e, portanto, da legitimidade e dos serviços da cidade) para incluir os assentamentos dos Sefrouis de Fora, e a tentativa vigorosa da parte da câmara de aumentar sua liberdade de ação diante do aparato administrativo central (ou seja, para enfraquecer *la tutelle*), desafiaram não apenas os privilégios e exclusões tradicionais, mas também, embora inadvertidamente, a ideia da Cidade Islâmica dentro de cuja moldura esses privilégios e exclusões eram definidos. Com a intenção de fazer uma revolução social local, uma iniciativa na qual eles falharam quase inteiramente, os "novos" socialistas, contra suas próprias inclinações, fizeram ao menos o começo de uma revolução cultural. Eles deixaram a economia material quase como a encontraram; e, a economia simbólica – a figuração do espaço da cidade – completamente transformada.

O que a interrupção socialista interrompeu não foi as direções da mudança que tinham, muito antes de seu advento, contido a cidade, e que continuam a avançar agora que ela terminou, nem a estrutura da desigualdade social que, mesmo durante sua vigência, se tornou mais acentuada e solidificada. Ela interrompeu o modo pelo qual essas direções e desigualdades eram representadas e percebidas. Ao emancipar a população de Fora, não apenas legalmente (que, em um Estado tradicionalista de *tutelle*, não importa muito), mas moralmente (que, em um Estado assim, especialmente se é muçulmano, importa sobremaneira), os socialistas reforçaram a determinação dos imigrantes em serem incluídos no corpo da cidade e inscritos em sua paisagem; e, talvez ainda mais poderosamente, a determinação dos Sefroui Reais de estabelecerem os critérios – critérios de estilo de vida em primeiro lugar, e atitudinais em segundo – sobre os quais essa inclusão repousa. É o choque dessas determinações (quais são os signos da mudaniyya agora?) que se tornou o nervo da luta social.

IV

Um pouco antes da dupla celebração que mencionei acima de seu quarto de século como rei e de sua década como comandante saaariano, Hassan II fez um discurso em seu palácio em Marrakech – transmitido pela rádio e televisão estatais – à associação dos arquitetos marroquinos e aos planejadores da cidade: "un véritable cours d'architecture et d'urbanisme", como o jornal monarquista *Le Matin du Sahara* escreveu.

O Marrocos foi marcado em cada grande período de sua história, ele disse, por uma originalidade arquitetural. Reconhecemos imediatamente os monumentos e os prédios dos períodos idrísida, almorávida, almôada, saadita e alauí. Cada dinastia (a primeira delas, semimítica, é do século VIII d.C. e supostamente o período em que o islã chegou e Fez foi fundada; a última é a do próprio Hassan, que surgiu no século XVII) estampou sua época com seu estilo. Agora, contudo, um declínio se instaurou. Todo tipo de prédios malprojetados e malconstruídos estão aparecendo arbitrariamente em torno de nossas antigas cidades. Casas extravagantes de estilo europeu, vulgares e ostentosas, estão se proliferando nos quarteirões ricos. A forma clássica da cidade islâmica marroquina, a flor de nossa grandeza cultural, está desaparecendo em um indescritível crescimento urbano desordenado e estrangeiro.

Por exemplo, ele disse, considere Sefrou. Não faz muito tempo ela era um pequeno lugar adorável, com seus jardins, seus muros, suas mesquitas aninhadas ao pé do Atlas Médio – uma bela expressão (ele a chamou de joia) da autêntica tradição marroquina. Agora, ela se tornou sem forma e feia (*laide*, embora ele estivesse falando árabe). Diante da perspectiva de uma duplicação de nossa capacidade de moradias no ano de 2000, é necessário construir "o marroquino para os marroquinos". Devemos dar a nossas criações um caráter nacional; preservar, em meio à modernização, aquilo que é belo e autêntico; conservar (como aparentemente Sefrou não conservou) a identidade espiritual, muçulmana e magrebina ao mesmo tempo, da arquitetura e forma urbana marroquinas. Como o registro do *Le Matin* enfaticamente conclui: "Compreendemos disso que Sua Majestade, Hassan II, cujo reino é um dos mais gloriosos e mais produtivos de nossa história, deseja deixar sua marca, tão brilhantemente quanto deixou econômica e politicamente, através de uma arquitetura original, moderna e autenticamente marroquina, em uma palavra, através de uma arquitetura".

O *cours* do rei, destacando Sefrou, diante do país inteiro, como um caso egrégio de decadência urbana não marroquino, não islâmico, chocou muito severamente, como podemos imaginar, a reinstalada câmara municipal monarquista, especialmente porque foi seguido quase imediatamente por uma reprimenda oficial e uma ordem para "fazer algo" pelo Dia da Posse do governador provincial em Fez. Mas, de fato, isso apenas fez ferver um processo de confronto cultural já bem adiantado na cidade.

A consternação dos Sefrouis Reais na transformação física da cidade havia chegado a proporções enormes durante o período socialista, produzindo uma litania de queixas morais, ressentimentos de classe e nostalgia estética; um esforço autoconsciente para recriar as instituições de uma cidade propriamente muçulmana foi iniciado. O posto tradicional de *muḥtasib*, um tipo de combinação de preceptor religioso, policial moral e administrador de mercados, outrora extremamente poderoso, mas caído em quase completo desuso, foi restaurado à proeminência política em 1982, durante o amargo conflito que recolocou a antiga velha guarda no poder. Um líder tradicionalista de longa data (e, como um xarife alauí, um parente distante do rei) foi indicado para o posto, e prontamente indiciou os socialistas como "ateístas". Uma mesquita muito grande, classicamente estilizada – construída pelo Estado e chamada Hassan II – foi finalizada precisamente fora dos muros, substituindo a grande mesquita antiga (que fora restaurada) na almedina como a mesquita oficial da cidade, e o *muḥtasib* foi também designado como seu sermoneiro das sextas-feiras. Outros postos classicamente muçulmanos – o *nāẓir*, administrador de propriedades religiosas; o *qāḍī*, juiz religioso; o *'ādel*, notário; o *muqqadem*, chefe de quarteirão; o *amīn*, chefe de ofícios – foram similarmente reenfatizados como traços, signos, se você preferir, canônicos de uma cidade genuinamente islâmica. Banhos públicos, fornos públicos, casas de oração de bairro, fontes de mercado e outras instituições cívicas tradicionais foram renovadas, e houve um período intenso de construção de mesquitas privadas chamativas por personalidades importantes.

Ao mesmo tempo em que essa revivescência cultural, ou religioso-cultural, estava se desenvolvendo no lado Sefroui Real (e grande parte dela foi essencialmente cosmética – o poder do *muḥtasib* sobre a vida econômica ou moral é, na melhor das hipóteses, marginal; cortes religiosas possuem um escopo muito restrito; chefes de ofícios são conselheiros anciões, não chefes de guildas), uma contra-afirmação, em um vocabulário ao mesmo tempo similar e muito diferente, estava ocorrendo do lado dos Sefrouis de Fora.

Autoafirmação dos Sefrouis de Fora como o povo da cidade autêntica (*madanī*), sua determinação em se mover das margens para a completa inclusão na sociedade urbana se tornava consistentemente mais intensa e era alimentada pela influência dos socialistas sobre eles, por seu número crescente, e por se sentirem tratados como intrusos, moralmente indesejados e materialmente negligenciados. (O termo que eles utilizam usualmente para indicar seu movimento do interior para a cidade não é êxodo rural dos Sefrouis Reais, que os faz soar como refugiados esfarrapados, mas *hijra*, o termo árabe outrora usado para emigração e imigração, e, é claro, para o movimento do Profeta de Meca a Medina que inaugurou a Era Muçulmana.) E essa determinação, a determinação de completar sua *hijra*, é mais enfaticamente expressa também em um idioma arquitetônico, uma retórica de mesquitas e de casas e, mais especialmente – e mais surpreendentemente –, de fachadas.

Fachadas são surpreendentes ou, talvez no nível mais profundo do significado incorporado ao qual nos dirigimos, não surpreendentes, porque, como muitas vezes foi observado, casas clássicas da almedina se voltaram radicalmente para dentro. Elas apresentam às ruas públicas e aleias uma face uniforme e (exceto ocasionalmente por uma porta modestamente decorada) extremamente subjugada: muros caiados e pequenas janelas gradeadas logo acima do nível dos olhos. É nos pátios, jardins e salas de recepção interiores, aposentos femininos revestidos de brocado, fontes mosaicas e salões de chá atapetados, que a ostentação do *status* ocorre. Do lado de fora, a casa de um homem rico e a de um pobre dificilmente se distinguem; dentro, elas contrastam como um palácio e uma cabana em suas decorações, mobiliário e uso do espaço. Certamente, isso é verdadeiro em Sefrou; não somente na almedina propriamente dita, onde praticamente não existem quaisquer marcas externas e uma rua parece um muro sólido, irregularmente perfurado com entradas estreitas, mas igualmente nos quarteirões imediatos extramuros, onde não sabemos (se formos estrangeiros) antes de entrarmos se seremos confrontados por uma caverna ou por uma caixa de joias. E é isso, talvez o domínio mais carregado, certamente o mais íntimo, do imaginário urbano que os Sefrouis de Fora em seus subúrbios irrompidos reverteram completamente. Eles viraram, semioticamente, do avesso a casa da cidade.

As casas que os Sefrouis de Fora construíram são, como mencionado, predominantemente de pedra maciça e estruturas de concreto, muitas delas muito grandes e ordenadas arbitrariamente, dada sua localização "ilegal", e, portanto, oportunista, junto a caminhos e trilhas sulcados. Dentro, a maioria delas é surpreendentemente básica. Na verdade, elas são muitas vezes praticamente vazias – espaços amplos com apenas uma cama isolada ou uma desolada mesa com cadeiras.

A maior parte do capital de seus proprietários é enterrada na própria estrutura e no terreno hiperinflado no qual é construída, e a ausência dos serviços da cidade (água, eletricidade, esgotos, estradas), de qualquer modo, limita o que pode ser feito: aqui não existem piscinas reluzentes ou divãs iluminados por trás. É nas paredes exteriores que a ostentação ocorre. Quase todas essas casas são pintadas muito vivamente com cores primárias fortes – vermelhos, amarelos, verdes, azuis, e, de vez em quando, púrpuras, laranjas e rosas – gritantemente misturadas, e muitas delas são ainda decoradas, às vezes completamente, com desenhos baseados em temas artísticos – especialmente aqueles retirados de tapetes e tecidos, e, em certa medida, de cerâmicas, trabalhos em couro e de tatuagens faciais de mulheres.

O termo geral para essas fachadas ostentatórias (que, como tendem a ser de quatro paredes, são talvez mais exatamente chamadas envelopes) é o francês *fantasia*, usado para as famosas exibições de equitação e de jogo no pó dos marroquinos tribais; como aquelas exibições, elas são demonstrações públicas de força individual. Elas são, como todos reconhecem – tanto os Sefrouis de Fora, que as produziram, como os Sefrouis Reais, que desejariam apagá-las –, enunciados: afirmações, anúncios, argumentos, demandas.

O decreto que ordenava a pintura das fachadas de bege civilizado era, portanto, mais do que a resposta da câmara municipal à necessidade de "fazer algo" visível e rapidamente antes do Dia da Posse. Foi um movimento no que se tornou uma política de signos muito autoconsciente.

Ao virarem suas casas do avesso, os Sefrouis de Fora pareciam ameaçar a virar Sefrou como um todo do avesso; tornar suas periferias coloridas, não seu centro decadente, seu traço definidor. A reação estética e moral dos Sefrouis Reais às fachadas como ofensas contra a *mudaniyya* foi, se tanto, mais apaixonada do que sua preocupação com as alegações materiais dos intrusos, que eles se sentiam capazes o bastante de manter afastadas. Ao passo que os socialistas haviam buscado acomodar as demandas dos Sefrouis de Fora por inclusão na sociedade urbana ao legalmente incorporá-los à municipalidade, os notáveis buscavam fazer com que eles – agora que estavam, infelizmente, tão incluídos – ao menos parecessem urbanitas adequados. Sefrou, disse a câmara, deveria ser "A Cidade Bege", como, digamos, Marrakech era "A Cidade Vermelha".

O resultado foi, de fato, um certo compromisso. A maioria dos Sefrouis de Fora pintou suas casas (as periferias mudaram de cor quase da noite para o dia), em troca de um reconhecimento implícito deles como urbanitas adequados, com direito a serviços municipais adequados como água, estradas, eletricidade etc., e não invasores ilegais que buscavam ser (e ocasionalmente foram) removidos.

Esse compromisso em deferência ao rei, se essa é a palavra adequada para isso ("barganhar" poderia ser uma melhor), dificilmente encerrou o confronto. Foi meramente movido para um novo plano de discurso, no qual os temas são representados como estando entre vários interesses dentro da cidade, não entre ela e estrangeiros reunidos ao longo de suas esquinas. Isso pode ser visto em uma carta notável no jornal do Partido Istiqlal, *Al-'Alam*, de 15/02/1988, de um residente do assentamento periférico mais extenso, que crescia mais rápido e mais cheio de energia, Dhar bin Seffar:

> Uma das coisas mais surpreendentes é a escassez de água potável em Sefrou, embora se situe ao pé do Atlas Médio. Esse fato é um dos paradoxos que deixam o observador perplexo tentando responder a um turbilhão de questões. Não necessitamos lembrar nossos cidadãos do que as Montanhas Atlas representam para o Marrocos em geral como um reservatório de água para nosso país.
>
> Aqui, chegamos ao tema dessa correspondência, que publicamos em nome das famílias que vivem no quarteirão Bin Seffar, que solicitam, por meio dela, que o grande problema da água potável seja tratado e que as necessidades de cerca de 2.500 pessoas sejam atendidas.
>
> Esse quarteirão não tem mais que uma única fonte, para a qual seus habitantes correm cedo da manhã a fim de obterem algumas gotas de sua generosidade [*jūd*] aquosa.
>
> Não falamos aqui das longas filas, da longa espera, das brigas que surgem entre os que esperam...
>
> O que os residentes estão pedindo é a oportunidade do benefício da água potável ser concedido a todos sem discriminação, especialmente à medida que foi observado que aqueles encarregados pela distribuição favorecem certos lados [facções, partidos] em detrimento de outros. Está claro que eles estão dando o privilégio de obtenção da água a alguns residentes e negligenciando outros.
>
> Os residentes do quarteirão solicitam aos membros de sua câmara municipal, que despejaram promessas sobre eles durante a campanha eleitoral [contra os socialistas], que interrompam esse favoritismo e considerem todos os residentes como iguais, sem diferença entre esse ou aquele, mas somente à luz de seus atos em serviço do interesse geral.
>
> O que essas pessoas humildes solicitam nada mais é do que os direitos humanos mais simples: apenas um pouco de água para aplacar sua sede, e eles não incomodarão [alarmarão, ameaçarão] ninguém! Eles só querem água...!?

V

A divisão soberana no pensamento ocidental entre Significados e Materialidades deve – como a muito similar e derivativa entre alma e corpo, talvez atrasada para se aposentar – certamente ser revisada. Significados de qualquer valor na vida humana são inevitavelmente submersos em materialidades. As materialidades que incidem nessa vida de algum modo prático inevitavelmente ocorrem dentro de uma rede de trabalho de sentido e expressão. "Símbolo" *versus* "realidade", "forma" *versus* "conteúdo", "o mundo como experienciado" (percebido, interpretado, compreendido) *versus* "o mundo como coisa" (objeto, múltiplo causal) dificilmente são mais úteis para enquadrar descrições de como se passam as coisas na "Cidade Islâmica" do que "mente" *versus* "matéria". Uma "figura de espaço" (para adotar uma frase de Steven Mullaney sobre a Londres elisabetana), na qual a "topografia tende a recapitular a ideologia", e a ideologia tende a transformar a topografia em um "emblema legível", um "ícone da comunidade", um "texto social", a "Cidade Islâmica" dificilmente pareceria divisível em sua força como um signo e sua significação como uma força.

Embora local em seu impacto e paroquial em suas preocupações, o conflito em Sefrou entre 1976 e 1986 – sobre diferentes conceitos acerca de como uma cidade deveria parecer, como e por quem ela deveria ser governada, quem deveria viver nela, qual deveria ser sua vida, onde seu centro deveria residir, a sua extensão ser segmentada e suas fronteiras, situadas – foi, contudo, parte de um processo mais geral com implicações muito mais amplas. Não só as imagens de "citadinidade", "citadinité" e "mudaniyya", em torno das quais a disputa girava, estão amplamente distribuídas por todo Oriente Médio, mas o esforço para retrabalhar a paisagem da vida urbana de modo a lhe conceder novamente uma forma inteligível é também parte integrante da reformulação, evidente agora em quase toda parte, da compreensão que a *umma* possui do mundo de *toutes directions* no qual está imersa. Ler os signos no crescimento urbano desordenado das cidades (algo quase tão difícil para seus habitantes quanto para observadores externos) é uma necessidade para que ninguém se perca nelas, nem fique desorientado – confuso, deslocado, zangado e impotente.

Mudar a face de uma cidade (ou a fachada de uma casa) é mudar o modo daqueles que vivem nela compreendê-la e colocar sob pressão as estruturas culturais pelas quais eles estavam acostumados a compreendê-la e os termos nos quais estavam acostumados a viver nela. A famosa frase de Auden sobre "uma nova forma de arquitetura / uma mudança de atitude" é mais do que uma figura poética. O que está acontecendo à "Cidade Islâmica" – e não apenas em Sefrou – é o que está acontecendo ao "islã". Ele está perdendo definição e ganhando energia.

1990

Sobre o feminismo*

I

A intrusão, avanço, difusão, importância, insinuação – a escolha de palavras é importante aqui, expondo visões de mundo, projetando medos – do pensamento feminista em praticamente cada aspecto da vida cultural contemporânea é, a estas alturas, inteiramente geral. Literatura, filosofia, sociologia, história, economia, direito, e mesmo a linguística e a teologia, estão envolvidos em intensos e multifacetados debates sobre a relevância da diferença de gênero, interesse de gênero e preconceito de gênero para essa ou aquela questão ou para a forma da iniciativa como um todo. Mas em nenhum outro lugar os esforços para levar essas preocupações ao centro da atenção provocou mais desconforto do que naquele último reduto de razão impessoal, a ciência natural. Sexualizar a ciência, ou mesmo os cientistas, deixa todos, mesmo aqueles mais envolvidos em realizá-lo, extremamente nervosos.

A preocupação, certamente, é sobre se a autonomia da ciência, sua liberdade, vigor, autoridade e efetividade, serão minadas pela sujeição dela a um programa moral e político – o fortalecimento das mulheres – externo aos seus propósitos. Um físico determinando o giro de uma partícula, um neurologista traçando o circuito da visão, ou um evolucionista isolando os mecanismos da mudança filética provavelmente acharão pronunciamentos como: "deve-se esperar de uma sociedade sexista que desenvolva uma ciência sexista" ou "a ciência... não é assexual; ela é um homem, um pai e está também infectada", tolos, na melhor das hipóteses, lunáticos, na pior, e, em cada caso, profundamente ameaçadores aos

---

* Publicado originalmente como "A Lab of One's Own". *New York Review of Books* 37, n. 17, 08/11/1990. Os livros em discussão aqui são: *Feminism and Science*, editado por Nancy Tuana; *The Mind Has No Sex? Women in the Origins of Modern Science*, de Londa Schibinger; e *Primate Visions: Gender, Race, and Nature in the World of Modern Science*, de Donna Haraway.

séculos de esforço contínuo para examinar o funcionamento da natureza livre das distorções de desejo e de preconceito[1]. A ciência versa sobre objetividade – lógica, método, conhecimento, verdade –; o resto é romance e argumento especioso.

Infeliz, ou felizmente, dependendo de onde nossas lealdades se encontram (e infeliz e felizmente se, como é cada vez mais o caso, nossas lealdades são divididas), esse contraste radical, herdado dos antigos, entre "conhecimento" (*episteme*) e "opinião" (*doxa*) vem colapsando, não meramente como "ciência" e "não ciência", mas, mais decisivamente, dentro da própria "ciência" por pelo menos trinta anos. O extremamente influente *A estrutura das revoluções científicas*, de Thomas Kuhn, publicado pela primeira vez em 1962, com sua reconceituação da mudança científica como consistindo em uma sucessão episódica de estruturas de pensamento profissional dominante em vez de um avanço gradual em direção à realidade, à verdade e à visão clara, é usualmente considerado o trabalho divisor de águas. Mas, desde que o livro de Kuhn apareceu, surgiu, um após outro, uma série ainda mais precipitada de revisionismos. Na sociologia da ciência houve um assim chamado programa, determinado a examinar a ciência como um fenômeno completamente social e cultural, como o capitalismo, o papado, a astrologia, o futebol ou o cavalete de pintura. Na história houve uma ênfase em "quem deve ser o senhor", no qual as lutas pelo poder entre grupos de pesquisa, interesses institucionais, imperativos organizacionais, elites disciplinares, reputações profissionais e preocupações políticas são vistos como modelando a evolução do pensamento científico. Na filosofia houve o "antifundacionalismo", a rejeição de "métodos" determinados, "princípios" permanentes e de "essências" inerentes em favor de perspectivas múltiplas, gêneros intelectuais, jogos de linguagem, estilos retóricos e consequências práticas. O pluralismo, a contingência, o pragmatismo, a manobra. Se não é o caso que "tudo vale", ao menos muitas coisas valem, e nenhuma delas está fora do alcance da observação.

Esse movimento em direção ao que é mais frequentemente chamado uma concepção "construtivista social" da ciência dificilmente passou sem resistência por parte daqueles para quem "o mundo" ou "natureza" – "como as coisas realmente são" – é o começo e o fim quando se trata de conhecer. (Alasdair MacIntyre, o filosofo moral e opositor geral do modo como agora pensamos, anunciou que não descansaria até que o último proponente do programa forte fosse estrangulado com as tripas do último especialista na teoria da metáfora[2].)

---

1. A primeira citação é FEE, E. "A Feminist Critique of Scientific Objectivity. *Science for the People*, vol. 14, n. 4, p. 8, apud ROSSER, S.V. *Tuana*, p. 10. A segunda é WOOLF, V. "Three Guineas". In: JANSEN, S.C. "Is Science a Man? – New Feminist Epistemologies and Reconstructions of Knowledge". *Theory and Society*, vol. 19, 1990, p. 235.

2. "Panel Discussion: Construction and Constraint". In: McMULLIN, E. (ed.). *Construction and Constraint*: The Shaping of Scientific Rationality. University of Notre Dame Press, 1988, p. 242. O volume inteiro é uma excelente análise da variedade de posições no debate.

Mas como ganhou impulso, equivalendo hoje a algo como uma avalanche, esse movimento geral preparou o caminho e forneceu o modelo para o criticismo feminista. Se, como tudo que é cultural – arte, ideologia, religião, senso comum –, a ciência é algo formulado em algum lugar para alguma finalidade por partidários e devotos, ela é, como tudo que é cultural, sujeita ao questionamento de por que foi construída do modo como foi. Se o conhecimento é feito, sua feitura pode ser investigada.

O olhar feminista, ainda experimental, limitado e internamente conturbado, tem sido, talvez desde meados da década de 1970, impulsionado por uma centelha crítica de construtivismo social (e também muito debatido) dentro do próprio pensamento feminista: a distinção entre gênero e sexo – entre o que é culturalmente ser "uma mulher", "um homem", "um *gay*", "uma lésbica", ou o que quer que seja, e o que é biologicamente ser "feminino", "masculino", "hermafrodita", ou o que quer que seja[3]. Se "mulher" e "homem" são historicamente categorias sociais situadas, como "negro" ou "norueguês" ou "comunista" ou "classe média" – ou como "astrônomo" ou "ginecologista" – então perguntar se a ciência é "um homem" ou, de qualquer modo, "masculina" (a palavra da moda agora – Virgínia Woolf odiaria – é "androcêntrica") não é mais desarrazoado do que perguntar se o futebol ou o papado são masculinos. Pode ser, porém, um pouco mais difícil de responder.

II

A coleção irregular e extremamente mista de trabalhos, originalmente publicados em uma revista de filosofia feminista chamada *Hypatia* e reunidos como um tipo de relatório do progresso por Nancy Tuana, consegue tocar na maioria dos temas pendentes de uma resposta às questões que coloquei sem ir muito longe na direção de resolvê-las. Emoldurado por títulos questionadores, nervosos ("Existe um método feminista?", "Pode haver uma ciência feminista?", "O sujeito da ciência é sexuado?", "O sexo está para o gênero assim como a natureza para a ciência?", "Onde estamos agora e quando podemos esperar um avanço teórico?"), o livro é uma antologia de dilemas, enigmas, perplexidades e preocupações que, tomados em conjunto, dão uma imagem interessante de grande comoção intelectual sem uma percepção muito definitiva acerca de para onde isso pode estar se dirigindo.

Parte do problema é simplesmente a multiplicidade de preocupações reunidas sob a rubrica feminismo e ciência. Sue V. Rosser, em sua "visão geral" de

---

3. Para um exame do debate intenso e instável sobre o significado e valor do conceito de gênero na escrita feminista em geral, cf. SCOTT, J.D. "Gender: A Useful Category of Historical Analysis". *Gender and the Politics of History*. Columbia University Press, 1988, p. 28-50.

abertura, uma cascata de nomes, citações e sumários de uma linha, lista seis: a transformação de métodos de formação e de currículos acadêmicos para atraírem mais mulheres para as ciências; a compreensão histórica do papel obscurecido e denegrido das mulheres no desenvolvimento da ciência moderna; a investigação sociológica do *status* corrente (melhorando, mas ainda em desvantagem) das mulheres na ciência; a crítica feminista às iniciativas científicas de viés masculino (sociobiologia, pesquisa do cérebro, testes de inteligência, bioquímica); "ciência feminina" (As mulheres – Barbara McClintock, Rosalind Franklin – fazem ciência de modo diferente dos homens?); e "a teoria feminista da ciência" (É possível a ciência objetiva sem discriminação de gênero? Sua pretensão é uma impostura?). Seis, sete, dez ou uma dúzia – dificilmente importa: isso não é um campo, nem sequer um programa. É um amontoado de possibilidades a partir das quais uma coisa ou outra pode em algum lugar surgir.

Isso em si mesmo talvez deva ser esperado somente em uma iniciativa que esteja seriamente, como Rosser corretamente insiste, recém-começando. Mas a difusão do objetivo e o tom de embaraço que a acompanha ("Como você fala com cientistas?", "O que queremos dizer com verdade? O que possivelmente queremos dizer?") não advêm meramente de problemas inerentes às dores do crescimento; eles surgem de insolubilidades profundas ocultas na tarefa enquanto tal. Combinar uma crítica das ficções e ilusões em torno da "condição de ser mulher" e um modo de conhecer que alega "[retratar] a verdadeira e última estrutura da realidade" coloca mais problemas do que a "teoria emancipatória" – moralizada e consciente do poder, a esperança salvadora de todos esses ensaios – pode facilmente resolver[4].

No melhor dos ensaios, esse senso de impasse é aparente em todo texto. O exame que Sandra Harding faz da questão acerca de se existe, como várias pessoas sugeriram, um método feminista distintivo de pesquisa (conscientização, pensamento orgânico) que possa ser usado como um critério para julgar a adequação dos planos, procedimentos e resultados de pesquisas – uma questão que ela responde com um retumbante e bem fundamentado "não" – termina com uma apologia às suas colegas por desapontá-las nesse assunto e uma sugestão para que desistam de tentar repolir "as poderosas lentes da investigação científica" e se consolarem com uma tarefa mais prática de voltá-las para preocupações feministas.

Helen Longino, formulando a questão ainda mais ampla de se pode existir uma ciência feminista em algum sentido, também oferece uma resposta dupla: "não", se por ciência feminista entendemos uma "expressão e valorização de uma sensibilidade ou temperamento cognitivo feminino" – complexo, interativo, ho-

---

4. A citação é de W.V.O. Quine, citada, negativamente, como "metafísica dogmática". In: RORTY, R. *Is Natural Science a Natural Kind?* McMullin, p. 50.

lístico, e "suave" –, pois não existe tal sensibilidade ou temperamento; "sim", se as condições sociais – "ganhar dinheiro e travar guerras" – sob as quais a ciência está sendo processada pelos detentores androcêntricos do poder são convertidas em algo menos confiável, manipulativo, instrumental e "duro". Aqui, também, podemos desfrutar da ciência tanto como cientistas desapegados quanto como partidários. "Mesmo permanecendo comprometidos com um objetivo abstrato de compreensão", "com a ciência que aprendemos e praticamos", podemos escolher "a quem... prestamos contas em nossa busca por esse objetivo... se ao *establishment* político ou se aos nossos camaradas".

Essa formulação – Curie no laboratório, Sanger na ágora – parece um pouco fácil, e no trabalho mais penetrante e intrincado do volume, Evelyn Fox Keller não se mostra disposta a se conformar com isso. Embora engajada na mesma iniciativa de Hardling e Longino – separando a ideia defensável de uma ciência feminista da quimera de uma ciência feminina –, Keller, autora de uma biografia muito discutida da ganhadora do prêmio Nobel, Barbara McClintock, *A Feeling for the Organism* (*Uma sensibilidade para com o organismo*), resiste à noção de que a separação deva ser feita dividindo-se a ciência em suas partes técnicas e morais, em métodos, que são isentos de discriminação de gênero, e suas aplicações, que não são[5].

Keller quer afirmar a autonomia da ciência como uma descrição da "natureza", bem como a força da "ideologia de gênero" na elaboração dessa descrição. Pega entre as interpretações feministas de seu estudo sobre McClintock (como um manifesto por uma "ciência feminina" alternativa) e argumentos de cientistas – segundo os quais, uma vez que muitos cientistas homens possuem "uma sensibilidade para com o organismo", o sexo de McClintock é irrelevante para seu trabalho –, Keller quer encontrar um "meio termo" a partir do qual possa evitar uma escolha tão polarizada. Mas seus esforços para fazer isso envolvem uma sequência tão tortuosa por um lado e por outro ("a ciência não espelha, nem pode, a natureza"; "[é] necessário mudar o foco... do sexo para o gênero"; "nem a natureza nem o sexo podem ser nomeados fora da existência") que o melhor que ela pode sugerir é discurso figurado:

> Necessitamos de uma linguagem que nos capacite conceitual e perceptualmente a encontrarmos nosso caminho entre a mesmidade e a oposição, que permita o reconhecimento da afinidade na diferença e da diferença entre os afins; uma linguagem que codifique o respeito pela diferença, pela particularidade, pela alteridade, sem repudiar a afinidade subjacente que é o primeiro requisito para o conhecimento.

---

5. KELLER, E.F. *A Feeling for the Organism*: The Life and Work of Barbara Mc-Clintock. W.H. Freeman, 1983. Examinado no *The New York Review*, 29/03/1984.

Intratabilidade e impasse, o sentimento de não saber para que lado ir, permanece, por trás da valente frente de novos códigos e expressões simétricas, muito mais firmemente estabelecido.

III

Muito possivelmente, a saída dessa vastidão de pontos de interrogação repousa não em aguardar esperançosamente por um Avanço Teórico, mas em descrever o que ocorre quando as figurações do gênero e as da ciência se encontram de fato em salões, guildas, escolas e universidades. Isso é o que Londa Schiebinger faz em sua ótima descrição das vicissitudes das estudiosas nas revoluções científicas dos séculos XVII e XVIII. Seu livro não é uma "história compensatória", opondo uma história do "grande homem" à uma história da "grande mulher", nem um apelo numa "voz diferente" para a celebração do intelecto feminino; nem ainda apenas outra crônica sombria sobre a injustiça masculina. É um retrato belamente detalhado, alternadamente divertido, surpreendente, desesperador e doloroso de "como homens e mulheres reais participaram na ciência [moderna]" e que diferença isso fez – para eles, para a ciência e para nossa ideia geral de diferença sexual. O feminismo posto em prática.

A estratégia geral de Schiebinger não é em si particularmente original. Como a maioria dos historiadores intelectuais atualmente, da ciência, da literatura, ou de qualquer outra coisa, ela situa pensadores e suas ideias no ambiente social – ela o chama "a paisagem institucional" – no qual aparecem, são notados ou ignorados, são aceitos e celebrados ou desconsiderados e impelidos para as margens da vida séria. A tendência na ciência da primeira modernidade de tornar periféricos as mulheres e seu trabalho, de restringi-las a círculos muito estreitos de pensamento e reputação, foi algo que algumas pessoas (principalmente, mas não exclusivamente, homens) fizeram e outras pessoas (nem sempre contra a vontade) sofreram. "O esforço persistente para distanciar as mulheres e o feminino da ciência" era apenas isso: um esforço. "A ciência era ela própria parte do terreno que dividia os sexos".

Schiebinger começa seu mapeamento desse terreno com um exame do *status* das mulheres nas instituições – universidades nacionais, cortes renascentistas, salões iluministas, academias reais, guildas de artesões – nas quais a ciência moderna surgiu. As universidades, que recentemente evoluíram dos monastérios medievais, eram, exceto em parte pelas italianas, completamente fechadas; as cortes, com sua arrogância marcial contrabalançada pelo conhecimento humanista, eram um pouco mais abertas, mas somente como salas de conversação após o jantar para senhoras filosóficas; os salões eram administrados por mulheres inteligentes e ambiciosas, mas principalmente a serviço das carreiras masculinas; as academias, exceto, novamente, e novamente em parte, pelas italianas, não elegiam mulheres. Nas guildas as mulheres podiam se engajar em uma certa quantidade de ciências laborais secundárias – modelação anatômica, esboço de plantas, confecção de calendários – mas recebiam pouco em termos de crédito por seu trabalho.

É de admirar que existissem mulheres cientistas. É ainda mais notável que as que existiram tivessem sido grandes o bastante para empreenderem esforços redobrados para se manterem firmemente longe do centro das coisas. "Sendo uma mulher", Margaret Cavendish, a duquesa de Newcastle, uma "filósofa natural" na linha de Hobbes, Gassendi e Descartes, e situada pelo casamento à beira do círculo ao qual pertenciam, escreveu em 1663,

> Não posso... publicamente... professar, ensinar, declarar ou explanar [meus trabalhos] oralmente, como fez a maioria dos famosos filósofos, que, por meio disso, tornaram suas opiniões filosóficas mais famosas do que receio que as minhas jamais serão...

O restante do livro consiste, portanto, em uma reconstituição dos esforços de mulheres (da própria Cavendish, que foi de certo modo uma empreendedora, da física e *amie de Voltaire*, Madame du Châtelet, da etimologista quietista Maria Merian, da habilidosa astrônoma Maria Winkelmann) capazes de ficar, se não famosas, ao menos de algum modo propriamente reconhecidas, e dos crescentes obstáculos postos em seu caminho pela intensificação do contraste sexual, da aceitação crescente de uma imagem masculina da ciência, e, mais criticamente, do triunfo, na época de Kant, Comte e Claude Bernard, da concepção das esferas separadas, "complementares" – homens são pensadores, mulheres, parceiras –, das relações de gênero.

A história não é simples nem sem suas surpresas e ironias. Existem naturalistas masculinos atacados por senhoras *sallionères* pela feminilidade de estilo; mulheres anatomistas construindo esqueletos femininos com crânios reduzidos, pélvis exageradas e pescoços de avestruz; racionalistas apaixonados insistindo sobre "a bela compreensão" das mulheres que "podem deixar os vórtices de Descartes girarem para sempre sem se preocuparem com eles"; astrônomos da realeza transformando suas irmãs em assistentes "adestradas" treinadas e adoráveis; senhores botânicos questionando a seriedade de mulheres amadoras ou "daqueles homens que parecem mulheres"; homens feministas encorajando mulheres cientistas a fundamentarem seu trabalho em "temas práticos"; feministas mulheres encorajando-as a permanecerem solteiras. Schiebinger se move através desse material variegado com autoridade, justiça e apropriado desdém, provando seu ponto:

> Ciência e feminilidade compartilham uma história íntima, modeladas como têm sido por forças sociais, políticas e econômicas similares. Ao ocultar o gênero na ciência, a cultura europeia perdeu parte de seu passado.

IV

Mas isso foi naquela época, hoje é diferente. Para vermos o funcionamento do gênero na formação da ciência e o funcionamento da ciência na formação do gênero – do modo como operam hoje quando não são mais os salões e as academias, ou mesmo as universidades, e sim grupos de pesquisa, colegas invisíveis, mídia de massa, grupos de especialistas (*think tanks*), grandes máquinas e agências estatais que formam a "paisagem institucional" da ciência –, é necessário, talvez, considerarmos um caso bem definido de um campo recentemente desenvolvido e em rápida transformação, que possui ressonância na cultura e é receptivo às mulheres. Para isso, a primatologia, o estudo sistemático dos primatas e macacos, é praticamente ideal; um puro dom para alguém, como a bióloga crítica e historiadora cultural Donna Haraway, cujo objetivo é monitorar o tráfico entre imagens da natureza e ideologias sobre sexo.

Todos os ingredientes estão aí. Em primeiro lugar, embora a fascinação pelos primatas não humanos remonte ao menos ao século XVIII (quando Monboddo achou que os orangotangos pudessem tocar harpa e Buffon os desenhou eretos com bengalas), a investigação empírica sistemática – a taxidermia, colônias de laboratório, estudos de campo, cinematografia – começa a sério realmente apenas nas décadas de 1920 e 1930, e principalmente nos Estados Unidos. Sua história é visível. Em segundo lugar, a similaridade de chimpanzés, gorilas, babuínos e outros conosco em aparência e comportamentos lhes dá uma enorme força popular como imagens do não bem humano: quase homens perturbadores, cômicos, infantis, primitivos, obscenos, que nos deixam sem saber se devemos colocá-los em jaulas ou lhes ensinar a língua. Em terceiro lugar, o parentesco evolucionário dos macacos, primatas, "homens fósseis" e entes humanos faz a descrição da fisiologia, da psicologia e da vida social símias parecer, ao darwinista duro, o primeiro esboço de nós mesmos: um esboço fundamental do que é, *in esse* e genericamente, ser um "Humano". E em quarto lugar, por um sem-número de razões não completamente claras (seu aparecimento tardio? a necessidade de grupos de esposos e esposas na pesquisa de campo? seu ambiente de classe alta? seu tom de volta à natureza?), as mulheres se tornaram inusualmente proeminentes na primatologia – algumas, na verdade, Jane Goodall, Dian Fossey, mundialmente famosas.

Haraway, que além de ser bióloga e historiadora também aspira a um papel profético, move-se em meio a tudo isso que a rodeia com grande abandono – "Os macacos e o monopólio do capitalismo", "O patriarcado do urso de pelúcia", "Primatas no Éden, Primatas no espaço", "O lugar das mulheres na selva" são alguns dos títulos dos capítulos – num estilo de prosa que parece ter sido colhida do céu. Mas, no fim, em 400 páginas – que poderiam muito bem ser reduzidas à metade – ela consegue levantar, de um modo ou de outro, a maioria dos temas relevantes (e quase todos nem tão relevantes) e constrói uma descrição, com todos os seus defeitos e virtudes, da formação da ciência em meio ao empurra-empurra da cultura moderna. Nem tudo em *Primate Visions* (Visões primatas) é verdadeiro ou justo, e muito dele é completamente estranho. Todavia, embora difusamente, a história é mais ou menos contada; embora oracularmente, ela de um modo geral instrui. O que surpreende é como, sob o brilho pós-moderno e a barricada sloganizante, ela termina se revelando uma história convencional.

A trama é essencialmente linear e completamente whiguista. Nas décadas de 1920 e 1930 a primatologia era complacentemente patriarcal, com seus grandes caçadores brancos e gorilas empalhados, laboratórios de colônias de reprodução e estudos sexológicos de campo. Enquanto isso, no período pós-guerra, a expansão extraordinariamente rápida dos estudos paleoantropológicos de fósseis humanos na África, o surgimento da assim chamada "Nova Antropologia Física", e, um pouco mais tarde, o aparecimento da sociobiologia (mais uma certa quantidade de captação avançada de fundos e de criação de celebridades), estabeleceram uma imagem cientificamente blindada de "Homem, o caçador", que eliminou tudo diante dela. Há uma ou duas décadas, as primatologistas, a maioria delas formada em uma ou outra dessas iniciativas, mas cada vez mais motivadas pelas preocupações feministas, começaram a resistir à peremptoriedade de tudo isso e moveram o campo para direções mais esclarecidas e menos estabelecidas – não a partir do primata, mas a partir do masculinismo e da visão única.

De qualquer forma, não é à trama, mas ao que ela nos diz sobre como pensamos as coisas e quão errados estamos ao fazermos isso, que Haraway gostaria que prestássemos atenção. E é aqui que seu trabalho mais provocará aqueles para quem a ciência é guiada pela realidade e tudo mais é alguma outra coisa – ideologia, folclore, poesia, metafísica –, pois ela nega qualquer distinção fundamental como essa entre o que é dito na seca voz "esse é seu capitão falando" da *expertise* disciplinar e o que é dito nos tons carregados, demasiadamente humanos, da cultura geral. De acordo com Haraway, os "campos discursivos" dentro dos quais a primatologia se formou – museus públicos, laboratórios universitários, estações de campo experimentais, safáris, reuniões de cúpula acadêmicas, especiais para a televisão da National Geographic Society, fotos do espaço, sítios fósseis leste-africanos, livros-texto, tratados populares, reportagens jornalísticas, ficção científica, filmes de Tarzan – determinam o que ela é assim como seus métodos, suas teorias ou afirmações fatuais:

> Macacos e primatas, e entes humanos como seu parente taxonômico, existem nas fronteiras de... muitos esforços para determinar o que contará como conhecimento. Os primatas não são bondosamente encaixados em uma disciplina ou campo especializado e assegurado... Muitos tipos de pessoas podem afirmar conhecer os primatas, [...] [e a] fronteira entre discurso técnico e popular é muito frágil e permeável. [...]

> Algumas das interessantes disputas de fronteiras sobre os primatas, quem e o que eles são (e quem e o que estão defendendo), estão entre psiquiatria e zoologia, biologia e antropologia, genética e psicologia comparada, ecologia e pesquisa médica, cientistas de laboratório, conservacionistas e companhias madeireiras multinacionais, caçadores furtivos e guardas florestais, cientistas e administradores em zoológicos, feministas e antifeministas, especialistas e leigos, antropólogos físicos e biólogos ecológico-evolucionários, cientistas estabelecidos e novos Ph.Ds, estudos de alunas e professoras em cursos sobre comportamento animal, linguistas e biólogos, funcionários de fundações e candidatos a bolsas, escritores e pesquisadores científicos, historiadores da ciência e cientistas reais, marxistas e liberais, liberais e neoconservadores.

Isso é socioconstrutivismo com mais virulência ainda. Um foco tão amplo naturalmente contribui para a desordem e para um ar geral de ofuscamento e distração. Existe algo que não se aplique? (Talvez não: Haraway introduz o feto "xenogênico", da escritora de ficção científica Octavia Butler, com "cinco progenitores... de duas espécies, ao menos três gêneros, dois sexos e um número indeterminado de raças", exibindo um cartão comemorativo da Hallmark que mostra um King Kong anão sexualmente assediado por uma loura gigante, e anuncia, "Sempre preferi a perspectiva de gravidez com o embrião de outras espécies.") Mas mais do que isso, isso contribui para a possibilidade de discutir uma grande quantidade de temas em profundidade e detalhadamente sem sustentar um argumento ou chegar a qualquer coisa que se assemelhe a uma conclusão determinada. Tudo é floreio, ironia, gesto e sugestão.

Esse modo flexível de lidar com as coisas não deixa de ter suas vantagens, algumas delas bem exploradas por Haraway. Sua descrição da atmosfera de "livro para meninos" do Salão da África do Museu Americano de História Natural, "dedicado", por pessoas como J.P. Morgan, W.K. Vanderbilt e Teddy Roosevelt, "a preservar uma virilidade ameaçada" diante de "corpos prolíficos de... novos imigrantes" é uma ótima reviravolta satírica. Sua figura dos filhotes de macaco agrupados no topo de um "poço de desespero" de aço inox desenhado pelo psicólogo experimental Harry Harlow para "reproduzir a... total desesperança [da] depressão humana" é uma imagem inesquecível do sadismo científico. E sua descrição da criação de Sherwood Washburn, em Berkeley, de um programa sobre a origem humana enfatizando o "primata sob a pele", com o qual quase todo antropólogo de campo foi uma vez ou outra associado, é um exemplo modelar de como os impérios acadêmicos são construídos atualmente. Mas quando termina estabelecendo sua própria tese – a "Primatologia é um gênero de Teoria Feminista", uma "Política do ente feminino" – sua falta de método a leva ao fracasso. O gênero não aparece, a política permanece sem forma.

As 15 primatologistas ou mais cujo trabalho Haraway examina em detalhe mostram em comum dificilmente mais do que uma tendência a serem interessadas, dentre outras coisas, por animais fêmeas, maternagem e receptividade sexual. Uma está preocupada com a diferença sexual em quantidades de tempo e energia entre babuínos; outra, com estratégias reprodutivas entre langurs fêmeas; outra, com a importância entre chimpanzés da reunião das fêmeas comparada à caçada dos machos. A inteligência do lemur, as vidas emocionais dos gorilas, a criação de ferramentas dos chimpanzés e a aplicação de noções sociobiológicas de competição sexual à evolução da feminilidade chamam a atenção. A primatologia feminista é "caracterizada por tensões, oposições, exclusões... não por uma série de doutrinas, mas por uma rede de compromissos entrecruzados e frequentemente contraditórios".

Assim, na verdade, é o todo da ciência. A descrição que Haraway faz da "política" chega a um pouco mais do que uma demonstração de que as primatologistas se conhecem, assistem às mesmas conferências, inspiram-se uma no trabalho da outra – ou seja, formam "redes". Como essas redes funcionam, como diferem (se diferem) das redes acadêmicas em geral, e qual efeito a existência delas tem sobre a percepção das primatologistas sobre si próprias como cientistas, permanece obscura. Daí também não emerge algum modo de trabalhar e "discursar" distinto o bastante para parecer um "gênero" de alguma coisa, muito menos, como Haraway às vezes parece sugerir, uma reformulação radical da biologia, da antropologia e da nossa concepção de natureza. Pode ser que esse seja o caso. Mas será necessário mais do que insistência para persuadir o indeciso a pensar assim.

V

A crítica feminista da ciência está claramente lançada e se empenhando. Parece improvável que ela venha a se fundir ou virar tudo de cabeça para baixo, mas tornará um traço permanente da vida intelectual – dissonante, diversa e não ignorável. Parte da cena.

Exatamente como ela se desenvolverá, qual dos caminhos que ela incertamente pôs em marcha se mostrará produtivo e qual acabará numa tagarelice circular, e mesmo que temas – o *status* social das mulheres na ciência, a natureza e significação da diferença sexual, o papel do gênero na formulação da investigação – resultará central é completamente incerto, e parece que permanecerá assim por um tempo. Nesse ínterim, a pesquisa teórica de Harding, Longino e Keller, a erudição artesanal de Schiebinger e a construção da visão polêmica de Haraway existem junto a várias outras iniciativas, lado a lado, não tanto em confronto quanto olhando cuidadosamente uma em direção da outra e se perguntando, nervosamente, como isso tudo vai terminar.

Como isso tudo vai terminar depende muito criticamente de como se resolverá a tensão entre os impulsos morais do feminismo, a determinação para corrigir a injustiça baseada no gênero e para assegurar às mulheres o direito de dirigir suas vidas, e os que buscam conhecimento na ciência, o esforço não menos apaixonado por compreender o mundo como ele "realmente é", livre de desejo. Ninguém, pelo que parece, está sequer perto de fazer isso. Mas o tema está incorporado, e não desaparecerá tão cedo.

2000

Indonésia: recomeçando*

I

A Indonésia foi uma das mais notáveis histórias sobre sucesso de desenvolvimento no último terço do século XX. Em meados da década de 1960, era um dos países mais pobres do mundo, com uma renda *per capita* inferior à de muitos países da África e da Ásia do Sul. Ela experienciou um pequeno crescimento econômico por trinta anos, esteve à beira da hiperinflação, foi engolida por um distúrbio político e começou a se desligar da comunidade e economia mundiais. Os padrões de vida estavam estagnados e cerca de dois terços da população vivia na pobreza abjeta...

Ninguém na época ousaria imaginar – muito menos prever – que apenas trinta anos mais tarde a Indonésia seria considerada uma economia "tigre" dinâmica e um membro daquele clube mais exclusivo, o Banco Mundial das "Economias Milagrosas da Ásia Oriental". A noção de que a economia da Indonésia se expandiria seis vezes ao longo desse período e de que, conforme as projeções do Banco Mundial, pudesse se tornar a quinta maior economia do mundo no ano de 2020, teria parecido absurda na desolação de 1964-1966. Todavia, isto é precisamente o que ocorreu nessas três décadas: o crescimento econômico esteve entre os mais altos do mundo e foi acompanhado, com um atraso, por melhoramentos surpreendentes nos indicadores sociais.

Hal Hill, maio de 1997.

---

* Publicado originalmente no *New York Review of Books* 47, n. 8, 11/05/2000.

> [Muito] repentina e inesperadamente, tudo colapsou [na Indonésia] na segunda metade de 1997... na irrupção da crise financeira asiática. A extensão da reviravolta não é menos surpreendente. Espera-se que a produtividade econômica contraia cerca de 15%, após ter expandido 8% em 1996 e 5% em 1997. O colapso no crescimento em um único ano está entre os maiores registrados em qualquer outro lugar no mundo do período pós-guerra. Milhões de indonésios, muitos dos quais mal sobrevivendo acima da linha de pobreza durante os bons tempos, perderam seus trabalhos. A produção de alimentos foi interrompida. [...] Os preços de muitas mercadorias... caíram nos mercados mundiais. Investidores, tanto estrangeiros quanto domésticos, fugiram para refúgios mais seguros. O sistema bancário está moribundo e milhares de firmas estão enfrentando a perspectiva de falência e fechamento.
>
> Steven Radelet, setembro de 1998[1].

Desde o repentino reverso da fortuna da Indonésia, a globalização se interrompeu, aconteceu mais coisa lá do que fuga de capital, colapso monetário e uma triplicação da taxa de pobreza. O regime mudou duas vezes – o regime, não apenas o governo –, uma vez, abruptamente, num acesso de violência, outra, glacialmente, com hesitação preocupada e enervante. A primeira vez, no final de 1998, Suharto, o arquiteto ou, seja como for, o padrinho, tanto da expansão quanto do colapso, abandonou o governo em meio à desordem selvagem – revoltas raciais, saques, conflitos sangrentos entre estudantes e o exército, Jacarta em chamas, Surakarta saqueada –, deixando B.J. Habibie, seu camarada recém-nomeado vice-presidente, desafortunadamente para trás para ordenar as ruínas. A segunda vez, uma eleição nacional prolongada, vastamente complicada e, por fim, indecisiva, mas, pelo que parece, justa e aberta (noventa milhões de votantes, quarenta e oito partidos, setecentos eleitores) terminou no último outono com a designação, na calada da noite, por meia dúzia de arrivistas muito influentes, de Abdurrahman Wahid como o novo presidente. Intelectual religioso, doente, errático, quase cego, havia sido descartado por quase todos como demasiado débil para desempenhar a função.

Em setembro, o ex-enclave português do Timor Leste, metade de uma ilha muito pequena às margens do arquipélago, foi autorizado a se separar após trinta anos de resistência intermitente à anexação, somente para ser arrasado por guerrilheiros indonésios, cuja selvageria provocou um clamor mundial, uma inter-

---

1. HILL, H. *Indonesia* – Industrial Transformation. Singapura: Institute of Southeast Asian Studies, 1997, p. 1; referências removidas. • RADELET, S. *Indonesia's Implosion*. Harvard Institute for International Development, 1998, p. 1.

venção da ONU, conduzida pela Austrália, as atenções da comissária da ONU pelos direitos humanos, Mary Robinson, e, possivelmente, um futuro problema revanchista. A violência local, em parte étnica, em parte religiosa, em parte meramente criminosa ou empresarial, tomou conta de todo o arquipélago, de Achém a Kalimantan no oeste até Molucas e Nova Guiné no leste, deixando centenas de mortos, milhares em fuga, o governo perdido e os vizinhos – Malásia, Singapura, as Filipinas e a Austrália, que possuem suas próprias minorias (e refugiados) que poderiam querer ver as coisas geralmente reordenadas – preocupados.

O exército, com sua liderança dividida e com a ameaça de ser processado por crimes de guerra no Timor Leste e em outros lugares, está desmoralizado, ressentido, desfavorecido, afagando inimigos, pesando estratégias possíveis. A imprensa foi liberada e reenergizada: livros não são mais banidos. Suharto, doente e demonizado, está confinado à sua casa, tão incomunicável quando antes; e o prisioneiro político mais famoso do país, o romancista nacionalista radical, Pramoedya Ananta Toer, anda por aí, dando entrevistas, aceitando tributos e aconselhando os jovens. O petróleo parece bom novamente, a inflação está baixa, as exportações se recuperaram um pouco, falidos estão se reorganizando, o crescimento avançou ao zero.

Ao mesmo tempo, o islã militante, o ambientalismo de ONGs, a xenofobia populista, o utopismo neoliberal, a apologética cristã e o ativismo de direitos humanos cresceram marcadamente em volume, visibilidade e na capacidade de levar manifestações de massa, multidões e marchas às ruas. Políticas partidárias faccionárias retornaram com uma veemência e complexidade não vistas desde o começo da década de 1960, quando a "democracia dirigida" de Sukarno, destinada a mantê-lo no poder para sempre, colapsou em conspiração e massacre. É uma imagem confusa e perturbadora, flutuante, sem centro e sem borda – resistente a sumários, difícil de manter no lugar. Como praticamente tudo aconteceu, parece que praticamente qualquer coisa pode acontecer; e é impossível dizer se toda essa comoção e agitação – o que os indonésios, com seu dom usual para camuflagem verbal, vieram a chamar *reformasi* – é o fim ou o começo de algo.

Aquilo do que ela poderia ser o fim é o impulso político que põe o país em movimento em primeiro lugar. Junto à Índia, ao Egito e talvez à Nigéria, a Indonésia foi um protótipo de país "emergente", "em desenvolvimento" e "pós-colonial" – abarrotado, ampliado, caprichosamente delimitado e o produto de uma mudança histórica mundial na distribuição da soberania, da individualidade e do poder de agir. Oficialmente estabelecido no final de 1949, após quatro anos de conflitos intermitentes contra os holandeses, e quase quarenta anos de agitação antes disso, o país tomou forma durante o apogeu do nacionalismo do Terceiro Mundo – Nehru, Chou, Tito, Nkrumah, Mussadegh, Nasser; Dien Bien Phu, a Batalha de Argel, Suez, Katanga, a Emergência, a Mau Mau.

Atualmente, esse período – denominado "Bandung", em alusão à famosa reunião de líderes de "forças emergentes", não alinhadas, que Sukarno ("Estou inspirado... Estou absorvido... Estou encantado pelo Romantismo da Revolução") realizou lá em 1955 – não é sequer uma memória viva para a maioria da população. Suas preocupações são esmaecidas, suas personalidades, simplificadas; a obsessão que a obcecava, e em grande medida a subsidiava, a Guerra Fria, foi sumariamente suspensa. Mas as doutrinas que foram desenvolvidas na época, e os sentimentos que as acompanharam, continuam a obscurecer a política do país. Com meio século de existência neste inverno, e recém-emergindo de trinta e dois anos de autocracia de cartão de visitas, a Indonésia ainda se projeta como uma força triunfante, insurgente e liberacionista.

A questão que envolve os indonésios mais reflexivos, e particularmente os mais velhos que passaram por tudo isso e viram no que deu, é, claramente, até que ponto essa ideia principal – com seus *slogans*, histórias e momentos radiantes – permanece uma força viva tanto entre as elites do país como entre sua população, e até que ponto se tornou apenas uma nostalgia herdada – declamatória, uma pretensão, gasta e translúcida, compartilhada, se tanto, por românticos e cientistas políticos ocidentais. Certamente, a história do país – que tendia a ser a de grandes promessas e maiores desapontamentos em rápida alternância (grandes planos, grandes colapsos) – pareceria militar contra a manutenção contínua das expectativas do tamanho de Bandung. Nem o populismo da "velha ordem" de Sukarno nem o paternalismo da "nova ordem" de Suharto (as diferenças entre eles foram muito exageradas pelos partidários de ambos – seus contrastes foram principalmente em estilo e apresentação, e, em certa medida, no alcance disciplinar) foi capaz de imprimir uma identidade e um propósito transcendente na sociedade como um todo, de fazer dela uma comunidade integral, real ou imaginada.

"O Projeto Nacionalista", a construção de um povo estimulado e autoconsciente se movendo como um em direção à realização espiritual e material – "Uma era em movimento", como diz a etiqueta – se tornou cada vez mais difícil de formular em termos críveis, e mais ainda de perseguir e de implementar. O país abalado que foi entregue pela primeira vez, *faute de mieux*, ao desafortunado Habibie na primavera de 1998 (sua presidência durou dezessete meses, assolada por confusões e escândalos), e, depois, *in camera*, ao improvável Wahid, havia perdido mais do que seu balanço bancário, seu equilíbrio e sua reputação internacional. Havia perdido a força de sua história para instruí-lo.

II

O homem que se espera corrigir tudo isso, endireitar sua economia, acalmar sua política, restaurar sua confiança, restabelecer seu curso, clarear sua consciência e melhorar sua imagem, assim como, talvez, entretê-lo e distraí-lo, é um político veterano de cinquenta e nove anos que praticamente todo mundo parece ter encontrado (incluindo eu: há uma década, passei quatro dias encerrado com ele e alguns de seus aliados em uma casa de repouso próxima a Bandung discutindo nada menos que o futuro do islã na política indonésia), muitos parecem ter gostado e quase todos parecem ter subestimado.

Conhecido universalmente como "Gus Dur", seu apelido honorífico de infância ("Gus" significa "rapaz bonito"), Wahid nasceu e cresceu no centro do islã javanês e da política islâmica javanesa – o famoso internato religioso, ou *pesantren*, de seu avô, cerca de oitenta quilômetros ao sudoeste de Surabaya. Seu avô, um personagem e uma personalidade, assim como um renomado estudioso corânico, fundou a maior organização muçulmana do país (ela pode ser, de fato, a maior do mundo), Nahdatul Ulama, em 1926 – em parte, ao menos, para se opor ao crescimento do nacionalismo sectário e reforçar a influência da devoção vernacular contra inovações modernistas que emanavam do Oriente Médio. O "islã javanês", tolerante, aberto, um tanto tradicionalista e interno, que ele representava, continua até o presente como uma grande força social e religiosa. O pai de Wahid, no modo descuidado e inexplícito pelo qual o poder é passado na tradição *pesantren*, herdou a escola, a estatura, o programa e a organização. Ele foi o primeiro ministro da religião do país e um mediador importante no sistema ideológico de distribuição de cargos de Sukarno, distribuindo tarefas a peticionários na vasta e morosa burocracia clerical que até hoje regula mesquitas, casamentos, benfeitorias e cortes religiosas.

Wahid, após viajar, estudar e se tornar conhecido no Cairo, Bagdá e em vários países da Europa, por um período, em meados da década de 1970, retornou para se tornar um colunista amplamente lido da *Tempo* – a importante, e mais tarde encerrada, revista de notícias do país – e para fundar o *Forum Demokrasi*, um grupo de pressão da elite cujas críticas ao *establishment* levaram o governo à exasperação quase assassina. Ele também assumiu o controle da organização Nahadatul Ulama, que ele então prontamente separou do partido político forjado ("Desenvolvimento e Unidade") que Suharto havia concebido para contê-la.

Se experiência direta, dura, assim como paciência, agilidade, humor e um refinado senso de oportunidade, é do que necessita a Indonésia, Gus Dur – que é a coisa mais próxima a um político da máquina que o país possui – poderia ser o homem. Comparado várias vezes a Columbo interpretado por Peter Falk, ao palhaço Semar da peça de sombras javanesa, ao rabino não praticante Asher Lev de Chaum Potok, a Ross Perot, a Yoda e (por seu ministro da defesa) a um táxi de três rodas de Jacarta, Wahid parecia bem equipado para trilhar seu caminho em meio ao mais denso tipo de tráfico lunático.

Isso tudo, certamente, ele demonstrou em sua oblíqua, árdua e – quando consideramos o que ele teve de superar para assumi-la – corajosa e tenaz jornada à presidência. Quando o processo eleitoral (que foi muito mais uma enorme, e enormemente complicada, sondagem de opinião para avaliar o estado geral da opinião popular do que um mecanismo adequado de seleção) começou no final de 1998, Wahid estava no hospital, recém-começando a se recuperar do segundo dos dois derrames cerebrais provocados pelo diabetes que o puseram em coma. Devido ao diabetes, ele já tinha perdido a visão de um olho e teve a do segundo seriamente prejudicada. Além dele, concorreram quatro candidatos importantes, produzidos pelas convulsões dos dois anos anteriores: Habibie, o presidente atual, um sátrapa do *establishment* tentando desesperadamente parecer um novo gestor; Megawati Sukarnoputri, a filha de Sukarno, uma matrona suburbana reclusa e taciturna, muito antipática, que uma série inesperada e não característica de erros estratégicos crassos da parte de Suharto havia transmutado numa heroína popular; e Amien Rais, um intelectual muçulmano ambicioso e temperamental, e outrora professor universitário, que havia estudado teologia e ciência política em Notre Dame e na Universidade de Chicago, e que havia desempenhado um papel importante em inflamar os estudantes nos últimos estágios do colapso de Suharto. Por último, no estilo Estado-sombra extrapartidário do exército indonésio, havia o general Wiranto, seu hesitante e inseguro – e em breve mal-afamado – chefe do Estado-Maior.

Outras sugestões e possibilidades apareciam de vez em quando. Dentre elas estavam o sultão de Yogyakarta; um economista neoliberal formado em Berkeley; o líder de Golkar (i.e. "Grupo Funcional"), partido parlamentar e braço político de Suharto; e um dos amigos mais antigos e, até aquele ponto, mais íntimos de Wahid. Mas durante todos os onze meses que o pesado drama levou para se desenvolver, esses cinco foram os jogadores dominantes, e permaneceram assim até e durante seu fim um tanto operístico e vertiginoso.

Durante a maior parte da campanha, na verdade até algumas horas antes que Wahid se espremesse pelo mais estreito dos espaços, a candidata líder, de longe, era Megawati. A despeito de sua herança e do carisma prolongado do nome de seu pai – particularmente forte em Java, onde o poder deve passar supernaturalmente e operar magicamente – ela era uma recém-chegada à alta política indonésia, tendo vivido a suave e luxuriosa vida de uma esposa da sociedade até que uma colisão espetacular com Suharto – que ela não havia buscado nem querido, e que não sabia muito o que fazer quando ocorreu – a transformasse, da noite para o dia, no veículo relutante do ultraje popular.

Buscando, aparentemente, testar os limites quando o general, doente e recentemente em luto por sua esposa, começou a cometer deslizes, um de seus partidos fabricados – "Democracia Indonésia", que fora criado para conter a esquerda nacionalista – instalou Megawati como sua líder titular em dezembro de 1993. Suharto – a quem ela deve ter parecido o fantasma do passado de insurgências – reagiu exageradamente, tentando impositivamente substituí-la por um fantoche apoiado pelo exército. Quando isso falhou – levando a uma ruptura do partido e ao movimento dos universitários nas ruas clamando pela cabeça de Suharto e pelas fortunas de seus filhos –, ele enviou soldados e paramilitares para assumirem o controle dos postos de Jacarta de Megawati e prender seus apoiadores. Em julho de 1996, isso produziu o que terminou no "caso" mais significativo de seu regime: cerca de trinta mortos, cento e poucos presos, dezenas de lojas, casas e veículos incendiados. Isso, embora ninguém soubesse ainda, foi o fim do começo do fim de seu domínio. Megawati, alarmada e compelida, foi estabelecida como a herdeira legítima do poder popular – a versão indonésia, culturalmente reeditada, de Cory Aquino.

A despeito da realeza por direito divino, que nunca a abandonou e que no fim a arruinou, a campanha de Megawati foi um caso exagerado, quase catequizador e provocativo: comícios populares frenéticos, simbolismo revolucionário, sloganização hipernacionalista e uma certa quantidade de ameaças de golpe de Estado em curso e de ameaças duras das ruas – todos os quais podem ter assustado tantas pessoas quanto atraíram, embora estudiosos e jornalistas falassem de guerra civil e de retorno dos oprimidos. Wahid, mais ou menos recuperado do pior de sua doença, formou seu próprio partido e estabeleceu uma aliança estranha, incerta e distante com ele.

A direita islâmica, sem um defensor próprio ou um programa além do moralismo e da xenofobia, atacou Megawati como não sendo realmente muçulmana, mas um tipo de hindu javanesa, em débito para com cristãos e chineses, possivelmente uma criptocomunista, e, de qualquer modo, uma mulher. Ela evitava a imprensa, emitia somente as mais vagas declarações políticas (ela se opusera à independência do Timor Leste e a uma rúpia estabilizada, mas em breve se afastaria ruidosamente dessas posições). Ela dizia falar com seu pai morto diariamente. Em consequência disso, após meio ano ou mais, obteve um pouco mais do que um terço dos votos nas eleições de junho de 1999 para a Assembleia Nacional, que é reunida a cada cinco anos para designar um presidente. Habibie, que era, ostensivamente, o candidato do Golkar e particularmente forte fora de Java, obteve um pouco mais do que um quinto; Wahid e seu partido, cujo apelo era localizado, um pouco mais do que um décimo; e Rais, que se esperava ir muito melhor, dada à sua popularidade entre muçulmanos cultos e ao papel jacobino que desempenhou nos últimos dias de Suharto (a quem chamava, *inter alia*, "um cão raivoso, mordendo tudo", e ao qual se voluntariou a substituir imediatamente), obteve algo menos que 8%. O palco estava montado para alguma politicagem séria.

Os detalhes das manobras, das alianças, das negociatas, das traições, das bajulações, dos murmúrios e das piruetas que se deram durante o final dos três dias da "eleição" – i.e., os dias de abertura da Assembleia Nacional em outubro – permanecem, na maior parte, obscuros e contestados[2]. O que está claro é que Megawati estava fora de seu elemento e Gus Dur, no âmago do seu. Indisposta, ou incapaz, de fazer acordos e de trocar favores, e aparentemente convencida de que, tendo incitado as massas e "ganho" a eleição, não poderia ser contestada, perdeu cada luta em cada estágio, até que no fim somente Wahid, que por sua vez havia se aliado simplesmente a todo mundo enquanto o processo de desdobrava, ficou de pé. (Rais, com o apoio de Wahid, tornou-se líder da Assembleia. O homem de Habibie em Golkar, um sumatriano chamado Akbar Tanjung, foi induzido a abandonar seu chefe e, com o apoio de Wahid, tornou-se presidente do Parlamento. Wiranto, com o apoio retratável, como mostrou depois, de Wahid, fez um *lobby* vigoroso pela vice-presidência.) "Espere até a próxima vez", supõe-se que Wahid tenha dito a Megawati, gentilmente, imaginamos: "Você necessita de mais experiência".

Quando a escolha de Wahid foi anunciada em 20 de outubro, a reação da parte dos apoiadores de Megawati, convencida como estava de seu direito moral à presidência e da ilegitimidade, falsidade e corrupção de todo mundo, foi enorme. A violência irrompeu ao longo de todo o arquipélago. Em Bali, onde sua campanha havia começado e seu apoio foi talvez o mais apaixonado (ela obteve 80% dos votos lá), árvores foram derrubadas ao longo de todas as estradas, um escritório do governo foi incendiado e jovens atacaram um dormitório onde refugiados timorenses estavam sendo mantidos aguardando sua repatriação. Planos foram traçados para atacar o quarteirão muçulmano, o assim chamado *kampong jawa*, que, caso tivessem executado, poderia ter convulsionado o país inteiro. Em Jacarta, um grande hotel do centro, onde uma multidão enorme havia se reunido durante a noite para ouvir o resultado do pleito, foi imediatamente destruído e protestantes furiosos, lamuriando e gritando, espalharam-se pela cidade. Parecia que a prometida guerra civil, ou um golpe de Estado das ruas, estava disponível.

Wahid instantaneamente mudou o curso, afastou-se de Wiranto e apontou Megawati como sua vice-presidente. Ele disse a ela para ir à rádio e à televisão e acalmar seus seguidores, o que ela imediatamente fez, dizendo: "Eu sou a mãe de vocês. Vocês são meus filhos. Voltem para suas casas". E, no que, de algum

---

2. Para a coisa mais próxima a uma descrição detalhada do que ocorreu, cf. WAGSTAFF, J. "Dark Before Dawn: How Elite Made a Deal Before Indonesia Woke Up". *The Wall Street Journal*, 02/11/1999. O evento em si ocorreu em 20 de outubro. Para uma breve descrição da eleição presidencial e seu resultado suplementar, cf. LIDDLE, R.W. "Indonesia 1999: Democracy Restored". *Asian Survey*, XL2 [em preparação, 2000].

modo, foi a distorção mais impressionante em todo o distorcido drama, apenas levemente mais surpreendente do que sua aquiescência em seu próprio eclipse, eles pronta e eficientemente obedeceram – puseram de lado seus cartazes, empacotaram sua revolução e foram quietamente embora. Bali foi limpa em algumas horas; foi como se nada tivesse acontecido. Jacarta permaneceu calma, embora abalada. As erupções em outros lugares – em Surabaya, Medan, Kalimantan do Sul, nas ilhas longe da costa da Nova Guiné Ocidental – em breve evanesceram em conflitos dispersos. Se isso tudo foi, como alguns começaram a chamar, um movimento em prol da liberdade, da democracia, da maturidade e do livre-comércio, ou simplesmente um outro giro em uma roda muito antiga, havia claramente, ao menos pelo momento, um governo mais ou menos legítimo, mais ou menos aberto, mais ou menos consensual, estabelecido.

III

A grande questão que permanecia é: Pode o governo de fato governar? Quase tudo mais sobre a presidência de Wahid, não apenas o próprio presidente, exala o temporário, o *ad hoc*, o frágil, o feito às pressas. Trazido à existência por uma coalizão improvisada de mediadores de poder que se conheciam há muito e muito bem, confrontados não por uma única crise, mas por uma torrente delas, e a quem faltava muito com relação ao apoio popular ou a um programa desenvolvido, o novo regime não é reminiscente senão daquele dos Naguibs, Barzagans e Kerenskys do mundo: ocupantes de cargos governamentais distraídos, sabotadores, mais ou menos bem-intencionados, em um processo histórico se preparando para atropelá-los. Wahid, ou seu governo, pode se mostrar menos evanescente do que o deles, mais consequente, ou mesmo mais capaz de defender seus interesses. Essa é ao menos uma perspectiva à medida que ainda podemos falar de Wahid como tendo na verdade um governo, como oposto a apenas um papel (somente alguns dos membros de seu gabinete são escolhas suas; a maior parte é o resultado do que ele próprio chamou "leilão de gado" entre os políticos que o colocaram no poder). Está claro por agora que apostar contra Gus Dur é um pouco arriscado. Mas ele tem, para dizer de um modo gentil, muito a fazer, e não conta muito mais do que com seu engenho e, dizem alguns, suas conexões sobrenaturais para fazer isso.

Os problemas diante dele são diversos e urgentes, e clamam por uma atenção imediata antes que alcancem, juntos ou separadamente, um ponto sem volta. Eles não podem ser listados como itens para uma agenda, porque não há como colocá-los numa sequência lógica de importância e prioridade. Mas caem, mais ou menos, em três categorias amplas. Primeiro (mas não, como negociantes estrangeiros ansiosos para retomar os negócios no exterior tendem a assumir, necessariamente mais importante), existe a necessidade de reacender a versão local da economia transnacional que, entre 1977 e 1997, agregou cerca de U$ 400 bilhões ao PIB, tornou algumas pessoas ricas e um bom número classe média, e transformou Jacarta, onde mais de 70% da atividade estava concentrada, numa floresta grandiloquente de arranha-céus.

Segundo, existe a necessidade de refrear e reprofissionalizar o exército, interromper e reverter a vasta expansão das funções e poderes legítimos, ilegítimos e completamente criminosos, que ele atingiu, primeiro sob o governo de Sukarno, que o levou ao mundo da gestão comercial quando despachou os holandeses e confiscou suas propriedades, depois sob o governo de Suharto, que o ajustou a um furtivo paragoverno estendendo a mão da violência aos menores e mais distantes cantos da sociedade civil. E, terceiro, existe a necessidade de responder a um enorme aumento no poder das forças regionais, étnicas, raciais e religiosas, a maioria delas não inteiramente novas, unificadas ou claras em seus objetivos, mas todas recém-estimuladas com suas possibilidades de desenvolvimento, agora que o domínio de Jacarta enfraqueceu e ameaça desmembrar o país e transformá-lo num pesadelo balcânico.

Quando tentamos resumir a crise indonésia desse modo composto e múltiplo, sua característica mais surpreendente – aquela que faz o que acontece lá parecer tão amplamente instrutivo – é que o imediato e o fundamental estão completamente entrelaçados. A superfície inquieta – as demonstrações de rua, os assassinatos regionais – repousa muito próximo à base estabelecida – a divisão religiosa muçulmano/cristão, a supremacia política de Java e dos javaneses. Os temas mais prementes são ao mesmo tempo os de maior envergadura. Soluções rápidas, como a realocação da arrecadação entre as regiões, e mudanças duradouras estão tão firmemente vinculadas que ajustes transitórios – uma mudança das fronteiras provinciais, a dissolução de um departamento governamental – têm ressonância geral e duradoura. Não existem pequenas políticas. Táticas são estratégias, consertar é planejar, reparar é reformar, e por mais *ad hoc* e pragmáticas que as ações particulares possam parecer (e as de Gus Dur são ambas, além de grotescas, misteriosas, improvisadas e imprevisíveis), são respostas a um pouco mais do que à fragilidade da rúpia, à estrutura de comando do exército ou à estabilidade das províncias externas.

Qualquer que seja o destino do que alguns entusiastas já estão chamando "a revolução de Wahid" e outros, menos encantados, "que-diabos-ismo" (*biarin-ismo*, para os conhecedores), o caminho pelo qual ele chega lá, e o que acontece a esse caminho durante o percurso, deverá nos dizer bastante sobre o que pode e o que não pode acontecer, e não apenas na Indonésia ou no mundo pós-heroico, pós-colonial, mas na "civilização global" dispersa, sem fronteiras, McDonaldizada e conectada à rede, supostamente em formação.

Quanto à reativação da economia de mercado neoliberal – se isso, em meio à corrupção, ao desperdício e ao mau uso imaginativo dos recursos, é o que estava em primeiro lugar – mesmo as soluções rápidas e os ajustes transitórios estão apenas mal e mal começando. A recuperação relativamente rápida que os "tigres" menores, Tailândia, Malásia, Hong-Kong e a Coreia do Sul, experienciaram ainda tem de ocorrer na Indonésia, que é, sem dúvida, a maior entre eles. O desemprego está aumentando, a produção está achatada, e há poucos sinais de um retorno do capital ou dos capitalistas evadidos de onde quer que ele, ou eles, possam agora estar descansando, escondendo-se ou começando uma nova vida.

Mas os temas profundos que qualquer movimento em direção à recuperação, embora hesitante e pequeno, imediatamente revela já são – menos de duzentos dias no mandato de Gus Dur – objetos de acalorados conflitos políticos sobre o lado que cada um escolhe. Cada reforma de gabinete, ou o rumor de alguma, cada recalibração do orçamento, por mais modesta, cada proposta política, mesmo a mais técnica ou circunstancial – permitir uma concorrência estrangeira em uma companhia desapropriada pelo Estado, mudar o controle ministerial devido a um banco falido, remover um negociante da era Suharto de seu negócio da era Suharto, renovar um contrato contínuo com uma companhia mineradora americana – provoca um debate esópico ruidoso que apenas parece ser sobre o tema em questão. A divisão real é sobre uma questão fundamental profunda e não resolvida, e possivelmente não resolvível: Quão aberta, quão sem fronteiras, quão transnacional queremos realmente uma economia? Quão "globais", quão "desenvolvidos", quão "racionais em termos de mercado" podemos, devemos, ousaremos ser?

Isso pode parecer nada mais do que a oposição familiar entre aqueles que veem a transparência, o comércio e a liberdade de mercado como o começo, o meio e o fim de tudo, e aqueles que desejam substituir o que Sukarno cinquenta anos atrás chamou (um pouco antes de demoli-lo, e com ele as eleições) "liberalismo luta livre" com políticas mais sensíveis à consciência cultural e ao sentimento nacional. Mas, embora livre-comércio e protecionismo, vantagem comparativa e substituições de importações, capital estrangeiro e propriedade nacional permaneçam os polos entre quais os argumentos e acusações se movem, a experiência dos últimos trinta anos mudou a percepção do que está em jogo no debate.

Conhecendo, agora, as alegrias e custos da extravagante expansão de mercado e os sofrimentos e subprodutos do extravagante colapso do mercado, as elites indonésias, assim como boa parte da população, estão preocupadas menos com tentar isolar o país de tempestades de capitalismo "alto", "tardio", "global", "sem freios nem limites" ou "avançado", do que com capacitá-lo a sobreviver e se mover adiante a despeito deles.

Não existe, como se diz, outra opção a oferecer senão a de conectar a economia nacional ao mundo FMI-OMC-Davos que está sendo formado nos bancos e salas de reuniões de Nova York, Tóquio, Frankfurt, Londres, Paris e Genebra.

O truque, se existe um, é de algum modo superar o (e talvez mesmo de algum modo se beneficiar do) que ninguém menos neoliberal do que Paul Volcker chamou o inevitável descarrilamento que ocorre quando fluxos de capitais grandes, não regulados e em alta velocidade colidem com economias nacionais fracas e abaladas[3]. O nacionalismo econômico ainda vive na Indonésia, assim como os "valores asiáticos", e existem inclusive algumas relíquias da teoria conhecida antigamente como marxismo circulando. Mas suas promessas de fortalecimento, autenticidade, justiça e refúgio moral, ainda ontem tão sedutoras, soam cada vez mais vazias.

A mesma figura geral, a persistência das ameaças familiares e da inadequação dos remédios familiares, aparece nos outros temas de preocupação imediata: o papel do exército e a integridade do Estado. Com relação ao exército, o problema é bastante simples na superfície – especificar sua função e confiná-lo a ela. Mas, após três décadas, durante as quais a capacidade política local – a simples habilidade de administrar seus próprios assuntos por meio de suas próprias instituições – desapareceu em face do controle militar opressivo e predominante, isso não é fácil de fazer. Os soldados estão firmemente estabelecidos, e, ao menos em muitos lugares, removê-los removeria igualmente qualquer resquício de uma presença nacional e de uma ordem coercitiva; e eles possuem, de qualquer modo, como o Timor Leste demonstrou, muito pouca disposição para aceitar restrições.

Com relação à integridade do estado, o chamado para a unidade nacional em nome de um ideal compartilhado parece ser um bem perecível. O que quer que venha a manter o lugar unido, diante dos movimentos da população, instabilidades regionais e suspeitas étnicas – se é que alguma coisa vai –, não será estabelecido por uma percepção arraigada de identidade comum e missão histórica, ou pela hegemonia religiosa do "Estado islâmico". Será algo muito menos consistente, caprichoso e descentrado – arquipelágico. Em qualquer direção que Gus Dur olhe com seu olho bom, parece nada haver a fazer senão se manter aí,

---

3. Volcker, o ex-chefe do Federal Reserve, é citado de uma videoconferência sobre "Arquitetura financeira internacional", em *The Calendar and Chronicle* – Council on Foreign Relations, mar./2000, p. 4: "Passei minha vida preocupado com [supervisão, padrões de capital bancário, divulgação de informações e gerenciamento de riscos] e... nada disso vai impedir uma crise financeira internacional. [...] Grandes e voláteis fluxos de capitais estão esbarrando em sistemas financeiros... pequenos, subdesenvolvidos, o que é uma receita para um desastre na atual estrutura internacional". Como um banqueiro de investimentos, Volcker pode ser acusado de ter uma tendência ao pessimismo; mas, na mesma conferência, a ex-chefe do otimista Conselho de Conselheiros Econômicos de Clinton, Laura D'Andrea Tyson, é apenas marginalmente mais otimista: "O objetivo não é eliminar crises financeiras. A questão é, podemos reduzir sua intensidade e número? [...] eu acho que você pode reduzir a vulnerabilidade tendo quadros regulatórios melhores, quadros contábeis melhores e maior transparência". Uma vez que não há sinal no horizonte de "quadros regulatórios melhores", ou na verdade de qualquer mudança séria na "estrutura internacional atual", exceto talvez para torná-la ainda mais instável pela debilitação das poucas instituições que buscam gerenciá-la, isso é um consolo muito fraco.

tentar algo, relaxar, esperar pelo melhor e, acima de tudo, continuar em movimento. Totalmente volátil, ligeiro, engenhoso, e alegremente inconsciente, ou indiferente, de que sua posição é impossível, ele parece feito para o momento, por mais – poderia ser dias ou anos – que o momento dure.

12 de abril de 2000.

2001

Sobre a devastação da Amazônia*

"Essa é a faca para Exploração e Sobrevivência Brewer", disse Charlie... "lâmina de aço inoxidável de 6 1/4 polegadas, dureza Rockwell 56-58; serra de 2 3/4 polegadas se estendendo do cabo até a ponta, na face esquerda um clinômetro de 180 graus para calcular a altura das montanhas; na face direita, instruções para cinco sinais terra-ar. [...] [Ela] se converte... em cortador de arames... Ela também pode se transformar em um arpão [e sustenta] seis anzóis, [...] linha de pesca de náilon, duas chumbadas, uma boia, uma lâmina Exacto, duas agulhas de costura, três fósforos, uma vareta de sílex e uma agulha de sutura com material de sutura em anexo. Ela é feita por Marto de Toledo e importada para os Estados Unidos por Gutman por U$150. Mas você e Simon podem ter uma. Ela é boa para esfolar jacarés. E, quando os ianomâmis atacarem, vocês poderão costurar os buracos de flechas um do outro".

"Os ianomâmis?"

"Sim. O povo mais violento sobre a Terra. Alguns antropólogos acreditam que eles foram os primeiros a chegarem à América do Sul a partir do Norte. Eles têm pele muito clara e, ocasionalmente, olhes verdes. Eles são o maior grupo intocado de índios que restam na floresta tropical. Os outros índios morrem de medo deles. Meu amigo Napoleon Chagnon intitulou seu livro sobre eles de *O povo feroz* – vou lhe dar uma cópia, e o de Jacques Lizot também, *Histórias dos ianomâmis*. É tudo perfeitamente compreensível – eles cultivam algumas plantagens, mas são basicamente caçadores-coletores e não há muita comida nessas florestas. Assim, quando as coisas vão mal eles matam as meninas recém-nascidas; assim, nunca tem mulheres o suficiente por lá; e isso os leva a brigarem por elas. Dentro da tribo, em duelos formalizados, eles batem acima da

---

* Publicado originalmente como "Life among the Anthros". *New York Review of Books*, 48, n. 2, 08/02/2001. O livro em discussão aqui é o seguinte: *Darkness in El Dorado: How Scientists and Journalists Devastated the Amazon*, de Patrick Tierney.

cabeça um do outro com bastões de três metros. Fora da tribo eles invadem os assentamentos uns dos outros em busca de mulheres e matam os homens inimigos com flechas de 1,80cm com as pontas envenenadas com curare. E, além de tudo isso, eles não possuem qualquer conceito natural de morte, de modo que se alguém morre de febre é o resultado de feitiçaria feita por um inimigo xamã. Cada morte deve ser vingada."

Fiquei ali, segurando, estupidamente, a enorme faca Brewer Explorer.

"E ainda tem mais?" Eu disse, abalado.

"Eles estão se matando", disse Charlie, "*neste momento*".

Redmond O'Hanlon[1]

Os antropólogos deixaram uma marca indelével sobre os ianomâmis. De fato, a palavra *antro** entrou no vocabulário dos índios, e não é um termo de ternura. Para os índios, *antro* passou a significar algo como o oposto de seu significado grego original, "humano". Os ianomâmis consideram um *antro* um não humano com tendências profundamente perturbadas e excentricidades selvagens – um Olimpo melancólico.

Patrick Tierney[2]

Nossa terra, nossa floresta somente desaparecerá se os brancos a destruírem. Então, os riachos evanescerão, a terra se tornará árida, as árvores secarão, e as pedras das montanhas se partirão com o calor. Os espíritos xapiripes que vivem nas montanhas e brincam na floresta fugirão. Seus pais, os xamãs, não serão mais capazes de invocá-los para nos protegerem. A terra da floresta se tornará seca e vazia. Os xamãs não serão mais capazes de deter as epidemias de fumaça e os entes maus que nos fazem adoecer. Todos, portanto, morrerão.

Davi Kopenawa Ianomâmi[3]

---

1. *In Trouble Again*: A Journey Between the Orinoco and the Amazon. Atlantic Monthly Press, 1988, p. 17-18. Itálicos no original.

* No original, em inglês, "*anthro(s)*"; forma abreviada de "*anthropologist(s)*", utilizada, informalmente, no meio acadêmico, para se referir aos antropólogos, assim como "*socio(s)*" *(sociologist(s))* aos sociólogos etc. [N.T.].

2. *Darkness in El Dorado*, p. 14.

3. In: ANDUJAR, C. *Yanomami*. Curitiba, 2000. Esse é um ótimo livro sobre as fotografias de arte dos ianomâmis, com uma breve descrição etnográfica deles feita pelo antropólogo francês Bruce

A tribo ianomâmi na floresta tropical [da Amazônia] sempre se preocupou em perder seu céspede. Mas essa batalha nunca envolveu uma incursão ciberespacial. A tribo está contestando uma mulher da Flórida que reivindicou o nome Yanomami.com e está oferecendo para a venda os direitos a ele por U$ 25,000. "O nome ianomâmi não está à venda", escreveu o líder da tribo ianomâmi Davi Kopenawa em resposta. Em uma prática cada vez mais comum conhecida como "ciberocupação", a mulher registrou o endereço World Wide Web após ouvir de um próximo filme de Hollywood sobre a tribo.

Newsday[4]

I

Estamos entrando, dizem, numa era sem peso, sem atrito, à velocidade da luz, na qual seremos apenas nós de endereços em um fluxo interminável de pacotes de informação, acelerando os manipuladores de mensagens continuamente atacados por todas as direções. Com relação à vida erudita, isso ainda é mais espectral do que a realidade; promessas (ou ameaças) de livros eletrônicos e teses de doutorado descarregáveis e caixas de correio eletrônico abarrotadas à parte, a comunicação ainda continua em um ritmo mais ou menos humano, de um modo mais ou menos político. Contudo, a julgar pela nevasca on-line de carga e contracarga que acompanhou o mero rumor da denúncia mordaz de Patrick Tierney sobre a prática antropológica na Amazônia venezuelana, *Darkness in El Dorado* (*Escuridão no eldorado*), talvez não continue assim por muito tempo. Esses costumes acadêmicos estabelecidos como investigar livros antes de analisá-los, editar os rascunhos antes de publicá-los e disfarçar a polêmica constante em discussões sucessivas podem muito bem estar desaparecendo – runas e relíquias de uma época menos apressada. Velocidade e volume.

A primeira notícia de que a denúncia polêmica de Patrick Tierney estava a caminho veio sob a forma de um e-mail exaltado de seis páginas, em espaço simples enviado para "o Presidente e ao Presidente eleito" da Associação Antropológica Americana, algumas semanas antes que o livro fosse programado para aparecer (e alguns meses antes que de fato conseguisse aparecer), por dois famosos especialistas em Amazônia e ativistas de direitos humanos, Terence Turner, professor de antropologia na Cornell, e Leslie Sponsel, professor de antropologia da Universidade do Havaí, Manoa[5].

Albert e reflexões pessoais de Andujar, do fotógrafo e de Davi Kopenawa Ianomâmi, um porta-voz importante para o povo ianomâmi.

4. 15/10/2000.

5. Turner liderou uma prévia Comissão Especial da Associação Antropológica Americana para Investigar a Situação dos Ianomâmis Brasileiros, em 1990-1991. Sponsel foi presidente do Comitê da

"Escrevemos", disseram, "para lhes informar de um escândalo iminente que afetará a profissão antropológica americana como um todo aos olhos do público e provocará intensa indignação e apelos por ação entre os membros da Associação". Eles obtiveram cópias da prova tipográfica de um livro escrito por "um jornalista investigativo" descrevendo "as ações de antropólogos e pesquisadores científicos associados... entre os ianomâmis da Venezuela ao longo dos últimos trinta e cinco anos" – ações "que na [sua] escala, ramificações e completa criminalidade e corrupção [são] sem paralelo na história da Antropologia". Como a AAA, programada para se reunir em 60 dias para seu encontro anual, "será solicitada pela mídia geral e por seus próprios membros a se pronunciar coletivamente sobre os problemas que [o livro] levanta, assim como ações reparatórias adequadas. [...] Quanto mais cedo vocês [como presidentes da Associação] souberem da história que está prestes a ser revelada, melhor preparados vocês estarão para lidar com ela".

"O foco do escândalo" que o livro expõe, eles prosseguem, é o projeto de longo prazo para o estudo dos ianomâmis, patrocinado pela Comissão de Energia Atômica como parte de seu esforço pós-Hiroshima para determinar os efeitos da radiação nos humanos, e organizado em meados dos anos de 1960 "por James Neel, o geneticista humano, do qual Napoleon Chagnon, Timothy Asch e vários outros antropólogos tomaram parte". Tierney "apresenta evidência convincente" de que Neel (que dirigiu os estudos de radiação no Japão após a guerra) e Chagnon (provavelmente o mais proeminente, e certamente o mais controverso, pesquisador dos ianomâmis) "exacerbou enormemente e provavelmente iniciou a epidemia de sarampo que matou 'centenas, talvez milhares'... de ianomâmis" em 1968 ao inoculá-los com uma vacina de vírus vivo, obsoleta e "contraindicada", recusando-se, depois, "a fornecer qualquer assistência médica aos ianomâmis doentes e moribundos, por ordem explícita de Neel", que, ansioso para testar suas "teorias eugênicas extremas" em uma sociedade humana "natural" e "intocada", "insistiu com seus colegas que eles fossem lá apenas para observar e registrar a epidemia, [...] não [para] providenciar auxílio médico".

Além disso, dizem que Chagnon, com Asch, um cineasta etnográfico, que trabalhou com ele cerca de dez anos antes que rompessem em amargura e re-

---

Associação para os Direitos Humanos de 1992 a 1996. Até o momento, não existem convenções aceitas para citação de comunicações da internet, que muitas vezes possuem longas e indiretas, nem sempre recuperáveis, rotas de transmissão, hiperlink sobre hiperlink, antes de chegar à tela de alguém. (Fonte de referência precisa pode ser uma outra tradição antiga saindo de moda.) Não tentei fornecer endereços relevantes para minhas citações online: elas tendem a ser longas e crípticas, assim como, com frequência, fugazes e passageiras como aparições eletrônicas, quando você busca novamente por elas. Mantive uma lista delas, que posso postar na rede (!) caso se torne necessário. Um índex extenso, mas dado o volume de tráfego, necessariamente incompleto de "cerca de 300 *links*" (o número real é provavelmente próximo de mil ou dois mil por agora) relevantes para o debate podem ser encontrados em www.anth.uconn.edu/gradstudents/dhume/index4.htm

criminações, encenaram "guerras" artificiais entre as aldeias para propósitos documentais, lutas falsas que muitas vezes terminavam em batalhas reais, com derramamento real de sangue. Com Neel, ele conspirou com "políticos sinistros venezuelanos para obter o controle das terras ianomâmis para concessões ilegais para mineração de ouro". E, sozinho, ele, alegadamente, alterou e realterou seus dados, grande parte de fato tão inventada como seus filmes, para apoiar sua concepção sociobiológica "neo-hobbesiana" da vida ianomâmi como brutal, violenta e congenitamente sanguinária:

> Essa história aterrorizante – um coração antropológico real de escuridão para além da imaginação mesmo de um Josef [sic] Conrad (embora não, talvez, de um Josef Mengele). [...] Este livro deverá abalar os próprios fundamentos da antropologia. [...] [Ele] será visto (corretamente, a nosso ver) pelo público, assim como pela maioria dos antropólogos, como colocando toda disciplina sob julgamento, [e] deveria levar o campo a compreender como os protagonistas corruptos e depravados puderam espalhar seu veneno por tão longo tempo, enquanto eram agraciados com grande respeito por todo o Mundo Ocidental e gerações de graduandos recebiam suas mentiras como a substância introdutória da antropologia.

E se tudo isso não concentrou suficientemente as mentes dos presidentes: "Tanto como uma indicação como um vetor de seu impacto público, ficamos sabendo que a revista *The New Yorker* está planejando publicar um extenso excerto, programado para coincidir com a publicação do livro em ou por volta de 1º de outubro".

Embora Turner e Sponsel mais tarde tivessem alegado, muito implausivelmente, que sua carta havia sido um memorando confidencial que não visava à circulação geral, quando a postaram eletronicamente, eles a tornaram imediatamente disponível a praticamente qualquer um no âmbito de seu comando "encaminhar", e o alarido de protesto, ultraje, regozijo e *Schadenfreude* foi vasto e praticamente instantâneo. Ele se lançou rapidamente através da mídia por trás de títulos gritantes: ANTROPOLOGIA MACHISTA (*Salon*), A ANTROPOLOGIA ENTRA NA ERA DO CANIBALISMO (*The New York Times*), ANTROPÓLOGOS LOUCOS (*The Nation*), OS DANOS DAS INCORREÇÕES ANTROPOLÓGICAS (*The National Review*), A ANTROPOLOGIA É MÁ? (*Slate*), IANOMÂMIS: O QUE FIZEMOS COM ELES? (*Time*); "CIENTISTA" MATOU ÍNDIOS AMAZÔNICOS PARA TESTAR TEORIA RACIAL (*The Guardian*). O *The Chronicle of Higher Education, Science, US News, USA Today*, UPI, AP, o *Los Angeles Times Magazine* e a *Reuters*, assim como a *Forbes*, publicaram artigos de destaque sobre o tema, "a ferramenta capitalista", que estenderam suas atenções para além da antropologia – "uma mentalidade ansiando por causas ativistas" – em direção da sociologia e também da psicologia: "As pessoas se tornam sociólogos porque odeiam a sociedade, e se tornam psicólogos porque odeiam a si mesmas".

Além da mídia, uma variedade de instituições interessadas, comentadores e sociedades de protesto lançaram uma batelada de questões em uma direção ou outra. A Universidade de Michigan, onde Neel havia lecionado por quase cinquenta anos (ele morreu em fevereiro de 2000, com oitenta e quatro anos, repleto de praticamente todo tipo de honra, exceto, inexplicavelmente, o Prêmio Nobel), entrou com uma "investigação" de vinte páginas *on line*, acusando Tierney de perseguir uma "agenda anticiência". Um time de "psicólogos evolucionários" (ou seja, sociobiologistas) da Universidade da Califórnia, Santa Bárbara, da qual Chagnon havia recentemente se aposentado, postou um relatório "preliminar" de setenta páginas, *A grande mentira*, chamando as alegações de Tierney de ignorantes, maliciosas, risíveis e "deliberadamente fraudulentas". Bruce Alberts, o presidente da Academia Nacional de Ciências, e amigo de longa data de Neel, ponderou com uma afirmação atacando Tierney por prestar "um grave desserviço a um grande cientista e à própria ciência".

O Dr. Samuel Katz, codesenvolvedor da vacina contra sarampo que Neel havia utilizado, postou um e-mail aberto para ser mostrado "em qualquer lugar ou forma onde... possa ser útil em impedir o assassinato póstumo de Jim Neel", dizendo que a vacina não era "virulenta", não podia provocar o sarampo e nunca havia provocado em milhões de aplicações. (Terence Turner, que disse ter encontrado tempo agora para consultar seu próprio especialista, igualmente, talvez, para recuperar seu fôlego, retirou a parte da acusação que dizia: "exacerbou enormemente e provavelmente iniciou a epidemia", e se desculpou com Katz – "agora que tive a chance de pesquisar o tema por mim mesmo, estou completamente de acordo com você.") Os colegas cineastas de Asch correram para negar que ele alguma vez tivesse encenado qualquer coisa, na Amazônia ou em outro lugar. (Ele, também, havia morrido – em 1994, de câncer – sugerindo, próximo ao fim, que seus filmes ianomâmis eram enganosos e deveriam ser tirados de circulação.)

Com a publicação do "excerto estendido" no *The New Yorker*, um ataque exaltado a ele e à revista por publicá-lo – postado na *Slate* por John Tooby, o principal autor de "Big Lie" – e uma resposta incisiva a isso dada pelos editores do *The New Yorker*, também na *Slate*, a batalha estava muito bem-unificada[6]. Coube somente à Associação Antropológica Americana se expressar de algum modo, e sua resposta veio, com uma falta de clareza brutal e uma boa quantidade de segundas intenções, em seu encontro em São Francisco, em meados de novembro.

---

6. Cf. TIERNEY, P. "The Fierce Anthropologist". *The New Yorker*, 09/10/2000, p. 50-61. • TOOBY, J. "Jungle Fever". *Slate*, 24/10/2000; 16:00, horário do Pacífico. • "The New Yorker Replies". *Slate*, 27/10/2000; 16:45, horário do Pacífico. Em uma publicação separada, "The Muddied Waters of Amazon Anthropology", os editores do *New Yorker* disseram que Chagnon concordara originalmente em ser entrevistado em conexão com o fragmento de Tierney, e depois recuou, ameaçando processá-los. Para tudo isso, cf. *Inside Media*, uma outra revista online, 03/10/2000; 18:54, horário do Pacífico.

Duas sessões plenárias, ambas abarrotadas por centenas de antropólogos, jornalistas, professores visitantes, e, sendo na Califórnia, agitadores de passagem, foram conduzidas em duas noites sucessivas. A primeira consistiu de um painel de sete membros de especialistas – um epidemiologista, um imunologista, um especialista em ética médica, um antigo aluno do laboratório de Neel e agora um "investigador científico" no Brasil, a chefe do Escritório para Assuntos Indígenas da Venezuela, ela própria uma índia waru, um defensor designado de Chagnon (o próprio Chagnon, escondido no norte de Michigan, considerando opções, recusou-se a comparecer ao que chamou "um frenesi alimentar no qual eu sou a isca"), e, no final da mesa, parecendo abstrato e imparcial, ou talvez apenas atônito, por quase três horas de ataque ininterrupto, Patrick Tierney.

Um após o outro, cada um dos outros painelistas – salvo a indígena, que comentou a ausência das vozes nativas na discussão e exigiu a participação ianomâmi em qualquer questionamento futuro – declarou as acusações de Tierney sobre a epidemia induzida pelas vacinas falsas e difamadoras e sua "abordagem anticiência" uma ameaça aos programas de assistência médica ao redor do mundo, após o que Tierney disse moderadamente que ele não era contra a vacinação nem a ciência, que ele compreendia que havia escrito um "livro tormentoso" com o qual muitas pessoas achariam difícil concordar, e que ele esperava que o povo de Santa Bárbara e de Michigan fizessem com o trabalho de Chagnon um exame tão cuidadoso quanto fizeram com o dele, e, talvez, sentindo-se um pouco a minoria, parou por aí. A próxima sessão da noite, na qual cerca de trinta pessoas, incluindo Turner e Sponsel (mas não Tierney, que partiu para o circuito de entrevistas de Berkeley a Boston), falaram por cinco minutos cada uma, foi – uma vez que quase ninguém havia lido o livro que somente naquele dia havia sido finalmente publicado – dificilmente mais esclarecedora. No fim, o presidente e o presidente eleito fizeram o que usualmente essas pessoas fazem nessas circunstâncias: pediram que um presidente anterior liderasse uma comissão para examinar a questão de se um comitê oficial de investigação deveria ser formado[7].

---

7. E a música continua: Tierney, tendo talvez recuperado o fôlego também, publicou recentemente (03/12/2000), através de seus editores, W.W. Norton, uma resposta às críticas de John Tooby e Bruce Alberts. Tooby, ele diz, "não é um observador neutro", mas presidente da Sociedade da Evolução e do Comportamento Humano, da qual Chagnon foi presidente antes dele, e "codiretor da Universidade da Califórnia no Departamento de Antropologia de Santa Bárbara", que fundou parte do trabalho ianomâmi. Tierney diz que Tooby ("que estava tentando impedir a publicação e a justa análise de [meu] livro") combina seu trabalho com o e-mail Sponsel-Turner, onde as acusações contra Neel e Chagnon são diferentes e menos cuidadosas do que as suas, e lista dez exemplos de "erros" e "deturpações" no fragmento de Tooby para a *Slate*. Contra Alberts (cuja declaração para a imprensa parece, de fato, ter sido mais uma resposta pessoal do que uma declaração oficialmente deliberada da Academia), ele admite alguns erros menores, mas nega uma vez mais que tenha acusado Neel de propositadamente começar a epidemia de sarampo; ele simplesmente criticou suas atividades uma vez que o surto começou. Ele também acusou Alberts de distorcer vários de seus

II

A obra de Tierney – três partes, dezoito capítulos, 398 fontes, 1.599 notas de rodapé –, que deve ser o único trabalho a ter sido indicado para um importante prêmio literário (o Prêmio Nacional do Livro de não ficção) – embora seu autor, tendo retirado as provas tipográficas de circulação, ainda estivesse rapidamente revisando-as para rebater ataques já publicados – está, seja como for, repleta de valores de produção. Uma série de seções frouxamente vinculadas – "Encontros selvagens", "Epidemia", "Índios atômicos", "As Guerras Napoleônicas", "Jardins da fome, cães de guerra", "Assassinar e multiplicar" –, o livro conta sua história, exceto por um pouco de excursões estatísticas e discussões metodológicas, predominantemente através de ambiente, personagem e incidente dramático.

Um aventureiro político venezuelano, ambientalista, e minerador (e o inventor daquela "faca de sobrevivência do explorador") salta de paraquedas na selva para separar dois antropólogos franceses decididos, por alguma razão, a matar um ao outro. A amante do presidente da Venezuela, "vestida de branco", calçando "botas enormes e um imenso chapéu branco", helicópteros sobre o país dos índios, transportando jornalistas americanos, agentes de viagens e outras celebridades em busca das "aldeias virgens" e dos "primitivos autênticos". Chagnon, sem suas ceroulas, decorado com penas, dançando e cantando, e completamente drogado com alucinógenos locais, quebra flechas sobre sua cabeça enquanto ritualmente "mata" um aterrorizado menino. Há haréns homossexuais, massacres em campos de ouro, histórias cativantes, xamãs que se alimentam de almas, invasões de guerrilhas, quatro tipos de missionários e a agonia de morte de uma índia e seu recém-nascido impassivamente filmados por uma equipe de televisão britânica. E tudo isso impulsionado por locuções autorais furiosas – oraculares, condenatórias, abrangentes e implacáveis:

> No fim, os ianomâmis concluíram que Chagnon estava simplesmente determinado a explorá-los. Ele queria o controle completo sobre os filmes, o sangue e o orçamento, e pretendia dar-lhes somente migalhas de sua rica mesa. O homem que outrora incorporara os assustadores Espíritos do Abutre agora pousava seu helicóptero em meio às [aldeias indígenas] na companhia de importantes [mineradores de ouro] da Venezuela.

---

argumentos e observações. "O ataque [In: *Darkness in El Dorado*] à republicação não foi menos que extraordinário, mas não surpreendente, dado os riscos na controvérsia... [que] foi prolongada para fazer [o livro] parecer um livro somente sobre uma vacina contra o sarampo e... a epidemia na Amazônia... [quando é na verdade] um trabalho com um tema amplo e abrangente." O texto da decisão do Quadro Executivo da Associação Antropológica Americana que seguiu ao encontros de novembro, que promete algum tipo de decisão em fevereiro, pode agora ser encontrado no web site da Associação, www.ameranthassn.org/press/eldorado.htm

Tristemente, [Neel] levou suas crenças e seus experimentos com ele para a floresta tropical. [Ele] e seus discípulos eugênicos imbuídos da natureza impessoal da evolução com um ânimo pessoal: a seleção natural se tornou egoísta, assassina, cruel e enganadora. Médicos treinados pela CEA [Comissão de Energia Atômica] deram aos ianomâmis um rastreador radioativo e uma vacina que era potencialmente fatal para pessoas com imunidade comprometida. Os cientistas continuaram filmando e coletando sangue em meio às epidemias. Esses bravos homens deram uma longa caminhada no lado negro, mas no brilho artificial do marco zero, eles não poderiam ver quaisquer sombras.

A tentativa [de Chagnon] de retratar os ianomâmis como arquétipos de ferocidade seria patética não fosse por suas consequências políticas – devido às fabulosas distorções que esse mito perpetuou na biologia, na antropologia e na cultura popular. [...] Assim como as crenças de [Margaret] Mead sobre a liberdade sexual e a educação das crianças foram introduzidas nos debates de políticas públicas, os ferozes ianomâmis de Chagnon se tornaram a prova, para alguns cientistas sociais, de que a competição impiedosa e a seleção sexual não podem ser legisladas a distância por benfeitores idealistas. Os ianomâmis são os guerreiros da Guerra Fria que nunca entraram no frio.

Acusações sólidas exigem evidência sólida, ou, se isso não é possível, ao menos uma enorme quantidade dela. A abordagem de Tierney para reunir uma quantidade assim – um projeto, segundo ele, que levou onze anos, grande parte dele *in situ*, mapeando itinerários, entrevistando índios e lendo relatos de postos missionários – foi rastrear, incansavelmente e com grande engenhosidade, as coisas obscuras e complicadas feitas por seus dois principais suspeitos, Neel e Chagnon, entre 1966, quando o primeiro, com projeto em mãos, chegou pela primeira vez ao Orinoco, em 1995, quando, por fim definitivamente *non grata* (ele havia sido expulso ao menos duas vezes antes), o segundo finalmente havia partido. O resultado é desigual, em muitos lugares vago ou insubstancial, e, em alguns, é, como os críticos o acusaram, simplesmente injusto – antecipações ideologizadas. Mas, à medida que as ocorrências se acumulam e suas implicações se tornam claras, tudo isso, de um modo um tanto estranho, começa a fazer sentido. O que quer que tenha provocado a epidemia de sarampo (e esse tema, deve ser dito, desempenha um papel muito menos proeminente no livro do que na discussão sobre o livro), está claramente justificado, embora toscamente, que algo estava seriamente errado na relação entre esses *soi-disant* "cientistas" – confiantes e determinados com suas câmeras, ampolas, seringas e cadernos – e os "nativos" explorados, acossados e estarrecidos a quem recorriam em busca de fatos que os preenchessem – algo em seu encontro estava profunda e mutuamente mal-entendido.

"Por que [esses *antros*] querem tanto nos estudar?", um índio que os havia observado trabalhando por trinta anos e lembrava de ter corrido gritando floresta adentro na primeira vez que chegaram, e quis muito que eles tivessem ficado lá, perguntou queixosamente: "[Eles]" têm um cérebro; os ianomâmis têm um cérebro. [Eles] têm dois olhos; os ianomâmis têm dois olhos. [Eles] têm dez dedos; os ianomâmis têm dez dedos. Por que eles têm tanto interesse em nos estudar?"

O problema não foi apenas as milhares de amostras de sangue e urina, os misteriosos rastreadores de iodo radioativo, ou os medicamentos e inoculações mal-explicados, que pareciam mais acompanhamentos da doença do que curas para ela. Também não foi apenas a prática dos visitantes de recolherem histórias reprodutivas que exigiam a revelação de nomes pessoais, um tema tão profundamente proibido e emocionalmente perturbador aos índios que, em certo momento, quase matou Chagnon, que era inflexível nesse assunto. Nem foi ainda a séria tabulação dos assassinatos, assassinos e vítimas, a provocação do confronto entre famílias rivais e chefes tribais concorrentes com o propósito de filmá-los, ou o suborno de membros da tribo com facões e machados de aço, ocasionalmente inclusive espingardas de caça – todas intervenções altamente desestabilizadoras em uma cultura aldeã de madeira e barro. Não foi sequer o plano grandioso (felizmente abortado quando o presidente da Venezuela foi deposto e sua maravilhosa amante fugiu do país) de Neel, Chagnon e de seus aliados em busca de ouro, caçadores de turistas, de "transformar a terra natal dos ianomâmis na maior reserva privada do mundo", uma "biosfera" e uma estação de pesquisa de cerca de 97.000km^2 administrada por eles. O problema era que os *antros* (e os *médicos*), reducionistas até à medula, conceberam o objeto de seu estudo não como um povo, mas como uma população. Os ianomâmis, que na verdade possuíam os requisitos de cérebros, olhos e dedos, eram um grupo de controle em uma investigação centrada em outro lugar.

Neel, que na verdade possuía o tipo de concepção romântica sobre os índios, que as pessoas que não tinham muito a ver com eles antes de vê-los comumente possuem – bravos, viris diretos, coloridos e incorruptíveis pelos apetites civilizados –, entrou com a hipótese ianomâmi em mãos. Como a coisa mais próxima a uma comunidade humana "intocada", "não aculturada", "natural" ainda existente, um último representante vivo de nossa condição ancestral, as forças fundamentais conduzindo a evolução humana deveriam ser, ele pensava, mais prontamente discerníveis entre eles do que entre as populações modernas, onde instituições disgênicas – como o declínio na mortalidade infantil, os tratamentos médicos para idosos, defeituosos e deficientes, os deferimentos para os privilegiados e os não beligerantes e o desaparecimento da poligamia – mascaram e distorcem, degradando a espécie. Em particular, deveria ser possível encontrar "uma clara associação, ao menos para homens, entre 'habilidade' e desempenho, um resultado da maior fertilidade dos líderes ou chefes tribais"[8]. É a esse programa, "a busca pelo gene da liderança", que Chagnon, então um aluno do pós-graduação à procura de um tópico para a tese, decidiu se associar bem como sua carreira. Neel escreveu:

> Para esses estudos, Napoleon Chagnon se tornou o antropólogo cultural indispensável. Nap... me procurou em Ann Arbor... tendo ouvido falar de nosso programa de desenvolvimento. Em virtude dos contatos que eu já havia feito, pude facilitar sua entrada no campo; ele, da sua parte, [...] pode reunir os *pedigrees* da aldeia tão básicos para nosso trabalho. Passamos pela mesma doutrinação com relação às nuanças da genética... *pedigrees*. [...] Aqueles familiarizados com os escritos de Nap concernentes aos ianomâmis sabem quão bem as lições foram compreendidas[9].

Bem demais. Foi a tentativa de estabelecer a conjetura darwiniana de Neel (se em vez disso alguém quiser ou não chamá-la de "eugênica", depende das definições) – segundo a qual a masculinidade, a violência, a dominação e a apropriação das mulheres estão seletivamente vinculadas na sociedade tribal através da fertilidade diferencial dos chefes tribais e, portanto, que a guerra e a desigualdade eram forças motrizes na separação entre o *Homo sapiens* e os outros primatas – que colocou Chagnon, "o antropólogo indispensável", no problema todo. Ele passou um quarto de século, no campo e fora, tentando desesperadamente encontrar evidência para a conjetura de Neel, contando, medindo, fotografando e, talvez, estimulando a violência, às custas de sua própria percepção, mais nuançada, imediata, precisamente detalhada e, acima de tudo, pessoalmente observada sobre o que os ianomâmis – menos "o povo feroz" do que o resiliente – eram. O etnógrafo, o *connaisseur* do particular humano, o celebrador do especial, gradual e, por fim, irrecuperavelmente, desapareceu nas visões totalizantes de Neel e, mais tarde, de E.O. Wilson. Ele se tornou, como o seu homônimo, a vítima de uma hipótese.

Existe um certo *pathos* em tudo isso. Podemos simpatizar com a dificuldade de Chagnon em tentar ser ao mesmo tempo um antropólogo responsável e o que um de seus inimigos chamou "o trabalhador temporário de Neel". Ou ao menos poderíamos, caso ele não tivesse se tornado, como se tornou, cada vez mais extremo em suas concepções, cada vez mais rígido, beligerante e autocele-

---

8. NEEL, J.V. *Physician to the Gene Pool*: Genetic Lessons and Other Stories. John Wiley, 1994, p. 302. Esse trabalho é uma combinação de tratado autobiográfico e homilético em "medicina genética". Neel acrescenta ainda, "Uma das maiores decepções de nosso campo de trabalho foi que, a despeito de muitas ideias criativas jamais conseguimos elaborar um teste de campo de 'inteligência' ianomâmi – e se tivéssemos elaborado algum, os ianomâmis não teriam motivação para levá-lo seriamente". Para Tierney, ele confessou, em uma entrevista por telefone em 1997, que essa falha em isolar os alelos para seu "Índex de Habilidade Inata", e depois em precisar diretamente sua teoria do grande homem/grande inteligência/grande reprodutor, "foi a maior decepção da minha vida".

9. NEEL. *Physician to the Gene Pool*, p. 134.

brante, à medida que as críticas surgiram de todos os lados. Todos que o questionaram, seu trabalho ou seu darwinismo social – e eles incluem a estas alturas quase todos os seus colegas amazônicos –, foram criticados como "marxistas", "mentirosos", "antropólogos culturais da Esquerda acadêmica", "aiatolás", "altruístas politicamente corretos", "pacifistas", "antropólogos fracos com medo de enfrentar a [Igreja]" e "moralizadores pós-modernos anticientíficos" defendendo concepções do tipo "bom selvagem" da vida primitiva. Ele se indispôs com muitos de seus alunos, com Asch, e finalmente, inclusive, ao que parece, com Neel. No fim, ele se retirou, aceitando uma aposentadoria antecipada aos 62 anos, para sua privada Santa Helena, no norte de Michigan, sonhando com reconquista, vingança e vindicação:

> Sua casa não pode ser vista da estrada devido a todas as árvores; é um retiro ideal para alguém que quer privacidade. Mas Chagnon transformou um pequeno estúdio ao lado da porta da frente em uma sala de guerra. Debaixo de um retrato de Bonaparte, o antropólogo batalhou por semanas para rebater as alegações de Tierney, vasculhando notas antigas e organizando apoio entre ex-alunos e colegas solidários. E.O. Wilson telefona a cada dois dias. Richard Dawkins [do "gene egoísta"] e Steven Pinker [do "instinto da linguagem"] o apoiaram publicamente. A Universidade da Califórnia, em Santa Bárbara, e a Universidade de Michigan mantêm websites... postando refutações minuciosas aos argumentos de Tierney. "Estou pensando em entrar com uma ação na justiça", diz Chagnon[10].

III

Durante a ocupação alemã da França, André Gide publicou, e teve permissão para publicar porque ele era Gide, uma série de *"interviews imaginaires"* na imprensa geral comentando, de um modo oblíquo, esópico, vários aspectos da literatura, política e da cena cultural. Em uma, ele levanta a questão, então corrente, sobre a suposta responsabilidade dos "intelectuais" pela queda da França, e termina com uma parábola surpreendente. Um barco a remos, amarrado à margem de um rio, cala na água. Nele entram, um após o outro (conforme recordo), um gordo policial, um general grande coberto de medalhas, uma enorme senhora e um pomposo capitalista, e o barco afundando cada vez mais, com água até as bordas, enquanto embarcavam. Finalmente, um clérigo, magro como um trilho, entra e o barco finalmente afunda. Os outros todos apontam para ele: "Ele é o culpado! Foi ele quem provocou o desastre!"

Considerando tudo o que ocorreu aos ianomâmis ao longo dos últimos cinquenta anos, deparar-se com antropólogos, e críticos de antropólogos, por mais

---

10 MILLER, J.J. "The Fierce People". *National Review Online*, 20/11/2000.

difícil que possa ter sido por vezes lidar com isso, com certeza se classifica como uma pequena mudança histórica, um pequeno acidente de percurso. Eles foram pegos, esses vinte mil índios, em meio à maior e mais predatória corrida do ouro da história. As florestas que os moldaram e os sustentavam foram atacadas por interesses internacionais na madeira, trazendo fome e desnutrição. Eles foram intensamente catequizados, dominados por dois Estados-nações vigorosamente hispanizados dos quais o melhor que poderiam esperar era piedade e desatenção, e se tornaram, ou, de qualquer modo, estão em vias de se tornar aquela mais simples das simples locações, um destino turístico. E eles foram assolados por muito mais do que sarampo que, embora grave, foi uma coisa pontual, enquanto a malária, a tuberculose e outras doenças respiratórias das quais sofrem são agora crônicas, debilitantes, apenas gradualmente fatais. Estima-se que os índices de morbidade cheguem a 35%, os índices de mortalidade, aproximadamente 10% ao ano; índices de natalidade, em algumas áreas, estão próximos de zero.

No espaço de não mais que uma geração, o povo (ou a população) – sobre o qual todos esses etnógrafos, geneticistas, sociobiologistas, ativistas dos direitos humanos e "jornalistas militantes" têm querelado tão furiosamente – passou de "intocado" para "em perigo", de "recentemente contatado" para "à beira da destruição". Agora que seu valor como um grupo de controle, uma "população ancestral" geneticamente "natural" (supunha-se) – "a última grande tribo primitiva... *do planeta*"[11], está diminuindo ou desaparecendo, e os experimentos com ela cessaram e os experimentadores partiram, que tipo de presença em nossas mentes, que tipo de quididade, eles devem ter agora? Que tipo de lugar no mundo um "ex-primitivo" tem?

É difícil dizer; os precedentes são muito pouco encorajadores. Talvez essa senhora empreendedora da Flórida tenha descoberto algo. Um livro pareceria certamente possível (Sean Penn como Napoleon Chagnon? Jennifer Lopez como a amante presidencial?). A troca de acusações on-line pareceria destinada a prosseguir por um tempo, entretendo, ao menos, os protagonistas, talvez por anos. O que quer que aconteça aos ianomâmis no que costumamos chamar mundo real – "aculturação", "minorização", miserificação, migração para favelas, ou o que E.O. Wilson em um *imprimatur* a um dos livros de Chagnon chama jocosamente de "uma acomodação despreocupada e decente entre o mundo deles e o nosso"[12] – seu lugar no ciberespaço parece assegurado. Qualquer um ainda à procura deles será capaz de encontrá-los com um modem e um mecanismo de busca: Yanomami.com

---

11. CHAGNON, N.A. "Yanamamö". *The Last Days of Eden*. Harcourt Brace Jovanovich, 1992, p. xiii. Itálicos no original.

12. YANAMAMÖ, C. *The Last Days of Eden*, p. xi.

2003

Qual o caminho para Meca?*

Parte I
I

Estamos, neste país, exatamente agora, envolvidos no processo de construção, muito apressada – embora devêssemos rapidamente retomá-la após anos de negligência –, de uma imagem padrão, pública, do "islã". Até muito recentemente, não tínhamos senão sugestões de uma imagem assim – noções fluidas de garanhões, haréns, desertos, palácios e cânticos. Um desenho de Peter Arno no *The New Yorker* de 65 anos atrás resumia mais ou menos o tema. Um turista com chapéu de vaqueiro se inclina para fora de sua picape e pergunta a um homem de turbante, prostrado, rezando ao lado da estrada: "E aí, cara, qual o caminho para Meca?"

A razão para a pressa em mudar essa mistura casual de ignorância e indiferença é clara o bastante: o 11 de setembro, bombardeiros suicidas, Praia de Kuta, Osama, Nairobi, o USS Cole – e, agora, a guerra no Iraque. O que não está claro, e não ficará por algum tempo, é para onde isso tudo está nos levando, qual terminará sendo nossa percepção desse obscuro e ameaçador Outro que apareceu de repente – e, literalmente – em nosso horizonte doméstico. O inimigo familiar, quase íntimo, que perdemos abruptamente com a dissolução da União Soviética, está sendo substituído em nossas mentes por algo muito menos definido, muito mais afastado da história política da Europa e da América dos séculos XIX e XX.

---

* Primeira parte de um ensaio e análise de duas partes. Publicado originalmente no *New York Review of Books* 50, n. 10, 12/06/2003. Os livros em discussão aqui são: *What Went Wrong? – The Clash between Islam and Modernity in the Middle East*; *The Crisis of Islam: Holy War and Unholy Terror*, de Bernard Lewis; *Islam in a Globalizing World*, de Thomas W. Simons Jr.; *The Shade of Swords: Jihad and the Conflict between Islam and Christianity*, de M.J. Akbar; e *Islam: A Short History*, de Karen Armstrong.

O comunismo, com suas raízes no Iluminismo e na Revolução Francesa, ao menos tinha um *pedigree* ocidental. Marx e Lenin emergiram de contextos históricos todos muito reconhecíveis, com intenções ideológicas derivadas, aparentemente, de algumas de nossas esperanças sociais mais caras. Mas o "islã", uma doutrina de árabes, turcos, africanos, persas, centro-asiáticos, indianos, mongóis e malaios, estava muito fora de nosso mapa cultural. O que nós, americanos, devemos pensar a respeito de um rival tempestuoso do qual a maioria de nós conhece pouco mais que o nome?

Nos últimos dois ou três anos, houve uma avalanche de livros e artigos – de historiadores, jornalistas, cientistas políticos, estudiosos de religião comparada, sociólogos e antropólogos, e diversamente de amadores inspirados – destinados a nos auxiliar a responder essa pergunta, a nos ministrar um curso rápido em, como se diz, "compreender o islã". "Jihad", um termo que a maioria dos americanos encontrou, se alguma vez encontrou, em romances baratos ou em matinês de sábado, tornou-se um tema central no discurso popular e erudito. Trabalhos destinados a esta figura elusiva, o leitor geral, começaram a aparecer sobre algo chamado, diversa e confusamente, "reformismo", "modernismo", "radicalismo", "extremismo" ou "fundamentalismo" – às vezes, inclusive, "wahhabismo" – no islã contemporâneo. Explicações de manuais sobre a lei islâmica, os ensinamentos do Alcorão, o jejum, a peregrinação ou o significado do véu estão repentinamente disponíveis. Do mesmo modo, as introduções à educação, à ciência, aos rituais e à erudição islâmicos, e descrições do clero xiita, das irmandades extáticas e daquele objeto voador, o "sufismo".

Bernard Lewis, talvez o principal orientalista do momento, tornou-se, aos oitenta e seis anos, um autor de *best-sellers*, uma celebridade da televisão, um clamoroso militarista e um conselheiro do tipo conheça seu inimigo do vice-presidente dos Estados Unidos. Uma tentativa de introduzir um curso sobre o Alcorão na Universidade da Carolina do Norte produziu uma controvérsia entre Estado e Igreja e um acesso de raiva da direita sectária. Um livro sucinto e autoconfiante de Karen Armstrong, uma ex-freira inglesa com uma vocação para instruir, tornou-se talvez nosso guia para "a religião do Profeta" mais amplamente lido. Mesmo a senhora mídia italiana, Oriana Fallaci, um tanto afastada da tela de radar desde sua famosa paródia de entrevista com Henry Kissinger cerca de uma década atrás, retornou com um ataque estridente a qualquer coisa muçulmana, "afegãos e bósnios e curdos incluídos", assim como qualquer um no Ocidente que possa considerar dizer algo menos do que abusivo sobre "a cultura dos intolerantes com a barba, o xador e a burca"[1].

---

1. *Approaching the Qur'an*: The Early Revelations. White Cloud Press, 1999 [Trad. por Michael Sells]. • FALLACI, O. *The Rage and the Pride*. Rizzoli, 2002.

E isso é apenas o começo. Um ex-escritor de obituários, ex-trotskista, ex-*beatnik* de São Francisco, que se converteu ao sufismo na Bósnia e se tornou chefe do escritório de Washington do jornal judaico *Forward*, lança um ataque fanático ao fanatismo saudita e é demitido do *Voice of America*. O filho de um proeminente erudito antissoviético ativo durante a Guerra Fria leva adiante a polêmica "o Ocidente *vs.* o Resto" com um chamamento às armas: "os muçulmanos estão chegando, os muçulmanos estão chegando". Um exilado sul-asiático, publicando sob um nome falso nos Estados Unidos, populariza o trabalho de um grupo obscuro de arabistas da Escola Sobre Estudos Orientais de Londres dedicado à completa desconstrução textual do Alcorão, das Tradições, do Profeta e do "mito de Meca". Um ex-secretário de Justiça da Suprema Corte, David Souter, agora professor de direito, busca, através de exemplos islâmicos de Estado e governo, por sinais e portentos de potencial democrático. Um ex-oficial de estado-maior da CIA, com trinta anos de prática no Oriente Médio, pede-nos para que conquistemos os corações e mentes dos "intelectuais muçulmanos", uma classe em crescimento, diz ele, de pensadores cosmopolitas tolerantes e abertos[2].

Thomas Simons, o último embaixador de Clinton no Paquistão, um diplomata de carreira aposentado do Centro para Segurança e Cooperação Internacional de Stanford, situa o "islã político" no contexto de uma macrofase histórica geral: "a globalização liderada pela TI [i.e., tecnologia da informação]". Vartan Gregorian, o chefe da Corporação Carnegie e ex-reitor da Universidade Brown, em busca dos "melhores meios para facilitar diálogos multilaterais entre intelectuais, profissionais... clérigos... e teólogos muçulmanos e ocidentais", elabora um resumo em Powerpoint acerca do que é o islã para seu comitê diretor, e consegue com que a Instituição Brookings o publique e com que as Fundações Rockefeller e MacArthur apoiem conferências para examiná-lo. Paul Berman, um historiador da Nova Esquerda, seu tema descartado, volta sua atenção para desvelar a filosofia "sofisticada" e "profunda" por trás do extremismo islâmico de modo a formular uma contraposição comparavelmente reflexiva e militante[3]. Muitas flechas disparadas em várias direções com força, efetividade e intenção diversas. O que devemos fazer com tudo isso? Qual o caminho de fato para Meca?

O problema se torna ainda mais difícil pelo fato de que essas flechas não estão sendo disparadas aleatoriamente no vazio, mas, como o catálogo acima su-

---

2. SCHWARTZ, S. *The Two Faces of Islam*. Doubleday, 2002. • PIPES, D. *Militant Islam Reaches America*. Norton, 2002. • WARRAQ, I. *What the Koran Really Says*. Prometheus Books, 2002. • FELDMAN, N. *After Jihad*: America and the Struggle for Islamic Democracy. Farrar, Straus and Giroux, 2003. • FULLER, G.E. *The Future of Political Islam*. Palgrave MacMillan, 2003.

3. GREGORIAN, V. *Islam*: A Mosaic, Not a Monolith. Brookings Institution Press, 2003. • BERMAN, P. *Terror and Liberalism*. Norton, 2003. E essa não é senão a ponta de um enorme *iceberg*: li mais de cinquenta trabalhos recentes para preparar esse comentário.

gere, em uma cena já abarrotada de combatentes ideológicos. A ideia americana do islã – diversa, irregular e cheia de maus presságios – está sendo construída em uma época em que a ideia americana da América é ela própria o tema de dúvidas e disputas não menores, e o país como um todo parece ter embarcado em um curso dissonante e contencioso. As formas que tomam o argumento "O que é o islã?" – "No que eles realmente acreditam?", "Como eles realmente se sentem?", "O que eles realmente pretendem?", "O que podemos fazer sobre eles?" – devem tanto às divisões domésticas, concepções beligerantes de nosso interesse e propósito nacionais, ao que acreditamos, sentimos e pretendemos, quanto ao pensamento enredado, instável e rapidamente em mudança que procuram representar. O esforço para "compreender o islã", situá-lo, descrevê-lo e reduzi-lo ao sumário inteligível, é capturado nas agitações do momento presente. É um objeto de respostas e reações – de advertências, consolos, avisos, ataques.

A grande quantidade de livros – bons, ruins, indiferentes e peculiares – que aflui, neste momento, de nossas editoras representa, portanto, mais do que a exploração oportuna de um mercado de massas emergente ou, o que talvez seja o mesmo, uma mudança estratégica nos ventos da moda intelectual. Eles representam os estágios de abertura de algo muito novo, e sob alguns aspectos sem precedentes, em nossa experiência nacional: a construção – viva e em tempo real, lá fora na cultura comum em que podemos vê-la feita, presenciar seu acontecimento, observar seus criadores, e seguir seu progresso – de uma imagem duradoura de um fenômeno, obscuro e preocupante, encaminhando-se para o centro dessa experiência. Desse ponto de vista – uma elaboração de uma mente coletiva sobre um objeto imaginado –, não é a confiabilidade, a cognoscibilidade ou o posicionamento erudito dos escritores clamando por atenção e assentimento que necessita ser acessado primeiro – pois isso varia enormemente e está além do julgamento sumário –, mas, sim: Que tipo de coisa é essa que esses determinados instrutores da realidade nos fariam pensar?

II

Nesse espírito, mais preocupado com suposições do que com achados, é possível assinalar quatro abordagens principais, que, embora nem puras nem independentes, dividem e limitam mais ou menos o campo geral de argumento e interpretação. Há, primeiro, a abordagem da "civilização", que opõe "o Ocidente" como um todo ao "islã" e compara seus destinos. Segundo, existem as tentativas de decompor as várias correntes do pensamento e prática muçulmanos contemporâneos e situá-los dentro de uma rede culturalmente familiar de contrastes ideológicos – para separar o "bom" islã (e os "islâmicos") do "mau", o "real" do "falso", o "autêntico" do "sequestrador", o "tolerante" do "terrorista", em termos de categorias reconhecidas de expressão política. Terceiro, existem esforços conciliadores, ou reconciliadores, buscando convergências do tipo "muitas são as vias, mas Deus é Um" entre ensinamentos islâmicos e os de outras importantes tradições religiosas de modo a estabelecer um curso positivo para sua coevolução. E, finalmente, existem estudos orientados para lugares ou povos ou nações que concebem o "islã" menos como uma megaentidade coesa persistindo ao longo do tempo do que como uma coleção de tradições de "semelhança de família" particulares, sob muitos aspectos díspares, entrando em contato cada vez mais imediato e difícil uma com a outra à medida que as vastas e emaranhadas forças de toda modernidade avançam.

A concepção que a "civilização" possui das coisas era, e é, a abordagem geralmente característica do que é usualmente referido, por vezes descritivamente, por vezes tendenciosamente, como "orientalismo" – ou seja, a tradição universitária histórico-mundial, filológico-textual originalmente europeia, de "estudos do Oriente 'Médio' ou 'Próximo' (ou, por vezes, 'semítico')", uma tradição baseada, de Renan em diante, em um contraste temático subjacente entre a "cristandade" e "o mundo islâmico". A "cristandade", como um termo, ficou obsoleto desde a metade do último século quando, primeiro, Oswald Spengler e, depois, de um modo diferente, Arnold Toynbee puseram um pouco de lado o modo de caracterizar todas as civilizações e suas evoluções na base de seus supostos "espíritos". Mas recentemente ele experienciou uma reativação, especialmente nos círculos geopolíticos, com escritores como o cientista político de Harvard, Samuel Huntington, e sua concepção de um iminente "choque de civilizações" com "as fronteiras sangrentas" – os Bálcãs, a Ásia Central, a África sudanesa, o sul das Filipinas – que separam o mundo islâmico do mundo cristão (ou, seja como for, pós-cristão)[4].

A figura mais proeminente aqui, assim como a mais controversa, é, uma vez mais, Bernard Lewis. Lewis se formou em história islâmica na Escola de Estudos Africanos e Orientais da Universidade de Londres antes da Segunda Guerra Mundial, durante a qual serviu à inteligência britânica. Em 1974, mudou-se para Princeton. É autor de mais de vinte livros e centenas de artigos sobre temas islâmicos e do Oriente Próximo: a formação da República Turca; raça, cor e escravidão no islã; a história dos povos de língua árabe; a linguagem política do islã; a descoberta muçulmana da Europa; os judeus do islã; e o culto terrorista *avant la lettre* do século XII chamado, em homenagem ao suposto vício de seus membros

---

4. Cf. HUNTINGTON, S.P. *The Clash of Civilizations and the Remaking of the World Order*. Simon and Schuster, 1996. O uso de "islã" para significar tanto a "religião" como a "civilização" que ele inspira – na falta de uma distinção como cristianismo/cristandade – embargou a discussão um pouco aqui. O falecido Marshall Hodgson, cujo *The Venture of Islam* (University of Chicago Press, 1974) é o (usualmente desconhecido) fundador dessa abordagem histórico-mundial ao islã – cf. minha análise no *The New York Review*, 11/12/1975 – sugeriu "islamicado" para o segundo significado, mas infelizmente não se popularizou muito.

no haxixe, "Os assassinos". De posse de um estilo confiante e líquido, casualmente erudito, sardônico, arrogante, e dado a grandes conclusões, ele, em virtude de, incansavelmente, escrever, palestrar, viajar, dar consultas e do vaivém da mídia, estabeleceu um papel público, semioficial, para si próprio, como a autoridade sobre todos os temas do Oriente Médio a quem todos recorriam.

Seus dois livros mais recentes, *What Went Wrong?* (O que deu errado?) e *The Crisis of Islam* (A crise do Islã) foram desenvolvidos a partir de artigos populares do *The Atlantic Monthly* e do *The New Yorker*, escritos antes do 11 de setembro e agora considerados prescientes. Eles estão prestes a se tornar as narrativas-padrão da concepção da mente muçulmana do tipo nós e eles, guerra dos mundos, crentes e infiéis. "Para os iniciantes no tema", a revista *Time* declarou: "Bernard Lewis é o homem". Para o *US News & World Report* ele é "o estudioso da hora". Para a *National Review*, "o pai de todos nós... quando se trata de estudos islâmicos".

O argumento de Lewis é bastante simples. Os muçulmanos ao redor do mundo são pegos em um luto ressentido e confuso pela perda de uma primazia cultural que outrora lhes pertenceu e foi agora perdida. Eles estão igualmente enraivecidos com o Ocidente, com a história, com os infiéis e com a "modernidade", assim como consigo mesmos por terem permitido que as coisas chegassem a esse ponto. Na época em que a Europa cristã estava envolta na Idade das Trevas, o conhecimento que possuía mesmo de suas raízes era mediado pelas traduções árabes de manuscritos gregos. O mundo muçulmano – Damasco, Bagdá, Granada, Istambul, Fustat, Isfahan – foi, por cerca de mil anos, não apenas a civilização proeminente no mundo, ele foi, exceto pela China murada, independente e separada, a única civilização:

> Por muitos séculos o mundo do islã esteve na vanguarda da civilização e dos feitos humanos. Na percepção dos muçulmanos, o próprio islã era na verdade coincidente com a civilização, e além de suas fronteiras havia somente bárbaros e infiéis. [...] As terras mais remotas da Europa eram vistas do mesmo modo que as terras mais remotas da África – como uma obscuridade externa de barbarismo e descrença da qual nada havia para aprender e menos ainda para ser importado, exceto escravos e matérias-primas. Para os bárbaros do norte e do sul, sua melhor esperança era serem incorporados ao império dos califas, e obter assim os benefícios da religião e da civilização.

O que mudou tudo isso foi a Renascença, a Reforma e a Revolução Industrial: o ressurgimento do conhecimento ocidental e a decadência das culturas árabe, persa, moura e otomana; a racionalização da doutrina cristã e a petrificação da islâmica; o aumento da disparidade militar e econômica entre o Ocidente "científico", tecnologicamente desenvolvido, e o Oriente tradicional, atrasado, "artesanal". A abertura das rotas marítimas para a Índia e para o Novo Mundo no século XVI, a detenção otomana diante dos portões de Viena no século XVII, e a entrada de Napoleão no Egito no final do século XVIII foram apenas alguns dos muitos estágios no bramido de retirada da grandeza islâmica, o descenso do outrora grande mundo muçulmano de Avicena e Ibn Khaldun, Saladin e Suleyman o Magnífico, em uma "espiral vertiginosa de ódio e despeito, raiva e autopiedade, pobreza e opressão, culminando... na dominação estrangeira" e na xenofobia radical que veio com ela.

Em *O que deu errado?* essa versão oscilante da história cristã-muçulmana – quando uma está em cima, a outra está embaixo – é contada em tons casuais, contidos, quase arrependidos, pontuados com apartes dissimulados e observações *dégagé*; e essa é, claramente, a principal razão, exceto pelo sucesso de seu preciso senso de oportunidade, para a recepção pública extraordinária do livro. Em uma época em que tantos escritos de história abandonaram a narrativa causal – o livro de histórias, "e então, e então..." – pela não linearidade, o ceticismo, o relativismo, o instantâneo e a indeterminação pós-modernos, o grande *récit* clássico, exalando a autoridade da erudição recebida, o tom medido, a visão longa, e o fato simples, chega um tanto como um alívio. Ao menos alguém sabe.

Mas em *A crise do islã*, escrito após o 11 de setembro (*O que deu errado?* foi escrito antes dele; um breve pós-escrito descrevendo o ataque como "a última fase em um conflito que vem ocorrendo por mais de quarenta séculos" foi acrescentado à publicação), Lewis abandona dramaticamente essa posição de visão profunda, séria e deliberada, pela intensa, e intensamente contemporânea, aproximação polêmica destinada a incitar o Ocidente, e mais especialmente os Estados Unidos, a uma resposta armada. Mossadeq, Ba'athism, Suez, a Irmandade muçulmana, o wahhabismo, o massacre em Hama, bombardeiros suicidas, Khomeini, o talibã, a Frente de Salvação Islâmica, Saddam, Osama – o que era no primeiro trabalho apenas implicado e insinuado é aqui explicitamente afirmado, *sans* nuança, *sans* reserva: a raiva muçulmana no fracasso muçulmano, "guerra santa e terror profano", tornou-se uma ameaça, não apenas algum dia e para a Cristandade, mas aqui e agora e para o mundo como um todo:

> Se os [fundamentalistas muçulmanos] podem persuadir o mundo do islã a aceitar suas concepções e sua liderança, então um longo e amargo conflito se aproxima, e não só para a América. A Europa... agora é lar de uma comunidade muçulmana grande e em rápido crescimento, e muitos europeus estão começando a ver sua presença como... uma ameaça. Cedo ou tarde, a Al-Qa'ida e grupos relacionados entrarão em choque e outros grupos entrarão em choque com outros vizinhos do islã – Rússia, China, Índia – que podem se mostrar menos escrupulosos do que os americanos [tem sido] em utilizar seu poder contra os muçulmanos e suas santidades. Se os fundamentalistas estão certos em seus cálculos e tiverem sucesso em sua guerra, então um futuro sombrio aguarda o mundo [...].

III

Mas a noção do islã como uma "civilização" – um mundo de pensamento autônomo, contínuo, auto-organizado, separado e com fronteiras protegidas – não está confinada ao modo muçulmano/cristão, Oriente/Ocidente, de olhar para as coisas. Podemos ver também o islã, assim imaginado, como um exemplo particular de um processo geral, uma versão distinta e especial de uma progressão do desenvolvimento característico da história em geral. Ou podemos vê-lo contra o pano de fundo de seus envolvimentos, também problemáticos, também duradouros, também em deterioração, com uma outra "grande religião", de formação cultural de larga escala e longeva nem ocidental, escritural, monoteísta, nem (ao menos até recentemente) proselitista. Ou, e talvez mais familiarmente, menos autoconscientemente, podemos vê-lo como a persistência ao longo dos séculos de um momento revelador original, uma mensagem profética determinada, reiterada e redescrita sob pressões variáveis de tempo e circunstância, mas, inerente à natureza do caso, inalterada e inalterável.

Thomas W. Simons Jr., que foi embaixador americano no Paquistão entre 1996 e 1998, e, antes disso (1990-1993), na Polônia, e secretário-adjunto de Estado para a União Soviética, Leste Europeu e Iugoslávia, e, antes disso ainda, membro do Conselho sobre Relações Exteriores na Instituição Hoover e doutorando de história europeia em Harvard, é obviamente o tipo de figura que estaria inclinada a pensar grande. Em *Islam in a Globalizing World* (*O Islã em um mundo globalizado*), um livro breve, envolvente, muito excitante (há quase mais citações do que sentenças), Simons vê o islã, não apenas no presente, mas ao longo de todo o curso dos mil e trezentos anos de sua existência, como "o mecanismo, agente e veículo da globalização mais poderoso do mundo, e... [seu] mais severamente contestado campo de batalha".

Desde a queda do comunismo e da terminologia classe-e-dominação que foi com ele, diz Simons, a ideia de globalização emergiu como um "denominador comum na análise dos assuntos mundiais". Definida como "o impulso entre humanos para ultrapassar... as famílias e grupos de parentesco que historicamente forneceram sua primeira autodefinição e melhor segurança; para multiplicar seus vínculos por meio de interações com outros entes humanos; e para argumentar sobre por que deveriam ou não fazer essas coisas", a globalização é uma constante histórica. Qual sua extensão, quão rápido se move e quão profundamente penetra em qualquer tempo ou lugar particular varia com "o estado da tecnologia, da organização social e da conceitualização". Mas, como a dialética, está sempre aí, guiando e dirigindo o ritmo da mudança.

Não é tão difícil enquadrar um fenômeno tão vago como a "sociedade islâmica" em um esquema tão flexível. Durante "os primeiros mil anos" de existência dessa sociedade (da morte de Maomé em 632 até ao cerco de Viena em 1683), muçulmanos, assim como cristãos, hindus e chineses, "viveram em economias agrícolas das quais governantes situados em cidades extraíram e despenderam excedentes sob formas geralmente sancionadas pela religião". "A expansão surpreendente" da "pequena comunidade muçulmana que o profeta estabeleceu nas cidades mercantis árabes de Meca e Medina", seu engolfamento da Síria, Egito, África do Norte, Anatólia, Iraque e Pérsia ao longo de alguns séculos, iniciou o mais poderoso e vasto movimento em direção à integração cultural, política e econômica que o mundo jamais vira. Omíadas, abássicas, buyidas, seljúcidas, timúridas, safávidas e otomanos (todos eles passam em uma procissão estonteante, "por enquanto, no Afeganistão") não representam senão vários giros "na roda da história", vários estágios na fundação de uma globalização Nilo-a-Amudária – o "islamicado" de Hodgson – ainda muito em voga.

O aparecimento da "globalização a ferro e fogo", após o século XVIII, e, do imperialismo – Napoleão, Argélia e o Grande Jogo – que ela trouxe consigo, "enrudeceram" as coisas um pouco e levaram a uma "simplificação e brutalização progressivas do discurso [cada vez mais catequizador islâmico". Mas foi somente nos anos de 1970, quando a "globalização conduzida e guiada pelo carvão, pelo aço e pelo petróleo [deu lugar à] globalização conduzida e guiada pela tecnologia da informação" – "TI" – que o mundo clássico islâmico começou, perigosa e definitivamente, a colapsar. A dispersão da autoridade religiosa, o enfraquecimento do Estado-nação, o fracasso da "modernização defensiva... amarrada à roda da carruagem das substituições de importações", e uma percepção emergente da traição da elite conduziram a um novo radicalismo que foi "o ponto de partida real para os sinuosos e intrincados caminhos que levaram, cerca de trinta anos depois, ao espantoso ataque às Torres Gêmeas (*World Trade Center*) e ao Pentágono". Bem, talvez – embora eventos recentes sugiram que a força modeladora do aço e do petróleo podem estar longe de acabar, e quem sabe onde qualquer fatalidade começa.

Existe, em todo caso, um outro lugar, mais oriental e menos desenvolvimentista, do qual podemos olhar para a longa e implacável expansão do islamicado – que é outra enorme confusão de histórias mitológicas, microestados e tradições mágicas –, em cujo espaço cultural ele irrompeu há muito tempo, i.e., "a Índia".

Em seu exuberante, excessivo, divagante e contencioso, mas, apesar disso, esporadicamente incisivo *The Shade of Swords* (*A sombra das espadas*), M.J. Akbar, fundador-editor muçulmano do jornal indiano em língua inglesa *The Asian Age*, ex-congressista e um incansável comentador de assuntos políticos, descreve como "a ascensão do islã" é vista a partir de Deli.

Parece terrível. (A foto, na capa do livro de Akbar, de uma multidão de manifestantes de turbante anti-Estados Unidos enfurecidos se aglomerando nas ruas em Peshawar após o 11 de setembro, transmite a visão que ele captura do islã, como o fazem os títulos de seus capítulos – "As alegrias da morte", "O círculo do inferno", "A história como fúria".) E não só, isso parece – discuta ele a Caxemira, o talibã, Zia ul-Haq ou Ramzi Youseef – cada vez mais ameaçador. As primeiras cem páginas ou mais do livro de Akbar são destinadas a uma descrição de suplemento dominical, improvisada, da ascensão do islã e de seus envolvimentos com o cristianismo – envolvimentos que foram, praticamente, sempre hostis, sempre ignorantes, sempre imperceptíveis. Mas é no final dessas cem páginas, quando ele se volta para seu lado, sul-asiático, das coisas ("A Jihad no Oriente: um crescente sobre Deli"), que ele fornece algo, senão mais ponderado, ao menos mais matizado e diretamente sentido.

A Partição ("uma história de ira e uma literatura de vingança dividiu a Índia e criou o Paquistão") não foi senão o estágio mais dramático na produção de longo prazo no subcontinente de um conflito entre o Crescente e o Manto Amarelo, uma jihad e uma contrajihad, que se compararia, tanto pela persistência como pela violência, ao conflito entre a Cruz e o Crescente no Oeste. Caxemira, Bangladesh, a destruição da Mesquita de Babur, o aumento do radicalismo hindu e a aparição de Osama bin Laden, uma exportação de uma frente de batalha para a outra, em Kabul e Kandahar: "A jihad nunca termina". "A derrota é somente um revés em uma guerra sagrada". "A jihad continua". E os riscos agora são nucleares.

Em suma, para Akbar, assim como para Lewis e para Simons, a "civilização islâmica" deve ser vista mais na perspectiva de suas reações ao que a cerca, ao que a confronta e ao que ela confronta – o Ocidente, o Oriente, a globalização – do que aos preceitos, quaisquer que possam ser, de seu caráter espiritual. Foram seus encontros com outros, em vez de consigo mesma, que a modelaram. Em seu *Islam: A Short History* (*Islã: Uma breve história*), Karen Armstrong, autora de vários livros sérios, em forma de tratado, sobre temas religiosos – budismo, Gênesis, místicos medievais, judaísmo, fundamentalismo, poesia religiosa, "a criação da guerra do sexo no Ocidente pelo cristianismo", e suas próprias experiências como freira, primeiro como aspirante e, depois, como dissidente[5] –, toma uma outra direção e retrata o curso da história muçulmana como um desdobramento temporal de uma fundação reveladora: a transmissão de uma fé estável em um mundo instável:

> As vicissitudes históricas da comunidade muçulmana – assassinatos políticos, guerras civis, invasões e a ascensão e queda de dinastias gover-

---

5. *Buddha*. Viking, 2001. • *In the Beginning*. KNOPF, 1996. • *The English Mystics of the Fourteenth Century*. Londres: Kyle Cathie, 1991. • *A History of God*. Londres: Heinemann, 1993. • *The Battle for God*. KNOPF, 2000. • *Tongues of Fire*. Londres: Viking, 1985. • *The Gospel According to Woman*. Londres: Elm Tree Books, 1986. • *Through the Narrow Gate*. St. Martin's, 1995. • *Beginning the World*. St. Martin's, 1983.

nantes – não eram separados da busca religiosa interior, mas, cruciais à visão islâmica. Um muçulmano faria a mediação entre eventos atuais de sua época e os da história passada como um cristão contemplaria um ícone, usando a imaginação criativa para descobrir o... cerne divino. Uma descrição da história externa do povo muçulmano [não é] de mero interesse secundário, uma vez que uma das principais características do islã foi sua sacralização da história.

Essa abordagem do assunto possui ao menos a vantagem de ser mais ou menos o modo como a vasta maioria acredita que os muçulmanos veem as coisas, e Armstrong escreve com uma autoridade precisa, catequística, que dá ao seu livro (como o de Lewis, é um *best-seller* nacional) um apelo imediato. A falta de preocupação com concepções especificamente religiosas e motivações especificamente espirituais na maior parte da literatura para "compreender o islã" produz algo como um Hamlet sem o efeito príncipe.

Mas, ainda assim, uma descrição "através dos olhos da fé" da "história externa" do islã possui suas próprias dificuldades, pois envolve aceitar a descrição alcorânica das coisas, e especialmente do profeta e da profecia, mais ou menos acriticamente. Ver toda a existência do islã no mundo, todos aqueles assassinatos, guerras, invasões e dinastias como um desdobramento temporal de seu momento revelador "primitivo" – Maomé em Meca e Medina, a transmissão do Alcorão, a Batalha de Badr – corre o risco de ser visto – como ver o cristianismo como uma extensão da história "Ele nasceu, morreu na cruz, ressuscitou", contada nos evangelhos – ao mesmo tempo como ingênuo e apologético, uma história catecista perfeitamente ajustada, muito simples para ser acreditada, muito coerente para convencer, muito profundamente absorvida em seus impulsos internos para ver claramente o que, no duro curso dos eventos, aconteceu com eles.

Na verdade, qualquer tentativa de conceber o "islã" em termo gerais, "civilizacionais" – a de Lewis, Simon, Akbar, Armstrong ou a de qualquer outro – corre algum risco de evocar paisagens com nuvens da forma de uma baleia e confeccionar palavras grandes joyceanas que nos atemorizam. Uma descida ao torvelinho do evento particular, da política particular, das vozes particulares, das tradições particulares e de argumentos particulares, um movimento que corta a fina diferença e se alinha com a disputa, é na verdade desorientador e frustra a perspectiva de ordem duradoura. Mas pode se mostrar o caminho mais claro em direção à compreensão do "islã" – esse nome que ressoa tantas coisas ao mesmo tempo.

2003

Qual o caminho para Meca?*

Parte II
I

Desde o fim da Guerra Fria, quando muito mais do que muros e regimes desmoronavam, muitos dos conceitos de larga escala por meio dos quais estávamos acostumados a ordenar o mundo começaram a se desfazer. Oriente e Ocidente, comunista e mundo livre, liberal e totalitário, árabe, oriental, subdesenvolvido, Terceiro Mundo, não alinhado, e agora que aparentemente mesmo a Europa perdeu grande parte de sua força e definição, e somos obrigados a nos situar em meio a vastas coleções de particulares estranhos e inadequados sem o auxílio de classes naturais finamente esboçadas e culturalmente ratificadas.

Após os inesperados ataques às Torres Gêmeas em 1993 e mais tarde em 2001 perturbarem nossa impressão de que compreendíamos o que estava acontecendo no mundo e de que podíamos lidar com isso, o "islã", sobre o qual tínhamos, de qualquer modo, somente a mais geral das noções, começou a experienciar o mesmo tipo de decomposição para nós. Ele, também, desmoronou como um objeto estabelecido e integral de conhecimento sobre o qual é possível ter uma concepção e uma teoria. Introduções ao islã e avaliações conclusivas sobre ele como uma religião, uma cultura, uma sociedade, uma *Weltanschauung*, ou uma civilização, continuam a ser escritas e continuam a ser consumidas[1]. Mas

---

* Segunda parte de um ensaio e análise de duas partes. Publicado originalmente no *New York Review of Books* 50, n. 11, 03/07/2003. Os livros em discussão aqui são os seguintes: *Jihad: The Trail of Political Islam*, de Gilles Kepel; *Militant Islam Reaches America*, de Daniel Pipes; *The Two Faces of Islam: The House of Sa'ud from Tradition to Terror*, de Stephen Schwartz; *Terror and Liberalism*, de Paul Berman; *The Future of political Islam*, de Graham E. Fuller; *After Jihad: America and the Struggle for Islamic Democracy*, de Noah Feldman; *Faithlines: Muslim Conceptions of Islam and Society*, de Riaz Hassan; e *The Ulama in Contemporary Islam: Custodians of Change*, de Muhammad Qasim Zaman.

1. Cf. as discussões sobre os livros de Bernard Lewis, Thomas W. Simons Jr., M.J. Akbar, e Karen Armstrong na primeira parte deste comentário, "Qual o caminho para Meca?", no *The New York Review*, 12/06/2003. Para outros exemplos dessa abordagem sinóptica às coisas, cf. ESPOSITO,

elas parecem estar enfraquecendo, relíquias de um tempo em que as coisas eram, pensamos nós, mais consistentes e melhor ordenadas.

Mais do que qualquer outra coisa, foi a tendência crescente a ideologizar a fé em grande parte do mundo muçulmano que tornou cada vez mais difícil chegar a descrições resumidas do que está acontecendo lá. O movimento da religião para a propensão religiosa, do islã para o islamismo, de uma imersão muito quietista, retirada e escolástica nos pequenos detalhes da lei e da adoração, da devoção ordinária da vida cotidiana, para um conflito ativista, reformista, cada vez mais determinado a capturar o poder secular e voltá-lo para fins espirituais, transformou o que outrora foi, ou parecia ser, uma macroentidade histórica a ser estabelecida junto ao cristianismo, ao Ocidente, à ciência ou à modernidade, em um campo desordenado de diferenças emaranhadas sobre o qual é difícil dizer qualquer coisa exceto que parece ao mesmo tempo diverso e volátil. "O movimento militante islâmico", escreve o cientista político francês Gilles Kepel em seu *Jihad: The Trail of Political Islam (Jihad: a trilha do islã político)*[2], talvez o mais detalhado, e certamente o mais abrangente, exame desse movimento que até agora apareceu, "[é] um fenômeno cuja emergência foi tão espetacular quanto imprevista":

> Em um tempo em que a decadência da religião na esfera privada parecia ser uma tendência irreversível da vida moderna, a repentina expansão de grupos políticos proclamando o Estado islâmico, apoiando-se apenas no Alcorão, exigindo a jihad, e convocando seus ativistas nas grandes cidades do mundo, foi um evento que colocou em dúvida uma grande quantidade de certezas prévias. No mundo todo, a reação inicial foi de consternação. Para os intelectuais de esquerda, os grupos islâmicos representavam uma variante religiosa do fascismo. Para os liberais centristas, eles não eram mais do que fanáticos medievais renascidos.
>
> Mas gradualmente, à medida que o número de islâmicos aumentava, a esquerda descobriu que o islamismo possuía uma base popular e, buscando em todo lugar pelo apoio massivo tão crítico à sua ideologia, pensadores marxistas de toda espécie começaram a atribuir aos ativistas islâmicos virtudes socialistas, enquanto, na direita, as pessoas começavam a se dar conta de que os islâmicos estavam pregando ordem moral,

---

J.L. *What Everyone Needs to Know About Islam*. Oxford University Press, 2002. • LINDHOLM, C. *The Islamic Middle East*: Tradition and Change. Blackwell, 2002. • NASR, S.H. *Islam*: Religion, History, and Civilization. Harper/San Francisco, 2003. • TIBI, B. *Islam between Culture and Politics*. Palgrave, 2001. • PETERS, F.E. *Islam*: A Guide for Jews and Christians. Princeton University Press, 2003.

2. Publicado originalmente como *Jihad*: Expansion et décline de l'islamisme. Paris: Gallimard, 2000. Reordenei ligeiramente a redação e alterei a pontuação do parágrafo seguinte, sem o benefício da indicação, em um esforço para restaurar ao menos parte da legibilidade que uma tradução inusualmente pesada, aqui como em toda parte, destruiu.

obediência a Deus, e hostilidade aos materialistas "ímpios" – ou seja, aos comunistas e aos socialistas. Cada vez mais pessoas, tanto dentro como fora do Oriente Médio, começaram a ver o islamismo como a religião autêntica dos muçulmanos modernos, a ver nele o contorno de uma civilização islâmica no mundo multicultural do século XX e um que se aproximava.

Kepel vê esse novo islamismo como resultante de uma "revolução cultural", de uma mudança coletiva de mentalidade inspirada e direcionada pelos ensinamentos de um punhado de intelectuais religiosos, e impulsionada pelo fracasso do nacionalismo secular modernizador em toda parte, da Argélia e Teerã ao Karachi e Jacarta. Apenas uma geração após muitas nações muçulmanas obterem sua independência do domínio colonial, "o mundo islâmico entrou numa era religiosa que cancelou amplamente o período nacionalista que o precedeu". Das décadas de 1960 e 1970 e até este século,

> [...] o petro-islã [foi construído] sobre as ruínas do nacionalismo árabe [e do Terceiro Mundo]. [...] O que previamente havia sido visto [por observadores ocidentais, por intelectuais seculares, por elites reformadoras] como uma religião conservadora, um tanto retrógrada, cuja relevância social e política estavam em declínio diante do progresso e da modernização, repentinamente se tornou o foco de intenso interesse, esperança e temor.

Kepel situa o impulso fundador, a fase de revolução cultural que originou tudo isso, nos escritos e agitações de três homens durante as décadas de 1960 e de 1970, quando o desenvolvimento de construção nacional, dirigida pelo Estado, atingiu seu pico mais elevado, com Nasser, Boumedienne, Z.A. Bhutto, Sukarno e o resto dos *tiers mondistes* não alinhados. Havia o egípcio dogmático incendiário Sayyid Qutb – que Nasser finalmente enforcou em 1966 – argumentando da cela de sua prisão que os líderes contemporâneos do mundo muçulmano, incluindo "o faraó", que o haviam colocado lá, não eram de fato muçulmanos, mas pagãos modernizados, produtos sem fé da "nova ignorância" que agora se propagava pelo mundo.

Havia também o publicitário paquistanês temperamental Mawlana Mawdudi, que morreu em 1979, após meio século de carreira como político religioso alegando conspirações e contraconspirações e pressionando pela criação de um "Estado islâmico" – um país governado diretamente por Deus através de uma aplicação literal da lei alcorânica. E, mais significativamente, houve Ruhollah Khomeini, o clérigo xiita por muito tempo exilado confeccionando as ilegíveis e intrincadas concepções teocráticas que levaram à revolução iraniana. Consideradas em conjunto, as ideias desses homens inspiraram, aproximadamente entre o colapso do xá em 1979 e o triunfo do talibã em 1996, uma série de explosões locais, separadas e independentes, mas ainda assim de algum modo conectadas – o Movimento Islâmico Armado na Argélia, a guerra civil no Sudão, a Guerra Irã-Iraque, Luxor, Caxemira, o ataque à mesquita de Meca, a desintegração do Líbano, a intifada al-Aqsa, assim como as erupções na Chechênia, na Bósnia e a Frente Moro de Libertação Islâmica. Milhares morreram – no Iraque e no Sudão, talvez um milhão cada. Não foram apenas as fronteiras do islã que terminaram se revelando sangrentas.

Estranhamente, a própria conclusão de Kepel, após examinar toda essa tormenta e desordem detalhadamente, é que o "islã político", encalhado na Argélia, faccionado no Sudão, derrotado no Afeganistão, sabotado na Malásia, diluído no Irã e posto na defensiva em toda parte por um mundo insurgido contra ele após o 11 de setembro, está agora em pleno declínio:

> A violência... se mostrou uma armadilha mortal para os islâmicos como um todo, eliminando qualquer capacidade para mobilizar os... grupos de pressão de que necessitam para se apoderar do poder político. [...] O movimento islâmico terá muita dificuldade para reverter seu rastro de declínio à medida que enfrenta [o] século XXI.

Exceto pelo fato de as coisas não parecerem exatamente assim na Palestina, em Achém, na Indonésia, na Caxemira ou no norte da Nigéria (ou, ainda ontem, na Arábia Saudita ou no Marrocos), essa pareceria uma conclusão relativamente em risco de ser sumariamente desconfirmada. Kepel pode, de fato, estar sofrendo da síndrome escrito-um-pouco-antes-publicado-logo-depois do 11 de setembro, que comentei anteriormente[4] estar afligindo vários trabalhos recentes sobre o islã e o islamismo. A mudança no subtítulo na edição inglesa, com seus apressados esforços *post scripta* para manter a clara estrutura em duas partes de expansão e declínio – uma estrutura construída muito profundamente na narrativa original para ser revisada muito facilmente na traduzida – sugere igualmente isso.

---

3. Cf. "Qual o caminho para Meca? – Parte I". Como o próprio Kepel observa, seu trabalho segue o de seu mentor, Olivier Roy, cujo *The Failure of Political Islam* (Harvard University Press, 1998; publicado pela primeira vez em Paris em 1992), "um livro cheio de ideias que iam contra a opinião corrente e forjavam o caminho para uma nova abordagem ao problema do islã", promoveu a concepção de que o islã havia entrado em um período de declínio mais ou menos final. Em seu trabalho mais recente, *L'Islam Mondialisé* (Paris: Seuil, 2002), não traduzido ao inglês ainda, Row afirma e estende essa noção, que repousa, em primeira instância, em uma distinção precisa entre "o islã como uma religião" e "as práticas concretas dos muçulmanos", consideradas como um conjunto de fatos sociais, e não culturais. A primeira pode ser deixada, com o Alcorão, "aos teólogos"; a segunda é "um fenômeno global, que apoia [*subit*] e acompanha a globalização". Como "todas as explicações [sobre temas sociais e políticos] por meio da religião são tautológicas... a noção huntingtoniana de uma civilização fundada na religião nada explica." As tensões atuais "associadas hoje ao islã são sintomas de sua ocidentalização distorcida [*mal vécu*] e das sucessivas crises que isso provocou", não algum "choque de culturas" intrínseco. "Não foi a torre de São Pedro em Roma que bin Laden atacou. Não foi sequer o Muro das Lamentações. Foi Wall Street."

De qualquer modo, aqueles que seguiram a interpretação da jihad e do islã militante "da tradição ao terror" – muitos dos quais devem muito, reconhecendo ou não, a Kepel e sua concepção guerra de ideias intelectualista acerca do que estava ocorrendo – não adotaram uma posição tão descontraída. Na verdade, eles soaram o alarme com um senso cada vez maior de desespero. "Despercebida pela maioria dos ocidentais" – Daniel Pipes, o incansável polemista neoconservador, escreveu na mais recente de sua longa série de protestos que soam como alarmes de incêndio à noite, *Militant Islam Reaches America* (*O Islã militante alcança a América*) –, "a guerra foi declarada unilateralmente [pelos islâmicos] à Europa e aos Estados Unidos". "A guerra contra [o terrorismo islâmico]" – escreve o outrora poeta *beat* que se tornou devoto sufista, Stephen Schwartz, em seu ataque total aos sauditas e a tudo relacionado a eles, *The Two Faces of Islam* (*As duas faces do Islã*) –, "é... uma guerra até à morte, do mesmo modo que a Segunda Guerra Mundial foi uma guerra até à morte contra o fascismo". "Ler é deslizar em direção à morte", diz o intenso e hiperpolítico "novo radical" Paul Berman, recrutando Sayyid Qutb para seu ataque à complacência ocidental diante da ameaça islâmica, em *Terror and Liberalism* (*Terror e liberalismo*), "e deslizar em direção à morte significa que você compreendeu o que você leu".

II

Tomados em conjunto, e por todas as suas diferenças, que são mais de foco do que de pensamento, Pipes, Schwartz e Berman representam uma abordagem particular, e particularmente bem definida, para conceber o "islã" (e o "islamismo") como uma ideia formada na mente americana: eles o consideram não como um produto de eventos e processos externos à história e à cultura ocidentais, mais especialmente a história e a cultura ocidentais modernas, mas como extensões dessa história e dessa cultura – vinho velho em garrafas ligeiramente novas e estranhamente rerrotuladas. O aparentemente exótico é na verdade o familiar com um acento diferente. O século XXI, até agora pelo menos, é apenas um retorno do século XX com os nomes mudados. É bastante evidente aquilo diante do que estamos no Iraque, na Síria, na Arábia Saudita, no Paquistão ou no sul das Filipinas – ou, do mesmo modo, na cidade de Jersey e ao longo da Atlantic Avenue no Brooklin: "totalitarismo". Tudo o que necessitamos é discernimento para reconhecermos o fato e a coragem para fazer algo a respeito disso.

A versão que Pipe apresenta dessa abordagem é-mais-tarde-do-que-você--pensa ao islã político é a mais simples das três, a menos sobrecarregada com complexidades e reservas. Os títulos de seus capítulos dão uma noção bastante clara tanto do tom como do tempero, de onde ele está vindo, para onde está indo: "Lutando pela alma do islã", "Existem islâmicos moderados?", "A mentalidade ocidental do islã militante", "Ecos do debate da Guerra Fria", "Vamos conquistar a América", "Quem é o inimigo?" Do começo ao fim, é um mundo maniqueísta, perigosamente equilibrado, dividido completamente entre o bem e o mal, seja entre muçulmanos seja entre nós:

> Está ocorrendo agora uma batalha pela alma do islã. De um lado se encontram os moderados, aqueles muçulmanos ávidos por aceitar o modo ocidental, [...] prontos para se integrarem ao mundo. De outro lado se encontram os islâmicos – atemorizantes, buscando um domínio forte, com a esperança de afastarem o mundo exterior.

E assim por diante. A moderada e secularista Turquia enfrenta o imoderado e sectário Irã. (Mas o Ocidente dificilmente contribui para melhorar a situação.) "Infectados pela doença do século XX, os islâmicos fazem da política 'o cerne de' seu programa." (Mas os liberais ocidentais descartam suas ameaças como mera retórica.) Em um momento em que "os extremos europeus derivados da esquerda comunista e da direita fascista estão cansados e no geral impotentes, o islã militante se mostrou o único movimento totalitário verdadeiramente vital no mundo hoje". (Mas vários observadores ocidentais obstinados o declararam uma doutrina morta.) Talvez não surpreenda de todo que recentemente quando o Presidente Bush nomeou Pipes – que coordena um grupo de especialistas ativistas na Filadélfia e escreve colunas para o *The New York Post* e para o *The Jerusalem Post* – para ser o diretor do "Instituto da Paz dos Estados Unidos", fundado pelo Congresso, o Conselho de Relações Islâmico-Americanos, um grupo de ação localizado no Distrito de Colúmbia, sugeriu que lhe faltava distanciamento e solicitaram à Casa Branca que retirasse seu nome.

Stephen Schwartz – que também se deparou com dificuldades políticas na capital, provocando uma tempestade num copo d'água na direita – é uma figura estranha e extravagante[4]. Ele cresceu em São Francisco como parte do grupo literário Luzes da Cidade em torno de Lawrence Ferlinghetti, cujo trabalho seu pai publicara; tornou-se um anarquista-trotskista tão-à-esquerda-que-é-direita sob o *nom de guerre* "Comrade Sandallo", trabalhou por um tempo como escritor obituário e repórter de rua para o *The San Francisco Chronicle*, mudou suas afeições

---

4. Após finalizar seu livro (mas antes de publicá-lo), Schwartz, na época, chefe do escritório do *Forward* judaico de Washington, foi trabalhar para a Voz da América, mas foi em breve despedido por seu diretor de notícias por atacar a Voz por transmitir entrevistas com militantes muçulmanos para estabelecer um certo equilíbrio. Uma controvérsia pública, iniciada por uma coluna de William Safire no *The New York Times*, e levada adiante por uma boa parte da imprensa neoconservadora, que depois irrompeu, na qual a demissão foi atribuída à pressão do Departamento de Estado "pombo" de Colin Powell em sua luta contra o Vice-presidente Richard Cheney e os "falcões" do Pentágono. Cf. SAFIRE, W. "State Out of Step". *The New York Times*, 01/07/2002. • RADOSH, R. "State Department Outrage: The Firing of Stephen Schwartz". *Front Page Magazine*, 02/07/2002. • NOAH, T. "The Weekly Standard's House Muslim". *Slate*, 03/07/2002. • RAIMONDO, J. "The VOA Follies – 'Voice of America' Loses a Writer – and the War Party Gains a Martyr", 18/02/2003 [Disponível em www.antiwar.com].

e suas energias para Reagan durante a microguerra em Granada, e terminou encontrando seu caminho como jornalista *free lancer* em Sarajevo nos anos de 1990, onde se converteu ao islamismo e se juntou a uma ordem sufista Naqshabandi. Mudou seu nome novamente, ao menos para alguns propósitos, para Suleyman Abmad, e encontrou a cabeça da Medusa de que todo conspiracionista necessita: o "wahhabismo".

O wahhabismo (chamado assim em homenagem a um legista do século XVIII, Muhammad bin 'Abd al-Wahhab, que escreveu e pregou no noroeste da Arábia, principalmente, parece, para um deserto vazio) é o nome dado geralmente à versão radicalmente puritana do islã dominante, ao extremo do absolutismo, na Arábia Saudita atual – do tipo que apedreja adúlteros, decapita apóstatas, proíbe as mulheres de dirigirem e, aparentemente, cria o tipo de pessoa como Osama bin Laden. Muito pouco se sabe sobre Wahhab, cuja produção intelectual foi pequena e não original. Mas ele se tornou, desde a subida do petróleo da Casa de Saud, que o tomou como seu *totem* espiritual, a figura exemplar em quase toda parte do islã severo, ultraortodoxo e totalitário – o que Schwartz, cuja retórica sobreviveu a suas lealdades, chama "islamofascismo"[5].

Seu livro consiste em um delineamento monomaníaco, laborioso e repetitivo (a palavra "wahhabi" ou "wahhabismo" aparece em quase cada parágrafo) das milhares de formas – engenhosas, insidiosas e implacavelmente inflexíveis – pelas quais as maquinações da Casa de Saud, a serviço dessa doutrina louca, interagem para envenenar as almas dos muçulmanos, voltá-los uns contra os outros, contra nós e contra todos. Mobilizando seus petrodólares para fundar escolas religiosas ao redor do mundo, estabelecer fundações de propaganda do tipo frente popular, financiar esforços de intermediação, subornar os poderosos, infiltrar-se em organizações legítimas, recrutar apoiadores, eliminar inimigos e, mais especialmente, financiar a jihad, o terrorismo e a destruição de Israel. Os sauditas trabalham incansavelmente para transformar o islã – em sua essência uma força pacífica, mística e unificadora "pregando amor e cura" – em uma força "hipócrita" divisora e destruidora do mundo.

Claramente, há mais do que um grão de verdade nisso, como há em qualquer acusação abrangente de política dominada por facções, e as facções sauditas, como os aiatolás, o hamas, a Síria e Mubarak estão, com certeza, agindo para valer. Mas a discussão de Schwartz (ele praticamente nada tem a dizer sobre os detalhes concretos do conflito intraislâmico e, exceto pelo Alcorão, ele se vira sem

---

5. Para uma descrição mais clara, mais curta, mais acadêmica e mais nuançada (embora dificilmente menos hostil) do wahhab e do wahhabismo, cf. ALGAR, H. *Wahabbism*: A Critical Essay Islamic Publications International, 2002. Algar, que é um tradutor e admirador tanto de Qutb como de Khomeini, está preocupado principalmente com a questão da confusão sobre a qual o livro de Schwartz (que Algar não discute, ao menos diretamente) está fundado.

referência a fontes) é um excelente exemplo de como transformar um argumento plausível em uma fantasia obsessiva:

> Com o colapso do Estado soviético, o wahhabismo substituiu efetivamente o movimento comunista como o principal patrocinador da agressão ideológica contra o Ocidente democrático. [...] A divisão ideológica da humanidade em "dois mundos" foi promulgada em diferentes bases: o wahhabismo adotou uma distinção religiosa; o comunismo, uma classe padrão; e o nazismo, um critério racial. [...] O wahhabismo, como outras ideologias totalitárias... compeliu membros das novas classes médias no reino saudita e nos Estados do Golfo a avidamente matar e morrer, em vez de procriar e viver. [...] A conduta dos sauditas foi pérfida. Eles prometeram ao Ocidente afeição profunda, enquanto fomentavam o aventureirismo ao redor do mundo e buscavam controlar todo muçulmano sunita sob a face da Terra. [...] O regime saudita-wahhabi... incorpora um programa para a conquista impiedosa de poder e uma guerra de extermínio. [...] [Sua] face... é muito mais feia do que a de um islamismo geral, ou do nacionalismo radical árabe, [...] ou mesmo do comunismo soviético, e sua ameaça à paz do mundo é imensamente maior.

O livro de Berman, *Terror e liberalismo*, que é um discurso deambulador, uma-coisa-ou-outra, sobre o que ele considera ser a direção geral do pensamento político liberal desde a década de 1930, difere do livro de Pipes e do livro de Schwartz somente ao ser um pouco melhor escrito e provir, ostensivamente, da "esquerda" – outra daquelas categorias aparentemente naturais que parecem ter perdido, com seu gêmeo espelhado, uma certa quantidade de força e definição[6]. Dando continuidade a ideias políticas desenvolvidas no "centro vital" da esquerda não comunista na Europa e na América um pouco antes e um pouco depois da Segunda Guerra Mundial – Camus, Orwell, Arendt, Koestler, Arthur Schlesinger Jr., Leon Blum, André Glucksmann – Berman vê o islamismo como uma continuação das ideologias antirracionais que surgiram por todo o continente no final do século XIX e no começo do século XX, ideologias que levaram ao fascismo italiano, espanhol e alemão, assim como o bolchevismo russo. Inspirando-se em Dostoievski e Baudelaire, Luigi Galleani e Martin Heidegger, o terrorismo moderno nasceu nos salões da Europa. A versão muçulmana é um mero derivativo.

Ao estender essa genealogia obscura ao Oriente Próximo e Médio, Berman se apoia principalmente em uma leitura profunda de Sayyid Qutb, a quem considera um pensador importante, embora maléfico, uma figura comparável, ele diz, aos "maiores autores da Modernidade". Em Qutb, nascido sete anos antes de

---

[6]. *Terror and Liberalism*, que tem pretensões de ampla significação filosófica, já foi analisado – e contundentemente, no meu ver – por Ian Buruma no *The New York Review*, 01/05/2003. Aqui, estou preocupado, muito *en passant*, com seu lugar na literatura de "construção do islã".

Camus, "seu colega norte-africano", podem ser encontrados – transformados em um idioma corânico e voltado para a regeneração de um mundo decadente – todos os grandes temas do irracionalismo europeu: o ódio pela cultura capitalista, a visão integralista da sociedade, a função purificadora da morte, a concepção de uma vanguarda moral, o chamado para a ação direta, o sonho de um mundo purificado. A guerra do terror não é nova nem sem precedentes: "É a mesma batalha que estraçalhou a Europa durante a maior parte do século XX – a batalha entre o liberalismo e seus inimigos totalitários".

Talvez. Seria confortante pensar assim. É melhor, com certeza, um diabo conhecido. Mas surge o pensamento, como em Pipes e Schwartz, de que o que está acontecendo aqui é menos uma tentativa de "compreender o islã" do que um esforço para descrevê-lo de uma maneira tal que uma abordagem para lidar com ele – moral, necessária, clara e comprovada – emerja de si mesma: uma abordagem que, agora que somos a única superpotência e a força está realmente conosco, deveria provar mais rápido, menos custosamente, e de modo completamente mais efetivo do que na primeira tentativa. Berman escreve:

> Deve ficar claro a todos ao redor do mundo que, não, você não pode lutar contra os Estados Unidos; não, você será esmagado; não, você não sobreviverá; não, multidões de pessoas adoráveis na rua não entoarão seu nome – você perderá, e perderá de novo, e perderá ainda mais.

III

É o bastante sobre os guerreiros, cada vez mais frios. Além desse tipo de juízo de valor – terror, jihad, "por que eles nos odeiam?" – também estão surgindo agora vários trabalhos de diagnóstico, mais empíricos e orientados para a ação política, menos preocupados com anunciar o que o "islã" e o "islamismo" essencialmente são do que com discernir o que, concebivelmente, eles podem se tornar com o tempo, e como devemos, do nosso lado das coisas, reagir. Estudos sobre as concepções e aspirações de intelectuais muçulmanos, sobre processos políticos e instituições governamentais em Estados islamizados existentes, sobre diferenças em atitudes sociais de uma região ou seção do mundo islâmico à outra, e sobre mudança de papéis de eruditos e clérigos, os escolásticos do islã, na política cotidiana secular, todos direcionados para a descrição de uma religião que é mais uma coleção em evolução de contrastes, um arranjo de modos possíveis de viver e crer, do que um ideal transcendental fechado e permanentemente assentado.

Dois livros recém-publicados nessa tradição geral do o-que-está-acontecendo, para-onde-as-coisas-vão, um de Graham E. Fuller, vice-diretor aposentado do Conselho de Inteligência Nacional da CIA, com vinte anos de "experiência" no Oriente Médio (ele "visitou", diz, praticamente todos os países muçulmanos), e outro de Noah Feldman, de trinta e dois anos, professor de direito da NYU e ex-secretário de David Souter na Suprema Corte e de Harry Edwards na Corte de Apelos do Distrito de Colúmbia, tratam a questão: "O islã é capaz de democratização?" E os dois surgem, surpreendentemente, com respostas positivas.

Em *The Future of Political Islam* (*O futuro do islã político*), Fuller diz que duvida que suas concepções reflitam as da CIA atualmente, embora pareçam mais do que uma pequena reminiscência da "Companhia" durante seu auge na Guerra Fria, quando albergou tantos daqueles liberais de "corações-e-mentes", do tipo Americano Tranquilo*, do Congresso pela Liberdade Cultural de Berman. Ele coloca suas esperanças principalmente nos intelectuais muçulmanos semissecularizados mais jovens instruídos – estudiosos, professores, profissionais, figuras literárias, jornalistas, servidores públicos, técnicos – uma classe em rápido crescimento de pensadores independentes que mostram tanto uma insatisfação útil com ideias recebidas como uma fome revigorada por novas ideias, que devemos estar dispostos a fornecer. O problema real, ele diz, não é se essas pessoas se encaixam ou não em nossas noções recebidas de democratas liberais. O problema real é o que eles realmente querem. E o que eles realmente querem, de acordo com o sumário que acompanha o livro de Fuller, é uma voz em sua própria ordem política, uma voz que eles não possuem no atual reino de monarquias, autocracias, claques e teocracias:

> Os islâmicos... representam a maior, e muitas vezes a única, alternativa à maior parte dos regimes autoritários estabelecidos atualmente. Eles continuam a prosperar, crescer, evoluir e diversificar. [Eles são] violentos e pacíficos, radicais e moderados, ideológicos e pragmáticos, políticos e apolíticos [e] tão cedo não vão desaparecer. [...] Eles são o veículo para numerosas aspirações muçulmanas: um desejo de restaurar a dignidade e a voz muçulmanas no mundo, de criar uma nova identidade muçulmana, de remover os ditadores atuais, de atingir a democracia e uma justiça social maior, de restaurar um âmbito moral para a sociedade muçulmana, de obter um poder maior para o mundo muçulmano, de rejeitar a dominação estrangeira e [de defender] os direitos das minorias muçulmanas oprimidas em toda parte.

Quando chegam ao poder por meio de eleições livres, como eles quase chegaram na Argélia em 1990-1991, e como chegaram de fato na Turquia, primeiro em 1996 e depois em 2003, e, ao menos temporariamente, em 1999 na Indonésia, essas pessoas são vistas, sem dúvida, como "problemáticas e suspeitas para os Estados Unidos – ao menos no começo". As populações muçulmanas, "há muito inibidas e reprimidas e silenciadas... vão arrebentar o curral como um búfalo brâmane, e podem demorar algum tempo para que se acalmem e superem sua

---

* No original, em inglês, *Quiet American*. Referência provável ao livro *The Quiet American* (1955), de Graham Greene [N.T.].

raiva acumulada". Mas, com paciência, delicadeza e a habilidade para ouvir da nossa parte – e "o abandono por parte de Washington de políticas implacavelmente duras, peremptórias e unilaterais com relação ao mundo muçulmano no contexto da Guerra Contra o Terrorismo" –, um progresso genuíno em direção à democracia é possível. "Os islâmicos embarcaram em uma odisseia notável" – o esforço para mobilizar sua religião e cultura em nome da modernização e do desenvolvimento social. "[Devemos] esperar que [eles] prossigam o trabalho na direção de uma compreensão renovada do islã na Época Moderna, [...] encontrem aliados nesse processo e avancem na direção" das mudanças e reformas tão desesperadamente necessitadas."

Se tudo isso parece um pouco Jimmy Carter-ista, Noah Feldman, que recém foi encarregado por uma parte ou outra da administração Bush de ajudar os iraquianos a redigir uma nova constituição (ele trabalhou anteriormente, quando se encontrava em Yale, auxiliando os eritreus a escreverem a sua), é ainda mais otimista. Em *After Jihad: America and the Struggle for Islamic Democracy* (*Depois da Jihad: A América e a luta pela democracia islâmica*), ele investiga a "ideia de democracia" através dos textos sagrados do islã, do Alcorão, das Tradições, da "Lei", busca por arautos da sociedade civil em arranjos políticos existentes, e, otimistamente, encontra razões para esperança praticamente em toda parte.

Imagine, ele diz, "um Estado reconhecidamente islâmico, povoado por muçulmanos e comprometido com os princípios políticos da democracia". Como um Estado assim poderia surgir? Poderia, ele pensa, originar-se das monarquias constitucionais da Jordânia e do Marrocos, que, sob seus novos reis jovens, já são menos autocraticamente governadas. Ele poderia emergir na Turquia, onde a democracia está arraigada e necessita agora somente superar sua hostilidade – herdada de Ataturk e mantida pelo exército secularista – à expressão religiosa muçulmana. Pode inclusive ocorrer na futura Palestina, "onde a própria novidade da iniciativa, o escrutínio e a assistência do mundo, e a experiência política da autorrealização" poderiam produzir "a democracia modulada pelo islã". Ele poderia, de algum modo, desenvolver-se em autocracias como o Egito ou a Argélia, onde a estrutura da democracia existe sob a forma de eleições e parlamentos "e necessita ser preenchida por seu espírito". Mesmo o Paquistão poderia ser uma democracia islâmica se seu experimento com o federalismo produzisse benefícios e "seu líder militar se mostrasse melhor do que os anteriores". As monarquias do petróleo do Golfo podem "surpreender o mundo" e ser bem-sucedidas em suas promessas de fortalecerem suas legislaturas já eleitas e se tornarem "minidemocracias para inspirar a Arábia Saudita".

A essas alturas, o impulso, certamente, é gritar: "Muita sorte!" Mas, de fato, existe ao menos alguma evidência de que essas mudanças – por mais difícil e lenta que possa ser sua ocorrência – são tudo, menos simplesmente impossíveis. Dois estudos empíricos recém-publicados, ambos executados por crentes muçulmanos com formação e trabalhando em instituições modernas de educação e dentro de tradições acadêmicas modernas – atitude de pesquisa, no primeiro, história social, no segundo – olham para o "islã realmente existente", em vez de para alguma imagem esquematizada e tendenciosa dele. Um, chamado *Faithless: Muslim Conceptions of Islam and Society* (*Infiéis: Concepções muçulmanas de islã e sociedade*), de Riaz Hassan – um jovem sociólogo formado nas universidades de Punjab e Ohio e agora lecionando na Universidade Flinders na Austrália –, baseia-se em um levantamento de larga escala de atitudes realizado em quatro países separados e muito diferentes – Egito, Cazaquistão, Indonésia e Paquistão. O outro, chamado *The Ulama in Contemporary Islam: Custodians of Change* (*Os ulemás no islã contemporâneo: guardiões da mudança*), de Muhamad Oasim Zaman – um historiador intelectual que leciona nos departamentos de humanidades e de religião na Universidade Brown –, é um estudo sobre as atividades durante mais de um século de um poderoso movimento social clericalmente orientado na Índia, Paquistão e, agora, ultimamente, Afeganistão. Juntos eles não somente demonstram que os novos intelectuais muçulmanos de Fuller existem; mas mostram também como o mundo que descrevem se parece para quem o habita.

Hassam organizou e dirigiu grupos de entrevistadores locais e estrangeiros, todos muçulmanos, em seus quatro países (que respondem, como ele menciona, por cerca de metade da população dos países de maioria muçulmana) e conduziu 4.500 entrevistas extensivas programadas indagando tudo: da crença do sujeito em milagres ou no diabo até as posições dele (ou dela – cerca de um quarto de seus entrevistados era de mulheres) com relação aos papéis de gênero, ao cristianismo e ao judaísmo, à evolução darwinista, ao papel que a lei corânica deveria desempenhar no governo, como as mulheres deveriam se vestir em público, ou se concordavam com declarações como "a natureza humana e imutável" (no Paquistão, 86% concordavam, no Cazaquistão, 41%).

Os detalhes dos resultados são extremamente fascinantes (por exemplo, que 98% dos indonésios tenham experienciado "um sentimento de medo em relação a Alá", mas somente 65% dos egípcios – e aparentemente quase nenhum cazaquistanês; e que na Indonésia somente 14% dos homens e 8% das mulheres pensam que a educação superior é mais importante para homens do que para mulheres, enquanto no Paquistão, 57% dos homens e 31% das mulheres). Mas o que mais surpreende sobre os resultados em geral é quão amplamente as concepções e posições religiosas particulares variam entre os quatro países – da intensidade ortodoxa no Paquistão, ainda sofrendo por se sentirem uma minoria com respeito aos hindus no subcontinente, passando pelo catecismo popular de pregação nas ruas nas favelas urbanas do Egito, cada vez maiores e mais desordenadas, até o complexo pluralismo sincrético – "muitos são os caminhos" – que caracterizou a Indonésia multiétnica por séculos e está agora tomando a forma semiconfessional e de tolerância relaxada, resultando quase em indiferentismo, no Cazaquistão, recém-saído da dominação secularista absoluta da União Soviética. Qualquer noção do islã como um universo, em toda parte o mesmo em conteúdo e perspectiva, dificilmente pode sobreviver aos resultados. A percepção de que em todo lugar o islã está se movendo, embora em direções variadas, e não apenas se opondo à "modernidade", o Ocidente, e à mudança interna, mostra-se muito fortemente.

O livro de Zaman é um tipo de trabalho inteiramente diferente, mas apresenta uma imagem similar. É um estudo monográfico, detalhado e cuidadosamente pesquisado, sobre o desenvolvimento da irmandade deobandi, que, tendo começado na Índia britânica no final do século XIX como uma reação reformista de orientação sufista contra o domínio colonial, tornou-se central nos intensos debates "mesquita-e-Estado" em torno da formação do Paquistão, e finalmente forneceu grande parte do ímpeto e muitos dos líderes – ou seja, os estudantes *taliban* – para a insurgência talibã no Afeganistão. Dentre outras coisas, o livro demonstra que a imagem geral dos clérigos muçulmanos – ulemás, aiatolás, mulás, faqihs – como passivos, reacionários espirituais vinculados a um islã atemporal e socialmente retirado é completamente malconcebida. Em muitos lugares, atualmente talvez na maioria, eles sejam vistos como membros de grupos de vanguarda na renovação da sociedade e crença islâmicas tradicionais:

> Mesmo quando se esforçam para demarcar e defender nossa própria esfera religiosa, os ulemás... continuam a aumentar suas audiências, a modelar debates sobre o significado e lugar do islã na vida pública, a guiar movimentos ativistas na busca de seus ideais. Para eles, não existe um modo único de defender seus ideais ou de torná-los práticos ou relevantes no mundo. Existem diferentes caminhos para adotar.

Notar-se-á que os Estados Unidos são, neste momento, um poder do Oriente Médio. O que faremos como tal, especialmente em meio aos conflitos de facções xiitas em Bagdá, atentados terroristas em Riyadh e Casablanca, a vitalidade contínua da al-Qaeda, e toda sorte de conflitos de rua por toda a região e além dela, resta saber. Mas certamente a concepção do "islã" sendo construído tão desesperadamente diante de nossos olhos por professores, políticos, jornalistas, polemistas, e outros profissionalmente preocupados em nos convencer, será de grande importância na determinação do que faremos. Aqui, para variar, a linha entre a escrita e o mundo é direta, explícita, substancial e observável. E, sem dúvida, em breve veremos, consequente.

2005

Sobre o estado do mundo*

I

O recente *tsunami* no sul da Ásia – no qual talvez um quarto de milhão de pessoas de todas as idades e condições foi indiferentemente arrastado por um cataclismo cego – concentrou-se, ao menos por agora – talvez somente por agora – em nossas mentes. Uma fatalidade em tal escala, a destruição não somente de vidas individuais, mas de populações inteiras delas, ameaça a convicção que talvez mais reconcilie muitos de nós, tanto quanto qualquer coisa mundana assim o faz, com nossa própria mortalidade: que, embora possamos perecer, a comunidade na qual nascemos e o tipo de vida que ela suporta, de algum modo sobreviverá. A sugestão de que isso possa não ser verdadeiro, que uma calamidade, se grande o bastante, ou a estagnação, se crônica o bastante, podem pôr um fim às fundações de nossa existência coletiva, que além de seus membros separados a própria sociedade é mortal, é uma ideia dificilmente nova. A história antiga reúne exemplos, a ficção científica constrói narrativas; os mitos de todas as nações exibem exemplos de advertência. Mas o estudo empírico sobre como as sociedades morrem, o exame comparativo de casos e o cálculo sistemático de possibilidades, mal começou. Não existem, até agora, quaisquer tabelas de expectativa de vida para civilizações, e as autópsias, parciais e arqueológicas, são inconclusivas quanto à causa da morte.

Jared Diamond é biogeógrafo e psicólogo evolucionista na Ucla, e o autor de uma descrição envolvente, severamente ambientalista, sobre as razões para a emergência do Ocidente moderno à predominância política e econômica, que

---

* Publicado originalmente como "Very Bad News". *New York Review of Books* 52, n. 5, 24/03/2005. Os livros em discussão aqui são os seguintes: *Collapse: How Societies Choose to Fail our Succeed*, de Jared Diamond, e *Catastrophe: Risk and Response*, de Richard A. Posner.

vendeu um milhão de cópias e ganhou um Prêmio Pulitzer. Richard Posner é juiz na Corte Americana de Apelos para o Sétimo Circuito que, entre opiniões, publicou dúzias de artigos polêmicos sobre tudo, de envelhecimento e intelectuais públicos a organização racional do sexo e a análise econômica do direito. Eles possuem, como esperaríamos, abordagens muito diferentes à questão da fatalidade social[1]. Para Diamond, é um caso gradual, cumulativo, acelerando somente próximo do fim quando algum ponto crucial difícil de estabelecer é descuidadamente deixado para trás. Há um mau uso progressivo dos recursos naturais nos quais a sociedade está baseada ao ponto em que a vida coletiva colapsa em um estado de natureza hobbesiano que se consome. Para Posner, a "catástrofe" é uma culminação distante, extrapolada, das tendências presentes, um acidente aniquilador, implícito e despercebido, esperando para acontecer – "um evento trágico momentoso usualmente repentino [produzindo] destruição ou ruína total".

Se as sociedades perecem na negligência ecológica ou são destruídas por desastres previsíveis, elas falharam em prever. Para ambos os escritores a vigilância e a determinação são o preço da sobrevivência. Consciência é tudo. No entanto, por muito que possam diferir em estilo e método (e eles ocupam os polos das ciências sociais – o empirismo obstinado e abarrotado de fatos, de um lado, a aritmética política do modelo e do cálculo, de outro), esses são livros de conscientização, tratados para o tempo. É mais tarde do que pensamos. Mais tarde ainda do que pensávamos pensar.

II

Jared Diamond formula o problema como o vê nos mais simples e diretos dos termos: "Por que", como a capa de seu livro coloca, "algumas sociedades, mas não outras, incorrem no erro da autodestruição?" "Por que algumas sociedades tomam decisões desastrosas?" "O que isso tudo significa para nós hoje?" E ele o trata também diretamente, com o tipo mais elementar – descrição-e-classificação – de método comparativo: o tipo de abordagem que ele adotou em trabalhos anteriores para mapear as populações de pássaros da região montanhosa da Nova Guiné ou para traçar a evolução da sexualidade primata. Veja isso, veja aquilo; observe as similaridades, observe as diferenças; encontre o fio, conte a história – uma história natural do fracasso da sociedade.

Consequentemente, ele expõe – em diferentes graus e profundidade de detalhes e em nenhuma ordem particular de importância – uma ampla variedade de

---

1. DIAMOND, J. *Guns, Germs, and Steel*: The Fates of Human Societies. Norton, 1997. • POSNER, R. *Aging and Old Age*. University of Chicago Press, 1995. • *Public Intellectuals*: A Study of Decline. Harvard University Press, 2001. • *Sex and Reason*. Harvard University Press, 1992. • *The Economics of Justice*. Harvard University Press, 1981.

casos particulares, oportunistamente escolhidos: sociedades arcaicas como a Ilha de Páscoa, os Maias antigos e os vikings da Groenlândia, que há muito tempo colapsaram num desastre ecológico autoproduzido; Estados emergentes do Terceiro Mundo como Ruanda, Haiti e a República Dominicana que, desorganizados, mal-administrados, atrasados e superpovoados, estão bem a caminho de produzir um resultado assim para si mesmos; civilizações modernas ou modernizadas como China, Austrália e Estados Unidos, que parecem no momento dinâmicas e prósperas, mas nas quais os primeiros sinais premonitórios de imoderação, desperdício, declínio e ruína estão começando a aparecer. Assim, a partir da evidência desses casos, ele constrói uma lista curta e misturada de fatores que juntos e separadamente "contribuem" para o destino da sociedade: a fragilidade inerente de seu *habitat*, a estabilidade de seu clima, a cordialidade ou hostilidade de seus vizinhos e parceiros de negócios, e, mais importante de tudo, a força determinada conclusiva e decisiva, "as respostas da sociedade aos seus problemas ambientais". Dentro dos limites do acaso e da circunstância, povos, como indivíduos, fazem seu próprio destino. Escolhendo bem ou mal entre políticas e possibilidades, eles próprios determinam o que lhes acontecerá.

Considere a Ilha de Páscoa, ao mesmo tempo a mais misteriosa e mais dramática ("nenhum outro lugar que eu tenha visitado produziu em mim uma tal impressão fantasmagórica") das comunidades humanas outrora prósperas e criativas que simplesmente morreram e desapareceram, evanesceram completamente da face da Terra. "O pedaço de terra habitável mais remoto no mundo", 2.092km de seu vizinho mais próximo, 163km^2 de área, ela foi, por cerca de oitocentos anos, de aproximadamente 900-1700 d.C., lar de uma população que em seu pico (as estimativas, baseadas em levantamentos arqueológicos e registros de exploradores, variam bastante) teve de algo em torno de seis a trinta mil cultivadores neolíticos de inhame e taro.

Esses excêntricos da grande civilização canoeira polinésia que, durante o primeiro milênio da Era Cristã, se espalharam ao longo do sul do Pacífico, da Nova Zelândia ao Havaí – e que, após chegarem e se estabelecerem, ficaram essencialmente isolados de qualquer outro povo do mundo – conseguiram, apesar de tudo, esculpir centenas de enormes estátuas de pedra, de 5 a 21 metros de altura, entre 10 e 270 toneladas, e as ergueram no topo de plataformas de exibição espalhadas ao longo de toda a ilha. Imagens, aparentemente, de ancestrais, deuses ou chefes deificados, esses se encontram agora tombados e quebrados, como muitas lápides, ao longo de uma paisagem despojada e arruinada – "o exemplo mais extremo de destruição de florestas no Pacífico... entre os mais extremos no mundo... toda floresta se foi... todas as suas espécies de árvores se extinguiram".

Como, e por quais passos, esse povo engenhoso caiu, ao longo de sete ou oito séculos, na desordem generalizada e – quando cortaram a última árvore da floresta e destruíram toda a vida animal da ilha – no assassinato, suicídio, fome e canibalismo, está longe de claro. Há somente evidência arqueológica – sítios de assentamento, lixos de cozinha, pedras cortadas de montanhas, vastos crematórios contendo milhares de corpos e grandes quantidades de cinzas de ossos – pelas quais nos guiarmos. Rivalidade entre chefes (as estátuas ficaram cada vez maiores com o tempo), flutuações naturais em fontes de alimentos, e doenças epidêmicas provavelmente desempenharam um papel, assim como revoltas populares:

> O tombamento por parte dos habitantes da Ilha de Páscoa de seus moai ancestrais me lembra dos russos e romenos tombando as estátuas de Stalin e Ceausescu. [...] Os ilhéus deveriam estar cheios de raiva reprimida de seus líderes por muito tempo. [...] Pergunto-me quantas estátuas foram derrubadas, uma a uma, em intervalos, por inimigos particulares do dono de uma estátua, [...] quantas, por outro lado, foram destruídas em um paroxismo rapidamente contagiante de raiva e desilusão, como ocorreu no final do comunismo.

De qualquer modo, a destruição foi impensada, total, prolongada e autoinfligida, uma lição e uma advertência ao modo como vivemos agora:

> O isolamento da Ilha de Páscoa fez dela o exemplo mais claro de uma sociedade que se destruiu pela exploração excessiva de seus próprios recursos. [...] Os paralelos entre [a ilha] e o mundo moderno como um todo são perturbadoramente óbvios. Graças à globalização, ao comércio internacional, aviões a jato e à internet, todos os países sobre a Terra hoje compartilham recursos e afetam um ao outro, exatamente como ocorreu com os doze clãs da Ilha de Páscoa. [A ilha] era tão isolada no Oceano Pacífico quanto a Terra é hoje no espaço. Quando os habitantes da Ilha de Páscoa se encontraram em dificuldade, não havia lugar algum para onde pudessem fugir, nem ao qual pudessem se dirigir para pedir auxílio; nem nós, terrícolas modernos, teríamos recursos em outra parte caso nossos problemas aumentassem. [...] [O] colapso da sociedade da Ilha de Páscoa [é] uma metáfora, no pior dos casos, do que pode nos esperar em nosso próprio futuro.

Diamond descreve suas outras civilizações decadentes em tons similarmente monitórios: vários *memento mori* da sociedade, lembretes funestos aos vivos e prósperos. Os índios pré-pueblo do sudoeste americano, os "antigos" anasazi contados em fábulas, construíram amplos complexos de apartamentos, entrepostos e sistemas intrincados de irrigação, mas sucumbiram diante de mudanças climáticas de pequena escala, conflitos por terras e superpopulação. As grandes cidades maias do Yucatán foram sufocadas pelo declínio da produção agrícola, desmatamento descontrolado e um sistema primitivo de transporte. E os vikings da Groenlândia, aos quais dedica uma centena deliberada de páginas, desapareceram, após quatro séculos e meio de perseverança miserável, diante da redução de *habitats*, conexões comerciais interrompidas e relutância teimosa em adotar as tecnologias dos esquimós. Em toda parte e sempre, quando sociedades pereceram, isso ocorreu por sua própria negligência e autoengano. Não foram seus ambientes, embora severos, que os puseram nisso; ou, de qualquer modo, não apenas seus ambientes. Foi seu fracasso em estarem à altura dos desafios que aqueles ambientes colocaram.

Com essa moral em mãos, Diamond procede, então, de um modo similar minucioso e obstinado, para examinar uma coleção heterogênea de sociedades contemporâneas em termos adaptacionistas. O genocídio ruandês, geralmente atribuído a conflitos tribais de "ódio antigo", é em vez disso imputado a uma crise malthusiana: um aumento populacional repentino que produziu tensões intrafamiliares letais. Homens jovens não podiam adquirir fazendas, filhos adultos não podiam sair de casa, o tamanho da fazenda diminuiu vertiginosamente, desigualdades crassas engendraram inveja mutuamente destrutiva. Na ilha caribenha de Hispaniola, duas sociedades marcadas e empobrecidas do Terceiro Mundo, o franco-africano Haiti e a hispano-indígena Dominica, oferecem, lado a lado, um estudo em contrastes: o primeiro, "o país mais pobre do Novo Mundo, e um dos mais pobres do mundo fora da África", arruinado, sem recursos, um caso perdido de desenvolvimento; a segunda, ainda portando as marcas de um Estado caudilho, com uma economia dependente, controlada de cima para baixo, silvicultura politizada e um crescimento artificial da construção aliado a congestionamentos urbanos.

A Austrália sofre de excesso de pastoreio, "exploração mineral" e dessecação artificial, levando "aqueles de nós inclinados ao pessimismo ou mesmo apenas ao pensamento sóbrio realista" a se perguntarem se o país está "fadado a um declínio do padrão de vida em um ambiente em constante deterioração". A China, um "gigante cambaleante", grande e crescendo rápido, e ecologicamente irresponsável, é assolado pela poluição, pelo desperdício e "pelos maiores projetos de desenvolvimento do mundo" – represas, inundações, desvios de água – "que, como se espera, causarão severos problemas ambientais... a interrupção de ecossistema[s] importante[s]... [o] deslocamento forçado [de] milhões de pessoas".

Nos Estados Unidos, Los Angeles, onde ele vive, está sufocada com poluição e tráfego, e sua elite tendo que se retirar para condomínios fechados; Montana, onde ele passa seus verões, outrora entre o topo dos dez Estados em renda *per capita*, está agora em quadragésimo nono para quinquagésimo, devido ao declínio das indústrias de extração – extração de árvores, mineração de carvão e de cobre, e extração de petróleo e gás – que deixaram para trás uma paisagem envenenada e uma sociedade de segundo lar de visitantes sazonais egocêntricos, "meio aposentados", das costas megalopolitanas. "Fracasso em antecipar", "fracasso em perceber", "mau comportamento racional", "valores desastrosos", "soluções malsucedidas", "negação psicológica", "pensamento de grupo" estão presentes em toda parte.

Existem alguns sinais de esperança. O Japão manejou suas florestas efetivamente, a região montanhosa da Nova Guiné estabilizou sua economia de quintal, uma reforma radical está começando na Austrália, o ativismo ambientalista está crescendo nos Estados Unidos. Mas, em geral, as perspectivas não são promissoras. O mundo moderno está envolto em uma "corrida em aceleração exponencial" entre problemas ambientais cada vez maiores e tentativas cada vez mais desesperadas para lidar com eles. "Muitos leitores deste livro são jovens e viverão o bastante para ver o resultado".

III

A concepção de Richard Posner sobre o fim lamentável que nos espera se estivermos insuficientemente alertas é tão futurística quanto a de Diamond é assombrada pela história. Uma colisão com um asteroide que pode espatifar a Terra em mil pedaços. Aquecimento global abrupto que poderia, paradoxalmente, transformá-la em uma bola de neve gigante. Um experimento com partículas fugitivas que poderia comprimir o planeta a ponto de torná-lo um mármore hiperdenso inabitável. Uma pandemia de genes manipulados, inverno da guerra nuclear, robôs enlouquecidos, nanomáquinas automontáveis com bilionésimos de metros de espessura, engolindo tudo em seu caminho até terem consumido tudo que é vivo. Uma nuvem de extinção em massa, nefasta e indeterminada, paira no horizonte do mundo ou exatamente sobre ele. A menos que repensemos o modo como ordenamos nossas vidas e lidamos com nossa tecnologia, e talvez mesmo que o façamos, o pior pode ainda estar por vir.

O principal problema, além de suas dimensões desconcertantes, é que esses vários tipos de megacatástrofes parecem, para a maioria das pessoas, ou muito distantes, muito improváveis, ou muito completamente além do que vicariamente experienciaram – psicologicamente fora do âmbito, conceitualmente fora da vista – de modo a estarem além do âmbito da avaliação racional ou da resposta prática. Somos emocionalmente relutantes e intelectualmente mal-equipados para pensar sistematicamente sobre eventos extremos. Absorvidos como somos na cotidianidade da vida ordinária, e envolvidos por sua brevidade, o cálculo de possibilidades remotas e a comparação entre cataclismos transcendentes parecem sem sentido, e até mesmo cômicos. Isso, argumenta Posner, deve mudar, e mudar radicalmente se tivermos uma chance de evitar, para nós e para nossos descendentes, uma aniquilação final:

> Os perigos da catástrofe estão crescendo. Uma razão é o aumento do terrorismo apocalíptico. Uma outra... é o ritmo perigoso do avanço científico e tecnológico. [...] O custo das tecnologias perigosas, como

as da guerra nuclear e biológica, e o nível de habilidade requerido para empregá-las estão caindo, o que está pondo mais tecnologias ao alcance de nações pequenas, gangues terroristas e mesmo de psicopatas. Todavia, embora grande, o desafio de gerenciar riscos catastróficos está recebendo menos atenção do que a que é dispensada a temas sociais de significação muito menos intrínseca, como as relações de raça, se o casamento homossexual deveria ser permitido, o tamanho do déficit federal, vício em drogas e pornografia infantil. Nenhum desses temas é trivial. Mas eles não envolvem eventos de extinção potencial ou de variantes modestamente menos cataclísmicas do que aqueles eventos.

A primeira necessidade é obviamente distinguir as ameaças. Por onde devemos começar? Acidentes naturais como os *tsunamis*, terremotos, erupções vulcânicas, glaciações e colisões com asteroides são o perigo mais urgente? ("Um asteroide que colidiu com o que hoje é o México há 65 milhões de anos, mesmo com cerca de 10 quilômetros... de diâmetro quando entrou na atmosfera terrestre, pode ter provocado a extinção dos dinossauros. [...] Acredita-se que uma colisão similar tenha ocorrido há 250 milhões de anos exterminando 90% das espécies vivas na época.") Ou uma guerra bacteriológica, "a possibilidade de a ciência, ultrapassando a evolução, permitir que a varíola do macaco seja 'animada' pela manipulação genética em um patógeno muito mais letal do que a varíola jamais foi"? Ou um acidente de laboratório? Um bombardeio de *quarks* em um acelerador de partículas autorreunido em "um objeto muito comprimido chamado *strangelet* [que] continuaria crescendo até que toda matéria fosse convertida em matéria estranha"? Uma "fase de transição" similarmente gerada que "romperia o tecido do próprio espaço" e "[destruiria] todos os átomos no universo inteiro"?

Grãos geneticamente modificados? Vida artificial? Superinteligência mecânica? Extinção de espécies? O efeito estufa? O ciberterrorismo? Posner examina todos, um após o outro, em uma frenética agitação de pedaços de fatos empilhados, cálculos especulativos, disputas momentâneas e máximas políticas improvisadas – uma desordenada mistura de asserção, suposição, observação e opinião para a qual o termo "mixórdia" pareceria ter sido inventado. O resultado, talvez esperado, é muito semelhante ao sumário de um advogado. Se uma linha de raciocínio falha, tente outra. Se um especialista se opõe, ache outro que não se oponha.

Identificadas as ameaças, os custos de seu impacto, caso ocorressem, devem ser de algum modo avaliados, uma tarefa formidável quando você está lidando com probabilidades minúsculas, eventos anômalos e consequências momentosas. Posner lida principalmente com o problema de estimar o perigo por meio da completa postulação – estranho e (supomos, não intencionalmente) loucamente burlesco. "Suponha que o custo da extinção da espécie humana...

possa ser muito conservadoramente estimado em 600 trilhões de dólares [e existe] uma probabilidade anual de 1 em 10 milhões de um desastre *strangelet*." "Suponha que haja 70% de probabilidade de que em 2024 o aquecimento global provoque uma perda social de 1 trilhão de dólares." "Suponha que [uma] despesa de 2 bilhões de dólares reduza a probabilidade de [um ataque bioterrorista] de 0,01 para 0,0001." Isso feito, a análise custo-benefício, a atribuição de pesos numéricos a propósitos políticos – emissão de impostos, programas de vigilância espacial, sistemas de alerta antecipado, inspeções de aceleradores de partículas – podem, então, ser aplicados (ao menos teoricamente: "as pessoas têm problema com colocar valor monetário em 'produtos' distantes do que estão acostumadas a encontrar ofertados para a venda") para determinar que proporção de seus recursos a sociedade como um todo, e especialmente a sociedade americana, "ponderada em dólares… cerca de um quarto do mundo", deveria dedicar para um ou outro deles: onde essa ou aquela catástrofe deveria se situar em nossa escala de preocupações.

Com base nisso, página após página de suposições estatísticas (a maioria das pessoas "preferiria ter uma segurança razoável para viver até os 70 em vez de 50% de probabilidade de viver até os 50 e 50% de probabilidade de viver até os 90") e cálculos numéricos especulativos ("… permita-me supor que os benefícios [do Colisor Relativístico de Íons Pesados de Brookhaven] possam ser avaliados em 250 milhões de dólares por ano"), Posner chega a uma série de conclusões gerais, confiante e enfático, e nem um pouco desconcertado, com relação ao que, "melhor prevenir do que remediar", necessita rapidamente ser feito.

Uma Agência Internacional de Proteção Ambiental para impor normas ambientais determinadas em tratados – um Protocolo de Kyoto mais forte e mais compulsório – deveria ser criada. (A preocupação dos conservadores de que instituições internacionais coloquem os Estados Unidos à mercê de outras nações não procede: "como a nação mais poderosa do mundo, os Estados Unidos tende a dominar as organizações internacionais, e, quando não o faz, ele as ignora impunemente".) Uma agência de polícia mundial, "uma Interpol imensamente reforçada", é necessária para lidar com o bioterrorismo, "precisamente porque é um problema de polícia, assim como científico e médico". (Não apenas a investigação e apreensão de terroristas enquanto tais, "mas também de cientistas inocentes que, por falharem em observar precauções de segurança, podem se tornar [seus] cúmplices involuntários", exige um sistema global de vigilância oficial.) A política de permitir a alunos estrangeiros acesso aberto a nossas universidades deveria ser reexaminada. ("É dubitável que todos aqueles que retornaram para casa [tenham], em virtude de sua estada nos Estados Unidos, sido inoculados contra o antiamericanismo fanático.")

A cientistas, cujo "objetivo é o conhecimento, não a segurança... não pode ser confiada a defesa da nação e da espécie humana". ("O grande telescópio de rastreio sinótico... seria, como sabemos, uma ferramenta ideal para identificar objetos perigosos próximos à Terra. Os principais defensores do projeto, contudo, não estão interessados em objetos próximos à Terra, mas em galáxias remotas.") É necessário que sejam levados a uma consciência mais responsável acerca de seu dever social – talvez por uma corte científica composta por "advogados com formação científica", talvez por um "Centro para Avaliação e Resposta de Riscos Catastróficos", custeado pelo governo federal. "Libertários civis monomaníacos proferindo bordões falaciosos", apregoando "clichês sobre liberdade de expressão" e obcecados por "interrogação coerciva" podem objetar que tais medidas infrinjam normas constitucionais. Mas desde o 11 de setembro, "o custo marginal das liberdades civis aumentou dramaticamente". Como o risco é grande, a resposta deve ser igualmente grande:

> Em tempos de guerra, toleramos todo tipo de restrições às nossas liberdades normais... conscrição, censura, desinformação, vigilância intrusiva ou suspensão de *habeas corpus*. Um advogado pode dizer que é porque a guerra é um *status* legal que autoriza tais restrições. Mas para um realista não é a guerra enquanto tal, mas o perigo ao grau inusual associado à guerra, que justifica as restrições. A corrida precipitada da ciência e da tecnologia nos levou ao ponto no qual um punhado de terroristas pode ser mais perigoso do que uma nação inimiga. [...] Tem sido um lugar-comum desde que Thomas Hobbes escreveu *Leviatã* que negociar independência por segurança pode ser uma troca lucrativa. [...] Falta somente a vontade.

IV

Por todas as suas diferenças – o cortejo e o panorama de Diamond, o emaranhado e o torvelinho de Posner, o materialismo de Diamond, o utilitarismo de Posner, a profetização séria de Diamond, a pregação política beligerante de Posner –, ambos estão engajados, completamente, no mesmo tipo de exercício: produzir uma disposição social. Eles pretendem alterar atitudes, redirecionar inclinações, refocar preocupações; transformar as correntes de sentimento popular. Eles formulam, de um modo um pouco diferente, a mesma questão: "O modo de vida moderno é globalmente sustentável?" E eles dão, com base em um material um pouco diferente, a mesma resposta: "Não como se apresenta".

Olhando ao redor, achamos difícil discordar. Existem calamidades o bastante, presentes ou se aproximando, naturais e artificiais, para fazer qualquer um refletir, mesmo que fiquem ainda um pouco aquém da isolada e rejeitada Ilha de Páscoa de Diamond ou das nanomáquinas devoradoras do mundo de Posner. Kobe e Banda Achém, Bhopal e Chernobyl, o 11 de setembro e Madri, Ruanda e

Darfur; Aids, desmatamento, superpopulação, crescimento urbano desordenado, poluição e a proliferação de resíduos industriais parecem quase fora de controle; e é, de fato, difícil imaginar um mundo no qual o uso de automóveis pelos chineses se iguale ao uso dos americanos. Todavia, é possível nos perguntarmos se a situação dará lugar a alarme e súplica, a convicção alarmista de um grande número de mentes. Melodramas de declínio e queda e cenários de ficção científica podem servir para grifar a crise, mas não está muito claro o que eles fazem para enfrentá-la.

O que é mais surpreendente sobre as concepções do comportamento humano tanto de Diamond como de Posner é sua falta de densidade sociológica e de profundidade psicológica. Nem uma, que parece considerar as sociedades como pessoas coletivas, superentes pensantes intencionando, decidindo, agindo, escolhendo, nem a outra, para a qual existem somente indivíduos propositados, atores racionais perceptivos e calculadores nem sempre racionais, têm muito a dizer sobre os contextos sociais e culturais nos quais seus desastres se desdobram. Ou bem as populações irresponsáveis e dissipadoras "cambaleiam", ou "tropeçam", em direção à autodestruição ou os maximizadores estrategicamente úteis falham em apreciar as verdadeiras dimensões dos problemas que enfrentam. O que lhes ocorre se dá em locais e contextos, não em mundos da vida configurados cultural e politicamente – situações singulares, ocasiões imediatas, circunstâncias particulares.

Mas é dentro desses mundos da vida, situações, ocasiões, circunstâncias, que a calamidade, quando ocorre, toma forma inteligível, e é essa forma que determina tanto a resposta a ela como os efeitos que ela produz. Por mais "naturais", "físicos" ou "materiais" que possam ser, e por mais imprevisíveis ou não intencionais que possam ser, o colapso e a catástrofe são – assim como golpes e recessões, revoltas e movimentos religiosos – eventos sociais.

Uma inundação cataclísmica no sul da Ásia projeta as forças mundiais para o meio do mais local dos conflitos locais – o separatismo de Sumatra, a guerra civil do Sri Lanka. Uma pandemia de Aids sacode as fundações da vida familiar e altera as relações de poder ao longo de um subcontinente inteiro. A resposta do Estado, seletiva e defensiva, a um acidente nuclear na Ucrânia altera toda a linguagem dos direitos e obrigações em uma nação emergente. Um acidente industrial em uma fábrica pertencente aos Estados Unidos na Índia Central deixa para trás um quarto de século de litígio e legislação, ação e contra-ação, que modela atitudes em relação a tudo, dos limites da responsabilidade corporativa às fundações da justiça distributiva. A introdução de métodos eficientes de colheita seletiva nas florestas tropicais da Indonésia por multinacionais japonesas reordena o relacionamento entre os habitantes das florestas, o governo central centrado na cidade e o mundo mais amplo do comércio global.

Atenção monográfica a esses exemplos críticos deveria nos levar mais longe do que as crônicas de Diamond ou os cenários de Posner, em direção a alguma compreensão e a algum controle das interrupções e desintegrações da vida moderna que estejam de fato disponíveis para nós[2].

---

2. Sob a rubrica geral de "a antropologia e a sociologia da ciência", uma literatura monográfica sobre desastres particulares começou a aparecer. Cf., sobre o caso da Ucrânia, PETRYNA, A. *Life Exposed*: Biological Citizens After Chernobyl. Princeton University Press, 2002. Sobre a tragédia da Union Carbide na Índia, FORTUN, K. *Advocacy After Bhopal*: Environmentalism, Disaster, New Global Orders. University of Chicago Press, 2001. Sobre a exploração comercial das florestas da Indonésia, TSING, A.L. *Friction*: An Ethnography of Global Connection. Princeton University Press, 2005.

Parte III
A ideia de ordem
Últimas conferências

2001

O Oriente Próximo no Extremo Oriente*

Por toda sua variedade de temas e focos, o extenso trabalho de Lucette Valensi sobre a história do Mediterrâneo versava, quase continuamente, sobre o modo como formas culturais que surgem dentro de uma corrente da história, de uma civilização histórica, funcionam quando projetadas no interior de uma outra cultura: a francesa e a argelina, a judaica e a muçulmana, a ibérica e a moura, a veneziana e a otomana. Ideias, sentimentos e concepções de vida, modos de ser no mundo, encontram algumas de suas expressões mais surpreendentes, e mais características, muito longe de seu ponto de origem: no modo como elas colorem tradições muito diferentes das suas, vivem com uma intensidade particular em um lugar diferente do seu.

Gostaria de utilizar esta ocasião festiva para praticar a difícil arte que Valensi tão cuidadosamente desenvolveu, e cruzar uma distância ainda maior e uma diferença ainda mais ampla: o Oriente Médio e o sudeste da Ásia. Gostaria de considerar, em particular, o papel do islã como uma projeção da, na falta de um termo melhor, "cultura ou 'civilização' árabe" na "'cultura' ou 'civilização' da Indonésia". Esse é, confessadamente, um tema, ao mesmo tempo muito difícil de focar, mais do que um pouco sensível, e muito grande em escala. Mas, embora somente por essas razões, fornece um bom tema "valesiano": uma tradição inserida em um lugar não familiar.

O islã centrífugo

Todo mundo está consciente da natureza "internacional", "cosmopolita", "transcultural" do islã, assim como do fato de que ele tem sido assim pratica-

---

* Publicado originalmente como "The Near East in the Far East: On Islam in Indonesia". *Occasional Papers*, n. 12, dez./2001. Princeton: Institute for Advanced Study. Lucette Valensi é a Diretora de Estudos do Institut d'Études de l'Islam et des Sociétés du Monde Musulman, que é uma seção da École des Hautes Études en Sciences Sociales em Paris. Ela é autora de, entre outros textos, *The Birth of the Despot: Venice and the Sublime Porte* [Tradução inglesa, 1993].

mente desde seu começo. Uma geração após a morte do profeta, ele chegou ao oeste através do Egito em direção à África do Norte berbere, ao leste através da Ásia Menor em direção à Pérsia e à Índia, após o que se moveu para o mundo malaio em uma direção e, para a África Subsariana, na outra. Mas através de toda essa filtragem cultural – por meio do misticismo turco, do eclesiasticismo persa, da formação do Estado mughal – tão intensa e tão variada quanto qualquer corpo de pensamento e de crença jamais ocorrido, tende a passar despercebida a persistência de sua imagem e de seu caráter árabes, do Oriente Médio, embora velados, reinterpretados e modificados. É mais percebido do que especificamente investigado, mais tomado como certo do que examinado.

Uma razão pela qual esse aspecto da difusão do islã e, com ele, o de certos aspectos da "cultura árabe" – um termo que necessita um pouco de diferenciação – foi ignorado, se não precisamente em silêncio, muito quietamente, é a ambivalência que inevitavelmente acompanha um processo assim de radiação cultural ao longo de uma área vasta e variada. Aqueles que recebem o projeto, ansiosos para manterem suas próprias originalidades e reclamar suas próprias contribuições, de serem eles próprios em vez de outros, são especialmente cautelosos com relação a análises que investigam algumas de suas mais prezadas crenças e instituições em fontes estrangeiras. Em quase toda parte para onde o islã se difundiu além de sua pátria árabe e do Crescente Fértil, a questão surgiu com relação ao que é "islâmico" e ao que é "árabe" no conglomerado civilizacional, o conjunto amplo e inclusivo de crenças e práticas, valores e costumes que constituem *al-ālam al islāmīya*. Classificar essas duas dimensões – uma, supostamente "religiosa", a outra, supostamente "cultural" – pode ser uma tarefa completamente impossível, ou inútil. Mas isso não impediu povos do Marrocos à Indonésia, de Bangladesh à Nigéria, da Turquia ao Afeganistão, de tentarem levá-la a cabo, contínua e repetidamente, e sem uma resolução muito clara e estável.

A religião em geral foi um dos mecanismos mais importantes por meio dos quais culturas locais particulares se projetaram em uma tela mundial mais ampla ao longo do curso da história. O cristianismo, especialmente sob o impulso imperialista, evangelizador, que se apossou dele após a Reforma, levou as concepções e valores europeus a várias partes da Ásia e da África, assim como ao Novo Mundo. O budismo, a forma móvel de indicismo, transferiu aspectos da sensibilidade sul-asiática para o sudeste da Ásia, China e inclusive para o Japão. Mas o islã foi particularmente efetivo ao injetar o tom e o temperamento do Oriente Médio em contextos distantes, assim como, o que é ainda mais importante, em mantê-los e reforçá-los uma vez injetados.

O foco em Meca e Medina como o centro sagrado da Terra do Islã e a importância crescente, à medida que as comunicações melhoravam ao longo dos séculos, do haje; a manutenção do árabe clássico na escrita árabe como a única língua, intraduzível, da doutrina, assim como da lei, da prece, da poesia, do ornamento e da história; a inclinação retórica fortemente literária, iconoclasta e antirritualizante; as revitalizações escrituralistas da primeira metade do século passado – todas essas instituições e movimentos rigorosos, para não dizer puristas, serviram para manter as tradições da cultura árabe, assim como uma boa parte de sua aura, vivas mesmo dentro dos contextos aparentemente mais incompatíveis: o cerimonialismo africano, o hierarquismo sul-asiático, o sincretismo do Sudeste Asiático.

Certa vez, descrevi o islã como uma religião destinada à exportação[1]. Mas o que ele exportava não é apenas um credo e uma visão de mundo. Ao menos em parte, o fundamento a partir do qual esse credo e essa visão de mundo se desenvolveram foi exportado junto. Ainda mais do que o cristianismo, com suas partições móveis e suas escrituras ajustáveis, certamente mais do que o budismo, sem muito em termos seja do centro primordial ou da escritura determinada, o islã levou seu colorido nativo com ele. Tornar-se muçulmano não significava, sem dúvida, tornar-se arabizado. Mas significava entrar em uma relação complexa e contínua, seriamente ambivalente, com a cultura árabe.

Meu interesse nesse tema deriva principalmente de meu longo período de estudos de campo em duas sociedades, culturalmente muito contrastantes entre si e em relação às sociedades islâmicas não árabes do Oriente Médio. Por cerca de meio século agora, venho trabalhando na Indonésia e sobre a Indonésia e no Marrocos e sobre o Marrocos, os dissidentes fronteiriços da *umma*, o Oeste selvagem e o Oriente misterioso, contrastando um com o outro[2]. Eles fazem, para esses propósitos, um par útil, inusualmente acomodável. Eles conseguem inclusive modificar regimes mais ou menos em sincronia. A morte do Rei Hassan II, após trinta e sete anos de governo, e a queda do Presidente Suharto, não menos monarca, após trinta e três anos, vieram meses uma após a outra alguns anos atrás, seguidas em ambos os casos por fracos e hesitantes regimes reformistas, assolados por uma maré crescente de dissensão e desafeição islamistas, e de confusão interna cada vez maior. Aqui, contudo, em nome da clareza e da brevidade, examinarei, ou melhor, reexaminarei, somente o caso indonésio. O marroquino é, sob alguns aspectos, ainda mais elusivo e difícil de compreender, embora parecendo na superfície o mais simples dos dois. Mas como seria necessário um outro livro para lidar com ambos comparativamente e pinçar as similaridades dentro de suas diferenças, os contrastes que as conectam, formularei meus pontos mais gerais em conexão com a Indonésia, deixando para uma outra ocasião o prolongamento daquilo que pode aplicar-se ao Marrocos.

---

1. GEERTZ, C. *The Religion of Java*. Glencoe, IL: The Free Press, 1960.

2. Cf., entre outros, GEERTZ, C. *Islam Observed*: Religious Development in Morocco and Indonesia. New Haven: Yale University Press, 1968.

Formação do nicho

O aspecto mais distintivo da carreira histórica do islã na Indonésia é que, mais do que em qualquer outro lugar, inclusive na Índia, ele se inseriu, e muito tarde (principalmente após o século XIV, e mais decisivamente somente após os séculos XVII e XVIII), em uma sociedade étnica, linguística, geográfica e religiosamente complexa e diferenciada. Não havia "solo virgem" para "civilizar" aqui, como houve, mais ou menos, no compacto e tribalizado Marrocos. Havia um vasto e arquipelágico "país" (seis mil ilhas ou mais, lançadas ao longo de dois milhões de quilômetros quadrados ao longo do equador), que já era altamente desenvolvido, embora de modo muito desigual, econômica, política e culturalmente.

O fato bruto que surpreende qualquer observador da Indonésia, não importa o quão casual, em qualquer período que seja de sua história, é sua extraordinária diversidade, tão grande que torna, e por muito tempo tornou, a definição de identidade – "Quem somos? Malaios? Muçulmanos? Javaneses? Asiáticos?" – uma preocupação central e continuamente em evolução. Algumas datas e números simples deixam ver isso. Existem quinze grupos de tamanho razoavelmente considerável e cerca de quinhentos pequenos grupos, razoavelmente distintos, falando mais de trezentas línguas. O país foi colonizado, por um período mais curto ou mais longo, em parte ou no todo, pelos portugueses, espanhóis, holandeses, ingleses e japoneses – e, alguns diriam, mais recentemente e menos formalmente, pelos americanos. Influências comerciais da Índia, da Arábia do Sul e mais especialmente da China, o famoso "comércio oriental", levou a assentamentos significativos de imigrantes ao longo de toda sua história[3].

Por mais de um milênio, começando por volta do século V da era presente, civilizações hindu-budistas (as duas "religiões" eram dificilmente separáveis na época), migrando da Índia oriental, dominaram Java, Bali e algumas regiões de Sumatra, Kalimantan e Sulawesi, levando à construção de estados agrários grandes, agressivos e muito densamente populosos, focados em torno de capitais simbólicas *axis mundi*, ritual de massa, hierarquia espiritual e reis "divinos"[4]. Aproximadamente a partir de 1400, esses reinados foram desafiados

---

3. Sobre a história do comércio asiático no arquipélago indonésio, cf. VAN LEUR, J.C. *Indonesian Trade and Society*: Essays in Asian Social and Economic History. The Hague/Bandung: W. Van Hoeve, 1955.

4. Sobre esses estados, cf. SCHRIEKE, B.J.O. "Ruler and Realm in Early Java". *Indonesian Sociological Studies*. The Hague/Bandung: W. Van Hoeve, 1957. Para um exemplo (posterior), cf. GEERTZ, C. *Negara*: The Theatre State in Nineteenth Century Bali. Princeton: Princeton University Press, 1980. Cf. tb. PIGEAUD, T. *Java in the Fourteenth Century*: A Study in Cultural History. The Hague/Bandung: M. Nijhoff, 1960-1962.

por poderosos principados muçulmanos poliglotas, poliétnicos e polirraciais, que se espalharam por lá através de uma fluorescência comercial de larga escala, internacional e de longa distância, indo de Aden e do Mar Vermelho para o leste ao longo do Oceano Índico e da Costa Malabar, continuando do Estreito de Macáçar e do Mar de Java até as Ilhas Moluccas e avançando para o Pacífico em direção ao leste. E, à medida que, primeiro os portugueses e depois os holandeses, lentamente obtiveram a hegemonia após o século XVII, o país foi progressivamente, embora de modo muito desigual, islamizado, até hoje é, ao menos nominalmente (uma qualificação, como veremos, de importância muito grande), cerca de 86% muçulmano, 7% protestante, 3% católico, 2% hindu, 1% budista, e 2% "outros" – principalmente dos assim chamados "animistas" ou "pagãos" locais.

Há muito mais para ser dito sobre essa formação de uma cultura altamente cosmopolita, multifacetada e um tanto aleatória no que era então chamado, com a pluralidade apropriada, as Índias Orientais: a desigualdade de sua distribuição, os pesos relativos de seus vários elementos e a moldura política e econômica, autoritária, imperialista e intensamente laborista, na qual ocorreu. Mas o ponto essencial é que o islã – como uma religião e um impulso cultural, um modo de pensar importado – tinha de enfrentar uma ampla variedade de competidores formidáveis, em cujo jogo ele tinha – como novato e em geral desarmado – de algum modo de se posicionar. Nem "conquista" (embora houvesse violência o bastante envolvida) nem "colonização" (embora houvesse algum assentamento estrangeiro, principalmente de fugitivos, aqui e ali) são termos apropriados para o que aconteceu nas Índias. A "formação de nicho" – buscar espaços em um ambiente saturado, ocupá-los e, então, expandi-los – descreve muito melhor o avanço do islã, e com ele as formas de pensamento do Oriente Médio, em muitas partes da Indonésia, de suas primeiras intrusões até hoje.

Não tentarei delinear esse processo de formação de nicho e de desenvolvimento aqui em detalhes concretos, por que isso demoraria muito e envolveria uma torrente de nomes, lugares, eventos e personalidades, alguns dos quais (Salifiyyah, a Guerra de Achém, Hatta, Masjumi) podem geralmente ser reconhecíveis, já outros (Hamza Fansuri, Demak, A Rebelião dos Padri, o Islã Sarekat) provavelmente não. O que eu gostaria de fazer é traçar sua forma geral: as instituições que o mediam, as fases pelas quais passou e, especialmente, o papel que o islã, com sua aura e atmosfera árabes, seu eco de paisagens e de línguas distantes, veio a ocupar no torvelinho ideológico da moderna e independente Indonésia. Portanto, bem mais uma genealogia do que uma história: um ordenamento de heranças, uma seleção de tradições, uma lenda de identidade.

Nesses termos, discutirei, um após o outro e todos muito brevemente, o que me parecem ser três muito prontamente discerníveis, embora sobrepostos e entrecruzados, estágios nessa história, não de eventos e personalidades, mas da construção de um lugar para o islã (e, concomitantemente, para o ruído de fundo da cultura árabe) em uma civilização conglomerada, euro-asiática ou asiático-europeia, exterior a ele: (1) estabelecimento do nicho, (2) expansão do nicho, e (3) consolidação do nicho. Tomados em conjunto, eles dão uma imagem do que é usualmente chamado, um tanto negligentemente, como se fosse algum tipo de apoderamento ideológico de uma visão eterna determinada e contínua, "a islamização da Indonésia", que é muito diferente daquelas dadas por discussões canônicas sobre o tema e por descrições revisionistas – por histórias ortodoxas orientadas por considerações doutrinais, e por histórias neo-ortodoxas orientadas por considerações políticas. Encontramos, em lugar de uma hegemonia e diferenciação crescentes: o desenvolvimento não de uma consciência comum, mas de uma consciência profunda, e talvez permanentemente, dividida.

Mesquita, mercado e escola

Em primeiro lugar, o estabelecimento do nicho, o asseguramento de uma posição segura, de uma cabeça de praia, de uma base, de um enclave, das principais instituições mediadoras além da profecia como tal, foram a mesquita, o mercado e a escola: na Indonésia, a *masjid*, o *pasar* e as *pesantren*. Juntos, eles formam uma tríade indissolúvel, ao mesmo tempo religiosa, econômica e social, em torno da qual, nesse ou em outro lugar, nesse ou em outro tempo, uma comunidade reconhecidamente muçulmana, uma *ummah*, poderia consolidar-se.

A íntima associação, a simbiose mesmo, de mercado, comerciantes e a difusão do islã foi muitas vezes observada, assim como o acompanhamento deles pelo assim chamado "colégio islâmico" (em árabe, *madrasah*), em parte uma seita, em parte uma escola, em parte um teatro de autoridade clerical. Da fundação da profecia nos cruzamentos das rotas de comércio na região de Hejaz (ao menos reputadamente – reconheço que existe uma disputa sobre o tema), por meio do estabelecimento do grande empório cosmopolita centrado em Fustat, Basra, Quyrawan e Sijilmasa na "Idade Média árabe" dos séculos X e XI, à fluorescência do "comércio oriental" através de Gurajat, Malabar, Malacca e das Ilhas Moluccas nos séculos XV e XVI, a persistência dessa relação entre o comerciante, o erudito e a assembleia de sexta-feira como o núcleo animador de um islã portátil é clara e inequívoca. No que concerne à Indonésia, o crescimento e a proliferação dos reis do porto, por vezes chamados "estados-bazares", que aludi um pouco antes – árabes, turcos, persas, chineses, gujaratis, tâmiles, javaneses, bugineses, malaios, após um certo tempo portugueses e holandeses, todos amontoados, vendendo tecido, especiarias, joias, escravos, cosméticos e alimentos em um mercado de preços variáveis –, forneciam precisamente o tipo de ambiente fluido, descentralizado, intensamente competitivo do Extremo Oriente, no qual essa forma do Oriente Médio poderia se projetar, defender-se e, com o tempo, expandir-se[5].

Em si, esse estabelecimento de um quarteirão muçulmano (chamado, usualmente, um *kauman*, termo malaio do árabe, *qawm*, para "nação", "povo", "etnia") agrupado em torno de uma mesquita e comandado por carismáticos itinerantes, dificilmente foi uma questão de incursão e assentamento árabes. Apenas um punhado de comerciantes árabes, os hadraumatis, do que é agora o Iêmen do Sul principalmente, desenvolveram-se muito longe ao longo da estrada do mar de Alexandria, Aden, Cambay e Makassar antes do começo do século XIX, embora muitos tenham feito o mesmo mais tarde. Abarrotado de persas, turcos indianos e, cada vez mais, de malaios e javaneses – todos muçulmanos, embora tipos muito diferentes de muçulmanos –, o *kauman* – no qual um jargão chamado "bazar malaio" se tornou a língua de comunicação enquanto o árabe era a língua de orações – era tão culturalmente pluralista quanto a sociedade que o rodeava. Era menos separado dessa sociedade do que um componente dela: uma comunidade entre comunidades.

O próximo estágio, a "expansão do nicho", consistia, primeiro, do aumento da importância relativa do elemento muçulmano nos estados-bazar ao ponto de governantes, chamados "rajás", ou algo parecido, sem mudarem sua vestimenta e perspectiva culturais muito drasticamente, e muito dificilmente seu modo de operar, passaram a ser chamados "sultões", ou algo parecido; e então, segundo, e muito mais criticamente, o movimento, lento, hesitante, e muito desigual, do complexo mesquita-mercado-escola para as áreas agrárias centrais das ilhas maiores, Java, Sumatra, Kalimantan e Sulawesi. A formação de uma cultura comercial distinta – móvel, falante do malaio, ao menos superficialmente muçulmana – em torno do "Mediterrâneo da Ásia", o Mar de Java, levou a um conflito extenso, intenso e curiosamente indecisivo entre ela e os principados interiores –, grande, imóvel feudal e índica – um conflito posteriormente complicado pela proeminência crescente do empório costeiro, primeiro dos portugueses, depois dos holandeses. Uma vez mais, não é possível traçar o progresso dessa transformação das bordas para o interior da sociedade e cultura indonésias aqui: ela é muito complexa e muito parcialmente compreendida. Basta dizer que do século XVI ao XVIII, e até o XIX, o tipo de islã encapsulado característico do estado-bazar *kauman* se infiltrou em muitas partes do arquipélago ao mesmo

---

5. Sobre os estados-bazar, cf. SCHRIEKE, B.J.O. "The Shifts in Political and Economic Power in the Indonesian Archipelago in the Sixteenth and Seventeenth Century" (sic). *Indonesian Sociological Studies*. Vol. 1. The Hague/Bandung: W. van Hoeve, 1955.

que se transformava em uma colônia europeia sistematicamente explorada e burocraticamente governada[6].

O Complexo *Pesantren*

O fato, e é um fato, de que o islã progrediu em toda a Indonésia sob o guarda-chuva da hegemonia holandesa, que foi, embora acidentalmente, o beneficiário histórico de um governo imperial imposto e autodistanciado, voltado para o monopólio e a exportação, foi de algum modo obscurecido em discussões recentes, quando não ativamente encoberto. Em grande parte, esse é um resultado do desejo pós-colonial, em si bastante compreensível, de retratar o período colonial como um período no qual a distinção entre o intrusivo e o local era culturalmente clara e espiritualmente absoluta; que, na medida em que os dois estavam conectados, foi em termos de outridade e oposição, enquanto mundos dissociados, separados, interagindo somente antagônica e desigualmente. Isso é simplesmente falso. O século XIX e o começo do XX na Indonésia viram a construção de uma sociedade euro-asiática (ou, uma vez mais, asiático-europeia) com uma forma, um contorno e um conteúdo próprios, uma sociedade cuja principal diferença do que a precedeu, e, na verdade, do que a seguiu, era a configuração de sua variedade. E foi dentro dessa sociedade, as "Índias" em desenvolvimento, esparramadas e irregulares, mas cada vez mais interconectadas, que o islã indonésio encontrou seu nicho determinado e expansível.

A transformação holandesa de um conjunto de tribos e ilhas lançadas ao longo do equador em uma hierarquia de províncias e departamentos, e a redução concomitante, um após o outro, de todos os Estados e unidades políticas locais de uma extremidade à outra do arquipélago, estabeleceu um panorama ordenado e inteligível, ordenou regiões e áreas culturais – "povos" oficiais – ao longo das quais o complexo mesquita-mercado-escola pudesse se mover, navegar e se assentar mais facilmente. Ele se estabeleceu como o mediador entre a fidelidade islâmica e a conexão do Oriente Médio, um após o outro, em praticamente todas as regiões de cultivo de arroz irrigado densamente povoadas, em cujos assentamentos os estados e pequenos estados haviam surgido antes deles: a Java central e oriental, o oeste e o nordeste de Sumatra, o sudeste de Kalimantan, o sul de Sulawesi[7].

---

6. Para uma história geral da formação e desenvolvimento das Índias Orientais, cf. VLEKKE, B. *Nusantara*: A History of the East Indian Archipelago. Cambridge, MA: Harvard University Press, 1943.

7. Bali era, e, sendo "hindu", ainda é, a exceção a tudo isso. As razões para o relativo isolamento de seu desenvolvimento são complexas, mas a ausência de bons portos na costa da ilha foi certamente importante.

O padrão normal, reproduzido repetidamente ao longo do arquipélago de forma mais ou menos invariante, foi a fundação do que veio a ser conhecido como *pesantren*, literalmente, um lugar para alunos islâmicos peripatéticos, ou *santri*, viajando em busca do *'ilm*, conhecimento religioso ou iluminação. Mas um *pesantren* era mais do que uma instituição educacional, uma academia clerical preocupada com a propagação formal da doutrina. Um típico *pesantren* consistia (e consiste: o país é ainda dotado com eles, e continuam a fornecer a maior parte da subestrutura institucional do islamismo indonésio) de uma pequena propriedade, separada, usualmente rural, localizada no extremo de um vilarejo ou no campo aberto entre vilarejos: um complexo arcádico de: (1) uma mesquita, simples ou elaborada, em uma composição de estilos; (2) uma casa, usualmente espaçosa, para o líder religioso (o *'alim*, ou *kiyayi*, ou *usṭād*), que é na maioria dos casos um *haji*, um peregrino que retornou de Meca; e (3) algo em torno de um ou dois até doze ou mais dormitórios-varanda abertos chamados *pondok* (do árabe *funduq*, "hospedaria", "casa de repouso", "caravançará") nos quais os alunos, entre seis e centenas, praticamente todos nessa época homens, viviam. Havia também com frequência várias oficinas, campos, e assim por diante, anexados ao *pesantren*, dedicados a ele como uma fundação religiosa – uma *waqf*.

Os alunos variavam de meras crianças de oito ou nove anos até adultos ou mesmo idosos, embora a grande maioria fosse de adolescentes ou jovens adultos. Eles cozinhavam sua própria comida, lavavam suas próprias roupas, trabalhavam nos campos e nas oficinas, viajavam pela região como alfaiates, funileiros, mendicantes e vendedores ambulantes. Alguns ficavam por um mês, outros, por anos. Eles eram livres para se mover de um *pesantren* ao outro a fim de estudarem com outros mestres e obterem certificados (*ijāzah*) em ramos particulares de conhecimento religioso, apesar dos vínculos com seu mestre original, continuamente renovados com presentes e visitas no *'ayād*, o período das grandes festas muçulmano, serem considerados quase sobrenaturalmente inquebráveis. O ensino ocorria na mesquita; e como, ao menos até recentemente, poucos dos *santris* sabiam bem o árabe, o ensino consistia do *'alim* (que, igualmente, nem sempre conhecia bem o árabe) lendo, no Alcorão, uma coleção do *hadith*, ou um ou outro texto da *fiqh*; ou, em alguns casos – onde ordens sufistas (Shattari, Qadari, Naqshbandi) haviam penetrado –, nos manuais devocionários *ṭarīqah*. Enquanto prosseguia, o *'alim* oferecia explicações e comentários vernaculares que os *santris*, entoando em eco o texto, anotavam em suas margens, e memorizavam, após o que o *'alim* designava o *ijāzah* apropriado a esse texto para aqueles alunos a quem ele considerava que o haviam dominado[8].

---

8. Sobre o complexo *pesantren* na Indonésia, em geral, cf. ABAZA, M. "Madrasah". *The Oxford Encyclopedia of the Modern Islamic World*. Nova York/Oxford: Oxford University Press, 1995. Para alguns exemplos concretos, cf. GEERTZ, C. *The Religion of Java*. O ensino *pesantren*, apesar de pre-

Desse modo, passo a passo, ao longo de três séculos, o caolho conduzindo o cego, uma rede *pesantren* foi estabelecida ao longo de toda parte oeste do arquipélago e, mais esporadicamente, na parte leste, acompanhando e construindo as redes locais de mercados "sistemas solares" cíclicos que a intrusão mercantil intensificadora induziu em toda parte. Os *pesantren* individuais diferiam amplamente em tamanho e importância; eles passaram por altos e baixos, surgiram e desapareceram, com renome e fortunas, nunca muito seguros de seu *'alim*. Mas, como o número de peregrinos, assim como o de comerciantes e proprietários de terras mais ricos que podiam permitir-se ser peregrinos, crescia cada vez mais, especialmente após o começo do século XIX, quando os holandeses tornaram as rotas marítimas seguras (Snouck Hurgronje registra centenas de "javaneses", o maior contingente estrangeiro lá, estudando em Meca na década de 1880, muitas vezes durante anos), cresceu também o número de *pesantren* e de *santri*, até hoje há aproximadamente quatro mil dessas escolas com talvez oito milhões ou mais de alunos[9]. O que começou como nichos de tipo *kauman* muçulmanos nos estados-bazar multiculturais se espalhou, às custas do comércio, do discipulado e da alfabetização restrita, ao longo de todo o arquipélago multicultural. Hoje, "santri" se tornou o termo geral, em quase toda parte nas ilhas, para um muçulmano observante, um aderente estrito, como oposto a casual, nominal ou, como o idioma corrente expressa, "estatístico" do islã.

Mas por mais extensa que seja essa rede, ela permaneceu, e permanece, um nicho, embora grande e internamente desenvolvido, dentro da sociedade indonésia mais ampla, variada e mista. Naquela mesma década de 1880, quando a conexão de Meca estava funcionando, cosmopolizando uma elite clerical, quase todas as tradições religiosas, ou religioso-culturais importantes seriam encontradas em algum lugar nas ilhas. A presença holandesa, em si muito secular, facilitou a adição do cristianismo, primariamente protestante, mas com o tempo católico romano, à mistura. Importantes enclaves cristãos foram fundados no centro-leste de Sumatra, onde os luteranos alemães eram ativos, no norte de Celebes, onde os calvinistas holandeses estavam, e várias microdenominações concorrentes, do tipo que os Países Baixos eram tão férteis em produzir, assentaram-se em uma ou outra parte das Ilhas Menores da Sonda, das Moluccas e da Nova Guiné, declaradas abertas pelo governo colonial para serem catequizadas. Como o islã, o cristianismo na Indonésia consistiu na demarcação de comunidades morais, algumas delas de tamanho considerável. Mas, diferente do islã, as comunidades

---

dominantemente oral, não era inteiramente assim: uma tradição escrita de comentários em malaio e javanês na escrita árabe, que ao menos alguns alunos podiam ler, aumentou. Cf. VAN BRUINESSEN, M. *Kitab Kuning*: Pesantren dan Tarekat. Bandung, 1995.

9. HURGRONJE, C.S. *Mekka in the Latter Part of the Nineteenth Century*. Leiden: Brill, 1931. A estimativa do número atual de *pesantren* é de Abaza, "Madrasah".

eram separadas e descontínuas, nem comercial, nem organizacional nem culturalmente interconectadas.

Além dessas, havia a minoria chinesa, que também havia se desenvolvido, e em nível de prosperidade, sob a dominação holandesa, isolada, principalmente em povoados e cidades, em um mundo chinês, dividido pelo dialeto. Havia toda uma série de pequenas, mas com frequência muito elaboradas, tradições tribais malaio-polinésias, particularismos provinciais não absorvidos nas unidades mais amplas. E, o que é mais importante, havia uma grande massa desorganizada de muçulmanos nominais "estatísticos" – muito mais, eu diria, embora isso possa ser apenas uma suposição, do que metade do todo –, de visões de mundo ecléticas, de crença moderada e sincréticos na prática, cuja relação com a tradição *pesantren* e a aura árabe que ela projetava eram, na melhor das hipóteses, nervosas e desconfiadas, na pior, nervosas e hostis. Na abertura do século passado, as identidades coletivas translocais, as *familles d'esprit* culturais e religiosas contrastantemente formuladas, que se confrontariam nas ilusórias e, como acabou ocorrendo, frágeis uniformidades do nacionalismo já estavam estabelecidas.

Nacionalismo, reformismo e a questão da identidade

Não é possível traçar o desenvolvimento dos outros constituintes do conjunto... ou colagem... ou miscelânea... indonésia aqui, nem descrever sua força e conteúdo individuais com qualquer especificidade. Eu tentei em outra parte algo assim, apenas para Java, onde distingui três desses constituintes: (1) a tradição popular sincrética de campesinato, usualmente chamada *abangan*; (2) a tradição *santri* árabo-indonésia (ou indo-árabe) que tenho discutido aqui; e (3) uma tradição mais autoconscientemente índica iluminacionista, quase teosófica, por vezes chamada javanista, por vezes *priyayi*, em referência aos funcionários públicos de formação holandesa que foram, e cujos sucessores são, seus principais expoentes[10]. Outros tentaram em outra parte iniciativas similares, com demarcações similares, ou ao menos comparáveis. Mas a maior parte do trabalho de classificação e de especificação, a identificação de estruturas de identidade subnacionais, mas não superlocais, que são, para mim, os elementos fundamentais de qualquer coesão – no caso aqui, nunca muito mais do que parcial e nunca muito menos do que tensa – que a Indonésia exibe, permanece por ser feita, e não gostaria de negar que existe um amplo espaço para argumentar sobre esses temas. O que está claro, apesar disso, é que, embora tais estruturas sejam definidas e caracterizadas, nesse ou naquele lugar, ou o que quer que venha a ser o inventário geral delas, elas entraram cada vez mais em conflito direto e íntimo, uma com a outra, com a

---

10. GEERTZ, C. *Religion of Java*. Cf. tb. GEERTZ, C. *The Social History of an Indonesian Town*. Cambridge, MA: Harvard University Press, 1965.

ascensão do nacionalismo e, mais especialmente, com a instituição da República frágil e composta, unitária somente no nome, que os conflitos e insurreições da década de 1940 do fim da guerra forçaram muito repentinamente a ocorrer.

No que concerne à religião, toda história do conflito nacional, que inicia seriamente nas décadas de 1910 e 1920 (houve, é claro, presságios e adumbrações – protestos, levantes, entusiasmos de final de milênio – muito antes disso), foi um esforço, não tanto para separar as estruturas de identidade, famílias espirituais, posicionamentos culturais, ou o que quer que fosse, claramente uns dos outros, ordená-los em compartimentos determinados, encapsulados – eles eram muito misturados e cambiantes, e interessados demais um no outro, para isso. Ela representou uma tentativa seja para instituir algum tipo de balanço entre eles conforme suas forças e demandas conflitantes, levando também, ou mais radicalmente, e, como desastrosamente terminou ocorrendo, a estabelecer a dominação certa e clara de um ou outro sobre todos os demais. O nacionalismo perturbou, e, como terminou ocorrendo, destruiu a divisão, externa e arbitrária, essencialmente racial de direitos, poderes e oportunidades, sob a qual as Índias Orientais funcionavam, ao colocar a questão "quem somos?" num foco intenso inevitável, e inevitavelmente, político. Se tivesse que existir um povo indonésio – *um* povo indonésio, como dizia o *slogan* das barricadas, "Um País, Uma Língua, Um Povo" –, então, o pluralismo religioso-cultural herdado dos três séculos anteriores de mudança e diferenciação aceleradas tinha de ser confrontado. Seus termos tinham de ser restabelecidos, suas fronteiras redefinidas, seus pesos recalibrados. E isso não se mostrou tão fácil de fazer como se esperava[11].

A tarefa também não se tornou mais fácil pelo fato de que ao mesmo tempo em que o nacionalismo (secular, igualitário e radicalmente unitário em seus objetivos e instituições) se impunha no arquipélago, o reformismo religioso estava iniciando com determinação similar no Oriente Médio falante do árabe, um desenvolvimento que começou logo depois, por meio das conexões usuais (o *haje*, estudo em Al-Azhar, a publicação religiosa cada vez mais importante, e assim por diante), a ter um impacto abrupto e violento na comunidade *santri* indonésia. Os escritos e ensinamentos de Jamal al-Din al-Afghani, Muhammad Abduh, Rashid Rida, e outros, no assim chamado movimento *salafista* (*salafiyah*) um pouco antes e um pouco depois da virada do século XIX, um movimento livresco e sob alguns aspectos internamente contraditório, que, nas palavras de Ira Lapidus, "combinava os princípios reformistas – retorno ao Alcorão e aos provérbios do profeta, o direito de julgamento independente em questões religiosas, o abandono de uma conformidade opressiva à tradição obsoleta, e oposição às práticas

---

11. Sobre a história do nacionalismo na Indonésia, cf. KAHIN, G. *Nationalism and Revolution in Indonesia*. Ithaca: Cornell University Press, 1952.

sufistas de culto – com uma reação modernista às pressões políticas e culturais da Europa", induzia uma tensão profunda e generalizada, chegando, por vezes, ao conflito aberto, no islã *santri*[12]. Eu descrevi esse desenvolvimento com certa profundidade, não somente para a Indonésia, mas para o Marrocos, onde ele foi ao menos tão importante e prejudicial à tradição, sob a rubrica do "escrituralismo" (um termo que ainda prefiro às alternativas usuais: "fundamentalista", "reformista", "modernista"), em outro lugar, e não repetirei essa discussão aqui[13]. Basta dizer que, paralelamente e numa relação complexa com a ascensão da agitação nacionalista, a urbanização intensificada e a erosão contínua do domínio holandês sobre as coisas, a incursão escrituralista, algo novo fora do Oriente Médio, dividiu a *ummah* indonésia, do mesmo modo que dividiu a *ummah* do centro do mundo árabe, em campos reformistas e tradicionalistas ou, talvez mais acuradamente, em integralistas e pluralistas.

Simplificando (novamente!) uma história que não ficará mais simples – uma vez que a urbanização aumentou, intensificaram-se o contato com os europeus e com as ideias europeias, e a vida comercial migrou cada vez mais enfaticamente em direção às cidades –, uma parte da comunidade migrou com ela para estabelecer uma presença escrituralista – um novo arabismo em um novo nicho. O veículo organizacional dessa reafirmação e reinstitucionalização das coisas enfaticamente muçulmano, foi uma grande, e como se tornou em breve, organização de bem-estar social em nível nacional chamada Muhammadiyah. Fundada por comerciantes urbanos, mulás e oficiais de mesquita, na capital índica anterior, Yogyakarta, em 1912, e ostentando, ao final do século, mais de vinte e cinco milhões de membros, ela fundou clínicas, orfanatos, grupos de jovens, organizações de mulheres, estações de assistência e, mais criticamente, escolas graduadas de ensino profissional ao estilo ocidental, oferecendo instrução em indonésio sobre temas seculares lado a lado com, também muito mais sistematizados, temas islâmicos menos cúlticos[14]. E em resposta, tanto a ela quanto ao poder crescente do movimento nacionalista, vários *pesantren 'ulema* nas partes leste e central da zona rural javanesa (incluindo, particularmente, o avô do recente, e recentemente deposto, presidente do país) fundaram uma contraorganização chamada Nahadatul Ulama – "O Renascimento dos Mestres Religiosos". Dedicada à preservação e à extensão do modo de vida *pesantren*, bem como à concepção tradicionalista, e

---

12. LAPIDUS, I. *A History of Islamic Societies*. Cambridge: Cambridge University Press, 1988, p. 568.

13. GEERTZ, C. *Islam Observed*.

14. Sobre o *Muhammadiyah*, cf. PEACOCK, J. *Muslim Puritans*: Reformist Psychology in Southeast Asian Islam. Berkeley: University of California Press, 1978. • NOER, D. *The Modernist Muslim Movement in Indonesia, 1900-1942*. Singapura/Nova York: Oxford University Press, 1973.

a essas alturas, muito indonesiadas, da devoção islâmica que florescia aí, ela também difundiu e cresceu extremamente rápido para se tornar, com mais de trinta milhões de membros, o que é considerado ser a maior organização muçulmana do mundo[15].

As décadas seguintes, a de 1940, a de 1950 e a de 1960 (os anos da ocupação japonesa; da revolução; da república de barganha de Sukarno-Hatta, da formação de partidos nacionais exaltados, guiados pela crença; da primeira eleição geral colocando esses partidos um contra o outro como alternativas radicais, "se vencermos o país é nosso"; da instituição, quando as eleições somente reforçaram as hostilidades; da "democracia guiada", que é manipulada, tentando suavizar tudo com retórica e simbologia; da irrupção do massacre popular, cem mil? quinhentas mil? três quartos de milhão? de pessoas mortas ou exiladas, quando não suavizasse; da emergência da autocracia de Suharto dos escombros, acalmando as coisas no momento ao impor um domínio militar sobre elas) foram muitas vezes e na maior parte bem registradas, e, portanto, possuem os altos e baixos durante essa época da comunidade *santri*. Basta dizer que os anos imediatamente pós-coloniais viram tanto a politização e ideologização precipitadas de todos os constituintes da *assemblage*, e uma série de tentativas fracassadas, sangrentas e espetaculares, para contê-los em algum tipo de ordem consolidativa mais ampla. (A Guerra Fria complicou ainda mais o quadro, jogando o comunismo na mistura, como o fez, do outro lado do registro, um outro distúrbio fora da região central: o surgimento, na cena local, do islamismo de tipo totalitário associado ao wahhabismo e à irmandade muçulmana: Sayyid Qutb, Hasan al-Banna', Hasan al-Turabi, e assim por diante.) Em 1998, quando Suharto – com seu ecletismo manipulador (corromper um pouco aqui, oprimir um pouco ali, sorrir afavelmente) exaurido – caiu, a própria permanência do país, sua integridade continuada, parecia em risco; com a pergunta "quem somos?" praticamente longe de ser respondida.

Pluralismo permanente?

Um antropólogo que trabalha em um determinado país por meio século – o escopo tanto de sua carreira enquanto uma posição aspirante como dele próprio enquanto um acadêmico aspirante – leva uma vida estranha. Ele tem de revisar continuamente sua percepção de seu "objeto de estudo", que não é, de qualquer modo, um "objeto" antes de tudo, mas uma subjetividade massiva, turbulenta, envolta em um mundo globalizado não menos turbulento. Mas ele tem, também e ao mesmo tempo, de manter em relação a esse objeto uma visão estável e cris-

---

15. Sobre o Nahadatul Ulama, cf. HEFNER, R. *Civil Islam*: Muslims and Democratization in Indonesia. Princeton: Princeton University Press, 2000.

talina o bastante para dizer algo geral e inteligível sobre ele, algo não inteiramente encerrado nas urgências do momento presente. Mudar suas concepções em público é bastante constrangedor, especialmente quando foram vigorosamente declaradas. Reafirmá-las, sem depurá-las nem modificá-las, depois que a ruína, o transtorno, e todo tipo de acidentes intervieram, é ainda mais constrangedor. Mas essa é a dificuldade na qual observadores de longa data da Indonésia – todos nós pretensos Myrdals ou Crèvecoeurs, Tocquevilles ou Bryces, ansiosos para resumir as vidas e perspectivas de outros povos – encontramo-nos agora.

A mudança, a ruína, o transtorno e o acidente são particularmente visíveis no momento, depois da assim chamada "crise asiática" de 1998 (uma queda de 16% no PIB, vinte milhões de desempregados) e do nervoso relançamento do governo eleitoral fundado em partidos. E o etos acadêmico, não somente da profissão de antropólogo, mas do todo das ciências do humano neste momento, dirige-nos para uma preocupação intensa, que por vezes parece quase exclusiva, com ela. Como jornalistas, parecemos poderosamente atraídos pela ideia de que somos responsáveis por escrever o primeiro rascunho da história, ou por elaborar uma descrição plausível do clima de amanhã a partir da evidência da precipitação de hoje. Esses são, em si, esforços razoáveis (embora chova bastante sobre nós), difíceis de evitar, e ocasionalmente úteis. Mas, ao mesmo tempo, a Indonésia já tem uma certa história – não apenas como uma cultura e uma colônia, mas como um Estado autônomo e uma pretensa nação – para começarmos a ensaiar algumas noções sobre as características constantes desse "objeto", para fornecermos ao menos um esboço, para mudarmos a metáfora da figura no tapete * para algo mais confortável e que se encaixe melhor em nossas preocupações arabistas.

A figura que eu penso ver, ou vislumbrar, ou imaginar, e que tenho tentado, muito incessantemente, esboçar aqui, é a de uma diversidade fundacional – centenas de panoramas, línguas, povos, regimes, crenças, economias, formas de vida, modos de ser no mundo – apenas mais diversa e mais inevitável, à medida que o tempo passou e a Modernidade, ao menos hesitantemente, aparecia. Uma concepção dessas vai de encontro com, eu percebo, as concepções altamente integralistas da Indonésia, nacionalista e sectária, cultural e religiosa, política e psicológica, que se tornaram agora opinião geral, tanto dentro como fora do país. O país, e eu o considero genuinamente um país – um campo delimitado de amor e discórdia, um *habitat*, uma terra natal, uma *Heimat*, uma *pátria*, um lugar para lembrar e do qual ter saudades –, é construído na diferença e na tolerância da diferença. Todas as tentativas para disfarçar esse fato, ou para negá-lo – nacionalismo radical, islamismo radical, esquerdismo radical, mais recentemente, desen-

---

* No original, en inglês, *"the figure in the carpet"*. Referência provável à obra *The Figure on the Carpet* (1896), de Henry James [N.T.].

volvimentismo radical, talvez depois, localismo radical –, são, e consistentemente têm sido, fracassos, receitas para o cataclismo, no curto e longo prazo.

É como uma diferença entre diferenças – uma particularidade entre outras particularidades assim – que eu procurei, aqui e em geral, retratar o islã na Indonésia. Vê-lo como um entrelaçamento (de alguns aspectos) da "cultura árabe", num tapete já denso com formas e figurações estrangeiras, não é claramente o único modo de vê-lo. Para alguns, na verdade, e particularmente nos últimos tempos – como um tipo de neoescolástica, chamada por vezes de revisionismo "substancialista", um esforço para criar uma teologia social, começou entre alguns *santris* de formação ocidental e alguns estudiosos estrangeiros ansiosos por ajudar –, esse modo de olhar para as coisas é considerado, quando não completamente anti-islâmico, negligente para com a proeminência cada vez maior do "genuíno" comprometimento muçulmano com a vida indonésia desde meados da década de 1960 e do começo da década de 1970, seu progresso contínuo na direção da hegemonia política, social e espiritual. Talvez seja assim, mas não estou convencido de que um progresso desses esteja a caminho ou que, caso esteja a caminho, seja um progresso. Qualquer tentativa de prosseguir baseada no fato de que seja um progresso – que a totalidade religiosa, e com ela a totalidade cultural, esteja finalmente ao alcance, que "a islamização da Indonésia" esteja finalmente perto – não terminará melhor do que todos os outros esforços para vincular uma determinada personalidade ao país. Ele não possui uma personalidade assim, ele não necessita de uma, e, no meu ver, seja como for, ele não vai, ao menos em breve, e talvez nunca, possuir uma. Ele não é apenas local, acidental e temporalmente pluralista. Ele é, para cometer um solecismo filosófico e uma verdade política, penetrante, essencial e permanentemente assim.

Se isso é verdadeiro, então reflexões sobre o futuro baseadas no passado, sobre qual direção as coisas podem seguir daqui para frente, dado o modo como elas vieram até aqui e onde parecem estar, tomam um rumo surpreendente. O aspecto mais evidente da cena atual na Indonésia, como qualquer um que lê os jornais, ou mesmo as manchetes, saberá (A INDONÉSIA ESTÁ COLAPSANDO?... A BALCANIZAÇÃO DA INDONÉSIA PODE ESTAR LONGE DA HIPÓTESE... UM PAÍS OU MUITOS?), é a difusão acelerada da cisão e do separatismo, a irrupção da microviolência e da guerra condensada. Achém, Ambon, Kalimantan Ocidental, Papua, as Moluccas. Nem tudo isso é inspirado religiosamente, é claro, mas nada disso está livre dos ecos e ressonâncias da história de construção de nichos que venho descrevendo. O modo niche/*familles d'esprit*/*assemblage* de erigir uma sociedade, e um sistema político para governá-la, pode ser, agora que formas opressivas de governar – coloniais, demagógicas, militares –, ao menos momentaneamente, foram colocadas de lado como inviáveis e ruins, rumo a um ponto de testagem: Uma nação assim concebida pode durar muito tempo? Ela é sequer uma nação? Necessitaria sê-lo?

Somente – como videntes cegos, sem olhos, em Gaza, sempre dizem quando gostariam de escapar a um discurso que sabem como começar, mas que não conseguem evitar – o tempo dirá. O que está claro, mesmo para videntes, contudo, é que o momento presente na história indonésia, e na história do islã e no registro árabe na história indonésia, é uma história particularmente decisiva, uma história da qual depende muito mais do que o resultado imediato e uma direção de curto prazo.

Houve momentos assim antes, é claro. 1830, quando o colonialismo se solidificou, foi um. 1945, quando a Revolução começou, foi outro. Mas não houve um mais crítico na determinação da própria viabilidade de um ator tão diverso, malcoordenado e múltiplo (comparado por vezes com uma centopeia sem cabeça e a um elefante com beribéri) no mundo moderno de Estado unitário, blocos hierárquicos de poder e de ambições hegemônicas.

O que está claro, na medida em que alguma coisa é clara, é que algumas das formas de nosso futuro comum, que fica mais comum a cada dia, encontrará sua primeira expressão na Indonésia, e em outros países centopeias e elefantes – Nigéria, África do Sul, o subcontinente sul-asiático, o Brasil – ao longo do restante deste século recém-iniciado. Encontrar uma forma política, social e cultural na qual um país tão diverso internamente possa funcionar e manter uma identidade viável, não será rápido nem fácil, nem meramente linear nem livre de violência e de outras desordens. Foram necessários trezentos inquietos anos (se começarmos nossa contagem com Vestfália e terminarmos com o *Risorgimento*) para evoluir e implantar o soberano, e abrangente, Estado-nação na Europa, um feito prontamente seguido pelas duas guerras mundiais. E para construir um sucessor, se algum deve ser encontrado, melhor adaptado às realidades de um mundo fluido, descentrado, completamente misturado e improvisado – o que chamei em outro lugar "The World in Pieces" – será dificilmente mais rápido, mais fácil ou menos problemático[16].

Seja qual for o novo tipo de novidade que surja da Indonésia nos anos e décadas vindouros, e estou persuadido de que algo surgirá, cedo ou tarde, é praticamente certo que a tradição *santri*, e com ela as ressonâncias de longa distância da cultura árabe, estará centralmente envolvida. A ascensão à presidência da república desse imprevisível neto do fundador do Nahdatul Ulama, Abdurrahman Wahid, independente de quão breve terminou sendo, coloca essa tradição (ele nasceu e cresceu no *pesantren* de seu avô e de seu pai no leste javanês, estudou no Cairo e em Bagdá) no próprio centro da vida política indonésia praticamente

---

16. GEERTZ, C. "The World in Pieces". *Available Light*: Anthropological Reflections on Philosophical Topics. Princeton: Princeton University Press, 2000.

pela primeira vez[17]. Resta saber se e por quanto tempo permanecerá lá, cercado como é por todos os lados, religioso e igualmente secular. Mas sua força, e a força da tradição *santri* em todas as suas formas e direções variadas, estará com certeza profundamente envolvida no que quer que emerja: reação nacionalista, dissolução nacional, ou (podemos esperar?) uma nova forma de arquitetura, uma mudança de atitude.

E, no que concerne à cultura árabe, pode bem ser que sua natureza, seu poder, suas possibilidades e sua limitação sejam tão claramente expostos nos distantes arredores para os quais ela migrou, principalmente nas janelas do islã, assim como na Arábia, no Egito e no Crescente Fértil. O estudo da cultura, também, necessita ser disperso e desparoquializado, libertado das origens, da totalidade e do desejo de pureza. Olhar obliquamente para os extremos das coisas, onde elas se juntam a outras, muitas vezes, pode nos dizer sobre elas tanto quanto se estivéssemos olhando para elas direta, intencional e francamente.

---

17. Para uma breve descrição de sua ascensão à presidência, cf. GEERTZ, C. "Indonesia: Starting Over". *New York Review of Books*, 11/05/2000.

2002

Uma profissão inconstante*

Introdução

Eu cheguei, parece, a um ponto em minha vida e em minha carreira no qual aquilo que as pessoas mais querem ouvir de mim não é algum fato ou ideia novos, mas como cheguei a esse ponto em minha vida e em minha carreira. Isso é um pouco desencorajador, não apenas devido às suas conotações *memento moris* (quando você tem setenta e cinco anos, tudo tem conotações *memento moris*), mas porque, tendo passado toda minha vida adulta tentando fazer as coisas progredirem nas ciências do humano, pedem-me agora para considerar o que isso trouxe consigo – por que eu acho que minha direção pode ser chamada progressiva, e o que, se essa direção pode ser sustentada, deve ser feito em seguida. Como resultado, nos últimos anos, envolvi-me em ao menos duas tentativas mais ou menos organizadas de descrever a curva geral de minha vida como antropólogo, e esse ensaio será a terceira, e, eu acho, a última. Falar sobre si próprio e sobre suas experiências de uma maneira homilética – "vai e faz da mesma maneira" – fica um pouco exagerado na primeira tentativa. Reciclado, perde completamente o charme.

O primeiro desses ensaios em retrospecção apologética, originalmente apresentado como uma conferência na Universidade de Harvard, em Jerusalém em 1990, tornou-se o capítulo intitulado "Disciplinas" em meu livro *After the Fact* (*Atrás dos fatos*), de 1995. Nele, concentrei-me principalmente em temas de pesquisa e investigação, particularmente em meu trabalho de campo de longa duração na Indonésia e no Marrocos – uma história de projetos que levam a resultados que levam para outros projetos que levam a outros resultados. O segundo, originalmente apresentado como uma conferência, em 1999, no Council of

---

* Publicado originalmente como "An Inconstant Profession: The Anthropological Life in Interesting Times". *Annual Review of Anthropology*, 31, 2002, p. 1-19.

Learned Societies "Life of Learning" (Vida de aprendizado), tornou-se o primeiro capítulo, intitulado "Passage and Accident" (Passagem e acidente), de meu livro mais recente, *Available Light*, de 2000. Nele, eu apresentei uma descrição mais pessoal, semirretrospectiva, de minha vida e de minha carreira; um tipo de autobiografia sociointelectual e autoexplanatório. Desta vez – nesta última vez – quero fazer algo diferente: ou seja, traçar o desenvolvimento da antropologia como um campo de estudo ao longo de mais de meio século, de 1950-2002, no qual tenho estado envolvido, e traçar, também, as relações entre esse desenvolvimento e os movimentos mais amplos da história contemporânea. Embora isso também, necessariamente, produza de certo modo uma narrativa do tipo "as coisas que tenho experienciado e as coisas que fiz", não estou, na maior parte, preocupado com meu trabalho nem com minha pessoa. Estou interessado pelo que aconteceu ao meu redor, tanto na profissão na qual tenho estado confinado – embora livremente e, por vezes, desconfortavelmente – como no que nos comprazemos em chamar "o mundo mais amplo", no qual essa profissão, embora marginal e inseguramente, tem estado confinada. Esse mundo está conosco tarde e cedo: há muito pouco na antropologia que seja genuinamente autônomo; pretensões em contrário, embora vestidas com as roupas emprestadas da "ciência", são autointeressadas. Somos, como todo mundo, criaturas de nosso tempo, relíquias de nossos compromissos.

Reconhecidamente, isso é um pouco vasto para um breve ensaio, e sou obrigado a passar por temas muito amplos muito rapidamente, ignorando detalhes e suprimindo nuanças e qualificações. Mas minha intenção não é apresentar uma história própria, um sumário abrangente ou uma análise sistemática. É, em vez disso,

> 1) Sublinhar a sucessão de fases, períodos, eras, gerações etc., em geral e na antropologia como tal, como a experienciei, e depois, na segunda metade do último século.

> 2) Estabelecer a interação (em sua maior parte, americana e europeia) da vida cultural, política, social e intelectual em geral com a antropologia enquanto uma profissão especial e especializada, uma ocupação, um ofício, um *métier*.

Resta saber se esse esboço de linhas gerais, impressionista e a partir de um ponto de vista local, produzirá algum discernimento acerca de como as coisas são, e foram, regidas em nosso campo. Mas, na falta de uma bola de cristal, não conheço outra maneira.

No que concerne a fases, períodos, eras etc., para minha própria conveniência, destacarei quatro deles. Nenhum dos quais é internamente homogêneo nem claramente delimitado; mas podem servir como sinalizadores em uma história tendenciosa, emaranhada e digressiva. O primeiro, aproximadamente entre 1946 e 1960 – todas as datas são móveis – foi um período pós-guerra de exuberância, quando uma onda de otimismo, ambição e um senso de propósito melhorador se propagou por todas as ciências do humano. O segundo, por volta de 1960 até cerca de meados dos anos de 1970, foi dominado, por um lado, pelas divisões da Guerra Fria universalizada, e, por outro, pelos romances e desapontamentos do terceiro-mundismo. De aproximadamente 1975 até, digamos – em honra à queda do muro –, 1989, houve, primeiro, uma proliferação de abordagens novas, ou de qualquer modo extravagantes, à análise social e cultural, vários tipos de "giros" teóricos e metodológicos, *Kehre*, *tournures d'esprit*; e, depois, no encalço dessas, o surgimento dos "pós"-movimentos radicalmente críticos e dispersivos, provocados pelo aumento da incerteza, hesitação e autoexame, tanto dentro da antropologia como na cultura ocidental em geral. Finalmente, da década de 1990 até agora, os interesses começaram a mudar na direção dos conflitos étnicos, violência, desordem mundial, globalização, transnacionalismo, direitos humanos etc., embora, para onde isso está indo, especialmente após o 11 de setembro, esteja longe de claro. Esses, uma vez mais, não são os únicos recortes que poderiam ser feitos, nem sequer os melhores. Não são mais do que reflexões de minha mente, difusas e refratadas, sobre o estado do mundo e sobre as condições da antropologia dentro do estado do mundo.

A exuberância pós-guerra

Durante a Segunda Guerra Mundial, antropólogos americanos, assim como sociólogos, historiadores, psicólogos e cientistas políticos americanos – quase todo homem ou mulher – foram postos a serviço do governo. Após seu término – que, ao menos nos Estados Unidos, não faz muito, cerca de três ou quatro anos –, eles retornaram, imediatamente – uma vez mais, quase todo homem ou mulher – para a universidade com sua concepção de si próprios e de sua profissão radicalmente alteradas. O que fora um tipo de disciplina obscura, isolada, mesmo reclusa, solitária, preocupada principalmente com etnografia tribal, classificação racial e linguística, evolução cultural e pré-história, mudou no período de uma década para o modelo de uma ciência social moderna, com consciência política e corporativa. Tendo tido a experiência de trabalhar (principalmente em conexão com propaganda política, guerra psicológica ou esforços de inteligência) em grupos grandes e intelectualmente diversos – grupos formados por especialistas focados em problemas, muitos deles sobre os quais sabiam muito pouco e que tinham pouco a ver com eles –, os antropólogos retornaram para suas universidades com um estado de espírito distintamente experimental. Trabalho multi (ou inter) disciplinar, equipes de projetos e preocupação com problemas imediatos do mundo contemporâneo foram combinados com ousadia, inventividade e percepção, baseados principalmente na disponibilidade repentina de material de apoio em grande escala, tanto do governo como de novas megafundações, essas coisas estavam, final e certamente, em movimento. Foi uma época excitante.

Eu encontrei tudo isso no que pode ter sido seu ponto de concentração mais elevado, de maior alcance e da mais descontrolada confusão: Harvard na década de 1950. Uma extraordinária coleção de pessoas e personalidades se reuniu lá e no vizinho Instituto de Tecnologia de Massachussetts (MIT), iniciando programas em todas as direções. Havia o Departamento de Relações Sociais, que – dirigido pelo sociólogo sistemático Talcott Parsons e animado, muito difusamente, por sua muito difusa "Teoria Geral da Ação Social" – combinou sociologia, antropologia, psicologia clínica e psicologia social em um todo ao menos terminologicamente integrado. Havia o Centro de Pesquisa Russo, chefiado pelo antropólogo cultural Clyde Kluckhohn; a Clínica Psicológica, chefiada pelo psicanalista Henry Murray; o Laboratório de Relações Sociais, chefiado pelo estatístico social Samuel Stouffer. Hohn e Beatrice Whiting, de Yale, reuniram um time e começaram a explorar os recém-criados Arquivos da Área de Relações Humanas para estudos de socialização comparativos de correlação. E no MIT, havia o Centro para Estudos Internacionais dedicado a estimular a modernização, a democratização e a ascensão nos novos Estados da Ásia e África e os Estados desamparados do Leste Europeu e da América Latina. Quase tudo que estava de algum modo no ar nas ciências sociais ou, como em breve seriam chamadas à medida que as pressões para a unificação se intensificaram, do comportamento – de dinâmicas de grupo, teorias de aprendizagem e psicologia experimental a linguística estrutural, medições de atitudes, análise de conteúdo e cibernética – estava representado por um instituto ou outro, por um centro ou outro, por um projeto ou outro, por um empresário ou outro. Somente o marxismo estava faltando, e vários alunos cuidaram alegremente disso.

Para mim, como um aspirante a antropólogo – que nunca havia tido um curso de antropologia e não tinha objetivo particular algum em mente exceto se empregar em algo – a figura com que mais tive de me adaptar nesse enxame de autoridades eloquentes foi Clyde Kluckhohn. Um homem determinado, imperioso e muito assediado, com um leque enorme de interesses, uma mente inquieta e um senso de vocação apaixonado, um tanto sectário – ele havia lido os Clássicos em Oxford como bolsista Rhodes. Estudou o navajo e outros povos do sudoeste americano desde que fora enviado para lá quando adolescente, devido à sua saúde, e sabia se mover nos corredores do poder, tanto em Washington (onde trabalhou como consultor para o Secretário de Guerra e dirigiu pesquisas sobre o estado de ânimo para o Escritório de Informações de Guerra) e, um feito ainda maior (considerando que ele havia nascido na obscuridade em Iowa) em Harvard. O autor do que era na época a asserção mais amplamente lida e melhor escrita sobre o que era a antropologia, *Mirror for Man* (*Um espelho para o homem*), de 1949, ex-presidente da Associação Antropológica Americana, um temível polemista que sabia escolher seus favoritos e um mestre em levantamento de fundos, Kluckhohn era uma presença e tanto.

Das várias iniciativas coletivas (recordando, eu contei ao menos oito, e havia provavelmente mais) em que Kluckhohn estava naquele momento seja dirigindo, planejando ou de algum outro modo estimulando, eu, por minha parte, envolvi-me em três, que, tomadas juntas, não somente iniciaram minha carreira, mas também determinaram sua direção.

A primeira, e a menor, foi o compêndio de definições de cultura que Kluckhohn estava preparando em colaboração com Alfred Kroeber, na época com quase oitenta anos e concluindo uma carreira soberana numa aposentadoria distante. Deram-me o que, com o auxílio de outros alunos de pós-graduação, eles reuniram e o que escreveram sob a forma de comentário, e me pediram para revisá-lo e oferecer sugestões. Eu tinha algumas sugestões, a maior parte delas expositiva, poucas delas receberam atenção; mas o resultado mais inevitável da experiência para mim foi que fui induzido no modo de pensar da forma particular de antropologia chamada na época, muito estranhamente, teoria dos padrões ou configuracionalismo. Nessa distribuição, resultante do trabalho realizado pelo linguista comparativo Edward Sapir em Yale, antes e durante a guerra, e do trabalho da holista cultural Ruth Benedict, em Colúmbia, estava a inter-relação de elementos, a *gestalt* que eles formavam, não seu caráter atomístico, particular, como em áreas anteriores de estudos de difusão e cultura, que foi considerada o núcleo da matéria. Um fonema, uma prática, um papel, uma atitude, um hábito, um traço, uma ideia, um costume, eram, como dizia o *slogan*, "um ponto no padrão"; estávamos atrás de sistemas, formas, estruturas, formatos, contextos – a geometria social do sentido.

Um grande número de expressões dessa abordagem às coisas, corrente na antropologia, apareceu naquela época. Talvez a mais visível e influente, embora, como se viu, não muito duradoura, foi o assim chamado movimento de cultura e personalidade, a serviço do qual Kluckhohn, Murray e um membro menos experiente do Departamento de Relações Sociais, David Schneider, formaram um leitor mais ou menos definitivo. Fortemente influenciado pelas ideias psicanalíticas e pelos métodos de testes projetivos, o movimento buscava relacionar o processo do desenvolvimento psicológico individual com as instituições culturais de várias sociedades. Abram Kardiner e Ralph Linton, em Colúmbia, Cora DuBois, primeiro em Berkeley, depois em Harvard, Erik Erikson, também primeiro em Berkeley e depois em Harvard, e o próprio Kluckhohn em seu trabalho sobre o povo Navajo foram talvez as figuras mais proeminentes no movimento, e Margaret Mead foi sua tribuna franca de enfrentamento; mas foi um movimento muito difundido. Intimamente aliado a cultura e personalidade havia os assim chamados estudos do caráter nacional ou da cultura a distância, como os de Benedict sobre o Japão e os de Mead, Rhoda Métraux e Geoffrey Gorer sobre a Europa e a América, e, é claro, os do Centro de Pesquisa Russo, onde sociólogos, psicólogos, cientistas políticos e antropólogos tentaram montar um retrato coletivo do "novo soviético", a partir da análise dos escritos comunistas e das histórias de vida dos refugiados.

Meu interesse em tudo isso estava limitado pelo que parecia para mim sua qualidade um tanto mecânica, predeterminada, e a vastidão de suas ambições exploratórias. Assim, dirigi-me, em vez disso, para outra das iniciativas sistemáticas de larga escala, de longa duração, multidisciplinares, com múltiplos investigadores, de Kluckhohn, na interpretação de culturas, o assim chamado Estudo Comparativo de Valores ou Projeto Ramah (mais tarde, Rimrock). Esse projeto, metódico e bem financiado, era dedicado a descrever os sistemas de valores (visões de mundo, atitudes mentais, estilos morais) de cinco pequenas comunidades geograficamente adjacentes, mas culturalmente discretas, no noroeste do Novo México – Navajo, Zuni, hispano-americana, mórmon e anglo (ou texana). Ao longo de um período que finalmente se estendeu a vinte anos ou mais, dezenas de pesquisadores de uma ampla variedade de especialidades híbridas – filósofos morais, historiadores regionais, sociólogos rurais, indianistas americanos, psicólogos infantis – foram despachados para um ou outro desses lugares para descrever um ou outro aspecto da vida ali vivida. Suas notas de campo, centenas e centenas de páginas delas, eram então datilografadas em cartões que eram depois arquivados ao modo dos Arquivos da Área de Relações Humanas no Museu de Antropologia de Peabody, onde poderiam ser frequentemente consultados e uma longa série de estudos especiais e, por fim, um volume coletivo, escrita. Quanto a mim, não fui para o sudoeste, mas trabalhei por alguns meses nos arquivos, na época já vastos e variados, sobre um tema proposto por Kluckhohn – as diferentes respostas dos cinco grupos a problemas colocados a todos eles pelas condições comuns de sua existência como comunidades pequenas, rurais, mais ou menos encapsuladas: seca, morte e álcool. O racionalismo tecnológico mórmon, a dança zuni da chuva, o fatalismo dramático hispano-americano diante da seca, o medo navajo dos espíritos, os esquemas escatológicos mórmons, a evitação angla do luto diante da morte, a sobriedade zuni, o puritanismo mórmon e a falta de controle dos navajos diante do álcool – todos eram delineados, muito esquematicamente, e atribuídos, muito especulativamente, aos seus sistemas de valores diferentes. Mas quaisquer que fossem as limitações do registro que produzi (e não foi assim tão ruim como uma primeira passada pelas coisas), a experiência terminou sendo tanto um tipo de ensaio para o tipo de pesquisa de campo – comparativa, colaborativa e dirigida a questões de significado e significância – que passei o resto de minha vida perseguindo e uma transição para a próxima fase ou período da imersão da antropologia no movimento dos tempos: a era da modernização, da construção nacional e da envolvente Guerra Fria.

A modernização e a Guerra Fria

O Centro para Estudos Internacionais no MIT – que mencionei antes como parte do conglomerado de empresas de ciência social que emergiu na Cambridge do pós-guerra – foi estabelecido em 1952 como uma organização combinada de coleta de informações e planejamento político dedicada a fornecer orientação política e econômica para o programa de ajuda estrangeira americano em rápida expansão e para aqueles que esse programa estava aparentemente ajudando – os países "em desenvolvimento", "subdesenvolvidos", ou, para os menos otimistas, "atrasados" da Ásia, África e América Latina. No início, o centro – quase uma anomalia em uma escola de engenharia, não muito afeita a estudos sociais de qualquer tipo – foi dificilmente mais do que uma secretaria, um conjunto de escritórios, um nome, uma grande quantidade de dinheiro e uma agenda nacional. Em um esforço para simplesmente pô-lo em funcionamento, Kluckhohn, que – ainda se movendo de forma misteriosa, envolvera-se uma vez mais na sua formação – propôs que um time de candidatos ao doutorado dos departamentos de ciências sociais de Harvard fosse formado e enviado à Indonésia sob os auspícios do centro para realizar pesquisa de campo em cooperação com alunos das universidades de estilo europeu desse novo país. Cinco antropólogos, incluindo eu e minha esposa na época, Hildred, que também era aluna do Curso de Relações Sociais; um sociólogo que era historiador da China; um psicólogo social e um psicólogo clínico tiveram um ano de trabalho intenso no idioma indonésio e foram enviados por dois anos para os campos de arroz do leste de Java (nem todos foram bem-sucedidos, mas essa é outra história) para realizarem pesquisas conjuntas, paralelas, interconectadas e, assim se esperava, cumulativas: o modelo do Projeto Ramah atualizado, concentrado e projetado para o exterior.

Os altos e baixos dessa iniciativa, que veio a ser chamada "O Projeto Modjokuto", e até que ponto ela atingiu os fins a que se propôs, foram detalhados em outro lugar. Para a história presente de tipo "Marcha do Tempo", sua significação reside no fato de que foi, se não o primeiro, certamente um dos primeiros do que em breve se transformou numa avalanche de esforços de antropólogos, ou de times deles, para se adaptarem, bem como sua disciplina de tribos e ilhas, ao estudo de sociedades de larga escala com histórias escritas, governos estabelecidos e culturas – nações, estados, civilizações – compostas. Nos anos seguintes, o número desses projetos centrados em países multiplicou (do mesmo modo que, como resultado da descolonização, é claro, o número de países), e um tipo de superdisciplina chamada estudos de área – eclética, sinótica, reformativa e politicamente consciente – surgiu para apoiá-los.

Quando o time de Modjokuto partiu para o sudeste da Ásia, o centro, como mencionei, não existia ainda de fato como um empreendimento ativo, e, portanto, sua conexão com o trabalho que fazíamos lá – essencialmente histórico e etnográfico, um estudo da comunidade readaptado – era, na melhor das hipóteses, nominal. Na época em que retornamos a Cambridge, três anos depois, contudo, ele havia se tornado uma organização grande e burocratizada com dezenas de pesquisadores especializados, a maioria deles economistas, demógrafos, agrônomos ou cientistas políticos, envolvidos no desenvolvimento de planejamentos de um tipo ou outro ou servindo como consultores políticos no país a governos particulares, incluindo o da Indonésia. O trabalho de nosso time parecia, tanto para a equipe do centro como para nós mesmos, estar mais para o lado da missão do centro, em desacordo com sua ênfase "aplicada", e parecia preocupado demais com o que os membros mais orientados para o programa consideravam ser problemas paroquiais. Nós nos afastamos para escrever nossas teses separadas sobre religião, parentesco, vida em aldeias, mercado de vendas e outras irrelevâncias, e para começar, finalmente, nossas carreiras acadêmicas. Eu, contudo, estava muito mais interessado em questões de desenvolvimento e na formação de estados, do que meus colegas, e desejava retornar assim que possível à Indonésia para retomá-los. Assim, após obter meu doutorado, retornei ao centro e me tornei mais diretamente envolvido com seu trabalho e com a ideia principal que o governava: a modernização.

Essa ideia, ou teoria, ubíqua nos estudos sobre o Terceiro Mundo durante a década de 1960 e começo da década de 1970, e, é claro, ainda não totalmente morta, surgiu de uma variedade de fontes. Mais particularmente, veio dos escritos do sociólogo alemão Max Weber e de seus seguidores americanos (dos quais, Talcott Parsons foi talvez o mais proeminente, e certamente o mais insistente) sobre o surgimento do capitalismo no Ocidente. A concepção de Weber sobre a história do Ocidente desde a Renascença e a Reforma era a de que ela consistia de um processo contínuo de racionalização econômica, política e cultural, o ajuste instrumental de meios e fins, e ele via tudo – da burocracia, ciência, individualismo e escrituração por partidas dobradas até a organização industrial do trabalho e a gestão da vida interior – como expressões desse processo. O ordenamento sistemático de toda existência humana em termos racionais, seu aprisionamento em uma "jaula de ferro" de regra e método, era no que, em sua essência, consistia a modernidade. Em particular, sua famosa, em alguns locais infame, tese da Ética Protestante – a de que crenças duras, deterministas, do calvinismo e doutrinas ascéticas intramundanas dos séculos XVI e XVII forneciam a legitimação moral e a força impulsora para a busca incansável de lucro e do capitalismo burguês – encorajou um sem número de estudos destinados a apoiá-la e estendê-la, a encontrar sinais e presságios desses sistemas de produção e progresso de valores naquela mais residual das categorias residuais: o não Ocidente, não moderno, não racional, não capitalista.

Quanto a mim, minha proposta original de tese, posta temporariamente de lado para me dedicar à descrição da religião javanesa de um modo mais geral pelos propósitos do projeto comum, era perseguir a possibilidade de que o islã reformista (ou modernista) poderia representar um papel na Indonésia similar ao que o calvinismo de Weber supostamente desempenhou no Ocidente. Assim, após escrever um pequeno livro no centro sobre a história da agricultura javanesa, que atribuía sua falha em racionalizar segundo critérios de capital intensivo e economia de mão de obra experienciadas antes no Ocidente e, de um modo um pouco diferente, no Japão, com as políticas coloniais dos holandeses, retornei à Indonésia esperando tratar a tese weberiana sob a forma mais direta e sistemática do teste de hipóteses. Eu passaria, pensava, quatro ou cinco meses em cada uma, em uma região fortemente islâmica em Sumatra, em uma região calvinista em Sulawesi e em uma região hindu em Bali e tentaria verificar os efeitos, caso houvesse, das diferentes variedades de crenças religiosas sobre a modernização do comportamento econômico.

Mas uma coisa engraçada aconteceu a caminho do campo. A Guerra Fria, previamente travada (exceto talvez o caso muito especial da Coreia) nos Estados clientes e satélites da Europa, mudou seu centro de gravidade para o Terceiro Mundo, e mais especialmente para o sudeste da Ásia. Tudo isso – a emergência malaia, a Guerra do Vietnã, o Khmer Vermelho, a rebelião Huk, os massacres indonésios – é uma história muito visitada e muito disputada, e não vou narrá-la aqui uma vez mais. Basta dizer que esse desenvolvimento alterou toda a cena de ação para aqueles de nós que estavam tentando realizar estudos de campo em lugares repentinamente críticos do mundo. A indução dessas obsessões e maquinações do confronto Oriente/Ocidente nas divisões arraigadas e antigas na vida religiosa, étnica e cultural – uma outra forma, menos prevista, de modernização – levou as ações políticas corpo a corpo locais a uma furiosa ebulição em quase toda parte em que ocorreu, e ela ocorreu em quase toda parte.

Do final da década de 1950 ao começo da década de 1970, os carismáticos líderes heróis dos novos Estados – Nehru, Nkrumah, Nasser, Ben Bella, U Nu, Ayub Kahn, Azikwe, Bandanaraike, Sihanouk, Ho, Magsaysay, Sukarno –, acossados dentro e fora por essas pressões em direção à polarização ideológica, lutaram para posicionar seus países no espaço vazio ainda mais estreito dos poderes: o *"tiers monde"* neutro, não alinhado, recém-emergente. A Indonésia, que em breve se encontraria com o maior Partido Comunista fora do bloco sino-soviético e com um exército treinado e financiado pelos Estados Unidos, estava na vanguarda de seu esforço, especialmente após Sukarno ter organizado a Conferência de Bandung das 29 nações (ou aspirantes a nações) asiáticas e africanas, naquela cidade javanesa do oeste em 1955. Nehru, Chou, Nasser e o próprio Sukarno se dedicaram à conferência, o que levou à criação formal do movimento não alinhado. Tudo isso, bem como o desdobramento geral das coisas, fez da Indonésia talvez o campo de batalha mais crítico depois do Vietnã na guerra fria asiática. E em meados da década de 1960 colapsou sob o peso: do golpe fracassado, da quase guerra civil, do colapso político, da ruína econômica e dos assassinatos em massa. Sukarno, seu regime e os sonhos de Bandung, nunca mais que sonhos, ou autointoxicações, foram consumidos, e a era terrível, menos romântica, dos cleptocratas, Suharto, Marcos, Mobuto, Amin e Assad emergiu. O que quer que estivesse acontecendo no Terceiro Mundo, não parecia ser o avanço progressivo da racionalidade, seja qual fosse sua definição. Algum tipo de correção de curso em nossos procedimentos, em nossas suposições e em nossos estilos de trabalho, em nossa concepção do que estávamos tentando fazer, parecia, como dizem, indicado.

Uma explosão de paradigmas

Na época em que retornei aos Estados Unidos por volta do começo da década de 1960 (com meu pequeno projeto de três partes arruinado pela irrupção das rebeliões anti-Sukarno em Sumatra e Sulawesi, passei a maior parte do ano em Bali), os efeitos desestabilizadores do aprofundamento do grande poder de confrontação no Sudeste Asiático estava começando a ser sentido com alguma força ali também. A própria profissão foi destroçada por mudanças e transposições relativas às atividades, ou supostas atividades, de antropólogos em ação no Vietnã. Havia direitos civis e "A carta da Prisão de Birmingham", liberdades civis e os Sete de Chicago. As universidades – Berkeley, Harvard, Colúmbia, Cornell, Kent State, Chicago – irromperam, dividindo o corpo docente, inflamando alunos e alienando o público geral. A pesquisa acadêmica sobre países "subdesenvolvidos", em geral, e sobre a "modernização", em particular, foi colocada sob um tipo de nuvem como uma espécie de neoimperialismo, quando não foi condenada como filantropismo liberal. Multiplicavam-se rapidamente as questões sobre o passado colonial da antropologia, suas propensões orientalistas e a própria possibilidade de desinteresse ou de conhecimento objetivo nas ciências do humano, ou se de fato deveriam ser chamadas ciências para começar. Se a disciplina não fosse se refugiar em seu tradicional isolamento, separada das urgências da vida contemporânea – e havia aqueles que recomendavam isso, assim como alguns que desejavam transformá-la em um movimento social –, novos paradigmas (para emprestar de Thomas Kuhn o famoso termo introduzido pela primeira vez por volta dessa época) eram necessários. E, em breve e em grande quantidade, eles chegaram.

Pelos próximos quinze anos ou mais, propostas para novas direções na teoria e método antropológicos apareceram quase mensalmente, uma mais clamorosa que a outra. Algumas, como o estruturalismo francês, estavam por aí há algum tempo, mas assumiram um apelo maior quando Claude Lévi-Strauss, seu proprietário-fundador, dirigiu-se dos estudos de parentesco para as análises distribucionais das formas simbólicas – mitos, rituais, sistemas categoriais – e nos prometeu uma descrição geral das fundações do pensamento. Outras, como a "sociobiologia", a "antropologia cognitiva", "a etnografia do discurso", ou o "materialismo cultural" foram estimuladas, algumas vezes sobrestimuladas, por avanços na biologia, na teoria da informação, na semiótica ou na ecologia. Havia o neomarxismo, o neoevolucionismo, o neofuncionalismo e o neodurkheimianismo. Pierre Bourdieu nos deu a "teoria prática", Victor Turner, "a antropologia da experiência", Louis Dumont, "a antropologia social das civilizações", Renajit Guha, os "estudos subalternos". Edmund Leach falava de "cultura e comunicação", Jack Goody, do "escrito e do oral", Rodney Needham, de "linguagem e experiência", David Schneider, de "parentesco como um sistema cultural", Marshall Sahlins, de "estrutura e conjectura". Quanto a mim, contribuí para o regozijo com a "antropologia interpretativa" – uma extensão, ampliada e redirecionada pelos desenvolvimentos na literatura, filosofia e análise da linguagem – de minha preocupação com os sistemas de significado – crenças, valores, visões de mundo, formas de sentimento, estilos de pensamento – nos termos dos quais povos particulares constroem sua existência e vivem suas vidas particulares. Movimentos sociais novos ou recondicionados, do feminismo, do anti-imperialismo, dos direitos indígenas e de libertação *gay* acrescentaram à mistura, como fizeram novas variações em campos vizinhos – o movimento dos *Annales* na história, o "novo historicismo", na literatura, o estudo das ciências, em sociologia, a hermenêutica e a fenomenologia, na filosofia, e aquele movimento elusivo e equívoco, conhecido, elusiva e equivocamente, como "pós-estruturalismo". Havia perspectivas mais que suficientes.

O que faltava era algum meio de ordená-las em uma estrutura disciplinar amplamente aceita ou em um paradigma de explicação abrangente. Crescia a sensação de que o campo estava se despedaçando em fragmentos incomensuráveis cada vez menores, de que uma unidade primordial estava sendo perdida em uma horda de modismos e caprichos, produzindo lamentos coléricos, desesperados ou meramente perplexos, por algum tipo de reunificação. Tipos ou variedades de antropologia, separadamente concebidos e organizados, apareceram, um por sobre o outro: antropologia médica, antropologia psicológica, antropologia feminista, antropologia econômica, antropologia simbólica, antropologia visual; a antropologia do trabalho, da educação, do direito, da consciência; etno-história, etnofilosofia, etnolinguística, etnomusicologia. O que fora, quando tropecei nisso no começo da década de 1950, um grupo de algumas centenas de etnólogos combativos, mas similarmente orientados, como tendiam a se chamar, a maioria dos quais se conhecia pessoalmente, tornou-se ao final da década de 1970 uma vasta multidão de estudiosos cuja única coisa em comum parecia muitas vezes ser o fato de terem passado por um ou outro programa doutoral designado antropologia (havia mais de uma centena somente nos Estados Unidos, e talvez muito mais ao redor do mundo).

Grande parte disso era esperada e inevitável, um reflexo do crescimento do campo e do avanço da especialização técnica, assim como, uma vez mais, do funcionamento do Espírito do Mundo enquanto percorria seu caminho na conclusão das coisas. Mas apesar disso a mudança produziu tanto uma intensificação do combate polêmico como, ao menos em alguns locais, angústia e mal-estar. Não somente apareceu uma série de "guerras" inventadas entre combatentes imaginários sobre temas artificiais (materialistas *vs.* idealistas, universalistas *vs.* relativistas, cientistas *vs.* humanistas, realistas *vs.* subjetivistas), mas um ceticismo generalizado e estranhamente autodilacerante sobre a iniciativa antropológica como tal – sobre representar O Outro ou, pior ainda, julgar-se capaz de falar por ele – se estabeleceu, solidificou-se e começou a se difundir.

Com o tempo, à medida que os impulsos que dirigiram o otimismo da década de 1950 e a turbulência da década de 1960 iam morrendo nas rotinas e imobilidades da América de Reagan, essa dúvida, desilusão e autocrítica se juntaram a uma bandeira mais ampla e indefinida, e repentinamente popular, do pós-modernismo. Definido em relação ao Modernismo em reprovação e repúdio – "adeus a tudo isso" –, o Pós-modernismo era, e é, mais uma disposição e uma atitude do que uma teoria conectada: uma etiqueta retórica aplicada a uma percepção cada vez mais profunda da crise moral e epistemológica, da suposta exaustão, ou, pior, corrupção dos modos aceitos de julgamento e conhecimento. Temas de representação etnográfica, autoridade, posicionamento político e justificação ética se tornaram objeto de uma completa revisão; o próprio "direito de escrever" do antropólogo foi posto em questão. "Por que as descrições etnográficas perderam recentemente tanto de sua autoridade?" – a capa da cópia da coleção *Writing Culture* (Cultura da escrita) de James Clifford e George Marcus (1986), um tipo de líder em meio a tudo isso, clamava:

> Por que alguma vez eles foram críveis? Quem tem o direito de questionar uma descrição cultural "objetiva"? [...] As etnografias todas não são realizações determinadas pela necessidade de contar uma história efetiva? Poderão alguma vez as afirmações da ideologia e do desejo ser completamente reconciliadas com as necessidades da teoria e da observação?

Desse modo, a maior parte do trabalho (nem todo tão franco ou excitado como esse, nem tão densamente povoado com questões retóricas) tendia a centrar-se em torno de uma ou de outra dentre duas preocupações: ou a construção de textos antropológicos, ou seja, a escrita etnográfica, ou o *status* moral do trabalho antropológico, ou seja, a prática etnográfica. A primeira começava com temas essencialmente literários: autoria, gênero, estilo, narrativa, metáfora, representação, discurso, ficção, figuração, persuasão; a segunda, com temas essencialmente políticos: os fundamentos sociais da autoridade antropológica, as formas de poder inscritas em suas práticas, suas suposições ideológicas, sua cumplicidade com o colonialismo, o racismo, a exploração e o exotismo, sua dependência nas narrativas principais da autocompreensão ocidental. Essas críticas interligadas à antropologia – uma, encerrada em si mesma e meditativa, a outra, mais expansiva e recriminatória – podem não ter apresentado a "etnografia completamente dialética atuando poderosamente no sistema mundial pós-moderno", para citar novamente aquela reprimenda de *Writing Culture* (Cultura da escrita), nem deixaram exatamente de sofrer resistência. Mas induziram uma certa autoconsciência, e também uma certa candura, em uma disciplina não isenta da necessidade delas.

De qualquer modo, passei esses anos de afirmação e negação, promessas e quebra de promessas, primeiro, na Universidade de Chicago, de 1960 a 1970, depois no Instituto para Estudos Avançados em Princeton, de 1970 em diante, principalmente tentando manter meu equilíbrio, lembrar quem eu era, e continuar fazendo o que eu tivesse me proposto a fazer, antes que tudo se dissipasse.

Em Chicago, envolvi-me uma vez mais – e dessa vez basicamente como seu diretor – num programa interdisciplinar focado nas perspectivas do – a essas alturas muito atrasados e fragmentados Biafra, Bangladesh, sul do Iêmen – Terceiro Mundo: o Comitê para o Estudo Comparativo das Novas Nações. Esse comitê, que permaneceu ativo por mais de uma década, não estava preocupado com essas questões políticas nem com construir uma teoria geral do desenvolvimento, nem de fato com qualquer tipo de grupo de pesquisa dirigida por objetivos. Ele consistia de uma dezena ou mais de membros do corpo docente na universidade – sociólogos, cientistas políticos, economistas e antropólogos – trabalhando em um ou outro dos novos estados descolonizados, mais uma meia dúzia ou mais de pesquisadores pós-doutorais, a maioria de outros lugares, similarmente engajados. Sua atividade coletiva principal era um seminário de uma semana em que um dos membros conduzia uma discussão sobre seu trabalho, que, por sua vez, formava a base para um grupo central menor, embora não precisamente, de colaboradores, pois todos nós trabalhávamos de forma independente, similarmente orientados, pesquisadores de campo experientes dirigidos para um conjunto relacionado de temas nos quais estava o que na época era chamado, muito esperançosamente, considerando o estado geral de coisas, construção nacional. Incapaz, no momento, de retornar à Indonésia, na época completamente tomada pela convulsão geral, organizei um grupo de alunos do doutorado de um departamento de antropologia, do qual eu também era membro, para estudar uma cidade de tamanho, complexidade e representatividade geral comparáveis a Modjokuto, mas no outro limite distante, magrebino, do mundo islâmico: Marrocos.

O departamento de antropologia de Chicago, dirigido naquela época por um grupo incomumente aberto e solidário de seniores (Fred Eggan, Sol Tax, Norman MacQuown e Robert Braidwood; Robert Redfield havia recém-falecido), forneceu um contexto atipicamente afável para esse tipo de abordagem de estilo livre, liberal, do antropológico. Lloyd Fallers, Victor Turner, David Schneider, McKim Marriott, Robert Adams, Manning Nash, Melford Spiro, Robert LeVine, Nur Yalman, Julian Pitt-Rivers, Paul Friedrich e Milton Singer estavam todos lá, assim como eu, glorificando uma ou outra linha de análise cultural, e nossa interação era intensa, produtiva e, surpreendentemente, dada a variedade de temperamentos envolvidos, geralmente amigável. Mas quando, no final da década de 1960, o Diretor do Instituto para Estudos Avançados em Princeton, o economista Carl Kaysen, convidou-me para iniciar lá uma nova escola nas ciências sociais para complementar as escolas de matemática, ciências naturais e de estudos históricos existentes desde que Einstein, Weil, von Neumann, Panofsky e outras personalidades puseram o lugar em movimento no final da década de 1930 e no começo da década de 1940, eu, após alguns anos de hesitação, aceitei. Por mais exposto e arriscado que pudesse ser, especialmente em uma época de tamanha divisão dentro da academia e da incerteza sobre a própria ideia das "ciências sociais" aos olhos de muitos humanistas e "cientistas reais", a perspectiva de receber uma página em branco e intacta sobre a qual escrever era, para alguém a essas alturas viciado em sorte, simplesmente muito atrativo para resistir.

Conclusão

É sempre muito difícil determinar exatamente quando foi que o "agora" começou. Virginia Woolf pensava que "em ou por volta de 1º de dezembro de 1910", para W.H. Auden em "1º de setembro de 1939", para muitos de nós que nos preocupamos durante o equilíbrio do terror, em 1989 e na Queda do Muro. E, agora, tendo sobrevivido a tudo isso, há o 11 de setembro de 2001.

Meus anos – trinta e um e contando – no Instituto para Estudos Avançados se mostraram – após alguns apuros iniciais com os mandarins residentes, em breve eliminados (os apuros, não os mandarins) – um excelente ponto de vista do qual observar o presente acontecendo nas ciências sociais. Estabelecer uma nova iniciativa no campo partindo do zero – todo campo desde o da economia, da política, da filosofia e do direito até o da sociologia, da psicologia, da história e da antropologia, com alguns estudiosos da literatura, da arte e da religião acrescentados para fermentar – demandava muito mais atenção ao que estava acontecendo nessas áreas, não somente nos Estados Unidos, mas também no exterior. E com mais de quinhentos estudiosos de mais de trinta países passando um ano como professores convidados em um momento ou outro (aproximadamente um quinto deles antropólogos de vários tipos, origens, idades e graus de celebridade), tivemos a extraordinária experiência de ver o "agora" chegar, ao vivo e a cores.

Tudo isso está bem, mas como o presente imediato está, na natureza do caso, inteiramente em movimento, e é confuso e incerto, não se presta tão prontamente à ordenação como, ao menos aparentemente, o passado distanciado e aperfeiçoado. É mais fácil reconhecer o novo como novo do que dizer exatamente do que se trata, e tentar discernir em qual direção em geral está se movendo não é senão ser lembrado uma vez mais do *dictum* de Hegel: o futuro pode ser um objeto de esperança ou de ansiedade, de expectativa ou de apreensão, mas não pode ser um objeto de conhecimento. Eu me limito, portanto, a finalizar essa história picaresca de aventura investigativa, com algumas observações breves e evasivas sobre como parecem ter se passado as coisas no domínio antropológico na última década ou mais.

No nível da história mundial que tenho evocado o tempo todo como pano de fundo ativo, os principais desdobramentos são, é claro, o fim da Guerra Fria, a dissolução do sistema internacional bipolar e a emergência de um sistema (caso possa ser chamado assim) que se pareça cada vez mais com uma combinação estranhamente paradoxal de interdependência global (fluxo de capitais, multinacionais, zonas de comércio, a internet) e provincialismos étnicos, religiosos e outros intensamente paroquiais (Os Balcãs, Sri Lanka, Ruanda-Burundi, Chechênia, Irlanda do Norte, o país Basco). Se essa "Jihad *vs.* McWorld" é um paradoxo genuíno, ou, como tendo a pensar, um fenômeno único, profundamente interconectado, começou claramente a afetar a agenda antropológica de uma forma que o 11 de setembro pode apenas acelerar.

Estudos sobre discórdia étnica, identidades transnacionais, violência coletiva, migração, refugiados e minoridades intrusivas, nacionalismo, separatismo, cidadania, cívicos e culturais, e sobre a operação de instituições paragovernamentais supranacionais (e.g. o Banco Mundial, o Fundo Monetário Internacional, órgãos das Nações Unidas etc.) – estudos que não foram pensados para fazerem parte do alcance da antropologia mesmo há alguns anos – têm aparecido agora em toda parte. Há trabalhos, e muito bons, sobre publicidade no Sri Lanka, sobre televisão na Índia, sobre concepções legais no Islã, sobre o comércio mundial de *sushi*, sobre as implicações políticas das crenças de feitiçaria no sul da África. À medida que estive diretamente envolvido em tudo isso, tudo esteve em conexão com o paradoxo, real ou não, do aumento simultâneo no cosmopolitismo e no paroquialismo que recém-mencionei; com o que chamei em algumas conferências que fiz em Viena há alguns anos "The World in Pieces", exigindo um repensar antropológico de nossas principais concepções políticas: nação, Estado, país, sociedade, povo.

Portanto, as coisas não estão, ao menos no meu ver, indo progressivamente juntas enquanto a disciplina avança em frangalhos. E isso, também, reflete a direção, caso possa ser chamada uma direção, na qual o resto do mundo está se movendo: para a fragmentação, dispersão, pluralismo, desmantelamento, multi, multi, multi. Os antropólogos terão de trabalhar sob condições ainda menos ordenadas, bem-configuradas e previsíveis, e ainda menos suscetíveis a redução moral e ideológica e reparos políticos rápidos, do que aquelas nas quais trabalhei – que espero ter mostrado serem irregulares o bastante. Uma raposa nata (há um gene para ela, junto a uma inquietação, uma esperteza e uma aversão extremada a ouriços), isso me parece o *habitat* natural do antropólogo cultural... social... simbólico. Tempos interessantes, uma profissão inconstante: invejo aqueles prestes a herdá-la.

2004

O que é um Estado, caso não seja soberano?*

O que Sidney Mintz e eu temos em comum, além de um certo dom para andarmos por aí e uma útil falta de gravidade, é a experiência de uma transformação disciplinar profunda, uma mudança de atitude profissional que, para nomeá-la, vou chamá-la "Jornada da Antropologia na História". Há muito tempo no paleolítico boasiano, o horizonte coletor de dados e caçador de traços no qual ambos fomos formados e que, embora transfigurado e coberto, ainda nos marca, e irrevogavelmente, a antropologia possuía o foco tribo e ilha, preocupava-se com povos remotos em lugares remotos ou com as relíquias silenciosas do tempo profundo. Aqui e ali, havia alguma preocupação com o moderno e o desenvolvido – Hortense Powdermaker trabalhou em Hollywood, Lloyd Warner, em Newburyport – mas principalmente para demonstrar que o que servia para o paroquial remoto também servia para o à mão. Foi somente após a Segunda Guerra Mundial, quando as relações entre a Europa e a América e o que veio a ser chamado o Terceiro Mundo mudaram, e mudaram dramaticamente, que revisões no que pensávamos que deveríamos estar fazendo e como pensávamos que deveríamos estar fazendo começaram a aparecer.

Sidney encontrou essa reconstrução do objetivo, método e autodefinição em Colúmbia via Julian Steward, eu, em Harvard, via Clyde Kluckhohn, ambos americanistas, ambos insatisfeitos com o particularismo etnográfico, ambos dados a grandes iniciativas. O Projeto Povo de Porto Rico e o Projeto Modjokuto, um organizado no final da década de 1940 (STEWARD et al., 1956), o outro, no começo da década de 1950, se não foram os primeiros, certamente estavam entre os primeiros estudos de grupo sobre sociedades diferenciadas confinadas em civilizações multíplices – semialfabetizadas, semiurbanizadas, semi-indus-

---

* Publicado originalmente como uma conferência de Sidney Mintz intitulada "What Is a State If Is Not a Sovereign: Reflections on Politics in Complicated Places". *Cultural Anthropology* 45, n. 5, dez./2004, p. 577-593.

triais, com camponeses e plantações, clérigos e curandeiros, capitais e províncias, classes e massas, lugares complicados.

Bem, como sempre: quem está na chuva é para se molhar. O que começou como uma mera adaptação dos procedimentos estabelecidos aos novos problemas – uma etnografia mais autoconsciente para sociedades mais autoconscientes – terminou por projetar a nós e a profissão geralmente em meio a algumas das mais profundas convulsões da segunda metade do século XX. A descolonização, a construção de nações, a Guerra Fria, *tiers-mondisme*, globalização, a nova desordem mundial – os antropólogos não se encontravam mais espreitando, isolados e pouco notados ao longo das margens mais distantes da história mundial. Eles foram capturados e abandonados nessas correntes centrais, com, na realidade, muito pouco para guiá-los para além de um compromisso de ver as coisas de perto e pessoalmente – localmente e em pequenos detalhes.

Quão bem-sucedidos fomos aí, debatendo-nos no turbilhão de coisas, não me cabe dizer. Participantes incidentais em grandes transformações – que é o que penso ter sido isso e o que Sidney e eu fomos – são, como Pierre em Borodino, não necessariamente os melhores observadores do que em geral está acontecendo, por que está acontecendo e o que anuncia. Mas somos, assim como ele foi, ao menos úteis como testemunhas para a experiência *in medias res* disso tudo, e, da minha parte (vou parar de falar por Sidney a partir de agora), posso dizer somente que foi (essa jornada casual pela história contemporânea) mais do que uma pequena perturbação. Logo após a guerra, quando aqueles grupos de projetos para Java e o Caribe foram lançados, quando os "estudos de área" – sul e sudeste da Ásia, África Subsaariana, o Oriente Próximo e Médio – apareceram e o comparativismo floresceu, e quando as nações "novas (ou 'em desenvolvimento' ou 'emergentes')" se tornaram um campo reconhecido de estudos, pensávamo-nos envolvidos com uma erupção progressiva massiva – nacionalismo do Terceiro Mundo, descolonização, democratização, decolagem econômica, modernização, os sonhos grandes e impacientes de Bandung. Mas, muito rapidamente, as coisas se tornaram amargas e desapontadoras: sublevações étnicas, estados fracassados, cleptocracia, estagnação, terror sacrificial e multidões ensandecidas; Amin e Mobuto, Marcos e Suharto, Khomeini e Saddam; Ruanda-Burundi, a mesquita em Ayodhya, os campos de extermínio do (meu *terrain*) leste de Java. A confiança e o otimismo, sem falar da certeza moral, com que nos movíamos nesses lugares complicados – em meu caso, principalmente na Indonésia e no Marrocos – parecem agora mais do que um pouco prematuros.

O que parece muito mais claro agora (ao menos para mim) do que parecia na época é que a mudança social não será apressada e não será subjugada, e que, no que concerne à formação do Estado (meu foco aqui), o que quer que já tenha acontecido nos lugares supostamente melhor organizados é menos prólogo do que capítulos em um tipo diferente de história que não será reencenada. Quaisquer direções que o que é chamado (no meu ver, equivocadamente) "construção nacional" possa tomar na África, no Oriente Médio, na Ásia ou na América Latina, um mero retraçar sem as deambulações, as divisões, os colapsos e o derramamento de sangue dos casos anteriores – Inglaterra, França ou Alemanha, Rússia, os Estados Unidos, ou o Japão – não está nas cartas nem é o fim em povos reificados de identidades políticas compactas e abrangentes. A história não somente não se repete, ela não se purifica, também não se normaliza nem endireita seu curso. Os três séculos de conflitos e sublevações que foram necessários à Europa para ir do tabuleiro de Vestfália, no final da Idade Média, para as nacionalidades marchantes da Segunda Guerra Mundial serão quase certamente mais do que equivalentes para a surpresa e originalidade e para frustração pelo curso das coisas nas – como poderíamos chamá-las agora? as forças emergentes? os pós-coloniais? os adolescentes estranhos? o mundo desenvolvido? – dezenas de décadas adiante. Nem o processo nem os seus estágios serão mais do que vagamente, às vezes caricaturalmente, reminiscentes (pense sobre "A República Árabe Unida", "Democracia Dirigida", "O Império Africano Central", ou "A Estrada Birmanesa para o Socialismo").

Pelo menos, isso sugere que é necessário um repensar sério por parte daqueles dentre nós – não apenas antropólogos, mas cientistas políticos, historiadores, economistas, sociólogos, psicólogos, jornalistas – autoproclamados ou profissionalmente encarregados de determinar o que de fato está acontecendo nesses lugares complicados, para onde as coisas parecem estar tendendo, e como, no fim, tudo isso pode emergir. Em particular, isso sugere que a reunião de ideias amplas, casualmente herdadas da filosofia e da teoria política ocidentais, nas quais tendemos a nos apoiar quando buscamos posicionamentos iniciais e orientação analítica deve ser reexaminada e reconsiderada, criticada e modernizada.

Eu tentei executar, por mim mesmo, um reexame assim em uma série de conferências que proferi, aproximadamente há uma década agora, no Institut für die Wissenschaften vom Menschen, em Viena, publicadas agora como "The World in Pieces" em meu *Available Light* (2000). Aí, após registrar a dissolução dos blocos políticos que abarcaram e dividem o mundo em seguida à queda do Muro, ao colapso da União Soviética e ao fim da Guerra Fria no final da década de 1980 e no começo da década de 1990, tentei (p. 221) um novo olhar a alguns dos

> grandes conceitos integradores e totalizantes que por tanto tempo estivemos acostumados a utilizar para organizar nossas ideias sobre política mundial e particularmente sobre a similaridade e diferença entre povos, sociedades, Estados e culturas: conceitos como [todos esses termos entre as mais densas aspas] "tradição", "identidade", "religião", "ideologia", "valores", "nação", inclusive mesmo "cultura", "sociedade", "Estado" ou "povo". [...] Algumas noções gerais, novas ou recondicionadas,

devem ser construídas se formos penetrar o resplendor da nova heterogeneidade e dizer algo útil sobre suas formas e futuro.

Dessas ideias amplas e diretivas eu me ocupei nesse trabalho principalmente de duas: a de "[uma] nação", considerada como, para citar o *OED* (*Oxford English Dictionary*), "Um extenso agregado de pessoas, tão intimamente associadas umas às outras por descendência, língua ou história comuns de modo a formar uma distinta raça ou povo, usualmente organizado como um Estado político separado e ocupando um território definido", e a de "[uma] cultura", considerada como uma estrutura delimitada, coerente, mais ou menos contínua de sentimentos e compreensões comuns – uma forma de vida, um modo, como podemos dizer agora, de ser no mundo. Em um ensaio chamado "O que é um País Caso Não Seja uma Nação?" e em um outro chamado "O que é uma Cultura Caso Não Seja um Consenso?" eu tentei mostrar quão pobremente quase todos os "novos Estados" assim como um bom número de Estados antigos, incluindo o nosso, apropriam-se dessas caracterizações, quão mais difícil se torna atualmente encontrar entidades culturalmente solidárias funcionando como comunidades políticas organizadas e autônomas (a palavra técnica é "soberanas"): Noruega, talvez, mas existem paquistaneses lá agora; Samoa, eu suponho, se você occluir os euronésios. O que não fiz, embora originalmente pretendesse, foi continuar examinando aquela outra categoria principal da compreensão moderna tão intimamente vinculada a essas de modo a serem fundidas com elas – ou seja, "[o] Estado".

"O Estado", particularmente o Estado pós-colonial – Kinshasa, Abuja, Rabat, Nova Deli, Islamabad, Yangon, Jacarta, Manila (alguns deles parecem quase não ir além de suas capitais esparramadas, e seus nomes estão sempre mudando) – recentemente, é claro, foi tema de muita discussão incerta, à medida que a enorme variedade de suas formas e expressões, a multiplicidade dos regimes que alberga e as políticas que apoia se tornaram aparentes. Fala-se de "Estados fracassados", "Estados vilões", "superestados", "quase Estados", "Estados de contenção" e "microestados", de "tribos com bandeiras", "comunidades imaginadas" e "regimes de irrealidade". A China é uma civilização tentando ser um Estado, a Arábia Saudita é um negócio de família disfarçado de Estado, Israel é uma fé inscrita em um Estado – e quem sabe o que a Moldávia é? Mas, de longe, a maior parte da discussão, confusa e ansiosa e inconclusiva, foi dirigida para o futuro da forma política predominante do Ocidente do século XIX e XX, "o Estado-nação". Ele está desaparecendo? Mudando de forma? Reforçando-se? Indispensável? Apto a um retorno? O que pode significar isso em países com dezenas de línguas, religiões, raças, localidades, etnicidades, comunidades tradicionais? Subcontinentes como a Índia? Arquipélagos como a Indonésia? "Meras expressões geográficas" como a Nigéria (como um de seus primeiros primeiros-ministros certa vez a chamou)?

A caracterização padrão de um "Estado" como (na formulação de Max Weber) uma autoridade investida de posse de um monopólio de violência legítima em um território e a de uma "nação" como (na de Ernest Renan) a fusão espiritual de uma coleção de *ethnē* particuladas em uma *grande solidarité*, uma *conscience morale* comum e transcendente, parece cada vez mais difícil de ser aplicada a conglomerações emaranhadas como essas, onde não somente a legitimidade é dispersa e contestada, mas um catálogo enorme de grupos paroquiais hibridizados e metamorfoseados – étnicos, religiosos, linguísticos, raciais, regionais, ideoprimordiais – esfregam-se um no outro em fricção quase contínua e "o narcisismo das pequenas diferenças" (para usar novamente a frase excessivamente utilizada de Freud) parece a força impulsora mais importante da luta política. A soberania compactada, centrada e inclusiva, é difícil de situar e parece que permanecerá assim.

Em pouco mais de 40 anos, a Nigéria, considerada ter entre 400 e 500 "minorias" (e nenhuma "maioria" verdadeira), algumas delas se deparando com suas fronteiras geograficamente indistintas, fabricadas na Inglaterra, passou de uma confederação competitiva de três subestados regionais, étnica e religiosamente marcados, a uma república invertebrada de primeiro 12, depois 19, e depois 30, e agora 36 estados federais por meio de uma guerra civil secessionista, uma oscilação entre regimes parlamentares, militares e presidenciais, a remoção de sua capital de sua maior cidade no sudeste do país para um distrito federal construído às pressas em meio aos mortos e a imensidão, o estabelecimento de nove línguas oficiais (incluindo o inglês) e a instituição do direito islâmico em cerca de um terço do país, um país que é dirigido, no momento, por um cristão renascido.

A Índia começou em 1947 – após a vasta convulsão comunitária que foi a Partição – com um governo central secularista do cosmopolita e socialista fabiano intensamente anglicizado Jawaharlal Nehru e um partido do congresso nacional de chefes locais tentando manter o centro vital contra um vasto catálogo de provincialismos regionais, religiosos, linguísticos e baseados em castas nos 25 estados, 6 territórios da União e 476 distritos do que alguém, talvez tenha sido J.K. Galbraith, chamou "a maior anarquia em funcionamento do mundo". Desde então, ela avançou – se essa for a palavra – por meio do assassinato de Indira Gandhi, por militantes siques após ter invadido o Templo de Ouro, de seu filho Rajiv Gandhi, por militantes tâmiles após sua intervenção na guerra comunitária do Sri Lanka, e o longo e lento colapso do congresso em corrupção e facções (agora, talvez, começando a ser revertido) até a ascensão de um hinduísmo político artificial e sintético, mas localmente acentuado, a ressurgência do regionalismo vernacular e etnocrático, e a intensificação do anticosmopolitismo – Bombaim-para-Mumbai – purista e populista.

E a Indonésia, meu campo de operações por cerca de meio século, experienciou, durante seu período de independência (também cerca de meio século), o nacionalismo declamatório e difuso de Sukarno, em grande parte construído a partir de uma leitura jacobina da história javanesa, uma guerra civil regional estruturada aos moldes da Guerra Fria, um enorme e popular derramamento sangue de cunho político-religioso, a versão do General Suharto militarizada e ainda mais javanista do integralismo determinado de Sukarno, e depois, quando o sistema parlamentar retornou, o fracasso final e sangrento da tentativa de anexar o Timor Leste e uma onda de conflitos regionais, religiosos e étnicos ao longo das assim chamadas Ilhas Exteriores – o islamismo em Achém, assassinatos sectários em Kalimantan, Celebes e Ambon, e a agitação separatista de cunho racial na Nova Guiné Ocidental.

"Un plébiscite de tous les jours" – para citar novamente o famoso arrebatamento de Renan – no qual "tous [les] dissonances de détaille disparaisse dans l'ensemble" parece quase fora do alcance.

Que historiadores, cientistas políticos, filósofos e sociólogos focados no Ocidente moderno devessem experienciar dificuldades em imaginar um Estado viável e abrangente, para não dizer efetivo, que não fosse a expressão de uma nação propriamente dita – soberano, único e autoconsciente – talvez não seja inteiramente surpreendente, dado que, pelo menos nos últimos cem anos, desde a dissolução dos antigos impérios em seus povos componentes, esse seja o tipo de coisa com que eles têm tido, em grande parte, de lidar – França, Alemanha, Itália, Espanha, Grécia, Suécia, Irlanda, Hungria, Polônia, Portugal, Turquia, Egito. Mas é distintamente surpreendente que antropólogos, que se envolveram predominantemente com unidades políticas menos ordenadas em lugares menos consolidados, devessem estar similarmente encantados.

Com nossa obsessão arraigada por detalhes e diferenças, com o cru e o cozido e com a coisa fora do lugar, alguém poderia esperar que buscássemos descobrir nas irregularidades e divisões que encontramos na base a variedade das formas que a estatidade realmente existente pode tomar e de fato toma atualmente. Mas a maior parte do trabalho que realizamos desde o começo de nossa jornada na história – trabalho normativamente orientado ao "desenvolvimento", "modernização" ou "construção nacional" (todas essas coisas, uma vez mais, entre aspas), "hegemonia", "nacionalismo modular", "*Herrschaft*", "*capital étatique*", "dependência" ou "pós-colonialidade" – foi dirigida ao exame da desordem e da comoção que os novos estados apresentam para os sinais premonitórios débeis de um movimento em direção a (ou um afastamento de) um formato padronizado mais reconhecível e regular: a cor homogênea sobre o mapa disjuntivo, o eu bem-formado no autogoverno bem-figurado.

Para isso mudar (e, como veremos, finalmente está começando um pouco a acontecer isso), deve existir, parece-me, um distanciamento no Estado em primeiro lugar como uma máquina colossal, uma esfera à parte de comando e decisão, para olhar para ele contra o pano de fundo do tipo de sociedade na qual ele está inserido – a confusão que o cerca, a confusão que ele confronta, a confusão que ele provoca, a confusão à qual ele responde. Menos Hobbes, mais Maquiavel; menos imposição do Estado soberano, mais cultivo da conveniência mais elevada; menos exercício de vontade abstrata, mais busca por vantagens visíveis.

Para tornar isso tudo um pouco menos críptico e retoricamente expresso, deixe-me tratar brevemente dos dois casos que, como mencionei, conheço de primeira mão e de cuja comparabilidade oblíqua e parcial, com as semelhanças conectando suas diferenças específicas, fiz, ao longo dos anos, uma pequena, mas compensadora, vida etnográfica: A República da Indonésia e o Reino do Marrocos. Um é uma conglomeração massiva (212 milhões de pessoas agora, 78 milhões quando cheguei lá da primeira vez), espalhada (6.000 ilhas inabitadas dispersas ao longo de 5 milhões de quilômetros quadrados de mar aberto) e emaranhada: 15 grupos étnicos significativos, centenas de pequenos outros; 300, 400 ou 500 línguas, algumas delas não registradas; muçulmanos, católicos, protestantes, hindus, "animistas"; uma minoria comercial chinesa, uma minoria racial papua, árabes indigenizados, i-migrantes indianos. O outro, com um pouco mais do que um décimo do tamanho (30 milhões de pessoas, 12 milhões quando de minha chegada; 400.000 quilômetros quadrados), é um lugar compacto, fácil de percorrer, inusualmente não compartimentalizado – completamente muçulmano, agora que os judeus partiram; essencialmente arabófono, agora que os berberes são bilíngues; domesticamente ordenado em alianças locais indefinidas, variáveis e improvisadas. Estabelecidos em tipos muito diferentes de vizinhanças regionais (o partido e particulado Sudeste Asiático, a fluida e contínua África do Norte), procediam de diferentes tipos de experiência colonial (holandesa, mercantil e longa; francesa, tecnocrática e curta) confrontados por diferentes tipos de ameaças interiores (secessão periférica e deslegitimação central), eles diferem também, não surpreendentemente, em seus estilos políticos – o modo que a estatidade é concebida, a autoridade é empregada e a dissensão é anulada.

Para começar com a Indonésia, deixe-me fornecer uma descrição geral – abrangente, simplista e francamente tendenciosa – de como as coisas lá chegaram ao seu estado atual: um estado no qual a existência contínua do país como um sistema político, um governo imperativo em um Estado abrangente, foi colocado cada vez mais seriamente em questão. As primeiras cinco décadas de autogoverno (o novo Estado foi instituído no final de 1949) viram sucessivas investidas ideológicas inflamadas e determinadas – nacionalistas, comunistas, pretorianos, islâmicos – tentando assegurar uma identidade única e definida ao país, tendo cada uma delas falhado, nenhuma delas (exceto, talvez, em sua forma original, a comunista) desaparecido, e, todas provocado um senso ainda mais forte de diferença e desunião. Independente do fato de que o esforço para construir um Estado-nação adequado, espiritualmente harmônico, possa ter chegado a algum lugar, aqui ele foi, pelo menos nesse ponto, um projeto elusivo, espasmódico e disruptivo.

O movimento de independência indonésio começou essencialmente, numa imitação geral dos modelos mazzinianos, nas décadas de 1920 e de 1930. Foi um movimento radicalmente unitarista, sob a liderança teatral de Sukarno, um subalterno falante como nenhum outro (embora tenha estudado engenharia por um tempo nas Índias, ele foi, praticamente desde o nascimento, um conspirador, agitador e subversivo polivalente) – foi um movimento radicalmente unitarista em uma situação radicalmente pluralística – uma caracterização (ou um fato) que se aplica, como eu disse, a todo o curso da história política da república. Durante a década de 1950 e o começo da década de 1960, essa tentativa de fornecer um fundamento conceitual para uma nacionalidade integral (que envolvia uma combinação confusa, estranha e eclética, de simbolismo indo-javanês, civismo europeu e um tipo maoista de populismo camponês) titubeava cada vez mais sob as pressões combinadas de conflito faccional, as hostilidades induzidas da Guerra Fria e o impacto desigual da mudança econômica ao longo de diferentes regiões do arquipélago.

Em 1958, após a primeira eleição geral ter demonstrado quão incorrigivelmente dividido o país realmente estava (nacionalistas, islâmicos e comunistas dividiram o voto de forma mais ou menos equivalente), uma rebelião aberta, guiada por ideias vagas de descentralização e federalismo, irrompeu em Sumatra e Sulawesi. Sukarno a debelou com a ajuda do exército (ou parte dele, pois se encontrava dividido) e suspendeu o governo parlamentar em favor de uma forma javanesa de *Gleichschaltung* que ele chamou, com sua inventividade característica, "Nasakom" (nacionalismo, religião, comunismo). Por volta de 1965, Java, a mais populosa e mais desenvolvida das ilhas (60% da população do país, 40% de seu Produto Interno Bruto, 7% de sua área) estava tão intensamente afetada pelo conflito partidário culturalmente influenciado que, após um golpe palaciano fracassado em Jacarta, foi envolvida em um sangrento combate corpo a corpo. Centenas de milhares (alguns dizem um milhão) morreram, principalmente em uma série de massacres convulsivos noturnos durante três meses; milhares mais foram exilados ou encarcerados, e um governo compacto e autoritário, a chamada Nova Ordem do General Suharto, assumiu o poder em Jacarta. Mas, embora Suharto tenha se afastado do malfadado populismo de Sukarno na direção de um rigorismo disciplinar e de um desenvolvimento *big push* *, ele continuou e ainda

---

* Abordagem da economia do desenvolvimento ou da economia do bem-estar que defende a promoção de um período de crescimento sustentável de um país através de um programa de investimento massivo para promover a industrialização e desenvolver a infraestrutura [N.T.].

intensificou o tipo de coordenação sintética e simbólica, culturalmente eclética que Sukarno havia instaurado. E quando ele, por sua vez, finalmente caiu, após 35 anos de domínio impassível e austero, a violência étnica, regional e religiosa – parte dela agora de natureza explicitamente separatista, grande parte dela antijavanês e em sua maioria assassina – irrompeu novamente em grande parte do país.

O exemplo dessa discordância renovada melhor conhecido no mundo em geral é, claro, a libertação brutal do Timor Leste. O caso do Timor tem mais a ver com uma anexação fracassada do que com uma separação propriamente dita. (Ele era uma minicolônia dos portugueses que o exército indonésio, mais ou menos por sua conta, havia invadido após a queda de Salazar, controlado durante a lei marcial por um quarto de século, e depois perdido o controle na confusão e desordem que se seguiram à partida repentina de Suharto.) Mas, apesar de tudo, o caso levantou a questão geral sobre os fundamentos substanciais do Estado indonésio, sobre seu alcance, suas prerrogativas e sua compleição cultural, desde o começo. Em ambos os lados do arquipélago – em Achém, no norte de Sumatra, um centro de descontentamento islâmico desde a época colonial e um aderente relutante à república centrada em Java, e na Nova Guiné Ocidental, que se chamava Irian, uma dissidência melanésia cuja incorporação política à república foi indefinida, tardia, arbitrária e contestada –, rebeliões explicitamente separatistas irromperam e foram contra-atacadas e punidas pelos militares, mas contidas apenas pela metade.

No meio, em Kalimantan, Sulawesi, nas Moluccas e nas Ilhas Menores de Sundas, uma sequência de explosões locais, como os massacres de 1965 em sua terrível brevidade, irrompeu, inflamou-se e depois irrompeu novamente, alimentada pelo retorno da política competitiva do quem consegue o que, quando, onde e como. E, com a Iugoslávia se dissolvendo na imprensa diária e o Sri Lanka aparentemente se desintegrando, as manchetes excitadas começaram a aparecer localmente e no exterior: "paraíso perdido em erupção de ódio", "a balcanização da indonésia pode estar longe da suposição", "o ano da indonésia viver caoticamente", "ambon [onde explodiu uma guerra de bolso cristã-muçulmana] pode ser fatal para a indonésia", "a indonésia está colapsando"?[1] Mesmo seu presidente recém-eleito, um muçulmano modernista com um acento javanês, previu que o país colapsaria se ele fosse deposto.

Ele foi deposto, e o país não colapsou. (A filha de Sukarno, uma figura tão impassível quanto seu pai fora extravagante, mas tão impenetrável e tão javanesa quanto ele, sucedeu-o e está se preparando para concorrer ao segundo mandato.)

---

1. Manchetes, respectivamente, do *Sydney Morning Herald*, 23/03/1999; *Agence France Presse*, 28/02/1999; do *Toronto Star*, 14/03/1999; do *Singapore Straits Times*, 13/03/1999; e do *Far Eastern Economic Review*, 18/03/1999.

Mas como e por que o país não colapsou – por que, mesmo diante desse tipo de guerra civil dispersa, de baixa intensidade, ele se arrasta compostamente, como os próprios indonésios dizem, um elefante com beribéri – está muito longe de claro e somente, agora que a ilusão do Estado-nação está finalmente sendo questionada, recém-começando a ser investigada. Talvez sua própria complexidade, o atalho intrincado de seus componentes discrepantes, torne difícil encontrar linhas claras de diferença ao longo das quais separar suas partes, as junções naturais nas quais desmembrá-lo. Talvez a capacidade praticada de grupos locais de formularem e de fazerem funcionar arranjos práticos, bons e justos o bastante, mantenha as coisas, mais ou menos e por enquanto, juntas. As atenções militares de Jacarta, impiedosas e imprevisíveis, o arrebol difuso e evanescente do conflito anticolonial e da revolução, e a mera inércia das negociatas familiares estabelecidas e imaginativas de uma elite mesquinha desempenham todos um papel. O que está claro é que, o que quer que mantenha as coisas juntas e em movimento, até agora em todo caso, não é *"un plébiscite de tous les jours"*.

No Marrocos – retornando a ele, uma vez mais de um modo implicitamente comparativo esquemático e peremptório – nem a dispersão da nacionalidade nem a colisão das subsociedades é o problema. O país é centrado o bastante (demasiado centrado, alguns diriam), e aquelas divisões culturais que existem são, falando relativamente (falando relativamente, especialmente com relação à Indonésia), marginais, dormentes, difusas ou evanescentes. O problema é que o lugar não é definido por suas arestas, as quais na verdade são tão fracas quanto porosas e em determinados pontos contestadas, nem por sua especificidade cultural, que dificilmente procede dos outros países novos estados em torno dele (Mauritânia, Argélia e o resto do Magreb Ocidental árabe), nem ainda uma vez mais por um movimento nacionalista massivo e integralista, Marrocos para os marroquinos, que nunca realmente se desenvolveu lá além de seus estágios embrionários. Ele é definido pela presença em seu centro e ápice de uma instituição peculiar, e peculiarmente ambígua, ao mesmo tempo arcaica, tradicional, perseverante e completamente remodelada: a monarquia alauíta.

A peculiaridade da monarquia ("alauí" é o nome da dinastia que vive lá) não é apenas que ela existe, mas que, ao longo das grandes sublevações e transformações – modernização, mobilização política, descolonização, autoafirmação coletiva, racionalização administrativa, governo popular – que marcaram a assim chamada Revolução do Terceiro Mundo na Ásia, África e, de um modo muito diferente, na América Latina, ela persiste. Existem monarquias em outras partes no Terceiro Mundo, caso ainda possamos chamá-lo assim. (Alguém sugeriu recentemente "os dois terços do mundo".) Mas elas são ou os produtos das manipulações coloniais, como na Jordânia, Arábia Saudita e no Golfo, ou vestígios cerimoniais de um passado recluso como na Tailândia, Butão e Tonga.

A monarquia marroquina, contudo, não é uma pretensão nem uma relíquia. É formalmente soberana e praticamente poderosa, a primeira (ao menos na maior parte do tempo) entre desiguais em um campo complexo e constantemente em mudança de poder *sotto voce* personalizado, situacional. Quase todo livro que foi escrito sobre a vida política do *al-mamlakah al-maghrebia* (como o país, atualizado a partir de um Protetorado, agora se chama oficialmente) – *The Commander of the Faithful* (WATERBUTY, 1970), *Le Fellah Marocain: Defenseur du Trône* (LEVEAU, 1976), *Master and Discipline* (HAMMOUDI, 1997), *Sacred Performances* (COBS-SCHILLING, 1989) – focou nessa função singular e nas personalidades dificilmente menos singulares que, desde a independência em 1956, ocuparam-na. E todos se fizeram essencialmente a mesma pergunta: O que a sustenta e seus ocupantes em um mundo de eleições, parlamentos, ideologias, corporações, jornais e partidos políticos? O que um Príncipe Médici está fazendo em um século como esse?

A monarquia marroquina, de um modo ou de outro, é, claro, uma instituição muito antiga. Versões tribais dela remontam até bem antes de as grandes dinastias berberes invadirem a Andaluzia no século XI, e de os alauitas, como tais, surgirem dos rios e oásis secos do pré-Saara, alegando descendência direta do profeta, em meados do século XVII – contemporâneos do Rei Sol, com cuja filha um deles propôs sem sucesso casar seu filho. Mas em outro sentido, muito mais pertinente, é uma monarquia muitíssimo mais jovem, emergindo repentina e surpreendentemente, mais ou menos acidentalmente, no centro de um governo *ad hoc*, improvisado, nos confusos dias finais do Protetorado em ruínas. Diferente do movimento nacionalista que surgiu nas Índias Orientais Holandesas após dois séculos e meio de domínio de sociedades anônimas, o nacionalismo no Marrocos colonial (um regime que durou, devemos lembrar, somente cerca de três ou quatro décadas, e parte dele como um falso *front* vichyano do tipo "todos vão ao Café do Rick"*) foi menos um surto popular do que uma nuvem de *notables* locais – xeiques sufistas, estudiosos religiosos, donos de bazares, juízes, soldados, sindicalistas, professores de escola, senhores da montanha, eremitas do deserto e líderes tribais – fazendo manobras desesperadamente para se posicionarem em uma situação política abruptamente volatilizada e completamente desordenada. Aqui, não há Sukarno algum inventando as massas, incitando-as e depois impelindo-as adiante. Ao homem que tentou arduamente se tornar um, o reformador islâmico Allal al-Fassi, faltava tanto a sorte como a audácia, para não falar do apelo, para se propelir ao poder, e seus principais rivais, os intelectuais seculares, eram *rive gauche* demais para conseguirem agir juntos ou para torná-lo plausível ao felá nas ruas.

---

* No original, em inglês, *"and some of that as an everyone-comes-to-Rick's Vichy false front"*. Referência provável a elementos do filme *Casablanca* (1942) dirigido por Michael Curtiz [N.T.].

Como a inquietação cresceu e as coisas ficaram perigosas, os franceses entraram em pânico e exilaram a família real na Córsega e em Madagascar *pour encourager les autres*. Depois, quando, na sombra da guerra argelina, as coisas saíram completamente do controle alguns anos mais tarde, eles entraram em pânico novamente e os trouxeram de volta, torcendo por legitimidade. Ao fazerem isso, eles transformaram o rei, Muhammad V, de um subserviente, uma figura muito superficial e inexperiente, indistinta, de meia-idade e praticamente esquecida, em um herói nacional e – ao menos naquele momento – nacionalista. Projetado no centro da nuvem de personalidades concorrentes, ele trouxe de volta o trono menos como uma autoridade transcendente da Ilha Grand Turk – que de qualquer modo jamais foi – do que como um jogador consequente, um *intrigant* enorme urso no jardim. O que ele recuperou, ou o que havia sido recuperado para ele, foi mais uma licença para praticar do que um cargo. E quando, quatro anos mais tarde, ele morreu, repentina e prematuramente, após uma operação nasal prevista para ser pequena, a efusão de luto da massa que se seguiu completou o processo de uma restauração popular, e seu filho, muito mais determinado e pronto para a batalha, Hassan II, na época o chefe do Estado-Maior das Forças Armadas, sucedeu a uma realeza completamente reinventada, restaurada e ressantificada. Ele tinha somente – somente! – que colocá-la em movimento, para torná-la (e a si mesmo) real.

A veemência com que ele perseguiu esse objetivo e o sucesso que obteve nele é talvez a única coisa geralmente conhecida sobre ele, sua carreira e sua pessoa. Na década de 1969, ele esmagou, um após outro, uma série de levantes rurais no norte, no leste e no sul do país, as regiões tradicionais de dissidência tribal (e taumatúrgica). Na década de 1970, seus dramáticos escapes por um triz de dois atentados contra sua vida: um no ar, pilotando um jato retornando da França, quando ele se fingiu de morto na cabine do piloto, e outro em um piquenique de noites árabes à beira-mar abarrotado de dignitários estrangeiros – alguns dos quais morreram enquanto ele sobreviveu escondendo-se debaixo de um pedaço de papelão à mão e dissuadindo seus supostos assassinos de suas intenções – foram manchetes em toda parte. A drástica e imperdoável vingança – prisões sem luz em cidadelas desertas – que ele infligiu aos seus inimigos íntimos e aos amigos e relações desses inimigos durante os anos sombrios, conhecidos como anos de chumbo, que se seguiram; seu "Março Verde" de 1975, aproximadamente meio milhão de pessoas despachadas a pé para o abandonado Saara espanhol para reivindicá-lo como seu domínio; e a rápida e suja supressão de grandes revoltas urbanas em 1965, 1981 e 1990 simplesmente somaram ao efeito. Na época em que morreu, em 1999, após 38 anos de movimento, manobras, evasões, turbulências, inflexibilidade e revanches, os elementos de sua realeza estavam muito bem-estabelecidos.

Mas foi (e ainda é, agora que seu filho, Muhammad VI, uma personalidade muito menos enfática, sucedeu-o, chamando-se, muito esperançosamente, "o rei do povo") um eixo, um ponto focal ou uma presença numinosa, em torno da qual ocorre uma interminável e intrincada disputa nacional por domínio e posição, não uma concentração arrogante de poder organizado. A despeito da violência rápida e improvisada e da celebridade de exibição régia, a realeza é uma instituição muito defensiva (e mediadora), lutando para se manter em seu lugar e em sua ascendência um tanto relativa e situacionalmente dependente em um vasto campo de maquinadores grandes, pequenos e médios, provocadores, aventureiros, arrivistas e líderes faccionários – xeiques, caides, xarifes, ulemás, chefes de partido, oficiais, senhorios, paxás, proprietários, intelectuais de cafés, o famoso milagreiro marabtin, proprietários de pousadas sufistas, cadis e semiexilados para Paris e de volta (ou para a América e de volta) – como sua força superlativa. Ele próprio uma figura semissagrada, um encarregado *baraca* descendente do profeta, promulgando fidelidade e defendendo a fé, foi, ao mesmo tempo, e foi forçado a ser, um político aguerrido intensamente secular, intensamente competitivo – um legislador, chefe de partido, tomador de decisões, *éminence grise* e pararraios, um jogador entre jogadores em um sistema parlamentar multipartidário com ministros, grupos de pressão, máquinas locais e eleições um tanto manipuláveis. Como um sistema político, "o Reino do Marrocos" é um confronto de visões e de interesses dispersos, pluralizados, duros e aleatórios que, por não possuir uma forma definida de uma direção consistente, parece mais com um movimento político browniano do que com a aplicação firme de uma vontade leviatânica.

Essa comparação desalentada e arrojada de duas unidades políticas não pretende ser uma descrição remotamente suficiente de seu funcionamento ou de sua evolução. Para isso, ou algo aproximado, necessitamos ler, para a Indonésia, os trabalhos de estudiosos como, *inter alia*, George Kahin (1952), Herbert Feith (1962), Benedict Anderson (1972), William Liddle (1970), James Siegel (1986) e Donald Emmerson (1974); para o Marrocos, os de, também *inter alia*, John Waterbury (1970), Rémy Leveau (1976), Abdullah Hammoudi (1997), Edmund Burke (1976), Dale Eickelman (1976) e Lawrence Rosen (1984), dos quais extraí, sem seu conhecimento nem consentimento e certamente sem seu assentimento, minhas pequenas vinhetas e grandes conclusões. Ao evocar histórias e sensibilidades inteiras de um modo tão improvisado e reduzido, não estou tentando colocá-las nas categorias apertadas e abstratas das ciências sociais, determiná-los sob uma roda ou lugar tipológico em uma *table raisonné*. Busco ainda menos discernir seus futuros, que estão muito fora do alcance. O que estou tentando fazer é usá-los, ou as figurações que fiz deles, para provar um ponto de vista exato e completamente geral: ou seja, que eles *são* figurações. O que é um Estado caso não seja soberano? A projeção institucional de uma política em andamento, uma exibição, uma delineação, um sedimento, uma materialização.

O Estado na Indonésia e no Marrocos, como na Nigéria e na Índia (ou, igualmente, no Canadá, na Colômbia, na Bélgica, na Geórgia ou nos Estados Unidos) é menos a adumbração de uma aparente condição natural de povo, a vontade e o espírito encapsulados de uma nação *pluribus unum* – ambos parecendo existir apenas residual e idealisticamente – do que um aparato social preparado às pressas e destinado a dar forma e apontar para um choque de desejos cruzados, hipóteses antagônicas, identidades díspares. Os indonésios vivem em um país irregular, descontínuo, de povos-e-ilhas reunidos por eles por acidente e pelos holandeses, no qual a proximidade da mistura de grupamentos culturais – íntimos, intrincados e encarregados de cautela e apreensão – é um fato primário da vida política e de seu ordenamento translocal e transétnico. Os marroquinos vivem em um país recortado por uma paisagem desértica mais ou menos contínua e conectada pelas incursões tardias e incidentais dos franceses e espanhóis, nas quais a articulação e a desarticulação de conexões pessoais e lealdades privadas, a formação e o desfazimento de alianças tácitas *ad hoc*, resultam em um centro que não chega a ser mais estabelecido, mais estabilizado ou mais exatamente situado.

Quando esses novos homens e mulheres, esses novos indonésios ou marroquinos (para ecoar Crèvecoeur sobre o fazendeiro americano pós-revolucionário) olham para além de seus horizontes imediatos de família, lugar e comunidade – o que, no momento, eles fazem quase constantemente –, o que veem não é uma grande quantidade de sentimento nacional fluindo para dentro e para longe de Jacarta ou Rabat, reunindo todos em seu caminho numa identidade geral e abrasadora, uma lealdade final prioritária e exclusiva. O que veem naqueles lugares centrais e importantes é o que veem muito perto: o funcionamento de um tipo particular e distintivo de política em um tipo particular e distintivo de mundo; como as coisas acontecem em torno deles, que tipos de coisas são e que tipos de maneiras estão disponíveis para lidarem com elas, controlarem-nas ou para se defenderem contra elas.

Isso aparece com particular clareza quando olhamos para o que repentinamente, ao longo dos últimos anos, emergiu como um fenômeno agudo e imediato, de algum modo ameaçador ao Estado: a violência irregular em nome da religião – o terrorismo islâmico. Ambos os países possuem, de fato, uma história de dissensão e sedição islamista. Mencionei as repetidas sublevações religiosamente inspiradas ao norte de Sumatra, começando no século XIX e durante os primeiros, e incertos, anos da existência da república, sua própria legitimidade foi aberta e violentamente questionada por uma rebelião armada sob a bandeira do Darul Islã (A Casa do Islã). (Um dos primeiros antropólogos americanos a trabalharem no novo Estado [eu o segui após apenas alguns meses], Raymond Kennedy, de

Yale, morreu aparentemente nas mãos deles em Java Ocidental.) No Marrocos, as coisas foram um pouco menos dramáticas, consistindo da aparição periódica de bandos e grupos muçulmanos, especialmente nas universidades, e a periódica detenção ou prisão domiciliar de seus líderes. No entanto, na década de 1990, depois de o surgimento da Frente de Salvação Islâmica na vizinha Argélia colocar esse país numa espiral de assassinatos e contra-assassinatos, a preocupação com a "ameaça islâmica" se espalhou rapidamente também no Marrocos. De qualquer modo, com o atentado a bomba em 2002 em Bali, que matou 202 pessoas, e o de 2003 em Casablanca, que matou 41, o islã jihadista chegou, específica e definitivamente, aos dois países.

Não posso aqui, obviamente, entrar nos detalhes, específicos ou não, de tudo isso. (A maioria deles ainda está por emergir. Sentenças de morte e condenações foram anunciadas em ambos os lugares, mas as respostas desenvolvidas por cada Estado, caso ocorram, não são ainda evidentes. E, é claro, tudo se complica ainda mais com as ações desorganizadas e estrondosas da política exterior americana.) Mas que os estilos políticos distintos e característicos que acabei de esboçar tão superficialmente vão inspirar e animar tanto a expressão do furor islâmico como a resposta dada a ele pelos aparatos governamentais – a presidência vacilante da Indonésia, a monarquia reciclada do Marrocos – já está claro.

Na Indonésia, a incursão, na maioria de outros lugares, do islã radical, totalitário, caiu quase prontamente no padrão de grupos-e-contragrupos do país que venho descrevendo – foi tomado pelo medo intenso de separatismo que é endêmico a ele. Em Achém, o que começou como, e em grande medida permanece, uma insurreição brusca por um pequeno grupo de extremistas islâmicos, com objetivos tão anti-Jacarta e antijavaneses quanto puritanos e ultraortodoxos, transformou-se no que foi chamado muito acuradamente "Chechênia da Indonésia" pela persistente percepção dela pelo governo central e especialmente pelo exército como uma ameaça separatista desintegradora do país a ser enfrentada com força hegemônica inflexível – 11.000 mortos em 27 dias de intermitente repressão inescapável. No outro extremo do arquipélago, nas Ilhas Moluccas, onde o impacto do cristianismo sob a égide da catequização holandesa foi particularmente marcado, uma série de confrontos entre os autoproclamados jihadistas, muitos deles imigrantes de outras ilhas em torno (incluindo, talvez, o sul das Filipinas), e cristãos há muito arraigados e estabelecidos, levou a tumultos violentos, centenas de mortes e uma vez mais intervenção militar indiscriminada e predominantemente inútil. Mas, novamente, o padrão é geral. Por todo país os confrontos entre grupos intrusivos e os previamente estabelecidos nesse lugar ou naquele – o que os indonésios chamam *pendatang* (recém-chegados) e *asli* (legítimos) – foram levados não somente a explosões sectárias como também étnicas, culturais, tribais, ideológicas e econômicas. (Depósitos de petróleo, sendo demarcados, não são – como a Nigéria também demonstra – completamente propícios à unidade nacional.) Se, como acredito, nem a separação da Indonésia em partes mais viáveis e homogêneas nem a integração dela sob a égide de uma identidade penetrante, imersa na diferença, exceto talvez aqui e ali, é eminente, o país terá de desenvolver modos efetivos de conter e estabilizar essas diferenças múltiplas e multiformes – algo que ele dificilmente, por enquanto, começou a fazer.

E no Marrocos, esse Estado mestre-e-discípulo, a situação é similar a seu modo. A interação e o gerenciamento de alianças e oposições pessoais semissecretas que caracterizam a parte mais ampla da vida política lá são muito facilmente penetráveis pela rede de terrorismo de pequenas células do tipo da Al-Qaeda, que passou a ser associada com a subversão islâmica no Oriente Médio e na África do Norte. Se prosperar, como prosperou na Argélia e está começando a prosperar na Arábia Saudita, formará um desafio direto à legitimidade religiosamente fundada da monarquia, *amir al-muminin* "comandante-dos-fiéis", a pedra angular, até onde existe uma, de todo sistema. A habilidade para construir, sustentar, interromper e reconstruir cadeias efetivas de lealdade pessoal é a chave para a ordem aqui, não um sentido geral de propósito nacional e solidariedade coletiva, que, à medida que exista, é um reflexo da vida política não sua causa e fundamento.

O ponto geral, qualquer que seja a verdade ou sua falta em meus contrastes e caracterizações claramente discutíveis, é que, pelo menos nesses lugares complicados, o Estado-nação compacto e soberano animado pela população distinta e singular – a França cívica ou o Japão monádico, a Portugal católica ou a Tailândia budista – não está presente nem em lugar algum perto de surgir. O que está finalmente surgindo? Discernir isso, não desejando o futuro ou indiciando o passado, é, eu sugeriria, nossa tarefa urgente e imediata como estudiosos – professadores do que acontece.

Em todo caso, espero a essas alturas ter persuadido você de que "a jornada pela história" que descrevi no começo desta discussão como engolfando tanto minha carreira antropológica como a de Mintz na década de 1950 está completamente em marcha. (Na verdade, desde então ela engolfou igualmente as da maioria esmagadora de nossos contemporâneos. O etnólogo amador de notas-e--perguntas, investigando regras de casamento e tabulando termos de parentesco, é quase tão anômalo agora quanto era na ocasião.) A questão não é mais se, ou mesmo quando, empreendê-la (eles nos deixarão entrar em qualquer lugar e alguém falará conosco). É o que devemos fazer, agora que certamente embarcamos. Qual é a contribuição da antropologia como uma ciência especial (não o vago e arrogante "estudo do humano", que eu, ao menos, estou pronto para deixar aos escoliastas e escritores de manuais), uma direção particular de pensamento e argumento, de método e intenção, em uma iniciativa de pesquisa – desenvolvimento político em estados em formação – abarrotados atualmente de cientistas sociais muito confiantes, hábeis e bem armados (utilizo o termo vagamente, que é o único modo de utilizá-lo): historiadores, economistas, cientistas políticos, sociólogos, filólogos, trabalhadores da saúde, agentes de desenvolvimento, especialistas, juristas, psicólogos, filósofos, *littérateurs*?

O que tenho implicitamente sugerido aqui, e vou afirmar agora explicitamente, é que os antropólogos sociais, mesmo nós Velhos Boasianos, somos peculiarmente bem-adaptados, na verdade, pré-adaptados, a essa pesquisa, ao estudo da política em lugares complicados. E, agora que o islã é a segunda religião tanto da França como da Inglaterra, 20 milhões de indianos vivem fora da Índia, e a imigração dá conta do aumento de dois terços da população anual da América (e de toda Califórnia), isso significa simplesmente em toda parte. Exceto, talvez, pela Islândia, que parece ter mantido seu banco de genes muito bem intacto, todos os países e todos os estados que são, bem ou mal, designados para governá-los e dar-lhes uma presença coletiva no mundo são tão intrincados como os verbos do alemão, tão irregulares como os plurais do árabe e tão diversos como os idiomas americanos. Eles são criados, em outras palavras, para o olho comparativo, morfológico, etnográfico.

Esse olho olha menos para a lei de ferro e da causa repetitiva do que para a forma significativa e para o detalhe revelador, menos para as conclusões para as quais tudo tende ou para o ideal que tudo imita do que para as especificidades que tudo assume. A preocupação antropológica com a diferença, muitas vezes compreendida equivocadamente como uma preferência por ela e uma aversão à teoria, é dificilmente mais do que o reconhecimento, obtido com dificuldade em centenas e centenas de investigações de campo detalhadas e extensas, que a diferença é o que faz o mundo girar, especialmente o mundo político. A heterogeneidade é a norma, o conflito, a força ordenadora e, a despeito dos romances ideológicos, esquerda e direita, religiosos e seculares, de consenso, unidade e harmonia iminente, parece provável que permaneçam assim por um tempo bem mais longo do que o futuro previsto.

Considere, como um único exemplo um tanto dramático de como as coisas se encontram atualmente, aqui, ali e em toda parte, a recente descrição de Neal Acherson (2003: 37) sobre a originalidade caucasiana, Nagorny Karabakh:

> "Nagorny" significa "montanhoso" em russo, e "Karabakh" significa aproximadamente "jardim negro" em turco. Até 1988, Nagorny Karabakh poderia ser descrito como um território montanhoso com uma população predominantemente armênia, atribuída à República Soviética do Azerbaijão; era um enclave separado em seu lado ocidental da República Soviética da Armênia por um cinturão do território de assentamento azerbaijano. Os armênios são cristãos tradicionais e falantes do armênio; os azeris são muçulmanos tradicionais e falantes de uma lín-

gua próxima ao turco. Grandes minorias armênias vivem no Azerbaijão, especialmente em sua capital Baku na costa caspiana, enquanto grandes minorias azeris vivem na Armênia. Mesmo a população de Nagorny Karabakh era misturada. A cidade de Stepanakert era predominantemente armênia; a antiga cidade de Shisha era predominantemente azeri.

A interação aqui (para ter uma palavra mais afável para as migrações e assassinatos que de fato aconteceram) de arranjos políticos – ou seja, estados e subestados, novos estados e velhos estados (Armênia, Azerbaijão, Rússia, a União Soviética, agora suplementada pelas invasões das forças Ocidentais e do Oriente Médio explorando petróleo) – e uma reunião desordenada de línguas, religiões, histórias, mitos, mentiras e psicologias, é, como digo, somente relativamente falando, extrema. O dilema balcânico, como governar uma população conglomerada, dividida, é agora quase geral. Nagorny Karabakh ou o Marrocos ou a Indonésia é o que "o campo", nosso ordálio de testes e nosso destino de mensuração, em sua maior parte se parece agora.

Existem, na verdade, sinais de que estamos começando, finalmente, a reconhecer isso e a abandonar o moralismo, no meu ver, muito estridente e superintelectualizado, de tipo vilão e vítima, que tem marcado grande parte de nosso trabalho recente nessa área em troca de uma abordagem mais realística e pragmática – dedicada a desenvolver linhas de pesquisa e estruturas de análise que possam representar situações de Nagorny Karabakh e desvelar as direções para as quais possam ser concebivelmente induzidas a se mover. O trabalho sobre noções de "cidadania cultural", de Renato Rosaldo (2003) e seus colegas do Sudeste Asiático, sobre "estados de imaginação", por Thomas Blom Hansen e seus colegas indianos (HANSEN & STEPPUTAT, 2001), ou sobre o peso político do medo da feitiçaria na África do Sul, de Adam Ashford (2000), são talvez indícios genuínos, como os trabalhos de Andrew Apter (1992) sobre os ritos iorubas de centralidade e poder, o de Michael Meeker (2002) sobre a formação otomana da Turquia republicana, e, se me permitem, meu próprio trabalho sobre o Estado-teatro em Bali e Java.

A jornada pela história que a geração de Sydney e a minha empreendemos sob o ímpeto e a direção disso nos precedendo continua, a seu próprio modo e com seus próprios recursos, naqueles que nos sucedem. Uma das poucas vantagens de uma inesperada longevidade, com que estou certo que ele estará de acordo, independente do que pense sobre tudo isso, é a sorte elevada de ver isso acontecer.

Referências

ABRAMS, P. (1988 [(1977)]). "Notes on the difficulty of studying the state". *Journal of Historical Sociology*, 19 (1), p. 58-89 [dmg].

ACHERSON, N. (2003). "In a black garden". *New York Review of Books*, 20 nov., p. 37-40.

ANDERSON, B. (1972). *Java in a time of revolution*: Occupation and resistance, 1944-1946. Ithaca: Cornell University Press.

APTER, A. (1992). *Black critics and kings*: The hermeneutics of power in Yoruba society. Chicago: University of Chicago Press.

ASHFORD, A. (2000). *Madumbo*: A man bewitched. Chicago: University of Chicago Press.

BLOM HANSEN, T. & STEPPUTAT, F. (eds.) (2001). *States of imagination*: Ethnographic explorations of the postcolonial state. Durham: Duke University Press.

BURKE, E. (1976). *Prelude to protectorate in Morocco*: Precolonial protest and resistance, 1860-1912. Chicago: University of Chicago Press.

CHATTERJEE, P. (1993). *The nation and its fragments*: Colonial and postcolonial histories. Princeton: Princeton University Press [the].

COMAROFF, J. & COMAROFF, J. (1992). *Ethnography and the historical imagination*. Boulder: Westview Press [the].

COMBS-SCHILLING, M.E. (1989). *Sacred performances*: Islam, sexuality, and sacrifice. Nova York: Columbia University Press.

CONNOR, W. (1978). "A nation is a nation, is a state, is an ethnic group, is a?" *Ethnic and Racial Studies*, 1, p. 378-400 [the].

CORRIGAN, P. & SAYER, D. (1985). *The great arch:* English state formation as cultural revolution. Londres: Basil Blackwell [dmg].

EICKELMAN, D. (1976). *Moroccan Islam*: Tradition and society in a pilgrimage center. Austin: University of Texas Press.

EIDSON, J.R. (1996). "Homo symbolans agonisticus: Geertz's 'agonistic' vision and its implications for historical anthropology". *Focaal*: Tijdschrift voor Antropologie, 26/26, p. 109-123 [jre].

EMMERSON, D. (1974). *Indonesia's elite*: Political culture and cultural politics. Ithaca: Cornell University Press.

FEITH, H. (1962). *The decline of constitutional democracy in Indonesia*. Ithaca: Cornell University Press.

GEERTZ, C. (2000). *Available light*: Anthropological reflections on philosophical topics. Princeton: Princeton University Press [Publicado no Brasil sob o título *Nova luz sobre a antropologia*, Rio de Janeiro: Zahar, 2001].

HAMMOUDI, A. (1997). *Master and disciple*: The cultural foundations of Moroccan authoritarianism. Chicago: University of Chicago Press.

KAHIN, G. (1952). *Nationalism and revolution in Indonesia*. Ithaca: Cornell University Press.

LEVEAU, R. (1976). *Le fellah marocain*: Defenseur du trône. Paris: Presses de la Fondation Nationale des Sciences Politiques.

LIDDLE, R.W. (1970). *Ethnicity, party, and national integration*: An Indonesian case study. New Haven: Yale University Press.

LOMNITZ, C. (2001). *Deep Mexico* – An anthropology of nationalism. Mineápolis: University of Minnesota Press [cl].

_____ (1992). *Exits from the labyrinth*: Culture and ideology in the Mexican national space. Berkeley: University of California Press [cl].

MEEKER, M.E. (2002). *A nation of empire*: The Ottoman legacy of Turkish modernity. Berkeley: University of California Press.

REYNA, S.P. (1998). "Right and might: Of approximate truths and moral judgements". *Identities* 4 (3-4), p. 431-465 [jre].

ROSALDO, R. (ed.) (2003). *Culture and citizenship in Island Southeast Asia*: Nation and belonging in the hinterlands. Berkeley: University of California Press.

ROSEBERRY, W. (1989). *Anthropologies and histories*: Essays in culture, history, and political economy. New Brunswick: Rutgers University Press [dmg].

ROSEN, L. (1984). *Bargaining for reality*: The construction of social relations in a Muslim community. Chicago: University of Chicago Press.

SCOTT, J.C. (1998). *Seeing like a state*: How certain schemes to improve the human condition have failed. New Haven: Yale University Press [the].

SCHULTE NORDHOLT, H. (1996). *The spell of power*: A history of Balinese politics 1650-1940. Leiden: KITLV [hs].

SIEGEL, J.T. (1986). *Solo in the New Order*: Language and hierarchy in an Indonesian city. Princeton: Princeton University Press.

STEWARD, J. et al. (1956). *People of Puerto Rico*. Urbana: University of Illinois Press.

WATERBURY, J. (1970). *The commander of the faithful*: The Moroccan political elite, a study in segmented politics. Londres: Weidenfeld/Nicolson.

WHITE, B. (1983). "Agricultural involution and its critics: Twenty years after". *Bulletin of Concerned Asian Scholars* 15 (2), p. 18-31 [hs].

2005

Mudando objetivos, movendo alvos*

I

Para um antropólogo beirando os 80 anos e sentido esse peso, parece haver pouco mais a fazer em uma ocasião cerimonial desse tipo, dedicada como tal a comemorar uma figura marmórea cuja maioria das pessoas lembra, pelo menos até onde lembram, como um acadêmico eduardiano enclausurado que dedicou sua vida a uma compilação causaboniana dos objetos exóticos do mundo, senão refletir sobre sua própria – muito diferente, mas dificilmente menos transitória – carreira em uma linha relacionada de trabalho e tentar sugerir o que o tempo e as mudanças fizeram com ela. Não existe algo tão morto como um acadêmico morto, e quaisquer sonhos ozymandianos que possamos ter serão rapidamente dissolvidos pelo simples artifício de examinar as Conferências Reunidas de Frazer, 1922-1932, no website da lista dos mais vendidos da Amazon e vê-las situadas no 2.467.068. Eu quero, espero que sem indevida autorreferência ou ilusões de permanência, simplesmente registrar um encontro particular com um tempo particular.

E um tema particular: a antropologia da religião. Por que dediquei tanto tempo e energia desde então perambulando na antropologia a partir das Humanidades estudando (em aspas pesadas, aqui e em tudo mais) "religião" – no sudeste da Ásia, na África do Norte, no passado, no presente, cada vez mais no mundo como um todo – não é inteiramente claro para mim, particularmente na medida em que eu mesmo não possuo qualquer formação religiosa particular ou – até aqui de qualquer modo, e como digo, está ficando tarde – comprometimento. Parte disso, dessa preocupação, para não dizer obsessão, com fé, culto,

---

* Publicado originalmente como uma conferência em memória a Sir James Frazer, intitulada "Shifting Aims, Moving Targets: On the Anthropology of Religion". *Journal of the Royal Anthropological Institut*, 11, n. 1, mar./2005.

crença, santidade, mistério, visão de mundo, feitiçaria, propiciação e a adoração de árvores (sobre os quais, você lembrará, Frazer tem não menos que cinco capítulos separados) certamente tem a ver com aquela ambiência das Humanidades: a literatura e a filosofia inclinam a mente a temas incomuns. Mas muito mais, eu acho, deve-se à centralidade contínua da descrição e da análise do mito, do mágico, do rito e da tonalidade espiritual na antropologia de E.B. Tylor (1889), William Robertson Smith (1889), R.R. Marett (1917) e Frazer (1890) na direção de Bronislaw Malinowski (1948), Raymond Firth (1967), E.E. Evans-Pritchard (1956), Godfrey Lienhardt (1961), Victor Turner (1968) e Mary Douglas (1966), para tentar uma genealogia local – Oxbridge, Londres e Manchester. (A minha é, claro, americana: Ruth Benedict (1927), Gladys Reichard (1923), Robert Redfield (1953), Clyde Kluckhohn (1962).)

Junto ao parentesco, com o qual – via classificação totêmica e o tabu do incesto – ela estava diretamente vinculada desde o começo, a religião tem estado tão no centro do pensamento antropológico que qualquer um preocupado, como era e sou, com os emblemas e insígnias do modo humano de ser no mundo seria imediatamente atraído na direção dela como um campo de pesquisa. E assim, quando as autoridades em Harvard, tendo organizado um grupo de alunos de pós-graduação para ir à Indonésia em um grupo de projeto para estudar o parentesco, a vida na aldeia, a comercialização camponesa, a minoria lojista chinesa e o governo local, encontraram-se em necessidade de alguém para "cuidar da" religião, aproveitei a oportunidade e escrevi minha tese de doutorado e meu primeiro livro sobre a interação das correntes islâmica, hindu-budista e malaio-polinésia na vida espiritual dos javaneses, e tenho me preocupado com as complexidades e perplexidades encontradas – teóricas, empíricas, filosóficas, sectárias, e talvez as mais importantes, práticas – desde então.

Pensando retrospectivamente, não nesse projeto particular ou em meu trabalho lá enquanto tal, ambos são no momento mais ou menos arquivais, mas no período inteiro – a década de 1950, imediatamente após a Segunda Guerra Mundial e o início da incipiente Guerra Fria – parece claro que houve por volta daquela época uma grande mudança tanto nos objetivos como nos objetos do estudo antropológico da religião: para o que ela estava olhando, e pelo que estava procurando. Praticamente todas as incursões prévias haviam sido sobre crenças e cerimônias tribais ou arcaicas (Austrália, antigos semitas, América nativa, trobriands, nilotes, chuckchees), com a suposição, implicada ou aberta, de que os rudimentos e presságios do judaísmo, do cristianismo, do hinduísmo, do islã e das outras assim chamadas "religiões elevadas" poderiam ser vistos lá e assim as formas elementares da vida religiosa, no famoso *slogan* de Émile Durkheim, poderiam ser definidos, classificados e convertidos em regra. Agora, contudo, um esforço foi empreendido para tratar as "religiões elevadas" diretamente e em suas formas emocionais imediatas e contemporâneas, menos para determinar suas características comuns do que para situá-las nos contextos sociais e históricos – eu ousaria dizer, nesse domínio, "cultural?" – dentro dos quais emergiram e sobre os quais atuavam. O que havia sido folclore comparativo na busca por paralelos e prefigurações – xamãs como sacerdotes, rinhas de galo como sacramentos, regicídio como redenção (o que Frazer chamou "nosso débito para com o selvagem") – se tornou uma etnografia comparativa em busca de consequência: importância, impacto, significação, peso. Como, precisamente, e quanto, importa a "religião" no curso contínuo das coisas? Onde reside seu apelo e força? Seu alcance? Sua persistência? Afinal, sobre o que, como colocaremos a seguir, ela – as imagens, a disciplina, o fervor, o teatral, a obsessividade, a narrativa – trata?

Esse "giro", ou "movimento", ou "mudança de paradigma" não foi, é claro, senão parte, e uma parte menor, de uma mudança geral na atenção antropológica para longe de desertos, selvas e imensidões árticas para o que veio a ser conhecido como As Novas Nações, Os Países em Desenvolvimento, O Terceiro Mundo, As Forças Emergentes, ou Os Estados Não Alinhados (GEERTZ, 1963). Aqueles com a intenção de estudar a Índia, o Irã, a Nigéria, o Egito, a China ou o Brasil, ou, como eu, a Indonésia, encontraram-se diante não de um amontoado de mitos, espíritos e práticas físicas para rotular e classificar, mas com formações sociais e culturais sólidas, profundamente históricas e conceitualmente elaboradas, com textos oficiais, economias e nomes ratificados. Sociedades complexas, "civilizações" se você preferir, algumas delas tão grandes como subcontinentes, com populações multiculturais, uma porção de línguas, e conexões espirituais com meio mundo, apresentaram-se para aqueles de nós que, treinados em *benge* e cerimônia de abençoamento, vieram para se envolver com essas sociedades, e não apenas com um novo objeto de estudo, mas com uma concepção revisada de como estudá-las – que era o que queríamos descobrir.

Com respeito a Java, essa antropologia dos melhores imperialismos do mundo, pronta para se tornar o núcleo de uma entidade política desordenada e precária, conceitualmente maldefinida, isso significava duas coisas: primeiro, um reconhecimento, infligido pelo mais simples contato com a vida local, de divisões contrárias, religiosamente formuladas, em uma sociedade única, versátil; e, segundo, a conscientização de que essas divisões e essa versatilidade não impediram, mas de fato produziram um tipo distinto e particular de temperamento espiritual – uma inclinação, um estado de espírito, uma estampa, um clima moral. Se a "função" da religião era, como ainda éramos ensinados a dizer naqueles dias, "sintonização das atitudes de valor da sociedade", a sintonia aqui era variada, contrastante e contrapontual, do mesmo modo que as atitudes. O que Denys Lombard (1990, vol. III: 89ss.), o historiador braudeliano de *"le cas javanais"*, chamava *"le carrefour des réseaux asiatiques"*, precariamente equilibrado entre *"le fanatisme*" e "*la tolérance*", entre "*les frictions de la concurrence*" e "*la volonté d'harmonie*", terminou sendo um excelente lugar no qual, primeiro, desmantelar a ideia de "religião" e, depois, tentar, de algum modo, agrupá-la novamente.

O equipamento conceitual disponível para executar essa prestidigitação – separando correntes espirituais conflitantes e descontínuas e depois reconectando-as ao fluxo desordenado e composto da vida cotidiana – era escasso e superficial. "Pluralismo", "sincretismo", "comunalismo", "denominacionalismo", "sectarismo", os termos recebidos para descrever tradições concorrentes animando situações comuns, pareciam todos inadequados para a complexidade e intensidade vertiginosas das coisas. As suspeitas e invejas, junto às aspirações precipitadas à unidade nacional, que guiaram a República inicial, e em breve viriam por pouco a destruí-la, eram muito maiores e mais abrangentes do que a "religião" inclusive, metafórica ou analogicamente. E ainda assim foram, aquelas suspeitas e invejas, assim como as aspirações, coloridas e reforçadas em quase todos os pontos por variações de visão de mundo forjadas durante séculos.

Não foram tanto as tradições constituintes como tais – o hinduísmo (ou "hindu-budismo"), que estava lá desde o século IX; o islã, que entrou nos séculos XIV e XV; o cristianismo, propagado pelos missionários europeus e pelos administradores de plantações nos séculos XVIII e XIX; e a subcorrente austronésia, que permaneceu visível bruxaria e espiritismo de observância popular – que mais desafiaram a descrição e a explicação. Elas eram reconhecíveis, familiares e nem todas tão distintivas: os grãos usuais para o moinho etnográfico. Foi o modo pelo qual aquelas tradições, e as mentalidades que elas geraram, foi estendido através das fissuras mais profundas e desagregadoras da vida social, política e econômica e, de fato, pelo qual definiu e construiu essas fissuras – moldou-as, sustentou-as, encaminhou-as – que exigiu uma mudança de plano metodológico.

Os detalhes de como isso funcionou "na realidade" estão também no registro: a polarização progressiva dessas mentalidades fechadas e endurecidas à medida que as paixões da Guerra Fria invadiram a cena local e se vincularam, como parasitas ideológicos, a uma ou outra delas; o fracasso das políticas eleitorais e do governo parlamentar à medida que a polarização avançava para a guerra cultural total; a erupção da violência de massa – centenas de milhares de mortos – quando o assassinato partidário surgiu ao longo dessas linhas por toda a ilha. As causas de tudo isso, e da reintegração forçada e artificial que se seguiu a ela e manteve o país em um estado de suspensão política e intelectual, um tipo de túnel do tempo, por trinta anos, foram, é claro, várias. Mas que a colisão e o tumulto das disposições religiosas eram proeminentes entre elas está muito claro.

Como eu disse, esse tipo de complexidade difícil, a interação de tradições locais e mundos religiosos, não confrontaram apenas a mim e meus colegas do projeto Java jogados no meio de um país em formação; confrontaram toda uma geração de antropólogos que se voltaram, nas décadas de 1950 e 1960, para o estudo de sociedades antigas tentando se tornar estados novos (ou, pelo menos, mais novos). A Índia, com a divisão comunalista de seu movimento nacionalista e as agonias da Partição, foi talvez o caso mais espetacular. Mas a Nigéria, com seu regionalismo islâmico-cristão e sua guerra civil etnoevangélica; o Sri Lanka com sua violência budista-cingalêsa *vs.* tamil-hindu; discordâncias intrarreligião, suspeitas e distanciamentos morais na meso-América latino-indiana; o sectarismo sunito-xiita de pequenas diferenças no Iraque e no Paquistão, os romano-ortodoxos na Servo-Croácia; muçulmanos, cristãos e judeus jogados ao longo no Oriente Médio e na África do Norte; o budismo das terras baixas e o cristianismo do interior fazendo cara feia um para o outro em Burma; o catolicismo espanhol, o evangelismo americano e o catecismo islâmico comprimidos e separados nas Ilhas Filipinas – todos admitiam alguém preocupado em explorar sua constituição espiritual com um tipo muito diferente de tarefa daquele que enfrentou Reo Fortune e seus feiticeiros em Dobu, Max Gluckman e seus chefes em Suazilândia, ou Claude Lévi-Strauss e suas histórias de jaguar entre os bororos.

A primeira questão que ela levanta, e uma das mais produtivas do debate abstrato, é a de que foi, é claro, tacitamente lá desde o começo, mas que poderia, agora que tal variedade, multiplicidade, rivalidade e clamor estavam envolvidos, não ser mais silenciado e respondido irrefletidamente pelo simples dispositivo de treinar nossa atenção em cultos e costumes que parecem ao menos geralmente análogos àqueles considerados em nossa própria sociedade terem algo a ver com o divino, o sobrenatural, o santo, o sagrado, o numinoso, ou o transcendente – ou seja, "O que é religião?" O que deve ser incluído sob sua rubrica? Onde estão suas fronteiras? Quais são suas marcas? O que, quando damos atenção séria a isso, é "crença", ou "devoção", ou "observância", ou "fé"? Minha tese era intitulada *As religiões em Java*, o livro que emergiu dela, cortado, polido e renomeado para o consumo público, *The Religion of Java* (GEERTZ, 1960). Ela tinha seções sobre tudo desde teatro de sombras, a haje, ioga e estilos de discurso para possessão, escolas purânicas, banquetes funerais e partidos políticos. Ainda não está claro qual era seu tema.

II

A questão aqui – a saber, como devemos nomear e classificar formações culturais em outras sociedades que são ao mesmo tempo amplamente similares àquelas em nossa própria sociedade e estranhamente *sui generis*, estranhas e diferentes – é muito geral na antropologia: um ponto crucial recorrente. Se é "a família", ou "o mercado", ou "o Estado", ou a "lei", ou a "arte", ou a "política" ou o "*status*", decidindo justamente sobre o que cai na categoria, como dizemos, interculturalmente, e por que é assim, é um tema essencialmente controverso, uma discussão circular que gera polêmica, nunca termina e apenas marginalmente, e, depois, muito diagonalmente, avança. A direção usual é começar com nosso próprio, mais ou menos não examinado, sentido cotidiano do acerca do que trata "a família", "o Estado", ou, no caso em questão, a "religião", o que conta para nós como parentesco, ou governo, ou fé, e com o que, aos moldes da semelhança de família, parece... bem... se assemelham, entre aqueles cujos modos de vida estamos tentando retratar.

Isso dificilmente resulta em determinadas táxons de espécies-e-gêneros, um catálogo lineano de tipos culturais. No que resulta é um tema persistente sobre o qual argumentar interminavelmente – O problema da definição: "Sobre o que falamos quando falamos sobre religião?" Em boa parte, claramente, aquilo sobre o que falamos é "significado". Se existe qualquer categoria geral, imediata e (ao menos até que seja investigada mais cuidadosamente) perspícua, direta e intuitiva, aparentemente coerente, sob a qual o material repolhos-e-reis das descrições etnográficas da "religião" nas sociedades "novos estados" *potpourri* de hoje pode ser comparativamente subsumida, é essa. As conexões oblíquas, de semelhança de família entre os tipos de fenômenos – crenças, práticas, atitudes, fantasias – que agrupamos, casual e irrefletidamente, "ao modo da linguagem ordinária", sob a designação senso comum 'religião' para nós, e para aqueles que nós assim agrupamos, dificilmente mais deliberadamente, em conexão com sociedades que vemos como ao menos um pouco distantes e diferentes da nossa – como "Outra" – são essencialmente as que consideramos, em cada caso, como tendo algo criticamente a ver com o "propósito", o "ponto", o "sentido", a "significação" ou o "desígnio" geral das coisas: com, ampla e momentosamente, muitas vezes bastante parabolicamente, "o significado da vida".

Posto desse modo, pode parecer que tudo que conseguimos ao fazer isso é substituir uma obscuridade por outra; o indefinido pelo indistinto. Mas há, ou assim me parecia enquanto lutava para determinar o que estava de fato tentando trazer para a descrição integral no caso javanês, uma vantagem em refocar temas desse modo: ou seja, que um conjunto grande e ampliado de instrumentos precisos e poderosamente especulativos – concepções, teorias, perspectivas, modos de discurso, estruturas de análise – estavam emergindo nas ciências do humano, o qual pode ser mobilizado para classificar o inclassificável, para conectar o não conectado; para definir questões investigáveis e formular modos de pesquisá-los. Colocar a antropologia, e mais especialmente a antropologia da religião, no contexto conceitualmente mais complexo e autoconsciente da linguística, da crítica literária, da semiótica, da psicologia, da sociologia e, mais especialmente, da filosofia contemporâneas não é obscurecer o que ela tem a dizer com abstrações importadas ou inflá-la com jargão confeccionado. É, na famosa consideração de Charles Peirce, tentar tornar nossas ideias claras. Em particular, para nós mesmos.

Na afluência de trabalhos que apareceram desde então – digamos, C.S. Peirce e Ferdinand de Saussure, Gottlob Frege e Roman Jakobson (que me parecem ter, de seus vários modos, iniciado a maior parte disso) – com respeito à análise do que, simplesmente para ter um termo de cobertura, podemos chamar "sistemas de significado", ou, como passei a preferir, "sistemas culturais", penso que três linhas de pensamento são valiosas para focalizar e ordenar nossa compreensão comparativa da religião.

A primeira delas é a chamada tese da "autonomia do significado". (A frase pertence ao filósofo americano Donald Davidson (1984), mas o *locus classicus* da formulação é o argumento da linguagem privada de Wittgenstein – não é necessário o primeiro nome aqui – (WITTGENSTEIN, 1953; cf. COLEBROOK 2002: 70ss.).) Significado não é um tema subjetivo, privado, pessoal, "na cabeça". É um tema público e social, algo construído no fluxo da vida. Trafegamos por sinais *en plein air*, no mundo onde está a ação; e é nesse trafegar que o significado é produzido. Devemos, como Stanley Cavell – outro filósofo americano com tendências wittgensteinianas – colocou, com paradoxo apropriado, "significar o que dizemos", porque é somente ao "dizermos" (ou de outro modo, comportarmo-nos, agirmos, procedermos, conduzirmo-nos, e de um modo inteligível) que podemos, em todo caso, "significar" (CAVELL, 1969).

A segunda linha de pensamento, implicada na primeira, é a de que o significado é materialmente incorporado, de que ele é (e aqui buscamos pelo termo apropriado) formado, transmitido, compreendido, emblematizado, expresso, comunicado, por meio de signos ponderáveis, perceptíveis e compreensíveis; dispositivos simbólicos, como ritos de passagem ou encenações da paixão, equações diferenciais ou provas de impossibilidade, que são seus veículos. (O que torna um dispositivo "religioso" não é sua estrutura, mas seu uso: os pitagóricos, dizem-nos, cultuavam triângulos retos e a raiz quadrada de dois.) A despeito da dificuldade de formulá-la de um modo simples, direto, algo devido ao assombramento de nossa linguagem pelos fantasmas de epistemologias defuntas, essa é uma ideia mais ou menos óbvia, uma vez que esses fantasmas, platônicos ou cartesianos, comteanos ou cristãos, estão propriamente exorcizados. Essa cultura (linguagem, arte, ciência, lei, religião, casamento, política, alegria, senso comum – o *kit* completo) consiste não de ideias incorpóreas suspensas em estados mentais impalpáveis, movimentos delicados da alma e do espírito, mas do que o teórico da ação, crítico social e um homem de letras americano, Kenneth Burke (1941), chamou "equipamento para viver", equipamento que é substancial, acessível, utilizável, e utilizado, não deve ser a essas alturas uma noção tão difícil.

E, finalmente, conectando tudo isso mais diretamente com a religião e o culto, houve o desenvolvimento – importante nas ciências do humano desde *Religionssoziologie* de Max Weber, mas que possui uma história longa e tortuosa em especulação apologética de todas as formas e variedades e em certos ramos da teologia recente – da concepção de problemas "limite", ou "últimos", ou "existenciais" de significado: a noção de que é no ponto no qual nossos recursos culturais falham, ou começam a falhar, onde nosso equipamento para viver range e ameaça enguiçar diante do radicalmente inexplicável, do radicalmente insuportável, ou do radicalmente injustificável – confusão insolúvel, sofrimento inelutável, mal invencível, os irracionais primitivos da finitude – que o tipo de preocupação, muitas vezes referida como "última", que reconhecemos como religiosa intervém (JASPERS, 1971; TILLICH, 1952; WEBER, 1965). Para citar, como fiz mais de uma vez em outra parte, uma passagem de Suzanne Langer, uma outra teórica social americana *free-lancer*, inclassificável:

> O ente humano pode se adaptar de algum modo a qualquer coisa com que sua imaginação possa lidar; mas não pode lidar com o caos. [Nossas] qualidades mais importantes são sempre os símbolos de nossa orientação geral na natureza, na Terra, na sociedade e no que estamos fazendo: os símbolos de nossas *Weltanschauung* e *Lebenanschauung*... [Em] uma sociedade primitiva, um ritual diário é incorporado em atividades comuns, no comer, lavar-se, fazer fogo... porque a necessidade de reafirmar a moral tribal e reconhecer suas condições cósmicas é constantemente sentida. Na Europa cristã, a Igreja fez as pessoas se ajoelharem diariamente (quando não de hora em hora em algumas ordens), para decretar, ou talvez para contemplar seu assentimento aos conceitos últimos (1959: 278).

Equipado, então, com essas três noções gerais, a saber: a de que o significado é autônomo, de que é transmitido em signos ou símbolos, e que significados religiosos assim transmitidos são dirigidos para pontos nos quais avulta o impasse, tentei, cerca de quarenta anos atrás e, muito curiosamente, aqui em Cambridge em uma famosa conferência ecumênica do tipo mãos através do mar* – destinada a reunir jovens antropólogos "sociais" britânicos e jovens antropólogos "culturais" americanos em uma comunidade de discurso comum (pouca esperança, aparentemente, foi concedida aos antigos, a maioria dos quais evitou o evento) – iniciar uma descrição breve, geral, sobre a "Religião como um Sistema Cultural [ou, uma vez mais, "de significado"]", por meio do qual eu esperava poder identificar e localizar o centro de gravidade, na medida em que houvesse um, em minha abordagem dispersa e muito *ad hoc* – envolver-se com ela primeiro, interpretá-la depois – às coisas (BANTON, 1966: 1-46; GEERTZ, 1973).

Isso envolvia, em primeiro lugar, um esforço experimental, muito estranho, muito difuso, para construir uma definição – não, como pensei que tivesse muito

---

* No original, em inglês, "*hands-across-the-sea*". Referência provável à marcha militar *Hands Across the Sea*, composta em 1899 por John Philip Sousa [N.T.].

explícita e insistentemente, mesmo repetidamente, afirmado – para isolar "uma ontológica", "universalista", "trans-histórica" "essência da religião por agora e para sempre", mas para controlar, guiar e tornar mais explícita, uma, pelo menos naquela época, ainda muito angular e não familiar linha de argumento[1].

Essa "definição" roteiro, *tour d'horizon* (era realmente mais uma provocação do que qualquer outra coisa, dirigida para pôr de pé ao mesmo tempo as complacências do estruturalismo e do funcionalismo, na época os paradigmas reinantes na pesquisa etnológica), visava principalmente a enfatizar o modo pelo qual as ideias mais abrangentes de um povo, de um grupo, sobre ordem, sua visão de mundo, e o tom e temperamento dominante de sua vida vivida, seu etos, são produzidas para completar e reforçar uma à outra na prática religiosa: no ritual, no mito, na disciplina espiritual, nas devoções reflexivas da vida cotidiana. A "religião", citando-me, "sintoniza as ações humanas numa ordem cósmica concebida e projeta imagens de ordem cósmica no plano da experiência humana" (GEERTZ, 1973: 90; para uma declaração anterior, menos técnica, cf. GEERTZ, 1958). Ela dá, como coloca o epígrafe que tomei do negligenciado *Reason and Religion*, de George Santayana, uma particular e idiossincrática "propensão à vida", constrói (um crente pode dizer, suponho, "descobre") "um outro mundo no qual viver". E "um outro mundo no qual viver – quer esperemos alguma vez experienciar isso ou não – é o que queremos dizer por ter uma religião" (GEERTZ, 1973: 90).

De qualquer modo, tendo, portanto, reunido meus pensamentos tão bem quanto pude para o momento e os preparado para a contemplação das autoridades, cansei-me muito rapidamente do intercâmbio polêmico e de tomada de decisão, o cá estamos e o lá estamos do discurso programático nos lugares escolásticos, e queria retornar à superfície da mina, onde, uma vez mais, ao fim e ao cabo, está a ação, para ver se tudo isso serviu para algo de útil na compreensão, como dizemos, do "mundo real" – aquele no qual as pessoas vivem, mas os antropólogos somente visitam. Consequentemente, comecei mais outro encontro prolongado e direto com uma outra sociedade antiga, politicamente nova, ou ao menos renovada, religiosamente enfática (Java naquela época estava completamente em meio à violência pandêmica que mencionei antes) – ou seja, o Marrocos.

Como Java (ou a Indonésia – mas vamos deixar esse problema de lado), o Marrocos, que, claro, é nominalmente, publicamente e ao menos semioficialmente "islâmico", tem sido assim durante toda sua história escrita, e parece altamente improvável que mude em breve. Mas, diferente de Java, ele é árabe-berbere, em

---

[1]. Os epítetos foram todos retirados de uma crítica particularmente obtusa e *interéssé*, Asad (1983). Para uma excelente crítica da crítica, cf. Canton (por vir). Cf., nessa mesma perspectiva, mas muito mais brevemente, Kipp e Rogers (1987: 29). Para um outro comentário geral meu, que trata de alguns desses temas mais diretamente em conexão com o trabalho de William James, cf. Geertz (2000: 167-202).

vez de malaio-polinésio, em sua infracultura de fundo; e, diferente de Java, esteve predominantemente – não inteiramente, mas predominantemente – livre de envolvimentos diretos com, e de influências intensas de, outras religiões "elevadas", "mundiais", "organizadas", "doutrinais" ou "escriturais". (Houve, por um longo período, a presença de um enclave judeu e, por um período muito mais curto, um subsequente enclave cristão, mas nenhum teve muito efeito sobre o fluxo e direção gerais das coisas.) Como resultado, em vez da difusão e conglomeração, o senso de ecletismo, dispersão e a contínua tomada de posição que marca Java, o Marrocos apresenta uma figura espiritual muito mais severa, muito mais focada e concentrada: o "islã" *sans phrase*. Contra o balanço delicado do *carrefour* de Java entre "*les frictions de la concurrence*" e "*la volonté d'harmonie*", o Marrocos parece (em seu temperamento, ao menos – sua estrutura social é um outro tema) direto, ordenado, parco e monofônico.

Para enfatizar esse contraste, para revelá-lo e para demonstrar a utilidade da abordagem do sistema de significado no enfoque de temas, dei uma série de palestras muito breves, esquemáticas, e, de certo modo, reducionistas, após retornar da África do Norte no final da década de 1960, nas quais, mais do que oferecer uma visão geral enciclopédica do que quer que parecesse localmente ter algo a ver com "religião", como fiz para Java, tentei descobrir como o islã, uma "religião mundial", bastante arraigada, altamente codificada, extraordinariamente autoconsciente, para não dizer autocentrada, havia se desenvolvido de modos muito diferentes com efeitos muito diferentes em contextos muito diferentes: o mais distante Magreb, as mais distantes Índias. Publicada mais tarde como *Islam Observed* (Islã observado) (GEERTZ, 1968) (que era para ser um jogo de palavras, embora não conheça alguém que tenha notado), minha discussão foi organizada em torno da construção em cada uma das duas sociedades do que chamei seus "estilos clássicos" de expressão religiosa: em Java, um intuicionismo hierárquico, sincrético e muito difuso, em busca de experiência; no Marrocos, um moralismo zeloso, confrontativo e muito purista, de correção do mundo. Afora a validade dessas caracterizações condensadas (não é possível nesses assuntos descrever sem descrever mal; exceção e contradição são tão profundamente inerentes), minha preocupação era mostrar como ideias abrangentes, gerais, de ordem, algumas delas derivadas de textos e tradições islâmicos, algumas não, e práticas sociais particulares, localmente desenvolvidas, localmente acentuadas, relacionam-se uma com a outra, dialeticamente (caso você prefira esse tipo de linguagem), reciprocamente (caso não), para produzir *trains de vie* concretos e particulares – distintos modos de ser no mundo.

Mas uma coisa engraçada aconteceu no caminho do argumento. Em ambos os países (e, muito em breve tudo se tornou aparente, no mundo de um modo geral) a proximidade do vínculo entre visões amplas e circunstâncias locais começou a ficar exaurida e atenuada, transformada em um plano de defesa abstrato e de pânico de identidade, mesmo enquanto eu observava. O que havia sido uma interação bastante direta e imediata entre as experiências do dia a dia da vida com outros e noções cuidadosamente planejadas de significação e propósito coletivo se tornou, ao menos para segmentos amplos e em crescimento das duas populações, embora uma vez mais de modos caracteristicamente contrastantes, um tema muito mais elusivo, intrincado, instável e incerto.

Para nomear esse fenômeno, e em parte para caracterizá-lo, embora sua força e escala, assim como seu poder e resistência, permanecessem muito obscuros, cunhei, para a ocasião, a frase-provisória "inclinação religiosa".

> No curso de suas histórias sociais separadas, os marroquinos e os [javaneses] criaram, parcialmente a partir das tradições islâmicas, parcialmente a partir de outras, imagens da realidade última em termos das quais viam a vida e buscavam vivê-la. Como todas as concepções religiosas, essas imagens portavam sua própria justificação; os símbolos (ritos, doutrinas, objetos, eventos) por meio dos quais eram expressos eram, para aqueles sensíveis a eles, intrinsecamente coercivos, imediatamente persuasivos – eles resplandeciam com sua própria autoridade. É essa qualidade que parecem estar gradualmente perdendo, ao menos para uma pequena, porém, crescente minoria. O que se acredita ser verdadeiro não mudou para esse povo, ou não mudou muito. O que mudou é o modo pelo qual é acreditado (GEERTZ, 1963: 17).

Como quer que você queira chamar isso (e, como digo, a "inclinação religiosa" não parece bem ser o termo correto, pois sugere uma certa superficialidade e afastamento da genuinidade, o que não acho que fosse o caso), parecia em ambos os países ser uma mudança, na época ainda limitada, mas rapidamente acelerando, no modo pelo qual as convicções religiosas eram reunidas ao funcionamento da vida cotidiana. As relações entre os dois eram menos simples, menos imediatas e menos diretas – mais em necessidade de apoio explícito, consciente, organizado. As formas que isso assumiu em ambos os países – movimentos reformistas de retorno-ao-Alcorão, organização político-partidária de interesses religiosos, a florescência da propaganda política, da apologia e do argumento doutrinal – não lembram senão uma outra linha de Santayana, essa sobre pessoas (ele as chamava "fanáticas", mas que também não é muito correta) que, tendo perdido de vista seu objetivo, redobravam seus esforços.

III

Muita coisa aconteceu, tanto na Indonésia como no Marrocos particularmente bem como no mundo islâmico em geral, desde que aquelas conferências foram apresentadas no que se tornou o ano *après nous le déluge*: 1967. A Indonésia teve cinco presidentes desde então, dois deles fortemente muçulmanos, três deles de perspectiva mais sincrética. O Marrocos teve dois reis, um deles enfático e tirânico, o outro hesitante, elusivo e difícil de ler. A Guerra Fria, que injetou as paixões ideológicas vindas do exterior nas tensões sociais locais a ponto de a combinação ter ameaçado desintegrar a política e desmantelar o Estado, terminou. Restaram apenas alguns judeus do que outrora foi uma florescente, embora sitiada, comunidade no Marrocos. O Partido Comunista muito nativista da Indonésia, outrora o maior fora do bloco sino-soviético e pronto para a revolução, foi completamente destruído após um golpe fracassado e um massacre popular, seus líderes assassinados, aprisionados, desgraçados ou exilados. E, talvez o mais importante do ponto de vista de nosso tema, a "inclinação religiosa" *vs.* "a religiosidade como tal" – a crença autoconsciente, doutrinária, como oposta à fé reflexiva cotidiana – que eu via como apenas começando a se tornar proeminente nos dois países como o "salafismo", o "escrituralismo", o "reformismo", o "purismo" e o "duplo ânimo" desde então se tornou dominante em todo o mundo muçulmano sob rubricas generalizantes como "islamismo", "islã político", "neofundamentalismo" e "islã jihadista". Khomeini, Le Front Islamique du Salut, o talibã e Osama ocorreram desde então. Do mesmo modo a Al Aksa Intifada, o ataque às torres do World Trade Center, as invasões do Afeganistão e do Iraque, os atentados à bomba em Bali e Casablanca, a dessovietização da Ásia Central e a migração massiva, cada vez mais permanente, cada vez mais contestada, dos muçulmanos asiáticos e do Oriente Próximo para a Europa Ocidental e para os Estados Unidos.

Esses, na verdade, são os perigos de tentar escrever a história enquanto ela acontece, como eu estava, em parte, tentando fazer. O mundo não vai ficar parado até você completar seu parágrafo, e o máximo que você pode fazer com o futuro é perceber sua iminência. O que vem, vem: a coisa importante é se, quando vem, faz algum sentido como um resultado do processo diretivo que você acha que viu. A história, dizem, pode não se repetir, mas ela rima. E desse ponto de vista, olhando em retrospectiva a partir do que vejo agora para o que via então, embora preocupado e desalentado (esperava pelo melhor), não me sinto particularmente embaraçado, castigado, defensivo ou apologético. Prevendo chuva, posso ter conseguido uma inundação; mas foi, ao menos, uma inundação corroborativa. Independente de quão disformes ou agrupadas as nuvens estavam no momento, e independente de quão inseguro eu estava sobre o que fazer delas, elas eram reais. Assim como, vê-se agora, a tempestade que elas anunciavam.

Na segunda metade do século XX, o longo pós-guerra, o estudo da religião nas ciências sociais foi – com algumas exceções proeminentes, Peter Berger e Thomas Luckmann (1967) e Robert Bellah (1970) em sociologia, Victor Turner (1968) e Mary Douglas (1966) em antropologia – ainda muito estagnado, e a versão reducionista da assim chamada "tese da secularização" – a de que a racionalização da vida moderna estava expulsando a religião da praça pública, reduzindo-a às dimensões do privado, do interior, do pessoal e do oculto – estava em pleno apogeu. Embora espíritos e duendes, e mesmo deuses elevados, ainda tivessem força entre povos periféricos e classes submersas, e as igrejas permanecessem abertas, a ilusão não possuía futuro como uma força social amplamente consequente. Ela poderia persistir – na verdade, provavelmente persistiria – por enquanto, nesse ou naquele lugar, como uma relíquia primitivista e um empecilho ao progresso; mas que ela viesse a ser novamente a força diretiva, poderosa e transformadora nos assuntos sociais, políticos e econômicos que outrora fora, na Reforma, na Idade Média ou Era Axial, era dificilmente concebível. Isso, é claro, ainda pode terminar ocorrendo, e o pesadelo de Weber – "especialistas sem espírito, sensualistas sem coração" – pode ainda acontecer (WEBER, 1958: 284). Mas não parecia assim para mim e para meus colegas viajantes descompassados em 1967. E certamente não parece assim para ninguém agora. Hinduidade, neoevangelismo, budismo engajado, Terra de Israel, teologia da libertação, sufismo universal, cristianismo carismático, wahhabis, xiismo, qtub e "o retorno do islã": a religião assertiva, ativa, expansiva e voltada ao domínio, não somente está de volta; a noção de que ela estava desaparecendo, sua significação se reduzindo, sua força se dissolvendo, parece ter sido, para não dizer outra coisa, ao menos prematura.

Concluir com algumas sentenças, o que aconteceu à "religião", aqui, ali e ao redor do mundo, nas décadas finais do último século e na década de abertura deste é, claramente, impossível, um esforço inútil (ou idealista (GEERTZ, 2003a)); e, após o que passei, sei que é melhor não tentar isso. Mas é possível sugerir algumas características da cena contemporânea, dentro do Marrocos e da Indonésia como fora, dentro do islã como outras "religiões mundiais", que parecem ser ao mesmo tempo algo de novo sob o sol e extensões lógicas de tendências estabelecidas.

Dessas, mencionarei aqui somente duas, embora não sejam senão parte de um quadro social muito mais amplo e se resumem a dois modos de dizer a mesma coisa: (1) o progressivo desvencilhamento, na falta de uma palavra melhor, das maiores religiões (e algumas das menores – soka gakkai, mormonismo, cao dai, bahai) dos povos e formações sociais, sítios e civilizações, dentro das quais e em termos das quais foram historicamente formadas: hinduísmo e budismo, das particularidades profundas do sul e leste da Ásia, o cristianismo, daquelas da Europa e dos Estados Unidos, o islã, daquelas do Novo Leste e da África do Norte; e (2) a emergência da persuasão religiosa, herdada ou autoatribuída, diluída ou reforçada, como um instrumento amplamente negociável, móvel e fungível de identidade pública – uma personalidade portátil, uma posição móvel do sujeito.

A difusão das religiões mundiais nomeadas e textualizadas a partir de seus pontos de origem e relevância mais imediata para climas e contextos estrangeiros é, claramente, muito antiga; é por isso que são chamadas "religiões mundiais". As expedições missionárias do protestantismo na Ásia e África, a migração do catolicismo romano ao longo da cultura ibérica de conquista na América Latina, a investida explosiva do islã no leste e oeste desde sua estagnada região central árabe, mesmo a muito mais elusiva, mais difícil de rastrear, irradiação do budismo da Índia para a China, o Japão e o sudeste da Ásia ou a do judaísmo rabínico do Novo Leste para a Europa hispânica, eslava e germânica – todos demonstram que as crenças, credos, convicções, *Weltanschauungen*, "religiões", viajam, mudam enquanto viajam, e se inserem, com graus variados de sucesso e permanência, no mais fino da fina estrutura da mais local das histórias locais.

O que é novo na situação imediata, ou pelo menos diferente o bastante para representar alguma transformação substancial e notável, é que embora o movimento anterior de concepções religiosas e seus consequentes compromissos, práticas e autoidentificações fosse predominantemente um tema de aproximação centrífuga em uma forma ou outra – evangelização, conquista, proselitismo de comércio de algodão e intrusão colonial; clérigos itinerantes, academias provinciais, conversões *in situ* – o movimento presente é maior e mais variado, mais uma dispersão geral do que uma série de correntes dirigidas; a migração, temporária, semipermanente e permanente, dos fiéis cotidianos dessa variedade ou daquela, dessa intensidade ou daquela, ao redor do globo. Existe uma estimativa de vinte milhões de indianos vivendo fora da Índia, cinco milhões de muçulmanos vivendo na França. Existem budistas (tailandeses, birmaneses, cingaleses, assim como alguns autopoéticos) em Londres e Los Angeles; cristãos, os expatriados ocidentais, em Tóquio, Riad e Bangkok, os trabalhadores estrangeiros filipinos no Golfo, na Austrália e em Hong-Kong. Existem vendedores ambulantes de rua muridas do Senegal em Turim, merceeiros turcos e curdos em Berlim. Indo-católicos latino-americanos em breve superarão em número, se já não superaram, euro-americanos nos Estados Unidos. "O mundo", em uma frase que citei anos atrás de Alphonse de Lamartine quando tudo isso estava apenas começando e eu estava apenas começando a me interessar pela ideologização das tradições religiosas, "misturou seu catálogo" (LAMARTINE, 1946: 328).

Esse encadeamento disperso, fragmentado, precipitado, intermitente e, exceto por uma certa quantidade de parentesco e vizinhança, desorganizado de indivíduos (e famílias) nascidos num ambiente localmente arraigado, culturalmente particularizado, altera todo o clima de crença pública e autoconsciência espiritual para aqueles que se movem, para aqueles em meio dos quais se movem, e para aqueles que são deixados para trás. A formação de comunidades de diáspora, mesmo aquelas religiosamente marcadas, não é também um fenômeno completamente novo na história mundial – judeus em Nova York, maronitas no oeste da

África, hadramautis no sudeste da Ásia, gujeratis no Cabo. Mas a escala na qual estão se formando agora (50.000 marroquinos em Amsterdã, 100.000 malineses em Paris, 150.000 bangladeshianos em Londres, 250.000 turcos em Berlim, e, o mais maravilhoso de todos, 10.000 tâmeis na Suíça – praticamente todos chegaram lá nas últimas duas ou três décadas) claramente é. Não é apenas o capital que está sendo globalizado, nem apenas a doutrina que está se difundindo.

A transformação de concepções mais ou menos rotineiramente transmitidas, complacentemente recebidas, do bem, da verdade e do real em ideologias explicitamente afirmadas, vigorosamente promovidas e militantemente defendidas – o movimento da "religiosidade" para a "inclinação religiosa" de vários tipos e graus de intensidade – que foi "observada" como iniciando no Marrocos e no islã indonésio em meados da década de 1960 à medida que aqueles países passaram seriamente a reconsiderar sua história religiosa é agora um fenômeno quase normal em um mundo onde cada vez mais pessoas e os eus que herdaram estão, por assim dizer, fora do contexto: inseridos em meio aos outros em assentamentos ambíguos, irregulares, de crenças múltiplas. Não são apenas muçulmanos, norte-africanos e sudo-asiáticos que estão experimentando esse tipo de reorientação espiritual. Nem está acontecendo apenas a populações migrantes. A confusão do catálogo do mundo está alterando tanto a forma como o conteúdo da expressão religiosa, e alterando-os de modos característicos e determinados, mudando ao mesmo tempo as tonalidades de convicção, seu alcance e seus usos públicos. Isso, o que quer mais que esteja ou não acontecendo, é muito claro.

Ser um muçulmano no exterior (ou um hindu, um cristão, um judeu, um budista... mas eu devo retornar ao meu rebanho), fora da Terra do Islã, é, à medida que números cada vez maiores de marroquinos e indonésios que foram para outros lugares para trabalhar, estudar, viajar ou casar são descobertos, uma coisa muito diferente de ser muçulmano em casa. Andar em meio a não muçulmanos induz em muitos, provavelmente em quase todos, uma certa quantidade de reflexão consciente, mais ou menos ansiosa, acerca do que equivale ser de fato um muçulmano, sobre quão propriamente ser um muçulmano num contexto não historicamente pré-arranjado para facilitar isso. Podem existir e existem, é claro, várias consequências: uma "mitigação" ecumênica da crença para torná-la menos ofensiva ao contexto religiosamente pluralizado ou secularizado; uma divisão de "duplo ânimo" do eu, e da vida do eu, em duas metades, uma interna e outra externa, apenas vagamente comunicantes; um direcionamento para um islamismo muito mais assertivo e autoconsciente em resposta à perceptível falta de fé do novo contexto. E praticamente toda possibilidade intermediária, incluindo, é claro, a fúria cega, irrestrita, assassina.

IV

Assim: um, nervosamente confinado aos quatro continentes por meio século; o outro, calmo e estabelecido em suas salas na St. John's University por um período similar – ao fim e ao cabo, Frazer e eu estamos no mesmo negócio? Ele está em minha genealogia, eu estou na dele? Um objetivo nos conecta? Uma história nos perpassa? Um campo nos abarca? É um caminho muito longo, pareceria, desde os estranhos acontecimentos no bosque em Nemi – a "figura sombria", "a espada desenbainhada", "o próprio sacerdote assassino a ser assassinado" (FRAZER, 1890, preface) – às agendas políticas dos colégios islâmicos (*madrasahs*) da Java central ou das ambições legitimistas dos zawias sherifianos do norte do Marrocos, sem falar das *comédies* "podemos deixá-los usar lenços de cabeça?" da Paris *civiste* ou das "podemos deixá-los ler o Alcorão?" das citações exatas da Carolina do Norte (BOWEN, 2004). "A antropologia da religião" é um tema, como "parentesco" ou "classe", ou "gênero"? Um tema como "as origens da agricultura" ou "a evolução do Estado"? Uma disciplina, como a "paleontologia"? Uma especialidade, como a "sociolinguística"?

A essas alturas deveria estar claro que, ao menos no que me diz respeito (outros podem fazer como desejarem), "estudar religião" não é, e nunca foi, uma coisa única, delimitada, aprendível e ensinável, resumível. Ela é, e sempre foi, uma questão de eleger entre vários acontecimentos encontrados diversamente – grandes e públicos, como as eleições nacionais ou as migrações internacionais; pequenos e íntimos, como banquetes domésticos ou cantos corânicos; meramente incidentais e parentéticos, como um funeral interrompido, uma rinha de galos ou a fachada de uma casa repintada – todos em um esforço para determinar como concepções gerais sobre o que de fato é a realidade e modos particulares de lidar com ela se relacionam um com o outro para sustentar a percepção de que, mais ou menos e de um modo geral, as coisas fazem sentido. "A religião de Java", o "Islã observado" e o "catálogo misturado do Longo Pós-guerra" não são senão capítulos, obliquamente relacionados, aproximadamente sucessivos, arbitrariamente intitulados, em uma história intermitente de produção de significado.

É isso que, ao olhar em retrospectiva para a Java de Sukarno, agitada com esperança e desapontamento, o Marrocos de Hassan II, meio emergente da *'asabiya*, de rixas e de *hommes fétiches*, e, agora, das desordens e confusões do pós-milênio pós-moderno, que parece perpassar o todo e fazer de tudo isso um tema confinável – algo a considerar, constante e inteiramente.

Em cada estágio, em cada lugar, em cada ocasião, somos apresentados a uma multiplicidade espantosa de indivíduos, grupos e grupos de grupos tentando viver suas vidas diante das mudanças, das circunstâncias, e (o inferno de Sartre) um do outro. Ao fim e ao cabo, nós menos "examinamos", "investigamos" ou mesmo "pesquisamos" a religião do que a circundamos. Espreitando à beira do bosque, vemos isso acontecer.

Estamos, a maior parte de nós agora – não apenas antropólogos, folcloristas ou entendedores do estranho e misterioso, portanto –, um pouco ocupados. A confusão do catálogo do mundo é, no momento, geral ao ponto da quase universalidade. Um contraste aproximado, não apenas da lealdade religiosa, mas dos antecedentes étnicos, "raça", comunidade linguística, lugar de origem – e Deus lá sabe que outra lealdade ou marca as pessoas podem cogitar para se distinguirem umas das outras e se persuadirem de sua própria solidez – é predominante, não apenas na Europa ocidental e na América do Norte, em relação às quais a migração foi recentemente a mais marcada, mas também na Ásia, África e América Latina, atraídas com cada vez mais força e inevitabilidade para o torvelinho da variedade do mundo. É, claramente, possível que todo este "cá estamos, lá estamos" com o tempo se ordene e blocos de associações culturais grandes, puras, herméticas – o que costumamos imaginar serem as "nações" – reemergirão ou serão recriados. Mas, até onde posso ver, há no momento muitíssimo pouco sinal disso. A confusão está conosco tarde e cedo.

Referências

ASAD, T. (1983). "Anthropological conceptions of religion: reflections on Geertz". *Man* (N.S.) 18, P. 232-259.

BANTON, M. (ed.) (1966). *Anthropological approaches to the study of religion*. Londres: Tavistock [ASA Monograph, 3].

BELLAH, R. (1970). *Beyond belief*. Nova York: Harper & Row.

BENEDICT, R. (1927). *The concept of the guardian spirit in North America*. Menasha, Wis.: American Anthropological Association [American Anthropological Association Memoir 29].

BERGER, P. & LUCKMANN, T. (1967). *The social construction of reality*. Garden City, NY: Doubleday.

BOWEN, J. (2004). "Muslims and citizens: France's headscarf controversy". *Boston Review*, fev.-mar.

BURKE, K. (1941). *The rhetoric of literary form*. Baton Rouge: Louisiana State University Press.

CAVELL, S. (1969). *Must we mean what we say?* Nova York: Scribner.

COLEBROOK, C. (2002). *Irony in the work of philosophy*. Lincoln: University of Nebraska Press.

DAVIDSON, D. (1984). *Inquiries into truth and interpretation*. Oxford: Clarendon Press.

DOUGLAS, M. (1966). *Purity and danger*. Londres: Routledge & Kegan Paul.

EVANS-PRITCHARD, E.E. (1956). *Nuer religion*. Oxford: Clarendon Press.

FIRTH, R. (1967). *The work of the gods in Tikopia*. 2. ed. Londres: Athlone.

FRAZER, J.G. (1890). *The golden bough*. Londres: Macmillan.

GEERTZ, C. (2003). "Which way to Mecca?"

_____ (1960). *The religion of Java*. Glencoe, Ill.: Free Press.

_____ (1958). "Ethos, world view, and the analysis of sacred symbols". *Antioch Review*, Winter.

GEERTZ, C. (ed.) (1963). *Old societies and new states*. Nova York: Free Press.

JASPERS, K. (1971). *Philosophy of existence*. Filadélfia: University of Pennsylvania Press.

KIPP, R. & RODGERS, S. (eds.) (1987). *Indonesian religions in transition*. Tucson: University of Arizona Press.

KLUCKHOHN, C. (1962). *Navaho witchcraft*. Boston: Beacon Press.

LAMARTINE, A. (1946). "Declaration of principles". *Introduction to contemporary civilization in the West*: a source book. Nova York: Columbia University Press.

LANGER, S. (1959). *Philosophy in a new key*. Nova York: New American Library.

LIENHARDT, R.G. (1961). *Divinity and experience*. Oxford: Clarendon Press.

LOMBARD, D. (1990). *Le carrefour javanais*. 3 vols. Paris: École des Hautes Études en Sciences Sociales.

MALINOWSKI, B. (1948). *Magic, science, and religion*. Boston: Beacon Press.

MARRETT, R.R. (1917). *Primitive ritual and belief*. Londres: Methuen.

REDFIELD, R. (1953). *The primitive world and its transformations*. Ithaca, NY: Cornell University Press.

REICHARD, G.A. (1923). *Navaho religion*: a study of symbolism. Nova York: Pantheon.

SMITH, W.R. (1889). *Lectures on the religion of the Semites*. Edimburgo: C. Black.

TILLICH, P. (1952). *The courage to be*. New Haven: Yale University Press.

TURNER, V.W. (1968). *Drums of affliction*. Oxford: Clarendon Press.

TYLOR, E.B. (1889). *Primitive culture*. Nova York: Holt.

WEBER, M. (1965). *The sociology of religion*. Londres: Methuen.

_____ (1958). *The Protestant ethic and the spirit of capitalism*. Glencoe, Ill.: Free Press.

WITTGENSTEIN, L. (1953). *Philosophical investigations*. Nova York: Macmillan.

2005

O que foi a revolução do Terceiro Mundo?*

Começo com uma passagem do ensaio de Irving Howe de 1954, reeditado no volume *Fifty Years of Dissent* (Cinquenta anos de dissensão), chamado, bastante premonitoriamente, "The Problem of U.S. Power" (O problema do poder dos Estados Unidos):

> O fato central [ele escreve] é que continuamos a viver em uma época revolucionária. O impulso revolucionário foi contaminado, corrompido, degradado, desmoralizado; foi apropriado pelos inimigos do socialismo. Tudo verdade. Mas a energia por trás do impulso revolucionário permanece. Ora irrompe em uma parte do mundo, ora em outra. Não pode ser inteiramente suprimida. Em toda parte, exceto nos Estados Unidos, milhões de entes humanos, certamente a maioria daqueles com algum grau de articulação política, vivem para algum tipo de mudança social. Os trabalhadores da Europa são conscientemente anticapitalistas, as populações da Ásia e da América do Sul [e ele poderia ter acrescentado, do Oriente Médio e da África], anti-imperialistas. Essas são as energias dominantes de nosso tempo e quem quer que obtenha o controle sobre elas, seja de modo legítimo ou distorcido, triunfará.

Entre 1945 e 1965, cerca de 54 estados, dependendo de como você contar, agora, independentes, com fronteiras, capitais, exércitos, líderes, polícias e nomes apareceram no mundo. Entre 1965 e o final do século, dependendo novamente um pouco de como, e quem, você contar, apareceram mais 57. Todos os principais impérios coloniais – o britânico, o holandês, o francês, o espanhol, o português, o americano, o alemão, o australiano e, via guerra do Pacífico, o japonês, via colapso do comunismo, o russo – se dissolveram um pouco, na maioria de modo relativamente pacífico – a Índia, a Argélia, o Congo Belga, as Índias Orientais, o Quênia, Indochina – em meio à irrupção convulsiva de violência genera-

---

* Publicado originalmente como uma conferência em memória a Irving Howe, *Dissent* (inverno de 2005).

lizada. Um sistema internacional, com 60 ou mais participantes (quarenta e dois países eram membros da Liga das Nações em seu começo; outros 60 se juntaram mais tarde, e temos de acrescentar os Estados Unidos e alguns outros recalcitrantes), foi sucedido por um com, pela conta mais recente dos estados-membro das Nações Unidas, 191. O mundo se ressegmentou, refundou e reformatou no espaço de algumas décadas. Foi, claramente, um tipo de revolução. Mas de que tipo – o que foi que mudou e em quais direções – foi, e ainda é, imperfeitamente compreendido.

Na verdade, seu propósito e importância, o que significa para nosso futuro comum, parece menos claro hoje do que era em seu início, quando a grandeza infinita do começo que acompanha todas as transformações políticas inovadoras na era moderna os revestiu com uma densa simbologia de individualidade, progresso, solidariedade e liberação. Nos dias da Bandung do final da década de 1950 e do começo da década de 1960, os líderes-heróis carismáticos – Nehru, Sukarno, Nkrumah, Ben Bella, Kenyatta, Ho, Azikwe, Lumumba, Nyerere, Muhammad V, Solomon Bandanaraike, encorajados por dois mundialistas (*worlders*) e meio, Chou, Tito, Castro – projetaram uma visão poderosa de nacionalismo radical, de neutralidade de guerra fria, de oposição coletiva ao imperialismo ocidental, e de progresso material avançado: uma visão que estava fadada a colapsar à medida que a diversidade de interesses, a variedade das histórias e a incoerência das visões de mundo que ela estava destinada a conter se tornaram aparentes. Dentro de dez ou quinze anos, apareceu uma geração de líderes paroquiais e severos – Bukassa, Suharto, Gowon, Marcos, Boumedienne, Mobuto e Indira Gandhi, todos chegaram ao poder em 1965-1966; Hassan II e Ayub Khan, um pouco antes; Gaddafi, Assad pai, e Idi Amin, um pouco mais tarde – substituindo mobilização popular e apoio nacional por pressões e cálculos de controle disciplinar. Essa abordagem, igualmente, em boa parte um produto do grande poder de equilíbrio de alianças e de negociação de ajuda que a difusão da Guerra Fria além da Europa e de suas intrusões e intensificações regionais tornaram possível, não durou. Algumas relíquias ou retrocessos, como Mugabe ou Niwazov, ou dissidentes como Than Shwe ou Ben Ali, além da maioria dos líderes atuais dos estados agora não tão novos – Mbeki, Bouteflika, Abdullah, Obasanyo, Manmohan Singh, Mkapar, Yudhoyono, Karzai, Muhammad VI, Salih, Macapagal-Arroyo, Kibaki, Assad filho, inclusive equilibristas situacionais como Sharon e Musharraf – são políticos administrativos apropriados e circunspectos, e não minileviatãs ou superestrelas do cenário mundial.

Seria um erro, contudo, concluir que as coisas voltaram ao ponto de partida, que o impulso revolucionário de Howe em uma época revolucionária, "as energias dominantes de nossos tempos", deixou as coisas, no fim, apenas cosmeticamente alteradas. Claramente, algo transformador aconteceu ao modo como o mundo funciona, ou não funciona, nos quarenta e poucos anos desde a partição da Índia até a queda do Muro de Berlim, e, diversamente visível, convulsivamente explosivo, o processo continua. O problema é que, aprisionado a categorias de análise designadas para uma política menos multiforme e menos dispersa, envolto em percepções equívocas sobre nossa própria situação ("o problema do poder dos Estados Unidos"), possuímos somente a mais imprecisa das ideias, e a maioria delas dúbias, quanto ao que esse algo possa ser.

Meu interesse em tudo isso, ao que *istiqlal*, *merdeka*, *uhuru*, *swaraj* e o resto equivalem enquanto realidades práticas, e o que pressagiam para a direção geral das coisas, resulta quase imediatamente, é claro, de meu envolvimento, direto e pessoal, como antropólogo – um antropólogo *americano*, com compromissos americanos e preocupações americanas – trabalhando na e sobre a Indonésia e o Marrocos pós-coloniais ao longo de quase toda minha carreira e de sua existência. Fui para a Indonésia pela primeira vez em 1952, pouco mais de um ano após a nova república ser fundada. (Cheguei, de fato, no dia da primeira tentativa de golpe contra Sukarno, que, com seu *élan* usual, a Voz do Povo – "que falava muito e ouvia pouco" – discursava do alto dos degraus do Parlamento.) Fui ao Marrocos pela primeira vez em 1963, logo após o colunável Príncipe Hal do país, Hassan II, chegar repentina e enfaticamente ao poder, brandindo tradição e perseguindo descontentes do interior. (Seu pai-herói, Muhammad V, havia recém-falecido – uma morte estranha, prematura e politicamente desestabilizante.) Desde então, tenho me deslocado num vaivém constante entre esses países, tanto fisicamente como na atenção de minha pesquisa, à medida que eles tentaram encontrar seu caminho em um mundo fracionado tão volátil e cambiante quanto eles próprios. Na Indonésia, o hipernacionalismo populista deu lugar à *Gleichsaltung* militar, que deu lugar à política faccional nebulosa, dispersa e etnicamente inflexa. No Marrocos, a restauração da realeza foi seguida por um par de tentativas espetaculares, mas sem consequências danosas, de golpe ao ar livre, ajudantes de ordens renegados e soldados em preparação, exercício cruel de vingança soberana e expansão imperatória para o Saara, que foi seguida por movimentos hesitantes e indefinidos para uma semimonarquia, semiconstitucional, semidemocrática.

Esse tipo de educação *in media res*, "o que vem por aí?", particularmente quando combinada com uma preocupação em relacionar o que está ocorrendo diante de você com desenvolvimentos em outros lugares similares o bastante para serem interessantemente diferentes, dá, inevitavelmente, uma forma particular e peculiar à nossa mente e personalidade, e, especialmente, na medida em que envelhecemos, uma necessidade desesperada de resumir o não resumível e de ordenar o não ordenável. Em toda essa falta de direção, descobrir a direção é, reconhecidamente, uma iniciativa formidável. Mas, penso eu, uma iniciativa infrutífera, e por várias razões.

Em primeiro lugar, a maioria dos novos estados, e especialmente os mais consequentes, possuem a essas alturas um histórico de cerca de meio século de mudanças intermitentes e variadas, mas ainda assim padronizadas. Estilos políticos, como opostos a meros regimes e governos, que passam, como seus líderes, com as manchetes, começaram a tomar forma, com os rudimentos, ao menos, de formas e complexões distintas e reconhecíveis. A "construção nacional", o lema das décadas de 1950 e 1960, pode ser ainda mais nocional do que real em muitos lugares, ou um disfarce hipotético para o separatismo endêmico; comunidades imaginadas predominantemente imaginárias. Mas formas localmente específicas de fazer reivindicações e de se opor a elas – "o modo como as coisas funcionam por aqui" – se desenvolveram praticamente em todo lugar. Você não tem de estar na Indonésia ou no Marrocos por mais que alguns meses (ou, eu ousaria dizer, na Nigéria, na Índia, no Sudão ou nas Filipinas, nos Grandes Lagos africanos, em Sahel, no Cáucaso, ou na Ásia Central istanistã) para obter uma noção definida de como a colisão de interesses e o jogo de poder caracteristicamente se dão, independente de quão amorfa ou dividida a sociedade, o Estado, ou o corpo nacional.

Segundo, os impulsos centrais que orientam o propósito para a revolta e a independência podem ter cessado, podem ter sido desviados ou se tornado difusos, mas continuam a pairar sobre a vida coletiva como um pano de fundo geral, uma estrutura semilembrada, semiconcebida, de esperança e expectativa. O desenvolvimentismo, a orientação para a modernidade tecnológica e para o crescimento sustentado; o integralismo, a solidificação política de povos herdados e territórios decadentes sob o controle de um governo capaz e receptivo; e o particularismo, a articulação cultural de uma personalidade social original e singular permanecem os propósitos fundamentais da existência nacional, se não como realidades ao menos como ambições. A ascensão econômica, a soberania efetiva e a condição *bona fide* de povo são ainda o mito do novo-Estado, pós-colonial, do Terceiro Mundo: a mudança social de Howe para a qual milhões, articulados e inarticulados, irrepreensivelmente vivem.

Terceiro, e no meu ver mais criticamente, tudo isto – a formação de estilos políticos distintos e persistentes, a desaceleração da construção nacional e a influência prolongada dos ideais libertários – está ocorrendo no contexto da reformatação global que a descolonização e o desmembramento do império criou. A fundação do capital, a determinação da fronteira e a multiplicação dos atores subsequentes, o embaralhamento geral do catálogo do mundo, formam o ambiente geral no qual todos nós – o que Sukarno costumava chamar as "*Nefos*" (novas forças emergentes (*new emerging forces*)) e as "*Oldefos*" (antigas forças emergentes (*old emerging forces*)) – hoje em dia coletivamente funcionamos.

As dinâmicas irregulares e variadas dessa paisagem alterada – a urbanização descontrolada (Cairo, dois milhões na década de 1950, dezesseis milhões hoje;

Bombaim-Mumbai, quatro e quatorze milhões; Lagos, trezentos mil e dez milhões – sem falar de Xangai, cidade do México, Bangkok ou São Paulo); a migração desenfreada e multidirecional (vinte milhões de indianos vivem fora da Índia, alguns milhares deles no norte de Nova Jersey); existem cerca de um quarto de milhão de turcos em Berlim, quarenta mil em Amsterdam; o movimento do Terceiro Mundo é responsável por dois terços do aumento da população anual dos Estados Unidos e de toda Califórnia; 90% dos residentes nos Emirados Árabes são estrangeiros; só Deus sabe quantos chineses vivem agora "além-mar"); a explosão, uma após outra, como petardos invisivelmente conectados, de violência primordializada étnica e étnico-religiosa (Ruanda, Sri Lanka, Achém, Darfur) e microguerras após a delineação das fronteiras (Timor, Caxemira, Chechênia, Eritreia, Bouganville, Rio de Oro) – não somente ameaçam sobrepujar nosso maquinário para lidar com elas, elas escapam, ou quase, das categorias estabelecidas de nosso entendimento. Não são apenas nossas políticas que são inadequadas, ou nossas análises e explicações. É o equipamento conceitual que usamos para pensá-las.

Um simples experimento concreto e elementar de pensamento pode, eu acho, ajudar-nos a ver isso. Visualize, ou tente visualizar, com o que – assumindo que exista uma tal coisa – o novo Estado prototípico da segunda metade do século passado – recém-emergido de um passado colonial desusado e distanciado em um mundo de conflito de grandes potências intenso e implacável – teve de lidar – *ab initio*. Ele teve de organizar, ou reorganizar, um sistema econômico "subdesenvolvido", fraco e deteriorado: atrair ajuda, estimular o crescimento e estabelecer políticas em tudo desde comércio e reforma agrária até emprego nas fábricas e política fiscal. Teve de construir, ou reconstruir, um conjunto culturalmente abrangente de instituições políticas populares (ao menos ostensivamente) – um presidente ou primeiro ministro, um parlamento, partidos, ministérios, eleições. Teve de desenvolver uma política linguística, indicar os domínios e jurisdições da administração local, eliciar uma noção geral de cidadania – uma identidade pública e de povo – a partir de um turbilhão de particularismos étnicos, religiosos, regionais e raciais. Teve de definir, embora delicadamente, as relações entre a religião, o Estado e a vida secular; treinar, equipar e gerenciar forças de segurança profissionais; consolidar e codificar uma ordem legal vinculada ao costume completamente pluralizada; desenvolver um sistema amplamente acessível de educação primária. Teve de atacar o analfabetismo, o crescimento urbano desordenado e a pobreza; gerenciar o crescimento e o movimento populacional; modernizar a saúde pública; administrar as prisões; congregar costumes; construir estradas; dirigir uma imprensa. E isso apenas para começar. Uma política externa necessitava ser estabelecida. Uma voz no sistema crescente e proliferativo de instituições trans, super e extranacionais necessitava ser assegurado. Atitudes em relação às civilizações metrópole – Londres, Paris, Amsterdam, Madri – meio-odiadas, meio-amadas, politicamente descartadas, porém nem um pouco esquecidas, necessitavam ser repensadas; sua herança, a única semimoderna que o país possuía, reassimilada; o que significava, dentre outras coisas, reverter o nacionalismo de uma ideologia separatista, inquieta e reativa, o que não somos, em uma imagem persuasiva de uma comunidade histórica, natural, orgânica, o que somos, pronta para negociações, desenvolvimentos e alianças práticas: um Mazzini modernizado. Foi uma época estimulante. Não admira que tenha sido seguida por acontecimentos ambíguos, reviravoltas precipitadas, desapontamentos moderados e, muito frequentemente, distúrbios sanguinários.

Se um Estado prototípico, padrão, do Terceiro Mundo é um esforço imaginativo muito grande – que pode muito bem ser, dado o desalinho de uma categoria que inclui Índia, Tunísia, Guiné Equatorial, Belarus, Laos, Qatar, África do Sul, Suriname, Iêmen, Mianmar e Vanuatu, – considere, em vez disso, um de meus próprios casos referentes: A Indonésia. Na década de 1950, a velocidade da vida pública lá teve de ser experienciada para ser desacreditada. Um arquipélago longo, prolongado e irregular de seis mil ilhas grandes, pequenas e microscópicas, com sua extensão fixada pelo alcance mercantil dos navegadores holandeses nos séculos XVII e XVIII, albergou quinze grandes grupos étnicos ou mais e centenas de pequenos outros, com suas demarcações e definições incertas e móveis; trezentas ou quatrocentas ou quinhentas línguas, dependendo de como contamos; muçulmanos, católicos, protestantes, hindus, e os grupos religiosos assim chamados "animistas" – agora alçados a "nativos" –; uma minoria comercial chinesa, uma minoria racial papua, árabes residentes, indianos imigrantes. E, é claro, havia ocidentais intrusivos – economistas, comerciantes, especialistas técnicos, jornalistas, espiões, antropólogos, todos tentando, diziam ("aqui, deixe-me mostrar-lhe"), apenas ajudar. Estabelecer uma nação existente, para usar um termo gasto e impreciso, no meio de tudo isso era ao mesmo tempo uma aspiração magnificente e um esforço inútil.

Ou, uma vez mais, se a Terra sob os ventos (como os portugueses a chamavam) parece extrema, ou muito complicada, considere meu outro caso referente, geralmente menos inoportuno, mais compacto e homogêneo. Onde a Indonésia teve que extrair algum tipo de existência coletiva de um *potpourri* de língua, costume, fé e localidade, acidentalmente reunidos, o Marrocos, ostensivamente um reino, mas na verdade um campo de justa de oponentes paroquiais e intratáveis, teve de definir uma existência coletiva contra o pano de fundo envolvente de uma civilização regional muito mais contínua – "a África do Norte", "O Magreb", "O Oeste Árabe" – diplomaticamente dividida pela França, Espanha, Itália e Inglaterra em bailiados administrativos mais ou menos arbitrários, superficialmente configurados e fracamente enraizados. Colonizado por cinquenta anos em vez de dois séculos e meio, completamente árabo-berbere e muçulmano (exceto por uma minoria comerciante judia, autoexilada tão logo a opção de Israel se tornou disponível), e mais uma coleção de oásis, piemontes e microcidades em desfiladeiros do que comunidades culturais dispersas em ilhas, sua vida política cotidiana era um pouco menos agitada, sua orientação para a nacionalidade um pouco menos desesperada. Mas, apesar de tudo, diante do calendário quase idêntico de exigências clamorosas, coisas que tinham de ser feitas e imediatamente, ele respondeu, ou tentou, com uma mistura similar de fórmulas recebidas, artifícios locais, evasões provisórias e instituições emprestadas.

É nesse sentido emblemático e icônico, não num sentido estatístico médio padrão (algo que, com uma distribuição tão irregular e descontínua, uma coleção de desvios e singularidades, não é realmente significativo aqui), que os dois países podem servir, adequadamente maquiados e redescritos, como exemplos-tipo, expressões diagnósticas, casos de questões de fato, da revolução do Terceiro Mundo – o que biólogos de sapos, vermes e de moscas de fruta gostam de chamar sistemas-modelo. O que os torna assim não é (ou pelo menos não somente) sua complexidade etnorreligioso-linguística nem suas fronteiras culturalmente arbitrárias e externamente determinadas. Isso eles partilham com praticamente todas as ex-colônias. (Pense na Índia, Nigéria, Mianmar, Líbano, Papua Nova Guiné.) Se sua sujeição comum a um fenômeno comum, característico não somente a eles, mas, ao menos em alguma extensão, a quase todo país incipiente *Nefo*, e cada vez mais, à medida que as massas se movem, a alguns dos supostamente mais cristalizados *Oldefos* também: ou seja, a dissociação do que no Ocidente moderno consideramos, desde Vestfália, como quase sinônimos, formas intercambiáveis um do outro, realidades coletivas conaturais e coincidentes, internamente conectadas, inerentemente ligadas – "Estado", "Nação", "Povo", "Pátria", "Sociedade" e "Cultura". Esses, os conceitos-mestre da descrição e compreensão da política moderna, as estruturas terminais de lealdade, identidade, afiliação, soberania e apoio, marcados em nossos mapas como espaços coloridos e em nosso vocabulário por nomes de catálogos, não se tornam apenas de sentido e aplicação cada vez mais estranhos, mas também projetam uma evolução em relação às massas e uma consolidação que, diante dela, não evolui de fato.

A visão unificadora do liberalismo clássico (John Stuart Mill: "É geralmente uma condição necessária das instituições livres que os limites do governo devem coincidir em geral com os da nacionalidade"; e Ernst Barker: "[Está emergindo] um esquema mundial de organização política no qual cada nação é também um Estado e cada Estado é também uma nação" – devo as citações a Walker Connor, um dos poucos cientistas políticos contemporâneos que não foram enfeitiçados por essa teoria, já que praticamente todos os outros são wilsonianos enrustidos) aparece em um mundo de Indonésias e Marrocos – Congos, Iraques, Sri Lankas,

Geórgias – um sonho intelectualista desde antes do dilúvio. Divergência e irregularidade, pluralidade e sobreposição, o desarranjo de categorias e a confusão das lealdades parecem aqui para ficar, assim como – pense em Singapura, Nepal, Chipre, os Emirados Árabes Unidos, Arábia Saudita – a vasta maioria de formas políticas. O que quer que a revolução do Terceiro Mundo tenha sido, não foi, como prometido, uma força homogeneizante.

É claro, os assim chamados estados-nações "desenvolvidos" ou "maduros" ou "modernos" da Europa e da América do Norte não foram sempre completamente as mônadas "um país, uma língua, um povo" que se representavam, para si e um para o outro, ser: e na medida em que foram, tornaram-se assim muito recentemente, e não sem incidentes. Eugen Weber mostrou quão lento, difícil e incompleto foi o processo de transformar "camponeses em franceses". Linda Colley fez algo similar para a emergência dos "bretões" dos ingleses, escoceses e (muito mais incertamente) dos protestantes irlandeses nas alianças e oposições religioso-culturais do século XVIII. E supõe-se mesmo que Mazzini tenha observado que tendo criado a Itália ele ainda tinha que criar italianos. A cristalização dos turcos, sérvios, búlgaros, romenos e húngaros a partir da mistura otomano-habsburga, gerando problemas de maioria-minoria de complexidade espantosa, são exemplos mais recentes, quase proverbiais. O Canadá e os Estados Unidos, ambos áreas de assentamento, povoados de diversos modos, nunca foram realmente mais do que nocionalmente compactos – aglomerações raciais, étnicas, culturais e geográficas, reunidas peça por peça, e depois representadas, não sem tensão, como tipos naturais determinados e irredutíveis. E assim por diante, sem falar da "Alemanha", "Rússia", "Espanha", ou "Brasil".

Mas, quaisquer que sejam as ilusões e suspensões estratégicas de descrença envolvidas, para não falar da propaganda *Blut und Boden*, internamente dirigida, a concepção de um mundo composto de povos consolidados distribuídos em territórios distintos e estados indivisíveis – os implícitos *plébiscites de tous les jours* de Renan – se desenvolveram com rapidez crescente ao longo do período que nós, talvez prematuramente, chamamos moderno, materializando-se mais completamente, suponho, e certamente mais apaixonadamente, nas nacionalidades em marcha das duas guerras mundiais. E é essa ordem de coisas, real ou putativa, que a revolução do Terceiro Mundo fez parecer menos um ponto final de desenvolvimento, um atrativo convergente para o qual toda política se move, ou deveria se mover, do que um raquítico e obsolescente *Ancien Régime* de classes. Como imagens e representação – uma figuração ideológica do "esquema mundial de organização política" de Barker – o mapa da era colonial de um pequeno conjunto de nações bem-formadas, predominantemente da Europa Ocidental, projetando suas instituições e suas identidades sobre países amorfos, sociedades irregulares e povos exóticos, trabalhou mais para obscurecer quão nocional, quão arbitrário e – o que, com respeito à Índia britânica, foi chamado "a ilusão do desempenho" – quão temporário esse esquema realmente foi do que para instanciá-lo ou torná-lo efetivo. O imaginário imperial, para utilizar, por agora, alguma terminologia mais sofisticada, era apenas isto: uma simulação contrafactual, destinada a conter uma comoção de pontos estranhos e partículas díspares dentro de um conjunto manejável de caixas padronizadas – categorias ordenadas, amplas e familiares.

O que tornou as sublevações e separações de 1949 a 1991 tão genuinamente transformadoras do modo como pensamos, ou deveríamos pensar, sobre nosso mundo político, e tão perturbadoras quanto aos nossos procedimentos gerais para atuar nele, defendendo nossos interesses ou promovendo nossos ideais, não diz respeito, contudo, simplesmente aos rearranjos de cidadania e governo, ou mesmo às mudanças na legitimidade, que elas provocaram – o mapa de mudanças. O que as tornou transformadoras é o conjunto curiosamente duplo de ideias, equívoco e contrário, que as guiou e em termos do qual elas tiveram em quase todos os lugares seus resultados indeterminados: o que, para nomear, podemos chamar "o paradoxo nacionalista".

Paradoxo, porque a base ideológica sobre a qual os supostos novos estados, ou ao menos seus líderes, buscavam autonomia e independência – "Liberdade!" *"Merdeka!" "Istiqlal!"* – era, claro, a mesma asserção de uma coincidência intrínseca, ampla, de nação, Estado, país, cultura e povo sobre a qual as forças imperiais – inclusive, debaixo de seu disfarce soviético, a Rússia – baseavam suas próprias pretensões à identidade e soberania, legitimidade e autogoverno. A visão "gota de óleo" da difusão do nacionalismo do Terceiro Mundo da América Latina de Bolívar, via Europa e Estados Unidos, e depois novamente para a Ásia e África nas correntes de propagação da alfabetização impressa, estreitamente associada talvez a Benedict Anderson, e a mobilização para a concepção de modernização, que a vê como um reflexo (ou talvez seja a causa) da evolução de uma civilização agrária centrada na aldeia para uma civilização industrial urbana, *à la* Ernest Gellner, pode ter suas dificuldades históricas e suas simplificações polêmicas. Mas que a vanguarda do Terceiro Mundo construiu seus argumentos e seu programa a partir de uma versão retrabalhada da mesma concepção de nacionalidade integral que solidificou, ou tentou, a Inglaterra, a França, a Espanha, a Bélgica, a Rússia e os Países Baixos, os regimes que os envolveram parcialmente em eus estrangeiros, é bastante claro, assim como é, na verdade, a ambiguidade que fazer isso introduziu em seus conflitos e nas consequências voláteis, excursivas e imprevistas que se seguiram.

Uma vez mais, meus países-referentes do modelo de sistema exemplificam o caso, especialmente se eu puder resumir, para não dizer plagiar, alguns de meus primeiros e mais elaborados escritos sobre suas histórias breves, mas originais.

Na Indonésia, as primeiras cinco décadas de autogoverno consistiram de sucessivas investidas apaixonadas e determinadas – nacionalista, comunista, pretoriana, islâmica – tentando assegurar uma identidade única e definida sobre o país – tendo cada uma delas fracassado, nenhuma delas (exceto talvez em sua forma original, e depois apenas literalmente, a comunista) desaparecido, e todas tendo provocado um sentido ainda mais forte de diferença e desunião. Independente do fato de que o esforço para construir um Estado-nação adequado, espiritualmente harmônico, possa ter chegado a algum lugar, aqui ele foi, pelo menos nesse ponto, um projeto elusivo, espasmódico e disruptivo.

O movimento de independência indonésio começou essencialmente, numa imitação geral dos modelos europeus, nas décadas de 1920 e de 1930. Sob a liderança teatral de Sukarno – um subalterno falante como nenhum outro, foi um movimento radicalmente unitarista em uma situação radicalmente pluralística – uma caracterização (ou um fato) que se aplica, como eu disse, a todo o curso da história política da república. Durante a década de 1950 e o começo da década de 1960, essa tentativa de fornecer um fundamento conceitual para uma nacionalidade (que envolvia uma combinação confusa, estranha e eclética, de simbolismo indo-javanês, civismo europeu e um tipo maoista de populismo camponês) titubeava cada vez mais sob as pressões combinadas de conflito faccional, as hostilidades induzidas da Guerra Fria e – não menos importante – o impacto desigual da mudança econômica ao longo de regiões dispersas e descontínuas do arquipélago, energizando algumas, marginalizando outras e induzindo um forte sentido de injustiça distribucional entre as regiões ricas em recursos – petróleo, madeira, minerais –, nas quais se originaram as exportações, e a Java dos ricos, onde as importações que eles custeavam eram consumidas. (Ou, ao menos assim se pensava: um jornal nacional normalmente sério foi banido no final da década de 1950 por publicar em sua primeira página, sem qualquer comentário, um gráfico de barras descrevendo exatamente isso.)

Em 1958, após a primeira eleição geral ter demonstrado quão incorrigivelmente dividido o país realmente estava (nacionalistas, islâmicos e comunistas – havia mais de quarenta partidos no todo, versões e contraversões um do outro – dividiram o voto de forma mais ou menos equivalente), uma rebelião aberta contra o governo em Jacarta irrompeu em várias regiões. Sukarno a debelou e suspendeu o governo parlamentar em favor de sua famosa, ou mal-afamada, "democracia guiada". Ao final da década de 1960, o país estava tão intensamente afetado pelo conflito partidário culturalmente influenciado que, após um golpe palaciano fracassado em Jacarta, foi envolvido em um sangrento combate corpo a corpo. Centenas de milhares morreram, milhares mais foram exilados ou encarcerados, e um governo militar, a sugestivamente chamada "Nova Ordem" do General Suharto, assumiu o poder em Jacarta. Mas, embora Suharto tenha se afastado do malfadado populismo de Sukarno na direção de um rigor disciplinar imposto militarmente, ele continuou a basear a ideia do país de si próprio e de para onde estava indo no tipo de coordenação sintética e simbólica, culturalmente eclética que Sukarno havia instaurado. E quando ele, por sua vez, finalmente caiu – após 35 anos de domínio severo – uma boa quantidade de violência oficialmente respaldada, de conflito étnico, regional e religioso irrompeu novamente em grande parte do país.

Não necessito continuar essa crônica até suas fases mais recentes, as quais você pode coligir a partir de jornais: as revoltas, atentados a bomba e insurreições, a catástrofe do Timor (ela própria em parte, ao menos, de confusões elaboradas de nação, Estado e cultura impingidas no espaço de uma única, pequena e colonialmente afastada ilha); o restabelecimento do governo parlamentar e de eleições populares; a rápida e vertiginosa sucessão de liderança de um tecnocrata vagamente muçulmano, vagamente nacionalista, de formação germânica, um clérigo islâmico extravagante, errático, cego e progressivo, a filha mais velha de Sukarno, elusiva e tradicionalista, *de haut en bas*, e, agora, uma restrita e circunspecta burocrata militar dos Fortes Benning e Leavenworth. E, é claro – nunca distante de alguma forma disponível de diferença perturbadora –, houve as atrocidades jihadistas em Bali e Jacarta. O país ainda se mantém, até agora pelo menos. Mas ele faz muito mais ao lidar com os conflitos e descontinuidades em que consiste – embotando-os, evitando-os e desesperadamente manipulando-os – do que ao alinhá-los ou envolvê-los espiritualmente em (novamente Renan) uma *grande solidarité* suprema.

O Marrocos, como indiquei, não possui a mistura de línguas, religiões, povos, culturas e *habitats* que a Indonésia tem, nem experienciou a mesma sucessão de megaprogramas ideológicos diversamente concebidos destinados a dar-lhe identidade, direção e uma posição mundial. Seu problema tem sido, ao contrário, o de definir uma tal identidade, compacta e original, contra o pano de fundo de uma formação social histórico-mundial difusa e abrangente, e alguns dirão sufocante, o que Samuel Huntington, elevando a ilusão povo-igual-a-cultura-igual-a-sistema-político a um nível mais elevado, chamaria, suponho, uma "civilização" – o assim chamado Mundo Árabe. O Marrocos não é definido por suas fronteiras, que são, na verdade, tão frouxas como porosas e, nos pontos contestados, o produto de negociações exteriores entre potências exteriores, nem por sua especificidade cultural, que dificilmente provém dos outros países novos estados em torno dele: Mauritânia, Argélia, o resto do Magreb Ocidental árabe, mesmo o Sahel abatido e fragmentado no qual desvanece, e o qual desvanece nele, ao leste e ao sul. É definido pela presença em seu centro e ápice de uma instituição peculiar, e peculiarmente ambígua, ao mesmo tempo arcaica, tradicional, perseverante e completamente remodelada: a monarquia alauíta.

Uma vez mais, não necessito entrar nos detalhes do assunto aqui: a longa e semimítica história da monarquia ("alauí" é o nome da atual dinastia), remontando aos dias da Espanha árabe; sua evisceração sob o protetorado francês; sua reinstituição como uma força consequente após os confusos conflitos do dividido e desorganizado movimento de independência, ao mesmo tempo menos massivo e menos excitado do que o indonésio; sua passagem do rei-herói, santificado, Muhammad V para seu filho, o implacável Hassan II, para seu neto, o fraco e fracamente reformista Muhammad VI. O fato é que, se é uma sequência de investidas incompletas (e possivelmente não completáveis, embora, admitamos, isso esteja para acontecer) na direção da consolidação nacional que define a Indonésia pós-Índias, é a monarquia, ou, mais acuradamente, a persistência da monarquia, a instituição singular e singularizante do país, que define (uma vez mais, até aqui pelo menos) o Marrocos pós-*Protectorat*.

A peculiaridade da monarquia não é apenas que ela existe, uma curiosidade tradicionalista única no Magreb dentre uma coleção de regimes arrivistas guiados por soldados arrivistas (Gaddafi, Ben Ali, Bouteflika, al-Bashir, Ould Taya), mas que ela persiste, através das grandes sublevações e transformações – modernização, mobilização política, descolonização, autoafirmação coletiva, racionalização administrativa, governo popular – que marcaram, embora parcial e irregularmente, o que tenho chamado da revolução do Terceiro Mundo. Existem monarquias em outras partes do Terceiro Mundo, mas são produtos de manipulações do final do período colonial, como na Jordânia, Arábia Saudita e no Golfo, ou relíquias cerimoniais de um passado recluso, como Tailândia, Butão, Camboja ou Tonga. A monarquia marroquina, contudo, não é uma pretensão nem uma relíquia. É formalmente soberana e praticamente importante, e quase todo erudito, estrangeiro ou nacional, que refletiu sobre a vida política do país fez essencialmente a mesma pergunta: O que a sustenta e seus ocupantes em um mundo de eleições, parlamentos, ideologias, corporações, jornais, sindicatos trabalhistas e partidos políticos? O que um Príncipe Médici está fazendo em um século como este?

As respostas, é claro, são complexas e ainda emergentes. Mas uma coisa que ela, ou, mais exatamente, a posição que ocupa e o papel que desempenha, claramente faz, e enfaticamente, é demarcar a população, e, com a população, o espaço, sobre o qual a nacionalidade ou a cidadania ou sujeitidade (*subjecthood*) – ou seja, "marroquinidade" – se estende. Ao mesmo tempo, como "rei" (malik), líder do governo administrado no palácio e demasiadamente secular em Rabat e "Comandante dos Fiéis" (*'amir l-mu'minin*), o líder sagrado, carregado de carisma, da comunidade religiosa que se estendeu ao redor dela, a *umma* local, o rei cria o país não por decreto, nem mesmo pela força das armas – embora ambos estejam envolvidos mais do que marginalmente –, mas através da rede de lealdades e conexões que o rodeiam e que preparam o caminho para ele. O país possui fronteiras, uma capital, uma burocracia, uma personalidade internacional, um exército e um nome. Mas não é a distinção cultural nem a solidariedade coletiva, nem mesmo um território demarcado, mas o alcance pessoal do rei, na medida em que ele de fato o possui e o exibe, que os torna reais.

Não que esse modo de transformar um lugar em um sistema político tenha sido mais tranquilo, cumulativo, uniforme e completo do que foram na Indonésia as investidas irregulares em direção à unificação simbólica completa do sistema de crenças, que são seu equivalente, embora ele tenha sido, até agora, exceto por aquelas tentativas extravagantes de assassinatos, um pouco menos afetado por crises. O trono havia tido seus sucessos: a integração mais ou menos pacífica do Tânger e da antiga zona espanhola ao novo Estado; o retorno vigoroso dos desafios tribalistas ao poder central; o disciplinamento, violento ou não, dos republicanos *rive gauche* e dos soldados renegados; e mais espetacularmente a enorme incursão da "marcha verde", decretada e comandada pela realeza – milhares de marroquinos ordinários cruzando a pé a linha pontilhada da fronteira em direção do Saara espanhol. Mas as próprias condições da ascendência da monarquia são ao mesmo tempo a fonte de suas dificuldades, grandes e crescentes, em manter sua posição como o centro ordenador de uma suposta nação.

Em particular, à medida que a dispersão da população marroquina para além de sua indefinida pátria e a politização exaltada do islã norte-africano avançam – uma se alimentando da outra à medida que os muçulmanos tradicionalistas se encontram projetados em contextos não historicamente pré-arranjados para apoiar sua fé e afirmar sua identidade – tanto as fundações tradicionalista-seculares como as carismático-religiosas do domínio da realeza estão sob pressão. Há aproximadamente três milhões de marroquinos de um total de trinta e poucos (embora os números variem, dependendo de quem está contando e com que propósito) vivendo agora na Europa: seiscentos mil, na França, duzentos e setenta mil, na Bélgica e nos Países Baixos, cento e vinte mil, na Itália, noventa mil, na Alemanha e, mais profeticamente em termos dos eventos recentes, oito mil, na Espanha. Embora cada vez mais inclinados a se tornarem residentes no exterior, em vez de residentes temporários, eles remetem – uma vez mais, os números são imprecisos, e variam ano a ano – aproximadamente dois bilhões de dólares americanos para casa anualmente (não vamos falar do contrabando), e centenas de milhares deles retornam periodicamente através do estreito Mediterrâneo, agora praticamente uma travessia de *ferry*, transformando assim a própria forma do país. (Em comparação, a etnicamente involuída Indonésia exportou menos de 1% de seus cidadãos, contra 10% ou mais do Marrocos, e quatro quintos desses para as imediatamente vizinhas Malásia e Singapura.)

Até que ponto o *writ* do rei ainda funciona com esses seus súditos realocados é uma questão um tanto aberta, e a ansiedade religiosa que parece surgir de tentar viver como um muçulmano em um ambiente não muçulmano levanta questões ainda mais sérias nesse sentido. Os ataques terroristas recentes em Casablanca e

Madri (o governo de Rabat reuniu mais de mil e duzentos de seus cidadãos em conexão com um, outro ou ambos, e os espanhóis detiveram dezenas mais), com a aparição de séria dissensão de base religiosa em políticas domésticas – xeiques sufistas e mulás salafistas – sugerem que manter uma ascendência e controle sobre uma comunidade tão distendida, e menos ainda transformá-la em uma nação unificada, é uma iniciativa delicada na melhor das hipóteses, mesmo para um príncipe sacralizado.

O paradoxo nacionalista – de que uma série de movimentos frouxamente interconectados, similarmente inspirados, para libertar comunidades políticas de um povo, um país, uma cultura supostamente ocultas sob superfícies artificiais do mapa colonial deveria ter conduzido a uma desconstrução dos próprios termos nos quais aqueles movimentos foram forjados – talvez não seja, em si tão inteiramente surpreendente. Revoluções, se forem reais, possuem um modo de provocar o inverso de suas intenções.

Indonésia e Marrocos não são, como digo, senão casos pertinentes, exemplos metonímicos únicos em si mesmos e amplamente ilustrativos do processo geral que produziu o mundo esfacelado e irregular em que todos nós vivemos agora. O Sudão, com seus conflitos raciais, religiosos e étnicos aparentemente intermináveis junto aos seus perímetros de linhas divisórias muito claras, é assolado ao mesmo tempo pela diversidade indonésia e pela falta de definição marroquina, sem o ecletismo mitigador de um ou o monarquismo de centro do outro; e, diferente da Holanda no caso indonésio ou da França no do Marrocos, ele foi mais ou menos totalmente abandonado pelos britânicos que, principalmente por seus próprios propósitos, originalmente o inventaram. O Sri Lanka, com sua guerra civil tâmil-cingalesa paralisada, agora com mais de quarenta anos, é uma versão binária do pluralismo da Indonésia onde aproximadamente metade da população tem de se adaptar, de algum modo, para viver efetivamente como uma minoria permanente, algo igualmente verdadeiro para os indianos em Fiji, para os chineses na Malásia, para os negros na Guiana, e para os sunitas no Iraque. Em Ruanda, Burundi e no nordeste do Congo, facções tribalizadas, artificiais e arbitrárias, debatem-se ao longo das fronteiras territoriais, também artificiais, também arbitrárias, em uma cacofonia de violência íntima, e algo similar ocorre no norte do Cáucaso e no sul das Filipinas. Índia e Nigéria são aglomerações geográficas, os povos que os integram – punjabis, bengaleses e tâmiles, iorubas, ibos e fulani-hauçás – se espraiam difusamente pelas fronteiras do país. Singapura e Taiwan são fragmentos culturais, Mianmar e Líbano, relíquias administrativas. E, quanto àquele suposto monopolista do poder, da legitimidade e da expressão cosmopolita, tão cativante a teóricos políticos weberianos e a radicais de cafés, "O Estado", a enorme variedade de suas formas e expressões e a multiplicidade dos regimes que alberga e das políticas que apoia, tornam a própria ideia elusiva, estranha, variável e problemática. Fala-se de "estados fracassados", "estados vilões", "superestados", "quase estados", "estados de contenção" e "microestados", de "tribos com bandeiras", "comunidades imaginadas" e "regimes de irrealidade". A China é uma civilização tentando ser um Estado, a Arábia Saudita é um negócio de família disfarçado de Estado, Israel é uma fé inscrita em um Estado, o Irã é – hipogrificamente – uma teocracia populista. E quem sabe, exceto por um endereço postal ou uma destinação turística, o que o Quirguistão é?

Então, existem as assim chamadas organizações "internacionais", públicas e privadas, reguladoras e remediadoras, que emergiram em tamanha abundância e variedade desde o final da Segunda Guerra Mundial no esforço de levar esses lugares e populações a alguma forma de relacionamento efetivo uns com os outros ou para afastar seus defensores das gargantas uns dos outros, e que, considerando os problemas que tratam e os modos pelos quais eles os tratam, deveriam ser talvez mais acuradamente chamadas "trans" ou "extra" ou mesmo "contranacionais".

As Nações Unidas, originalmente uma tentativa para restaurar e estender a lamentada Liga, mostrou-se um mecanismo mais complicado – ocasionalmente bem-sucedido, com maior frequência frustrado, para estabelecer arranjos *ad hoc* para tratar crises *ad hoc* – do que se mostrou a institucionalização da autodeterminação, segurança coletiva e supergoverno de Estado mundial originalmente vislumbrada em São Francisco e Lago Sucesso. (Assim como o próprio nacionalismo, sua linguagem de fundação permanece: forçada, abstrata, nostálgica, muito ilusória. Roméo Dallaire, o general canadense no comando das forças das Nações Unidas, tal como eram, durante a sublevação de Ruanda em 1994, observou com merecido amargor que as frases com as quais a assembleia das Nações Unidas emolduraram aquela crise e aquelas com que está sendo emoldurada agora a crise no Sudão uma década depois, são essencialmente idênticas – "reafirmar seu compromisso [as resoluções lidas] com a soberania, unidade, integridade e independência territoriais de [Ruanda/Sudão]"... uma piada um tanto doentia – embora o que estivesse realmente tentando fazer fosse constituir uma coalizão temporária de estados africanos relutantes, governos ocidentais em cima do muro, algumas Organizações Não Governamentais menores e algumas de suas próprias agências especiais como um apoio momentâneo contra assassinato, estupro, tumulto e etnocídio.)

No que concerne ao Mercado Comum Europeu, depois Comunidade Europeia, depois União Europeia – seis membros se tornaram quinze que se tornaram vinte e cinco –, o arco é similar. Dos sonhos pós-guerra de formar algum tipo de superestado neocarolíngio no Tratado de Roma, por meio dos ajustes e distinções pragmáticas de Maastricht ("pilarização", "subsidiariedade"), para a expansão, sul, norte e leste, para além que qualquer coincidência aproximada da história, da cultura, do sistema político e da sociedade (Latvia? Malta? Chipre? *Turquia?*), o movimento também foi o da fabricação de unidades para a navegação da diferença. Similarmente com a evolução das instituições econômicas extra ou contranacionais – que começou com Bretton Woods e prosseguiu por meio de tratados de comércio, multinacionais, programas de ajustes e vários tipos de cúpulas e clubes – para a da coleção de mobilidades aceleradas de capital, trabalho, organização e técnica às quais nos referimos, incertamente, como globalização. A multiplicidade, "The World in Pieces", está conosco agora, tarde e cedo.

Assim, para sumarizar isso tudo por agora e evitar extrair uma conclusão: Pouco mais de meio século depois do ensaio característico esperança-diante-da-história, decisão-diante-da-evidência, de Howe, ao que leva aquilo que ele jamais deveria ter consentido em chamar sua "problemática" – o Problema do Poder dos Estados Unidos? Seus alvos imediatos na época, McCarthy ("[ele] pode sofrer derrotas, mas a disposição política que ele personificou não desaparecerá"), o "ikeísmo" ("petróleo de marisma, 'alívio' de impostos para negócios corporativos", pilhagem de recursos nacionais, aceitação de um exército de reserva de quatro a cinco milhões de desempregados... medo, covardia, suspeição, anti-intelectualismo, arrogância, desconfiança, denúncia"), e "os homens que comandam em Washington" ("[eles] acreditam sinceramente que a força material, riqueza, dinheiro, tecnologia, *know-how* vencerão todos os obstáculos; que a soma desses constitui uma sistema político") possuem algo dos males e de uma escuridão ainda presentes na memória, e da consciência desconfortável que todos nós tolos o bastante para transitarmos no presente imediato temos de que as polêmicas de hoje embrulham o peixe de amanhã. Mas eles também projetam, e mais profundamente, o senso enervante de que quanto mais as coisas mudam mais confinados estamos ao Eterno Retorno. O Problema do Poder Americano em 2004 ainda é o mesmo problema que representava em 1954, só que de maneira mais acentuada.

Para mim, é difícil – tentando dar sentido à minha experiência como um observador exterior no Terceiro Mundo e como um sujeito político no primeiro – levar em conta que não somente Howe e eu fomos contemporâneos muito próximos (ele seis anos mais velho), mas juntos emolduremos o alcance e o catálogo da América que experienciamos separadamente. (Encontramo-nos somente uma vez, que eu lembre – como doutorandos co-honorários com – você acredita nisso? – Dizzy Gillespie e Isaiah Berlin numa cerimônia de entrega de diplomas da New School. Ele me pediu referências para descrições antropológicas sobre "pequenas histórias que pareçam encapsular os sentimentos de uma cultura", porque ele estava trabalhando, disse, sobre o uso da anedota nos escritores "pré-urbanos" – Leskov, Sholom Aleichem, Twain e Silone.) Não é meramente que ele tivesse saído da Nova York da Grande Depressão em meio a trotskistas, shactmanitas, Ligas da Juventude Socialista e outras acumulações urbanas, e eu, do *New Deal* de São Francisco, em meio a *okies*, fábricas de material bélico, deslocamento de japoneses e radicais rurais *wobblies*; que ele foi precipitado, declarativo e confrontativo e eu, hesitante, parentético e indireto; ou que ambos passaram a Segunda Guerra Mundial, ele no Alasca, eu no Pacífico, esperando por um teste de vida útil que, graças à bomba atômica, nunca veio. Que nossas preocupações centrais, para não dizer obsessões, as minhas com a transformação da estrutura global da identidade e da diferença com as consequências públicas das vozes dispersas e particuladas da Ásia, África, América Latina e países da periferia europeia, as suas com – citando-o novamente – "a tragédia do poder americano [que] se torna mais terrível e aterrorizadora a cada dia [à medida que a comunicação] entre a América e o restante do mundo se torna cada vez mais incerta, esporádica, amarga", deveriam agora, neste momento, portanto, convergir, é quase tão inevitável quanto surpreendente.

Ao passo que o poder americano cresceu ao longo da metade do século passado, ao ponto de ser a única "superpotência" (dizem que equivalemos agora a aproximadamente um terço do PIB mundial e a dois quintos de suas despesas militares, e temos participação ou um direito sobre grande parte do resto), e a heterogeneidade interna do país, sempre muito grande, acelerou e incrementou um nacionalismo óbvio e ouriçado, o desejo de restaurar tudo a um estado que nunca realmente chegou a ser, e um imperialismo gerencial, a esperança de um controle coordenador para além de nosso alcance e direito, espalhou-se e floresceu. "Desenvolveu-se neste país", Howe escreveu nesse mesmo artigo, ao mesmo tempo datado e presciente, de 1954,

> uma tal concentração de riqueza e poder, com tantos valores novos correspondentes, de modo a tornar a América cada vez mais isolada do resto do mundo... O poder potencial do país, sua ênfase sem precedentes em... acumulação e eficiência, sua incapacidade literal para compreender e a recusa irritada em simpatizar com os padrões de pensamento que dominam a Europa e o Terceiro Mundo [ele na verdade escreveu "Ásia", mas eu acho que ele ficaria contente com a mudança] – esses são os fatores... que transformam a América em um poder colossal solitário... sinceramente convencido de que somente pela imposição de sua vontade o mundo pode ser salvo. Mas o mundo resiste a essa vontade; ele não pode, ainda que quisesse, abrir mão de seus próprios modos de resposta.

A resposta de Howe a isso, sua receita para se opor a isso e revertê-lo, do lado do poder americano, estava, claramente, em sua famosa alusão à história do homem contratado para esperar pelo Messias, "trabalho constante": o esforço paciente e determinado para tornar as coisas claras de modo a torná-las tratáveis. E do mesmo modo a minha, dificilmente menos exaustiva, dificilmente menos promissora, do lado da revolução do Terceiro Mundo, o paradoxo nacionalista e a dispersão explosiva das direções pós-coloniais da mudança transformacional. Michel Foucault observa em algum lugar em seu vasto e intrincado *corpus* que nós usualmente sabemos o que estamos fazendo, às vezes sabemos por que estamos fazendo, mas quase nunca sabemos o que nosso fazer faz. Nós tínhamos – e com isso estou certo que Irving Howe, independente de como possa ter considerado o resto do que tive de dizer aqui, estaria completamente de acordo – certamente que dar um jeito o quanto antes de descobrir.

Agradecimentos e detalhes editoriais

Devo agradecimentos cordiais ao *New York Review of Books* por me permitir furtar suas páginas dessa maneira, de modo a prover dois terços deste livro, e por fazer isso sem cobrar taxa alguma. Nessa conexão, gostaria, particularmente, de agradecer aos membros de sua equipe, Patrick Hederman, que foi uma fonte infalível de auxílio durante a compilação. Em acréscimo, devo agradecimentos aos editores e às editoras das seguintes revistas por permitirem republicar, também sem taxas, ensaios de suas páginas: *International Journal of Middle East Studies* (a Adam Hirschmerf por sua generosidade), *Annual Review of Anthropology* (a Claire Tilman-McTigue), *Current Anthropology* (a Lisa McKamey e Emily Dendinger), *Journal of the Royal Anthropological Institute* (em particular ao editor, Simon Coleman), *Dissent* (a Maxime Phillips por sua prontidão e entusiasmo). Devo minha gratidão também a Amy Jackson, secretária de Clifford Geertz no Instituto da Princeton por muitos anos, e por seu auxílio na recuperação e fornecimento de vários originais para esta coleção. Karen Blu, esposa de Geertz, apoiou a iniciativa durante todo o percurso e estou sinceramente convencido de que ela aprova o produto final. Finalmente e, como sempre, sou grato a meu velho amigo Quentin Skinner, por seu apoio leal à ideia e atualidade deste livro. Por quase quarenta anos, ele foi amigo íntimo de Clifford Geertz, e partilha de meu juízo de que quanto mais tivermos do trabalho e pensamento de Geertz, melhor.

Eu deveria assinalar que fiz algumas excisões no texto dos ensaios e nas últimas conferências fornecidas aqui. No caso de dois ensaios – "Toutes Directions", sendo o primeiro –, tomei a liberdade de remover o aparato academicamente pesado das notas que acompanhavam o original, assumindo que o leitor estivesse mais interessado pelo lugar desse ensaio no pensamento e na obra de Geertz do que em sua significação dentro do tema da antropologia. Do mesmo modo, com a avaliação autobiográfica de seu percurso, "Uma Profissão Inconstante", no qual a extensão prodigiosa de referências, obviamente importantes à ocasião especial na qual a conferência foi proferida, teria impedido seriamente a satisfação e compreensão de um leitor em um contexto menos especializado. Em ambos os casos, portanto, devo enfatizar o peso do testemunho surpreendente que essas referências deletadas portavam sobre o modo como Geertz se manteve confiantemente atualizado de uma imensa quantidade de erudição contemporânea em sua própria área e em áreas adjacentes, e ele se manteve assim até o final de sua vida.

Índice

Abduh, Muhammad 198
Achém 229, 235
Acherson, Neal 237, 239
Adams, Robert 218
Afeganistão 173
Afghani, Jamal al-Din al- 198
África do Norte
   judeus na 91-97
   representações da 72-80
   Cf. tb. Marrocos
África do Sul 203
After the Fact (Geertz) 17, 205
Ahmedabad
   greve têxtil de 32-37
A interpretação de culturas (Geertz) 15
Akbar, M.J.
   A sombra das espadas 158
'Alam, Al- (jornal) 110
Alauí, monarquia 230s., 236, 271-273
Alberts, Bruce 142, 143n.7
Aleichem, Sholom 276
Aliança, Teoria da 57s.
Amazônia
   ianomâmis na 137-139
Amin, Idi 214, 222
Anasazi 177
Anderson, Benedict 233, 269
Antropologia
   caráter interdisciplinar da 247
   classificação da 246s.
   crítica da 215-217
   desenvolvimentos posteriores do século 205-220
   e história 221s., 236-238, 253s.

    e o estudo da política 237s.
    e os Ianomâmi 138-149
    fragmentação da 215, 220
    prática de Geertz 10-12, 15, 205, 214s., 238
    período da Guerra Fria em 211-214, 243
    periodo pós-guerra em 207-211, 221
    periodo pós-moderno em 215-217
    prática tradicional de 221
    proliferação de paradigma na 214-216
Antropologia da religião 242-258
    caráter interdisciplinar da 247
    desafios pós-coloniais para a 245-248
    desenvolvimentos no final do século XX 253
    e Java 243-247, 251-253
    e Marrocos 250-253
    e o significado de "religião" 246-251
    ferramentas conceituais da 244s., 247-250
    mudando perspectivas na 243s.
    natureza da 257s.
    Cf. tb. religião
Antropologia interpretativa 215
Apter, Andrew 238
Árabe, cultura
    a difusão do islã e 188-204
Arábia Saudita 167, 171, 230, 236, 275
Arabistas 81-83
Arafat, Yasser 49
Área
    estudos de 211, 222
Arendt, Hannah 168
Argélia 75s., 170s., 235s.
Armstrong, Karen
    Islã 151, 159s.
Arno, Peter 150
Arquitetura marroquina 106s., 109
Asch, Timothy 140, 142, 148
Ashford, Adam 238
Ásia do Sul 203
Assad, Hafez al- 214
Associação Antropológica Americana 139s., 142, 188
Ataturk, Mustafa Kemal 171

Auden, W.H. 18, 111, 218
Austrália
    o meio ambiente e o destino da 176, 178s.
Autonomia do significado 248

Baader-Meinhof gang 53, 55
Bali 194n.7, 235
Bandung, Conferência de (1955) 127s., 213
Banna', Hasan al- 200
Barker, Ernest 267s.
Baudelaire, Charles 168
Bellah, Robert 15, 253
Benedict, Ruth 209s., 243
Bentham, Jeremy 42, 44
Berger, Peter 253
Berlin, Isaiah 10, 276
Berman, Paul 152
    Terror and Liberalism 165, 168s.
Berque, Jacques
Bertuccelli, Jean-Louis
    Ramparts of Clay (Muralhas de barro) 73, 77, 79s.
Besant, Annie 31
Bhutto, Z.A. 163
Bin Laden, Osama 253
Blom Hansen, T. 238
Blum, Leon 168
Bororos 246
Boumedienne, Houari 163
Bourdieu, Pierre 215
Braidwood, Robert 218
Brasil 203
Budismo
    difusão do 188s.
Buffon, Georges-Louis Leclerc de, Comte 119
Burke, Edmund 233
Burke, Kenneth 15
Burkhardt, Jacob 35, 248
Burma 246
Burundi 274
Bush, George W. 166

Butão 230
Butler, Octavia 121

Calvinismo 212
Campanella, Tommaso 39
Camus, Albert 168
Capitalismo 212
Casablanca
    ataque terrorista 235, 273
Casamento entre o povo Na 56-67
Cáucaso 274
Cavell, Stanley 248
Cavendish, Margaret 118
Cazaquistão 172s.
Centro para Estudos Internacionais, Massachusetts Institute of Technology 208, 211s.
Chagnon, Napoleon 137
Châtelet, Gabrielle-Émilie du 118, 140, 142-149
Cheney, Richard 166n.4
China
    como Estado 275
    e Indonésia 196s.
    etnografia do povo Na na 56-67
    o ambiente e o destino da 176, 178
Choque de civilizações 154-156
Chou En-lai 214
Cidade islâmica 98-111
Ciência
    autonomia da 112s., 116s., 120
    concepção construcionista social da 113, 120s.
    feminismo e 112-123
    mulheres na 116-119, 122
Clifford, James
    Writing Culture (com George Marcus) 216
Cocteau, Jean 55
Colley, Linda 268
Collingwood, R.G. 12, 17
Comédia 14s.
    Cf. tb. humor
Comissão de Energia Atômica 140, 145
Comitê para o Estudo Comparativo das Novas Nações 217s. Universidade de Chicago

Comte, Augusto 39, 44
Comunismo 151, 168, 200, 210, 213
Condillac, Étienne Bonnot de 39
Configuracionalismo 209
Congo 274
Connor, Wilson 267
Conselho sobre as Relações Islâmico-americanas 166
Criminologia 45
Cristianismo
  difusão do 188s.
  em Java 245
  islã *vs.* 153-157
  na Indonésia 196
Cultura a distância
  estudos de 210

Dallaire, Roméo 275
Damiens, Robert 41
Darnton, Robert 14
Darul Islam 234
Davidson, Donald 248
Dawkins, Richard 148
Deng Xiao-ping 67
Deobandi, irmandade 173
Departamento de Relações Humanas, Harvard University 16, 208, 243
Descendência, Teoria da 57
Dewey, John 8, 11
Diamond, Jared 13
  Colapso 174-179, 182s.
Diáspora
  comunidades da 255
Disciplina 45
Dissent (revista) 17
Djerba
  judeus árabes em 91-97
Dobu 246
Dostoievski, Fiodor 168
Douglas, Mary 243, 253
Dramatismo 14
DuBois, Cora 209
Dumont, Louis 215

Durkheim, Émile 243
Duvignaud, Jean
   Mudança em Shebika 72s., 77-80

Eggan, Fred 218
Egito 171s.
Eickelman, Dale 233
Emmerson, Donald 233
Empatia 24-26
Ensaios 10-13
Épistémès 39s.
Erikson, Erik 30-37, 209
Escolas
   em comunidades islâmicas 191-196
Escrituralismo 199, 253
Estados
   antropologia e o estudo do 226, 237s.
   caráter do 234
   definido 224
   diversidade do 224s.
   diversidade no 237s.
   formação do 222-224, 234, 261s., 263-267
   Indonésia e Marrocos como estudos de caso do 227-234
   Estados-nação *vs.* 225-227
   revolução do Terceiro Mundo e 267s., 274s.
Estados-nação
   estabelecimento histórico dos 202s.
   formação dos 267s.
   inaplicabilidade do conceito de 225-227, 234, 236, 267s.
   Revolução do Terceiro Mundo e 267-270
   Cf. tb. Estados
Estados não alinhados; cf. Terceiro Mundo
Estados Unidos
   como Estado-nação 268
   o ambiente e o destino dos 175s., 178s.
   status dos 276s.
Estruturalismo 250
Estudo Comparativo de Valores 210
Ética Protestante
   tese da 212

Etnografia
    críticas da 217
    efetiva 25
    Malinowski e 23-29
    na China 56-67
Europa
    conceito de Estado-nação na 203, 223
Evans-Pritchard, E.E. 243

Fallaci, Oriana 151
Fallers, Lloyd 218
Fassi, Allal al- 231
Feith, Herbert 233
Feldman, Noah
    Após a Jihad 169-171
Feminismo
    ciência e 112-123
Ferlinghetti, Lawrence 166
Fiji 274
Filipinas 235, 246, 274
Firth, Raymond 23, 243
Forças emergentes; cf. Terceiro Mundo
Formação de nicho
    islã e 191-197
Fortes, Meyer 23
Fortune, Reo 246
Fossey, Dian 119
Foucault, Michel 38-47, 278
    Folie et déraison 38
    L'Archéologie du savoir 38
    Surveiller et punir 40-47
Francisco, São 35
Franklin, Rosalind 115
Frazer, James George 242s., 257
Frege, Gottlob 248
Frente de Salvação Islâmica 235
Freud, Sigmund 35, 40, 225
Friedrich, Paul 218
Le Front Islamique du Salut 253
Fuller, Graham E.
    The Future of Political Islam 169s.

Funcionalismo 250
Fundamentalismo; cf Escrituralismo

Galbraith, J.K. 225
Galleani, Luigi 168
Gandhi, Indira 225
Gandhi, Mohandas 30-37
Gandhi, Rajiv 225
Geertz, Clifford 7-19
    análises escritas por 13-15
    e a forma do ensaio 10-13
    morte de 13s.
    prática antropológica de 10-12, 15s., 205, 214, 238
Gellner, Ernest 269
    Santos do atlas 72-75
Gênero
    ciência e 112-123
    sexo *vs.* 114
Genet, Jean
    Prisioneiro do amor 48-55
Ghazali, Al- 86s.
Gide, André 148
Gillespie, Dizzy 276
Globalização
    islã e 157s.
Gluckman, Max 246
Glucksmann, André 168
Golfo
    estados do 230
Goodall, Jane 119
Goody, Jack 215
Gorer, Geoffrey 210
Green, Thomas Hill 8
Groenlândia
    vikings da 176s.
Gregorian, Vartan 152
Guerra Fria 127, 161, 170, 200, 210-214, 245, 253
Guha, Renajit 215
Gus Dur; cf. Wahid, Abdurrahman

Habibie, B.J. 125, 127, 129s.
Haiti 178
Hammoudi, Abdullah 233
Hara Kebira 91-97
Hara Sghira 91-97
Haraway, Donna
   Primate Visions 119-122
Harding, Sandra 115
Harlow, Harry 121
Harvard, Universidade 16, 208s., 243
Hassan, Riaz
   Faithlines 172s.
Hassan II, rei do Marrocos 98, 106s., 189, 232, 257, 262, 272
Hatta 200
Hegel, G.W.F. 16, 219
Heidegger, Martin 168
Henissart, Paul
   Wolves in the City 72, 76
Hill, Hal 124
Hinduísmo 225, 245
História
   antropologia e 221s., 236-238, 253s.
   concepção de Foucault de 39s., 41n.1, 46s.
Hodgson, Marshall 158
   The Venture of Islam 81-90
Holmes, Oliver Wendell 11
Howe, Irving 17, 261, 276
Hua, Cai 56-66
Humor
   Gandhi e 30-37
   Cf. tb. comédia
Huntington, Samuel 154, 271
Hussein, rei da Jordânia 49-53
Hypatia (revista) 114

Ianomâmi 137-149
Ianomâmi, Davi Kopenawa 138
Ibn Khaldun 99
Identidade
   na Indonésia 190, 198, 201s.
   religião e 255-257

Ilha de Páscoa 176s.
Incesto 56-58
Índia 158s., 183, 225, 246, 268
Índias Orientais Holandesas 231
Indonésia 124-136, 274
    atitudes na 172s.
    colheita na floresta tropical na 183
    colonização holandesa da 193-196, 212s.
    como Estado 227-230, 234-236, 263
    crise na 125s., 133-135, 226s.
    diversidade na 189s., 198, 201s., 227
    economia da 124-126, 133-135
    e Guerra Fria 213s.
    e Revolução do Terceiro Mundo 266s., 269-272
    exército da 125s., 135
    futuro da 202s.
    história da 126, 189s., 227s., 269-271
    identidade na 190, 198, 201s.
    islã na 128, 130, 187-204, 234-236, 251-253
    nacionalismo na 126-128, 197-200
    pesquisa de Geertz na 189, 211-214, 222, 243-248, 251-253
    política na 128-130, 170s., 199-201
    urbanização na 198-200
    Wahid e 128-135
    Cf. tb. Java
Instituto da Paz dos Estados Unidos 166
Instituto de Tecnologia de Massachusetts (MIT) 208, 211
Instituto para Estudos Avançados, Universidade de Princeton 18, 217s.
Irã 229, 275
Iraque 246, 274
Islã 81-90, 99-111, 150-173
    abordagem da "civilização" ao 153-160
    aspectos religiosos *vs.* culturais do 82-87, 162-164, 188
    caráter árabe do 188-204
    concepção americana do 150-154, 164s.
    difusão do 84-89, 187-192
    diversidade no 81s., 84, 89s., 171-173
    e a cidade 98-111
    em Java 245
    e política 162-167, 169-173
    futuro do 169-173

    impérios baseados no 88-90, 157s.
    interpretações do 81-83, 151-154
    movimento militante no 162s., 164-169
    na Indonésia 128, 130, 187-204, 234-236, 251-253
    no Marrocos 199, 235s., 250-253, 273
    no período moderno 89
    observado (Geertz) 250-253
    reformismo no 198s., 212s.
Islamismo 162s., 164-170, 200, 253
Israel 275

Jackson, George 55
Jakobson, Roman 248
James, William 11
Japão 179, 183, 213
Java
    conflito no 228s.
    estudo da agricultura no 213
    estudo da religião no 197, 213, 243-248, 251s.
    Cf. tb. Indonésia
Jordânia 171, 230

Kahin, George 233
Kardiner, Abram 209
Katz, Samuel 142
Kaysen, Carl 218
Keller, Evelyn Fox 116
Kennedy, Raymond 234
Kepel, Gilles
    Jihad 162-165
Khomeini, Ruhollah 163, 222, 253
Kissinger, Henry 151
Kluckhohn, Clyde 208-211, 221, 243
    Mirror Man 209
Koestler, Arthur 168
Kroeber, Alfred 209
Kuhn, Thomas 214
    A estrutura das revoluções científicas 113

Lamartine, Alphonse de 255
Langer, Suzanne 249

Lapidus, Ira 198
Lasswell, Harold 75
Leach, Edmund 23, 215
Lerner, Daniel 75
Leskov, Nikolai 276
Leveau, Rémy 233
LeVine, Robert 218
Lévi-Strauss, Claude 16, 57, 62, 77, 215, 246
Lewis, Bernard 151, 154s.
    The Crisis of Islam 155
    What Went Wrong? 155
Líbano 274
Liberal
    imaginação 7-9
Liberalismo 7-10
Liberdade 9s.
Liddle, William 233
Lienhardt, Godfrey 243
Lineu, Carolus 39
Linton, Ralph 209
Lizot, Jacques 137
Lombard, Denys 244
Longino, Helen 115s.
Lopez, Jennifer 149
Luckmann, Thomas 253
Lutero, Martinho 35
Luz disponível (Geertz) 17, 206, 223

MacIntyre, Alasdair 113
MacQuown, Norman 218
Madri
    ataque terrorista 273
Magreb; cf. África do Norte
Maia
    civilização 176s.
Malásia 274
Malcolm X 34
Malinowski, Bronislaw 13, 23-28, 243
    Jardins de coral e sua magia 27s.
    Um diário no estrito senso do termo 24-29
Mallarmé, Stéphane 40

Maomé 84, 86
Marcos, Ferdinand 214, 222
Marcus, George
    Writing Culture (com James Clifford) 216
Marett, R.R. 24, 243
Marriott, McKim 218
Marrocos
    como Estado 227, 230-236, 263, 271-274
    e revolução do Terceiro Mundo 266s., 271-274
    estudo da religião no 250-253
    governo do 171
    islã no 199, 235s., 250-253, 273s.
    monarquia no 230s., 236, 271-274
    nacionalismo no 230s.
    pesquisa de Geertz no 189, 218, 222, 250-253, 263
    política no 230s.
    Sefrou 98-111
Marx, Karl 39
Materialidade e significado 111, 248
Mawdudi, Mawlana 163
Mazzini, Giuseppe 268
McClintock, Barbara 115s.
Mead, Margaret 145, 209
Meeker, Michael 238
Merian, Maria 118
Mercados
    nas comunidades islâmicas 191-196
Mesquitas
    e comunidades islâmicas 191-196
Métraux, Rhoda 210
Mianmar 274
Mill, John Stuart 8, 267
Mintz, Sidney 221, 236
Mobuto Sese Seko 214, 222
Modernização 212, 214
Modjokuto, Projeto 211, 221
Moluccas 235
Monboddo, James Burnett, Lord 119
Moralidade
    da etnografia 216
    Gandhi e 30s.

interesse de Geertz pela 7s.
não violência e 33-36
Morgan, J.P. 121
Muçulmana
Irmandade 200
Muhammad V, rei do Marrocos 232, 263, 272
Muhammad VI, rei do Marrocos 233, 272
Muhammadiyah 199
Mullaney, Steven 111
Mundo desenvolvido
formação do Estado no 223
Murray, Henry 208s.
Museu Americano de História Natural 121

Na, povo 56-67
Nação
definida 223s.
revolução do Terceiro Mundo e 266-268
Cf. tb. Estados
Nacional
estudos do caráter 210
Nacionalismo
na Indonésia 126-128, 197-199
no Marrocos 230s.
paradoxo do 269, 274
revolução do Terceiro Mundo e 269, 274
Naciri, Mohammed 99
Nações Unidas 274s.
Nadel, S.F. 23
Nagorny Karabakh 237s.
Nahadatul Ulama 128, 199
Não violência 33-36
Nash, Manning 218
Nasser, Gamal Abdel 163, 213
National Review (revista) 155
Needham, Rodney 62, 215
Neel, James 139-148
Physician to the Gene Pool
Nehru, Jawaharlal 35-37, 213s., 225
Nero 51
Nova Guiné 24, 179

Novas nações; cf. Terceiro Mundo
Newsday (jornal) 139
New York Review of Books 9, 13
New Yorker (The) (revista) 141s., 150
Nietzsche, Friedrich 11, 40
Nigéria 203, 225, 236, 246, 274
Noruega 224
Nova Guiné Ocidental 229

O'Hanlon, Redmond 138
11 de setembro de 2001
    ataques do 150, 155s., 158, 182, 207, 218
Organizações internacionais 275
Orientalismo 99
Oriente Próximo
    a difusão do islã e cultura do 188-204
Orwell, George 168

Países Baixos 193s., 196, 213
Panóptico 44
Panteras Negras 48, 53-55
Papel dos observadores na constituição da realidade 71s., 76-78
Paquistão 171-173, 246
Paracelso 39
Parcialidade 71
Parentesco
    na África do Norte 73-75
    relações de... entre o povo Na 57-59, 62-65
    Teoria do 57s.
Parsons, Talcott 23, 208, 212
Partido Comunista da China 65-67
Partido do Congresso 225
Peirce, Charles 247
Penn, Sean 149
Pinker, Steven 148
Pipes, Daniel
    Militant Islam Reaches America 165
Pitt-Rivers, Julian 218
Poder
    Foucault e 40-46
    não violência e 33-36

Política
    antropologia e o estudo da 237s.
    Gandhi e 36s.
    Geertz e 7-9, 17s.
    Genet e 52s.
    islã e 162-166, 169-173
    figuras literárias e 48
    na Indonésia 128-131, 199-201
    psicanálise e 36s.
Polo, Marco 62
Pontecorvo, Gillo
    The Battle of Algiers 73, 76s.
Porter, Cole 13
Pós-modernismo 216
Posner, Richard A. 13
    Catastrophe 174s., 179-184
Povo de Porto Rico, projeto 221
    Pesantren 195-197, 199
Powdermaker, Hortense 221
Powell, Colin 166n.4
Primatologia 119-122
Prisões 43-46
Programa forte 113
Psicanálise 36s.
Punição 40-45

Qaddhafi, Muammar 90
"Qual o caminho para Meca" (Geertz) 16
Quandt, William B. 72, 75s.
    Revolution and Political Leadership
Quirguistão 275
Qutb, Sayyid 163, 168, 200

Racionalização 212, 253
Radcliffe-Brown, A.R. 57
Radelet, Steven 125
Rais, Amien 129-131
Ramah, Projeto 210s.
Rapport 25
Reagan, Ronald 7, 216

Realidade
    papel do observador na constituição da 71s., 76-78
Redfield, Robert 218, 243
Reformismo no islã 197s., 213
Reichard, Gladys 243
Religião
    ciências sociais e 253
    de Java (Geertz) 245
    e identidade 252
    separação de pontos de origem 255s.
    significado de 246-251
    tendências contemporâneas na 253-256
    Cf. tb. Antropologia da religião
Religiosa
    inclinação 252s., 256
Renan, Ernest 225, 268
República Dominicana 178
Resistência palestina 48-55
Revolução do Terceiro Mundo 261-278
    características da 230
    conceitos de Estado e nação na 265-270
    condições contemporâneas para 264-269
    desafios diante dos novos Estados na 265s.
    e nacionalismo 269, 274
    formação do Estado na 261, 273s.
    Indonésia e Marrocos como estudos de caso na 271-273
    padrões emergentes da 263s.
    significação da 262
Richard, Audrey 23
Richards, I.A. 14
Rida, Rashid 198
Rimrock, Projeto 210s.
Robinson, Mary 126
Roosevelt, Theodore 121
Rorty, Richard 8
Rosaldo, Renato 238
Rosen, Lawrence 233
Rosser, S.V. 114
Roy, Olivier 164n.3
Ruanda 176, 182, 274s.
Rusk, Dean 34

Sadat, Anwar al- 90
Saddam Hussein 222
Sahlins, Marshall 15, 215
Saint-Just, Louis Antoine de 53
Salafista, movimento 198
Samoa 224
Santayana, George 16, 250, 252
Santri 196, 198s., 202s.
Sapir, Edward 209
Sartre, Jean-Paul 77, 257
Satyagraha (força verdadeira) 31-33, 36
Saussure, Ferdinand de 100, 224
Schapera, Isaac 23
Schiebinger, Londa
   The Mind Has No Sex? 117s.
Schlesinger Jr., A. 168
Schneider, David 64, 209, 215, 218
Schwartz, Stephen 166n.4
   The Two Faces of Islam 165-169
Secularização
   tese da 253
Sefrou, Marrocos
   arquitetura de 106-108
   conflito cultural em 102-104, 106-108
   demografia de 101-104
   e a cidade islâmica 100s., 105, 111
   pintura de casas em 98, 109s.
   política em 98, 103-107, 109s.
Semiótica 100
Servo-Croácia 246
Sexo
   gênero *vs.* 114
Sexualidade entre o povo Na 56-67
Shariah 82, 87
Siegel, James 233
Significado
   autonomia do 248
   caráter público-social do 100, 248
   e materialidade 111, 248
Silone, Ignazio 276

Simons Jr., T.W. 152
Islam in a Globalizing World 157
Singapura 274
Singer, Milton 218
Slate (revista *online*) 141s.
Smith, William Robertson 243
Sociedades
    morte das 174-184
Spengler, Oswald 154
Spiro, Melford 218
Sponsel, Leslie 139,141, 143
Sri Lanka 183, 225, 246, 274
Sudeste da Ásia 212s.
Stevens, Wallace 16
Steward, Julian 221
Stouffer, Samuel 208
Suazilândia 246
Sudão 274s.
Sufismo 85-88
Suharto 125-130, 133, 189, 200, 214, 222, 226, 228, 270
Sukarno 126-129, 133s., 163, 200, 213, 226-229, 257, 263, 270s.
Sukarnoputri, Megawati 129-131, 229
Sumatra 183, 234

Tailândia 230
Taiwan 274
Talibã 173, 253
Tanjung, Akbar 131
Tax, Sol 218
Tempo (revista) 128
Teoria dos padrões 209
Teoria evolucionária 146s.
Terceiro Mundo
    antropologia da religião e 244
    Indonésia e Marrocos como sistemas-modelo para 266s.
    Teoria da Modernização e 212s.
    monarquias no 230, 272
    conceitos de Estado e nação no 274
    estudo do 217, 222
    Cf. tb. Mundo desenvolvido, formação do Estado no; Revolução do Terceiro Mundo

Terrorismo islâmico 234s.
The Atlantic Monthly (revista) 155
Thiers, Adolphe 51
Tierney, Patrick
   Darkness in El Dorado 138-148
Time (revista) 155
Timor Leste 125, 226, 229
Toer, Pramoedya Ananta 126
Tonga 230
Tooby, John 142, 143n.7
Toynbee, Arnold 154
Trabalho de campo
   Malinowski e 23-29
   natureza do 24-27, 63s.
Trilling, Lionel 7s.
Trobriand 24-28
Tuana, Nancy
   Feminism and Science 114s.
Tunísia 73-79, 91-97
Turabi, Hasan al- 200
Turquia 170s.
Turner, Terence 139, 141-143
Turner, Victor 215, 218, 243, 253
Twain, Mark 276
Tylor, E.B. 243
Tyson, Laura D'Andrea 135n.3

Ucrânia 183
Udovitch, A.L.
   The Last Arab Jews (com Lucette Valensi) 91-97
União Europeia 275
Ulemá 82
Universidade da Califórnia, Santa Barbara 142, 148
Universidade de Chicago 217s.
Universidade de Michigan 142, 148
Universidade de Princeton 18, 217s.
US News & World Report (revista) 155

Valensi, Lucette
   The Last Arab Jews (com Abraham L. Udovitch) 91-97
Vanderbilt, W.K. 121

Vigilância 44-46
Violência e não violência 33-36
Volcker, Paul 135
Voz da América 152n.4

Wahhab, Muhammad bin 'Abd al- 167
Wahhabismo 167s., 200
Wahid, Abdurrahman (Gus Dur) 125, 127-135
Wallace, George 54
Warner, Lloyd 221
Washburn, Sherwood 121
Waterbury, John 233
Weber, Eugen 268
Weber, Max 48, 212, 225, 248, 254
Whiting, John and Beatrice 208
Wilson, Edmund 11
Wilson, E.O. 147, 149
Winkelmann, Maria 118
Winters, Yvor 11s.
Wiranto (general) 129, 131
Wittgenstein, Ludwig 14, 90, 100, 248
Wollheim, Richard 100
Woolf, Virginia 114, 218

Yalman, Nur 218

Zaman, Muhammad Qasim
   The Ulama in Contemporary Islam 172s.

CULTURAL
Administração
Antropologia
Biografias
Comunicação
Dinâmicas e Jogos
Ecologia e Meio Ambiente
Educação e Pedagogia
Filosofia
História
Letras e Literatura
Obras de referência
Política
Psicologia
Saúde e Nutrição
Serviço Social e Trabalho
Sociologia

CATEQUÉTICO PASTORAL
Catequese
  Geral
  Crisma
  Primeira Eucaristia

Pastoral
  Geral
  Sacramental
  Familiar
  Social
  Ensino Religioso Escolar

TEOLÓGICO ESPIRITUAL
Biografias
Devocionários
Espiritualidade e Mística
Espiritualidade Mariana
Franciscanismo
Autoconhecimento
Liturgia
Obras de referência
Sagrada Escritura e Livros Apócrifos

Teologia
  Bíblica
  Histórica
  Prática
  Sistemática

REVISTAS
Concilium
Estudos Bíblicos
Grande Sinal
REB (Revista Eclesiástica Brasileira)
SEDOC (Serviço de Documentação)

VOZES NOBILIS
Uma linha editorial especial, com importantes autores, alto valor agregado e qualidade superior.

PRODUTOS SAZONAIS
Folhinha do Sagrado Coração de Jesus
Calendário de mesa do Sagrado Coração de Jesus
Agenda do Sagrado Coração de Jesus
Almanaque Santo Antônio
Agendinha
Diário Vozes
Meditações para o dia a dia
Encontro diário com Deus
Guia Litúrgico

VOZES DE BOLSO
Obras clássicas de Ciências Humanas em formato de bolso.

CADASTRE-SE
www.vozes.com.br

EDITORA VOZES LTDA.
Rua Frei Luís, 100 – Centro – Cep 25689-900 – Petrópolis, RJ
Tel.: (24) 2233-9000 – Fax: (24) 2231-4676 – E-mail: vendas@vozes.com.br

UNIDADES NO BRASIL: Belo Horizonte, MG – Brasília, DF – Campinas, SP – Cuiabá, MT
Curitiba, PR – Florianópolis, SC – Fortaleza, CE – Goiânia, GO – Juiz de Fora, MG
Manaus, AM – Petrópolis, RJ – Porto Alegre, RS – Recife, PE – Rio de Janeiro, RJ
Salvador, BA – São Paulo, SP